DÉCOUVRIR LE NUMÉRIQUE

Sous la direction de André Schiper

DÉCOUVRIR LE NUMÉRIQUE

UNE INTRODUCTION À L'INFORMATIQUE ET AUX SYSTÈMES DE COMMUNICATION

Avec la collaboration de
RACHID GUERRAOUI, JEAN-CÉDRIC CHAPPELIER, BERNARD MORET,
RONAN BOULIC, OLIVIER LÉVÊQUE, MATTHIAS GROSSGLAUSER,
PAOLO IENNE, WILLY ZWAENEPOEL, PHIL JANSON

Presses polytechniques et universitaires romandes

Les auteurs et l'éditeur remercient la Faculté Informatique et Communications de l'Ecole polytechnique fédérale de Lausanne pour le soutien apporté à la publication de cet ouvrage.

Cet ouvrage paraît dans une collection publiée
sous la direction scientifique du professeur André Schiper

Egalement disponibles aux Presses polytechniques et universitaires romandes

L'intelligence artificielle par la pratique
Boi Faltings, Michael Ignaz Schumacher

C++ par la pratique
Recueil d'exercices corrigés et aide-mémoire
Jean-Cédric Chappelier, Florian Seydoux

Codage, cryptologie et applications
Bruno Martin

Systèmes complexes
Une introduction par la pratique
Philippe Collard, Sébastien Verel, Manuel Clergue

WebGL par la pratique
Stéphane Gobron et Mario Gutierrez

Traduction d'une partie des chapitres de l'anglais au français : Adeline Langlois

Illustration de couverture: © Frank Rohde, www.fotolia.com

La Fondation des Presses polytechniques et universitaires romandes (PPUR) publie principalement les travaux d'enseignement et de recherche de l'Ecole polytechnique fédérale de Lausanne (EPFL), des universités et des hautes écoles francophones.

PPUR, EPFL-Rolex Learning Center, CP 119, CH-1015 Lausanne,
ppur@epfl.ch, tél.: +41 21 693 21 30; fax: +41 21 693 40 27.

www.ppur.org

Première édition
ISBN 978-2-88915-145-5

Imprimé en République tchèque

Table des matières

Introduction

Un nouveau monde

Entre 1500 et 1900, la population de la planète a grandi en moyenne de moins de trois millions d'individus par an, alors que de 1900 à 2000 elle a grandi de 44 millions d'âmes par an en moyenne. Autrement dit, en à peine 500 ans, la population est passée de moins d'un demi-milliard à plus de 7 milliards d'individus. Il en résulte cette observation aussi implacable que surprenante : le nombre d'êtres humains vivant aujourd'hui sur Terre est supérieur au nombre d'individus qui y ont vécu depuis les débuts de l'histoire écrite ! De façon tout aussi implacable et surprenante, il en résulte que 99% des scientifiques et des ingénieurs qui ont peuplé l'histoire humaine sont encore en vie aujourd'hui ! De là à conclure que l'évolution des sciences et des technologies subit une accélération aussi vertigineuse que celle de l'humanité, il n'y a qu'un pas. Pour preuve, il a fallu des siècles pour découvrir les tout premiers outils tels que le feu ou la roue. Mais depuis mille ans, chaque siècle a apporté sa propre révolution technologique. Les derniers 200 ans ont apporté plus d'innovations que toute l'histoire antérieure ; les 20 premières années du 20ᵉ siècle ont apporté plus de progrès techniques que tout le 19ᵉ siècle ; aujourd'hui, chaque décennie apporte sa révolution technique. La deuxième moitié du 20ᵉ siècle a vu l'émergence d'un monde nouveau : le monde numérique, avec ses deux piliers que sont l'informatique et les systèmes de communication.

Si l'émergence de ce monde nouveau ne date que de quelques dizaines d'années, les prémisses sont anciennes. Les premiers outils de calcul (les abaques et autres bouliers compteurs) datent d'il y a bien longtemps. La notion d'algorithme, sur laquelle nous reviendrons, doit son nom à Al-Khwarizmi qui la formalisa au 9ᵉ siècle. Les premiers outils performants d'aide à l'écriture et au calcul (la presse de Gutenberg, la règle à calcul, la Pascaline de Blaise Pascal) datent respectivement des 15ᵉ, 16ᵉ et 17ᵉ siècles. Au 19ᵉ siècle, Charles Babbage a cherché à construire sa machine à calculer (fig. 1) et Ada Lovelace, fille de Lord Byron (fig. 2) a écrit les premiers algorithmes que l'on puisse qualifier de logiciel. Puis vint le 20ᵉ siècle avec la construction des premiers ordinateurs électroniques dans les années 1940. Ces premiers ordinateurs étaient plutôt encombrants, occupant de vastes pièces. Les années 1960 ont vu arriver les mini-ordinateurs, moins encombrants, et les années 1980, les micro-ordinateurs portables. Bien que l'Arpanet, ancêtre de l'Internet, fut *allumé* en 1969, la *toile* n'a vu le jour qu'au début des années 1990. L'explosion du multimédia, des applications de la

Figure 1 Machine de Babbage (photo par Wikipedia user:geni sous licence GFDL CC-BY-CA).

Figure 2 Portrait d'Ada Lovelace (photo *Science & Society Picture Library*).

toile – Google, Facebook, Twitter, etc. – datent seulement de notre siècle. Il en va de même pour les systèmes portables, *smartphones* et tablettes, et le *cloud computing*, des technologies qui gouvernent aujourd'hui l'accès et la fonctionnalité d'internet et de sa toile. En d'autres termes, si les adultes de la génération X, nés dans les années 1960-1980, ont peu connu le monde sans l'informatique, les jeunes de la génération Y, leurs enfants aujourd'hui aux études, n'ont eux jamais connu le monde sans la toile, et les enfants de ceux-ci trouveront peut-être Facebook et les *smartphones* banals voire purement fonctionnels.

Si en général les technologies se sont développées au rythme de l'évolution de la population mondiale, le développement des technologies numériques a bénéficié de progrès techniques qui suivent des courbes exponentielles, telle celle connue sous le nom de ***loi de Moore***. Cette loi, énoncée par Gordon Moore en 1965, prédisait que la densité et la vitesse des transistors allaient doubler à peu près tous les 18 mois. Cette loi ne repose sur aucun fondement physique, mais elle s'est avérée étonnamment correcte jusqu'à récemment. Aujourd'hui toutefois, des facteurs physiques limitent progressivement cette évolution frénétique.

Cette augmentation de la densité des transistors est illustrée par la courbe verte de la figure 3 (où l'axe des ordonnées est logarithmique). Cette densité est passée d'environ un million de transistors vers 1990 à plus d'un milliard vers 2010, soit un facteur de 1000 (10^3) en 20 ans. Elle illustre l'évolution de la capacité de calcul des processeurs. En bleu sur cette même figure, on trouve l'évolution de la capacité de mémoire caractéristique des disques de stockage de l'information, évolution qui dépasse même celle des performances de calcul suivant la loi de Moore. Cette capacité est passée de quelques 100 mégaoctets vers 1990 à plus de 100 téraoctets aujourd'hui, soit un facteur de 10 000 (10^4) en 20 ans. En rouge, on trouve l'évolution de la capacité de transmission des réseaux, évolution qui surpasse aussi celle des performances de calcul suivant la loi de Moore. Cette capacité est passée d'environ 1 gigaoctet par seconde vers 1990 à plus de 100 téraoctets par seconde aujourd'hui, soit un facteur de 100 000 (10^5) en 20 ans. Ces augmentations exponentielles illustrent la rapidité avec laquelle des applications, qui étaient encore il y a peu inimaginables, deviennent possibles voire triviales.

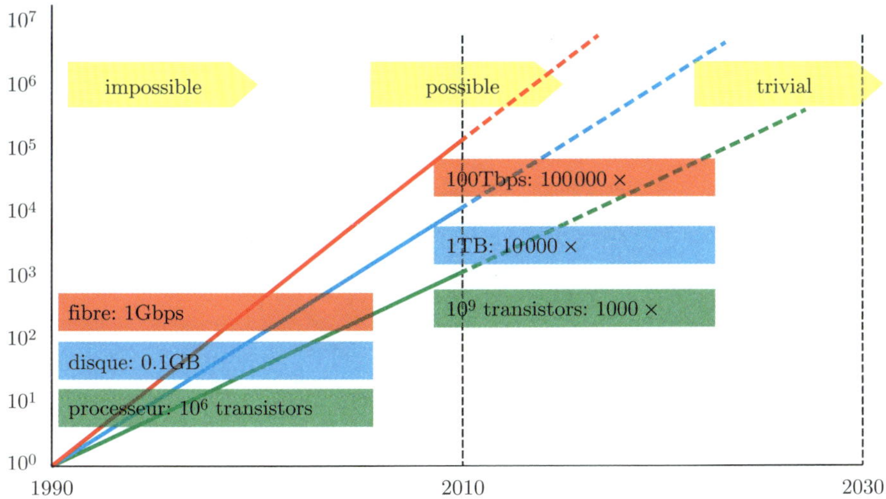

Figure 3 Evolution de la puissance informatique (source : Matthias Grossglauser, EPFL).

Le fait qu'une technologie se développe rapidement n'implique pas qu'elle pénètre tous les aspects d'une société de façon ou rapide ou profonde. Cependant beaucoup de technologies, et en particulier les technologies numériques, se sont rapidement déployées dans nos sociétés industrielles. Les figures 4 et 5 sont deux illustrations différentes du même phénomène d'accélération de la diffusion de diverses technologies, notamment numériques, dans nos sociétés. On y montre l'évolution exponentielle du taux de pénétration du téléphone, de la radiophonie, de la télévision en noir et blanc puis en couleur, de la carte de crédit, de l'enregistreur vidéo, du CD puis du DVD, de l'ordinateur personnel, du téléphone

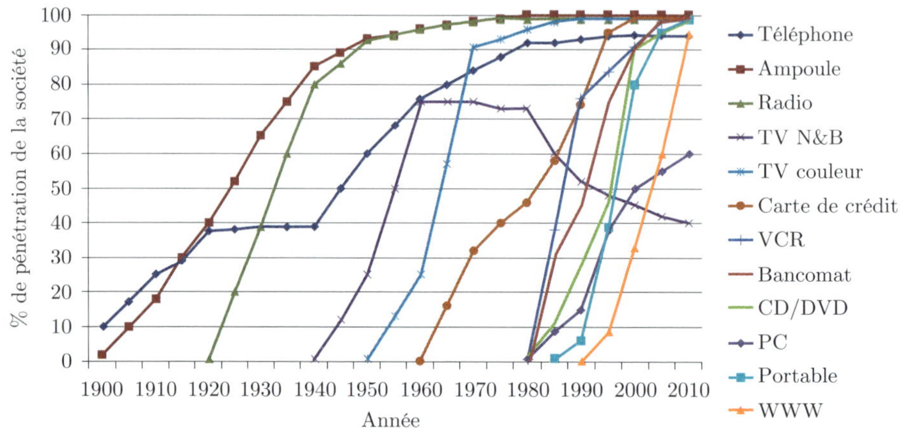

Figure 4 Diffusion des technologies de l'information dans la société (source : IBM).

portable, et enfin de la toile. On y observe que les premières technologies ont mis 40 ans voire plus pour atteindre 80% de la population, alors que les dernières ont explosé en à peine 10 ans voire moins.

La figure 5 propose la même information sous une forme peut-être encore plus évidente. Elle indique le taux de pénétration de chaque technologie directement en années plutôt qu'au cours du temps [(1)].

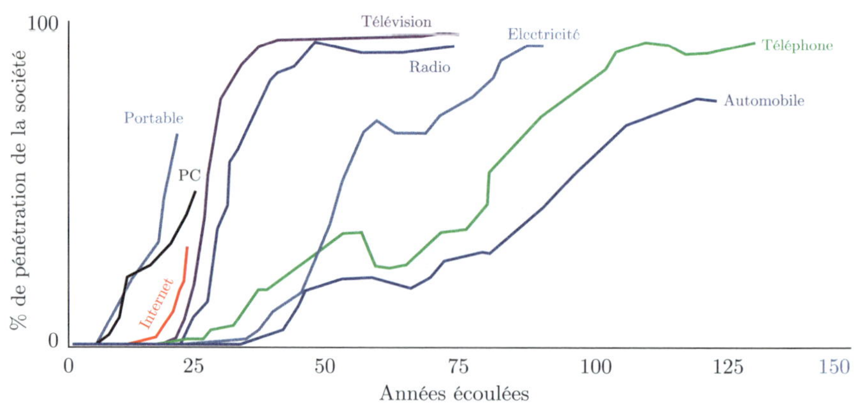

Figure 5 Temps de diffusion de diverses technologies dans la société (source : mapthefuture.mikemace.com).

(1) Comme il est fréquent dans l'étude de telles statistiques, les figures 4 et 5 sont manifestement basées sur des données différentes vu que, par exemple, la diffusion de la téléphonie (commune aux deux figures) subit selon la figure 5, entre 60 et 70 ans après son avènement, un ralentissement que ne corrobore pas la figure 4. Il n'en reste pas moins que, malgré des sources de données ou des interprétations différentes, les deux figures confirment l'observation importante de l'accélération de la diffusion des technologies de l'information.

Ces graphiques donnent une idée de l'évolution du nombre d'équipements déployés dans nos sociétés au cours du temps, mais ils ne suggèrent en rien l'usage fait de ces équipements. Le tableau 1 montre comment les technologies numériques sont devenues omniprésentes, voire essentielles à tous les secteurs d'activité, des plus traditionnels tels l'agriculture, l'industrie, le commerce, à ceux immatériels tels les services publics et professionnels. Les trois premières lignes de ce tableau décrivent sommairement les principaux secteurs d'activité humaine. La quatrième ligne mentionne certaines des principales applications des technologies numériques dans chacun de ces secteurs. Le tableau montre que tous les secteurs dépendent de plus en plus des nouvelles technologies pour la modélisation, la simulation et l'optimisation de leurs opérations, ce qui requiert le traitement de gigantesques masses d'informations mises en ligne quotidiennement dans le monde entier. La quatrième ligne montre que la plupart des secteurs dépendent des technologies numériques pour l'automatisation de leurs processus de conception, de contrôle et de mesure. Tous ces secteurs éprouvent aussi un même besoin universel et insatiable de télécommunications reliant chaque firme à ses fournisseurs, ses clients, ses partenaires, ses sous-traitants, et reliant entre elles toutes les unités internes des grandes entreprises (multi-)nationales. Tous ces secteurs dépendent aussi des technologies numériques pour la gestion de leurs données opérationnelles, telles qu'approvisionnement, planification de la production, marketing, facturation, savoir-faire professionnel, publication de données diverses et de matériel éducatif, etc.

Tableau 1 Impact des technologies numériques sur les différents secteurs d'activité.

Biens	←	...	...	→	Services
Agriculture	Industrie	Commerce	Services publics	Services professionnels	Services administratifs
Culture Chasse Pêche	Extraction Traitement Manufacture	Emballage Distribution Transport Voyage	Eau/gaz/Electricité Télécom. Médias Monde artistique	Conseil Finance Assurance Informatique	Médical Education Gouvern. (ONG incl.)
Météo Captage	Prospection Conception & fabrication assistées par ordinateur	Marketing Logistique Télécom.	Multimédia Facturation Mesure/contrôle Télécom.	Optimisation Systèmes experts Télécom.	Multimédia Systèmes experts Télécom.

De façon similaire, la figure 6 suggère que les technologies numériques sont au cœur de tous les secteurs d'activité et de tous les métiers contemporains. Bien au-delà des métiers et secteurs dits technologiques, il n'en est pas un qui puisse y échapper. Même les sciences sociales, la climatologie, le commerce, les médias, l'enseignement, toute l'économie, la médecine, etc., font un usage quotidien et intensif des technologies numériques.

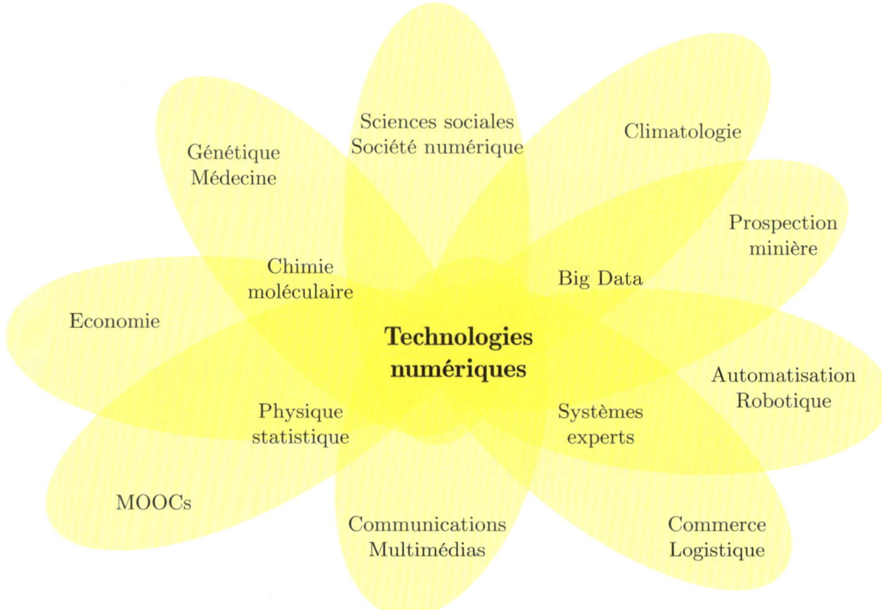

Figure 6 Les technologies numériques au cœur de tous les métiers et de toutes les disciplines (source : Matthias Grossglauser, EPFL).

Ces technologies numériques sont particulièrement vitales pour le secteur tertiaire des services. En effet, comme le suggère la figure 7 pour chacun des 10 pays dans lesquels sont concentrés 60% de la main d'œuvre globale, les parts de la main d'œuvre engagées dans les secteurs de l'agriculture et de l'industrie décroissent, alors que la part de la main d'œuvre engagée dans le secteur des services croît irréversiblement. Ceci est dû au fait que la productivité des secteurs primaire et secondaire a crû dans des proportions telles que de moins en moins d'êtres humains sont nécessaires pour produire la même chose. Au cours du temps de plus en plus de travailleurs se retrouvent engagés dans le secteur tertiaire, où mécanisation et robotisation ne sont guère utiles. Par contre les technologies numériques y sont non seulement utiles et même essentielles, mais surtout la seule façon d'accroître la productivité comme mécanisation et robotisation l'ont fait dans les secteurs primaire et secondaire.

Découvrir le monde numérique

Comme nous venons de le montrer, les technologies numériques sont désormais omniprésentes et leur impact sur la société considérable, elles restent néanmoins mystérieuses. Leurs deux piliers que sont l'informatique et les systèmes de communication sont des disciplines abstraites. Leur façon de procéder est mal connue. C'est plutôt frustrant, considérant la place toujours plus grandes que ces technologies occupent et vont occuper, ainsi que leur profond impact social, économique et culturel, au moins comparable à celui de la presse de Gutenberg ou l'ère de

Pays	% main œuvre globale	% A	% I	% S	% delta S sur 25 ans
Chine	21.0	49	22	29	191
Inde	17.0	60	17	23	28
USA	4.8	1	23	76	21
Indonésie	3.9	45	16	39	35
Brésil	3.0	20	14	66	20
Russie	2.5	10	22	68	38
Japon	2.4	4	28	68	40
Nigeria	2.2	70	10	20	30
Bangladesh	2.2	63	11	26	30
Allemagne	1.4	3	33	64	44

> 50% (S) services

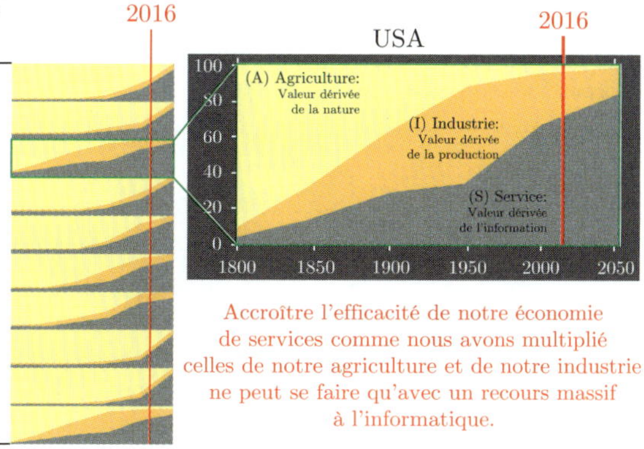

Figure 7 Déplacement de l'économie des secteurs primaire et secondaire vers le tertiaire (source : nationmaster.com).

la mécanisation. L'objectif de cet ouvrage est justement de lever un coin du voile, pour permettre d'un peu mieux appréhender le monde du 21e siècle. Une remarque s'impose ici. Il est important de comprendre que la découverte du monde numérique ne se ramène pas à la *programmation*, c'est-à-dire à l'écriture de code ; la programmation ne sera pas abordée dans cet ouvrage. Programmer c'est comme parler une langue. La langue est essentielle pour exprimer des pensées, mais apprendre une langue n'apprend pas à penser. Découvrir le monde numérique c'est découvrir la façon de penser propre au contexte des technologies numériques. De plus, comme d'autres technologies, les technologies numériques ont donné naissance à une science spécifique. Celle-ci puise beaucoup d'inspiration et de méthodes dans les mathématiques. Elle a néanmoins apporté ses propres notions et modes de raisonnement sur une multitude de sujets spécifiques comme le montreront certains des chapitres. En voici deux exemples, qui seront traités plus en détail dans les chapitres suivants.

Alan Turing. Avant même que le premier ordinateur électronique ne voie le jour, Alan Turing a imaginé une machine universelle abstraite, dont on a ultérieurement pu prouver que les facultés de calcul étaient identiques à celles d'un ordinateur. Turing a décrit quels problèmes cette machine était capable de traiter et pourquoi elle était incapable de traiter une série d'autres problèmes, par exemple de déterminer si un programme se termine toujours (en un temps fini). Dans la mesure où les ordinateurs modernes sont certes plus rapides mais qu'ils ont la même capacité de calcul que la machine de Turing, la théorie de Turing délimite le domaine des problèmes qui peuvent (ou ne peuvent pas) être résolus par ordinateur.

Claude Shannon. Parallèlement à l'avènement de l'informatique, Claude Shannon a démontré comment la quantité d'informations contenue dans un signal ou un message (électronique ou non) pouvait être mesurée en termes d'une unité informatique qu'il a appelé le *bit*. Cette nouvelle unité est à l'informatique, ce que sont à la physique le mètre, le kilo, la seconde, etc. Elle permet d'exprimer tout signal ou message (électronique ou non) sous forme d'une suite numérique de chiffres. Des signaux ou messages différents, représentés par des suites de chiffres, peuvent ainsi être comparés sur le plan de leur complexité, qu'on appelle en informatique *entropie*, voire comprimés avec ou sans perte d'information. On verra plus loin que la complexité d'une information et la possibilité (ou le besoin) de la comprimer ont un impact direct sur la place qu'occupe cette information dans un ordinateur, et sur le temps que prend la transmission de cette information vers un réseau de communication.

Douze chapitres dévoilent ce monde numérique, son mode de pensée et ses méthodes, ses composantes « science » et « ingénierie ». Ces douze chapitres sont regroupés en trois parties : *calcul*, *information*, *systèmes*.

La première partie (chap. 1 à 3), explore les fondements du *calcul*. Nous commençons par introduire la notion d'algorithme, puis présentons quelques stratégies de conception d'algorithmes, et finalement pointons le doigt sur la limite de ce qui peut être calculé par un algorithme. Cela nous permet d'évoquer un important problème ouvert, à savoir si P = NP, où P et NP représentent deux classes de problèmes.

Une deuxième partie (chap. 4 à 7), est consacrée à l'*information*. Nous commençons par la représentation de l'information au sein d'un ordinateur. Nous montrons ensuite comment transformer une information analogique du monde physique qui nous entoure en une information sous forme numérique pouvant être traitée par un ordinateur, et vice-versa. Nous introduisons ensuite la notion d'entropie de l'information, une notion clé permettant de parler de compression de l'information. Finalement, nous parlons de redondance de l'information, dans le but de protéger une information contre les erreurs potentielles pouvant l'affecter lors de son stockage ou de sa transmission.

Ces deux premières parties montrent en quoi l'avènement du monde numérique a conduit au développement d'une nouvelle science. Mais le monde numérique ne serait pas ce qu'il est aujourd'hui sans de remarquables développements technologiques et contributions d'ingénierie, ce que l'on désigne généralement par le nom de *systèmes informatiques*. C'est le thème de la troisième partie (chap. 8 à 12). Les chapitres 8 et 9 expliquent le fonctionnement d'un ordinateur. Le chapitre 10 porte sur le stockage de l'information sous forme de fichiers et de bases de données. Le chapitre 11 explique le fonctionnement des réseaux de communication, notamment internet, permettant l'échange d'information entre ordinateurs. Finalement, le dernier chapitre (*last but not least*) aborde le besoin essentiel et les fondements de la sécurité informatique.

Selon les intérêts du lecteur, plusieurs ordres de lecture des chapitres sont possibles. Ces ordres sont suggérés sur la figure 8. Spécifiquement, la compréhension des chapitres 3, 5, 6 et 7, plus « mathématiques », n'est pas nécessaire à la lecture des chapitres qui suivent.

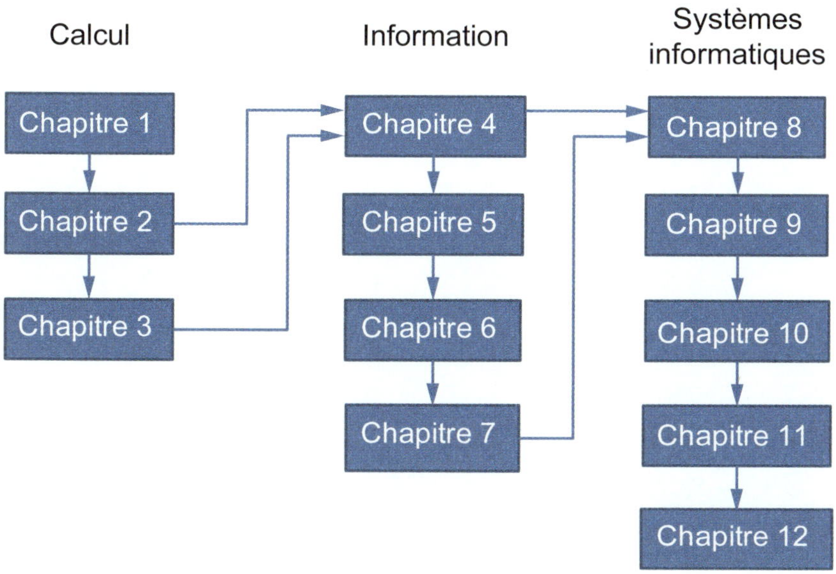

Figure 8 Ordres de lecture des chapitres.

Chapitre 1

Algorithmes

1.1 Introduction

L'informatique est la convergence de deux entités : les *algorithmes* et les *ordinateurs*. La notion d'algorithme, du nom du mathématicien Al-Khwarizmi, est bien plus ancienne que la notion d'ordinateur (à la base, adjectif désignant Dieu qui met de l'ordre dans le monde).

Depuis la nuit des temps, les humains ont imaginé des techniques leur permettant de calculer sans trop réflechir : ils ont inventé des algorithmes pour faire des additions, des multiplications, des calculs de surface, etc. A chaque fois l'idée est la même : à partir d'instructions élémentaires *simples*, par exemple l'addition de chiffres, on trouve des procédés systématiques permettant de faire des calculs plus *complexes*, par exemple l'addition de grands nombres avec des retenues, en répétant les instructions simples. Celui qui conçoit l'algorithme doit donc comprendre le calcul complexe, mais pas ceux qui l'exécutent : ils peuvent se contenter d'exécuter les instructions simples.

Puis les humains ont commencé à construire des machines leur permettant, non seulement de ne pas trop réflechir, mais de ne rien faire du tout. Il y a eu par exemple des machines spécialisées, comme la Pascaline, inventée par Blaise Pascal au 17e siècle pour aider son père à faire des calculs de recettes fiscales, ou la machine de Babbage au 19e siècle pour faire des calculs de tables astronomiques.

Au 20e siècle, Alan Turing inventa ce que l'on appelle la *machine universelle* : celle qui permet d'exécuter n'importe quel algorithme. Aujourd'hui, les ordinateurs modernes sont tous équivalents à cette machine : nous y reviendrons. Par contre, les algorithmes peuvent être très différents, même quand ils résolvent le même *problème*.

L'objectif de ce chapitre est d'expliquer ce qu'est un algorithme. Nous en donnerons tout d'abord une idée intuitive, avant d'en étudier les ingrédients de base et de souligner ce qui est important dans sa conception, en particulier sa complexité. La matière sous-jacente à cette étude s'appelle l'*algorithmique*. A la fin du chapitre, nous en donnerons une idée plus précise à travers la machine de Turing. La boucle sera bouclée et le lien entre la notion d'algorithme et celui d'ordinateur sera définitivement établi.

1.2 Deux exemples pour commencer

Avant de nous lancer dans la description de la notion d'algorithme, regardons de manière abstraite deux exemples qui ont changé le mode de vie de beaucoup d'entre nous.

1.2.1 Au cœur de Google : PageRank

Aujourd'hui, quand on cherche une information, on s'adresse souvent à Google. Mais qu'est-ce qui se passe vraiment quand on soumet une requête au moteur de recherche de Google ? Qu'est-ce qui se passe par exemple si l'on cherche Michael Jackson ?

On voit apparaître des liens vers des pages concernant le chanteur : sa vie, ses photos, ses clips, ses fan clubs, etc. Tout cela nous paraît bien logique a priori. Mais si l'on y réflechit un peu, cela devrait nous intriguer. Après tout, il y a des milliers de Michael Jackson dans le monde. Pourquoi Google ne nous propose rien sur Michael Jackson menuisier de Dallas ? Ou Michael Jackson professeur de chant à San Francisco ? Si vous étiez ce même menuisier ou professeur de chant, vous pourriez même être outré de ne voir aucun lien sur une page qui parle de vous alors que vous en maintenez plusieurs.

En fait, Google affiche des liens sur les pages du chanteur car il suppose que c'est le chanteur que nous cherchons. Et il y a une forte probabilité que ce soit le cas pour la grande majorité d'entre nous. Mais comment Google peut-il savoir qu'il y a une forte probabilité que nous cherchions Michael Jackson le chanteur ? Google ne le sait pas. Ce que Google sait par contre, c'est que parmi toutes les pages qu'il *indexe* avec le nom Michal Jackson, celles concernant le chanteur sont les plus importantes. Deux notions sont cruciales ici : la notion d'*indexation* et la notion d'*importance*.

Le terme *indexer* une page p signifie ici que Google a stocké cette page p, en a extrait des mots clés (comme le nom Michael Jackson) et qu'il est susceptible de proposer p à ses utilisateurs comme réponse à leurs requêtes (en l'occurence celles portant sur « Michael Jackson »). A l'heure où ce chapitre est écrit, Google indexe près de 10^{12} pages. Il en indexait 10^9 en 2000. Même si cela semble pysiquement impossible aujourd'hui, peut-être arrivera-t-il un jour à en indexer 10^{100}, le fameux nombre mathématique *googol* qui aurait inspiré le nom de la société.

Ensuite, Google calcule périodiquement l'*importance* relative des pages indexées sous forme d'un *score*. Lorsque l'on soumet une requête à Google, il affiche, parmi celles qui correspondent à cette requête (parmi toutes celles indexées « Michael Jackson ») celles dont le score est le plus élevé (c'est-à-dire celles du chanteur). Pour calculer le score d'une page, Google utilise un procédé systématique : un algorithme appelé ***PageRank***, du nom du créateur de la société, Larry Page, ainsi que de l'entité centrale du système Google : la *page* web. Cet algorithme a été inventé par Larry Page et Sergey Brin à l'Université de Stanford en 1996. Il y a eu plusieurs versions de cet algorithme et beaucoup de détails sont secrets : mais l'idée centrale que nous allons présenter ici est assez simple.

Comme son nom l'indique, l'algorithme *PageRank* permet de classer l'importance des pages web indexées par Google. Il se base pour cela sur les *liens* entre les pages. En effet, chaque page p typiquement *cite* un certain nombre d'autres pages : le fait de les citer signifie ici que p a des liens vers ces pages. Quelqu'un qui atterit sur une page p peut trouver un lien vers une page q et y aller directement. C'est ce qui se passe quand, dans une page wikipedia sur *PageRank,* on trouve un lien vers la page de Larry Page.

Alors comment *PageRank* fonctionne-t-il ? Avant de se lancer dans la description de cet algorithme, il est important de rappeler le problème à résoudre :

> *Pour chaque page p, calculer le score de p, censé représenter son importance relative aux pages du système, en fonction des liens entre ces pages.*

L'idée sous-jacente à *PageRank* est de représenter le score d'une page p par la probabilité qu'un utilisateur qui se baladerait dans une bibliothèque constituée de toutes les pages, atterrisse sur p. Cette probabilité est d'autant plus grande que :

1) de nombreuses pages q ont des liens vers p ;
2) ces pages q ont elles-mêmes un score important ;
3) ces pages q ont peu de liens vers d'autres pages *p'*.

Notons score(q) le score d'une page q et liens(q) le nombre de liens sortant de q. Une manière de synthétiser 1), 2) et 3) est de faire la somme des scores des pages q ayant un lien vers p en divisant chaque score par lien(q). Ainsi, en première approximation :

$$score(p) = \text{somme sur toutes les pages } q \text{ ayant un lien vers } p \text{ de } (score(q)/liens(q))$$

C'est un peu comme si chaque page avait un certain nombre de votes (son score), qu'elle pouvait transférer à d'autres pages. La figure 1.1 permet d'illustrer cela à travers quatre pages : q ayant un lien vers p et p', q' ayant un lien vers p'. Si l'on suppose que les scores de q et q' sont égaux à 1, on aura : $score(p) = 0.5$ et $score(p') = 1.5$.

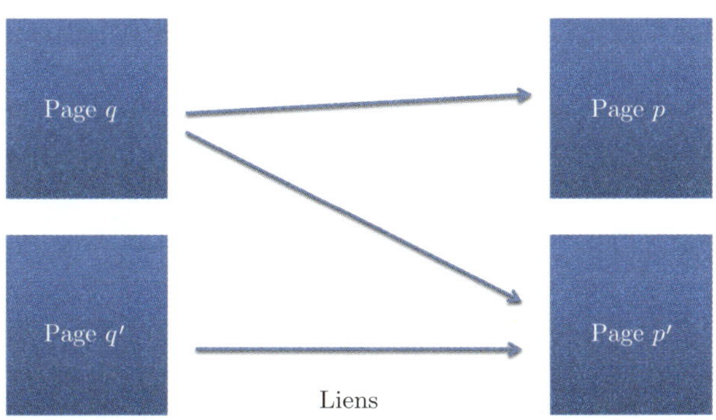

Figure 1.1 Pages et liens.

De manière plus générale, comme *PageRank* calcule le score d'une page en fonction de scores d'autres pages, il est légitime de se poser la question du calcul des scores initiaux des pages. *PageRank* suppose une procédure d'initialisation des scores des pages.

Par ailleurs, l'algorithme *PageRank* prend aussi en compte le fait qu'un utilisateur qui se balade dans la bibliothèque puisse aller directement d'une page à une autre sans passer par des liens, un peu comme s'il sautait par-dessus les murs de la bibliothèque. Plus précisément, *PageRank* relativise le score ci-dessus en le multipliant par un *facteur d'amortissement* d, compris entre 0 et 1, auquel on rajoute $(1-d)$ pour avoir une probabilité. Ainsi :

$$PageRank(p) = (1-d) + d \cdot \text{Somme}_{q \text{ lien } p}(PageRank(q)/liens(q))$$

où $\text{Somme}_{q \text{ lien } p}$ représente la somme sur toutes les pages q ayant un lien vers p.

Le facteur d'amortissement est en général 0.85. Ainsi :

$$PageRank(p) = 0.15 + 0.85 \cdot \text{Somme}_{q \text{ lien } p}(PageRank(q)/liens(q))$$

Si l'on revient à l'exemple ci-dessus, on aura :

$$PageRank(p) = 0.15 + 0.85 \cdot 0.5 = 0.575 \text{ et } PageRank(p') = 1.425.$$

1.2.2 Au cœur de Facebook : EdgeRank

A la base, Facebook avait pour objectif de connecter les étudiants de l'Université de Harvard. A l'heure où ce chapitre est écrit, Facebook connecte plus d'un milliard d'utilisateurs. Facebook permet à chacun de partager en temps réel toutes sortes d'informations avec ses « amis » : des notes décrivant ses états d'âme ou ses activités quotidiennes, des photos, de la musique, des recommandations pour des livres, des liens vers des articles de journaux, etc.

En gros, chaque utilisateur possède deux *espaces* : un espace qu'il utilise pour décrire les informations qu'il souhaite partager (son « courrier » ou ses « *posts* » comme on dit dans le jargon Facebook) et un espace dans lequel il voit défiler les posts partagés par ses amis. Ce second espace est parfois appelé *fil d'actualité*. Mais quelles informations Facebook décide-t-il d'afficher sur le fil d'actualité de chaque utilisateur ?

Tout le courrier de ses amis ? Certainement pas. Facebook fait une sélection radicale et en élimine près de 90%. D'une part Facebook fait cela pour ne pas inonder les utilisateurs d'informations qui disparaîtraient en une fraction de seconde à cause de leur trop grand nombre. D'autre part Facebook filtre les informations afin que chacun trouve son fil d'actualité suffisamment intéressant pour rester connecté et être actif à son tour. Plus il y a de personnes connectées et plus Facebook peut monnayer son support publicitaire.

Alors sur quoi Facebook se base-t-il pour faire sa sélection de ce qui doit être affiché sur le fil d'actualité de chaque utilisateur ? Il se base sur un algorithme appelé *EdgeRank*. Le principe de cet algorithme n'est pas sorcier. Si l'on omet certains détails, en particulier de mise en œuvre et d'optimisation, on peut en donner l'idée centrale de manière assez simple.

Avant de se lancer dans cette description, il est important de rappeler le problème résolu par l'algorithme *EdgeRank*.

> *Pour chaque utilisateur u, déterminer le score des courriers partagés par les amis de u : plus le score d'un courrier p (p comme post) est élevé et plus u devrait trouver p intéressant.*

En première approximation, le score pour un utilisateur u d'un courrier p émis par un utilisateur v correspond au produit de trois variables : $a \cdot t \cdot f$:

- La variable a désigne *l'affinité* de v par rapport à u. Plus v a l'habitude d'aimer ou de commenter des informations postées par u, voire d'envoyer des messages à u, et plus a sera grand. Pour être rigoureux, on devrait noter $a(v, u)$.
- La variable t représente le type de courrier : une photo a plus de poids qu'un petit texte par exemple. Ici, on devrait noter $t(p)$.
- La variable f représente la fraîcheur du courrier : plus un courrier est ancien, plus f diminue. Ici on devrait noter $f(p)$.

La notion de score dans ce contexte est relative. Le score d'un courrier p posté par un utilisateur v peut être différent pour deux amis, u et u', de v. Par ailleurs, il est important de remarquer que la notion d'affinité n'est pas symétrique : le fait que v soit fan de u n'implique pas l'inverse.

En fait, *EdgeRank* ne fait pas simplement un produit, mais une somme de produits. A chaque courrier p est associé un ensemble de *liens*. Le premier lien est celui de la création de p : il est généré par l'utilisateur v qui a posté p. A chaque fois qu'un nouvel utilisateur v' souligne qu'il aime p ou le commente, un nouveau lien est généré par v'. Plus un courrier p est « liké » ou commenté par des amis de u et plus p a de chances d'apparaître sur le fil d'actualités de u. Cela explique qu'un vieux courrier peut apparaître soudainement dans votre fil d'actualité : il a été commenté par certains de vos amis et cela a boosté son score.

Chacun des liens sur p a donc un score qui correspond à un produit de variables $a \cdot t \cdot f$. Le score de p est la somme des scores des liens :

$$EdgeRank(p, u) = \text{Somme}_{v \text{ lien } u}(a(v, u) \cdot t(p) \cdot f(p))$$

où $\text{Somme}_{v \text{ lien } u}$ représente la somme sur tous les v qui ont un lien vers u.

1.3 Qu'est-ce qu'un algorithme ?

Nous avons vu qu'un algorithme est une sorte de procédé systématique ou mécanique. Plus précisément, c'est un *ensemble ordonné* (souvent une *séquence linéaire*) *d'instructions élémentaires* permettant de résoudre un problème. Plusieurs concepts sont importants dans cette définition. Tout d'abord le fait que ce soit un ensemble *ordonné*, c'est-à-dire muni d'une relation d'ordre qui stipule quelles instructions doivent s'exécuter avant quelles autres. Ensuite, le fait que ces instructions soient *élémentaires*. Cette notion est une motivation centrale de la conception même d'un algorithme : concevoir un algorithme résolvant un problème signifie *déconstruire* le problème. En général, le but est que ces instructions soient tellement élémentaires qu'il est possible de les exécuter sans réfléchir, comme le fait un ordinateur. Mais comme nous allons le voir, la notion d'instruction élémentaire est très relative.

1.3.1 L'algorithme du marathon

Certes, nous utilisons souvent le terme algorithme pour désigner la séquence des instructions executées par un ordinateur pour résoudre un problème. Mais nous l'utilisons aussi, et à bon escient, pour décrire une séquence d'instructions executées par un humain pour accomplir une tâche.

Pour se préparer à un marathon qui a lieu dans 12 semaines, avec comme objectif de le finir en moins de 3h30, un entraîneur pourrait vous conseiller l'algorithme d'entraînement suivant : alterner des séances courtes et rapides, des séances longues et lentes, ainsi que des jours de repos. Cet exemple nous permet d'introduire la syntaxe utilisée pour décrire les algorithmes.

Marathon en 3h30

Pour *semaine* de -12 à 0
    Si *semaine* $= -6$: repos
    Pour *jour* de 1 à 7
        Si *jour* $= 3$ ou 6 : repos
        Si *jour* $= 1$ ou 5
            Pour *série* de 1 à 20
                courir 40 s à 15 km/h
                repos pendant 20 s
        Si *jour* $= 2$ ou 4 : courir 50 mn à 11 km/h
        Si *jour* $= 7$
                courir 1h30 à 11 km/h
                courir 30 mn à 13 km/h

La syntaxe est assez simple. Elle se base sur ce que l'on appelle des ***structures de contrôle***, c'est-à-dire des instructions spéciales qui permettent de décider de l'ordonnancement des autres instructions. Les deux structures de contrôle utilisées dans cet algorithme sont les suivantes :

- **Pour** x de i à j : *INS* est une structure de contrôle qui signifie que l'on va exécuter la séquence des instructions *INS*, $(j - i + 1)$ fois et, à chaque fois, la variable x prendra l'une des valeurs entre i et j : d'abord i, puis $i + 1$, puis $i + 2$, jusqu'à j. Cette structure de contrôle suppose $j \geqslant i$. Ainsi, la variable *semaine* prendra les valeurs -12, puis -11, jusqu'à 0, la variable *jour* prendra les valeurs 1, 2 jusqu'à 7.
- **Si** E : *INS* est une structure de contrôle qui signifie que l'on va évaluer l'expression booléenne E (une expression qui peut être vraie ou fausse) et si cette expression est vraie on exécutera la séquence d'instructions *INS*.

Cet algorithme est une sorte de promesse que si toutes les instructions élémentaires sont executées correctement, l'objectif sera atteint : on sera en mesure de courir le marathon en moins de 3h30. Si l'on n'arrive pas à courir 40 s à 15 km/h, il y a peu de chances d'y arriver. Il est important de noter ici que les instructions sont assez précises et qu'il n'y a pas besoin de réflechir pour les exécuter. En particulier, il n'est pas important de savoir pourquoi on arrivera à courir en moins de 3h30 : des experts en marathon ont fait des expériences avec des coureurs et sont arrivés à cet algorithme. Pour le coureur amateur, il suffit de faire confiance à l'algorithme et d'en exécuter machinalement les instructions dans l'ordre stipulé.

1.3.2 L'algorithme d'Euclide

Bien avant les ordinateurs, les mathématiciens utilisaient des algorithmes pour effectuer de manière automatique certains calculs. L'un des exemples les plus anciens dont nous avons connaissance est l'algorithme d'Euclide qui permet de déterminer le plus grand diviseur commun entre deux entiers a et b.

PGDC
entrée : *deux entiers naturels non nuls* a *et* b *tels que* $a \geqslant b$ sortie : *un entier naturel, le PGDC*

Répéter
    $r \leftarrow$ reste de la division de a par b
    $a \leftarrow b$
    $b \leftarrow r$
Tant que $r > 0$
Sortir : a

L'algorithme s'applique à toute paire d'entiers non nuls. Nous illustrons ici l'une des grandes forces de l'algorithmique : pouvoir appliquer le même procédé dans différentes situations. La notion d'*entrée* de l'algorithme permet de définir cela. Pour chacune des paires a et b, l'algorithme ***retourne*** (on dit aussi qu'il ***sort***) leur PGDC. La notion de *sortie* de l'algorithme permet d'indiquer ce que l'on attend de l'algorithme.

Les deux structures de contrôle utilisées dans cet algorithme sont les suivantes :

- **Répéter** *INS* **Tant que** E signifie que l'on va répéter les instructions de la séquence *INS* tant que l'expression E est vraie. Dans l'algorithme ci-dessus E correspond à $r > 0$.
- **Sortir** : x signifie que l'on va terminer l'algorithme et retourner la valeur de x.

Nous utilisons aussi la notion d'***affectation***.

- $r \leftarrow$ reste de la division de a par b signifie que l'on va calculer le reste de la division de a par b (ce qui est à droite du symbole $\leftarrow$) et mettre le résultat dans la variable r (à gauche du symbole $\leftarrow$). Au cours de l'exécution de l'algorithme, cette variable pourra avoir plusieurs valeurs, jusqu'à 0.

Peu de gens savent qu'à l'origine Euclide avait utilisé des arguments géométriques pour arriver à cet algorithme. Nous pouvons ignorer ces arguments et exécuter les instructions élémentaires de manière répétitive jusqu'à arriver au résultat. Autrement dit, nous exécutons l'algorithme comme si nous étions des automates. C'est bien cela l'idée sous-jacente à l'algorithmique.

1.3.3 L'algorithme quadratique

Comme indiqué auparavant, « algorithme » est dérivé du nom du mathématicien Mohammed Al-Khwarizmi. Ce dernier avait, très jeune, traduit au 9e siècle en arabe le livre d'Euclide *Les Eléments,* un traité de géométrie rédigé près de 3 siècles av. J.-C. Parmi beaucoup d'autres choses, Al-Khwarizmi a aussi inventé la notion d'inconnue (x vient de « *chay* », la « chose » en arabe), qui correspond à la notion de variable dans les algorithmes.

Al-Khwarizmi a aussi proposé une manière simple de résoudre des équations complexes dans son fameux ouvrage *Le calcul par la comparaison et la restauration.* La motivation était de permettre à des non-mathématiciens de résoudre des problèmes compliqués en exécutant des instructions simples : la même motivation qu'aujourd'hui pour des ordinateurs.

Lorsque l'on résout des équations du second degré, que l'on appelle aussi équations quadratiques, on exécute l'algorithme suivant. On fait cela comme des automates, sans savoir que pour le concevoir il a fallu passer par des résolutions géométriques, puis par des identités remarquables.

Quadratique
entrée : *trois nombres réels non nuls a, b et c ;* $a > 0$ sortie : *ensemble de nombres réels*

$Delta \leftarrow b^2 - 4ac$
Si $Delta < 0$
    Sortir : ϕ
Si $Delta = 0$
    Sortir : $\left\{\frac{-b}{2a}\right\}$
Si $Delta > 0$
    $x_1 \leftarrow \frac{-b-\sqrt{Delta}}{2a}$
    $x_2 \leftarrow \frac{-b+\sqrt{Delta}}{2a}$
    Sortir : $\{x_1, x_2\}$

Dans le cas où le déterminant *Delta* est négatif, l'algorithme sort l'ensemble vide. Sinon, l'algorithme sort une ou deux solutions. L'idée centrale qu'il faut retenir encore plus ici est qu'il n'est pas nécessaire de comprendre le problème, et pourquoi l'algorithme marche. Il suffit de savoir exécuter les instructions élémentaires.

1.4 Les ingrédients de base d'un algorithme

Comme illustré ci-dessus, un algorithme est un ensemble ordonné d'instructions élémentaires. Deux choses sont importantes ici : les *instructions élémentaires* et la *relation d'ordre.*

1.4.1 Les instructions élémentaires

En toute généralité, la notion d'instruction élémentaire est relative au problème résolu. Dans la plupart des exemples ci-dessus, les instructions élémentaires consistent à :

- Assigner une valeur à une variable.
- Effectuer des calculs élémentaires, telles que des divisions/multiplications, additions/soustractions, extractions de racine, etc.
- Manipuler des structures de données, comme extraire un élément d'un ensemble, accéder au $i^{\text{ème}}$ élément d'une liste, parcourir un graphe etc. De telles instructions sont au cœur des algorithmes *EdgeRank* et *PageRank*.

Ces instructions sont élémentaires par rapport au problème général qui consiste par exemple à résoudre une équation quadratique ou calculer le score d'un courrier (post) par exemple.

Dans les cas de l'algorithme de l'entraînement au marathon, les instructions élémentaires consistent à courir à une certaine vitesse pendant un certains temps, au maximum 2 h. Chacune de ces instructions est élémentaire par rapport au problème général qui consiste à courir pendant 42 km en moins de 3h30 le jour j (12 semaines après le début de l'entraînement).

1.4.2 Les structures de contrôle

Il est très rare que l'on souhaite toujours exécuter les instructions d'un algorithme exactement une fois. Souvent, on souhaite que l'exécution d'instructions dépende de conditions spécifiques exprimées par la valeur des variables de l'algorithme. C'est le cas de tous les algorithmes ci-dessus. Dans la résolution des équations quadratiques par exemple, les valeurs de x_1 et x_2 dépendent de la valeur du discriminant *Delta*. Dans l'algorithme du marathon, l'entraînement dépend du jour de la semaine.

Parmi les différents types de structure de contrôle, en voici quatre principales :

1) *L'interruption de l'algorithme.* **Sortir** : x

   L'algorithme retourne x et s'arrête : l'exécution de la séquence d'instructions est interrompue. Dans la résolution d'une équation quadratique ci-dessus, on a écrit :

Si $Delta < 0$ **Sortir** : ϕ

   Les instructions après « **Sortir** : ϕ » ne seront pas exécutées si « **Sortir** : ϕ » est elle-même exécutée.

2) *Les branchements conditionnels.* **Si** E : *INS1* **Sinon** : *INS2*

   L'expression E est évaluée et retourne une valeur booléenne (vrai ou faux) ; *INS1* et *INS2* sont des séquences d'instructions. Le branchement conditionnel ci-dessus signifie que si E est vrai, alors il faut exécuter les instructions de la séquence *INS1*, sinon on exécutera les instructions de la séquence *INS2*. La partie « **Sinon** *INS2* » est optionnelle : elle n'est nécessaire que si des instructions (ici *INS2*) sont à exécuter lorsque E est faux. Dans la résolution d'une équation quadratique ci-dessus, on a écrit :

Si $Delta < 0$
    Sortir : ϕ
Si $Delta = 0$
    Sortir : $\left\{\frac{-b}{2a}\right\}$
Si $Delta > 0$
    $x_1 \leftarrow \frac{-b-\sqrt{Delta}}{2a}$
    $x_2 \leftarrow \frac{-b+\sqrt{Delta}}{2a}$
    Sortir : $\{x_1, x_2\}$

On aurait aussi pu écrire :

Si $Delta < 0$
    Sortir : ϕ
Si $Delta = 0$
    $x_1 \leftarrow \frac{-b}{2a}$
    $x_2 \leftarrow \frac{-b}{2a}$
Sinon
    $x_1 \leftarrow \frac{-b-\sqrt{Delta}}{2a}$
    $x_2 \leftarrow \frac{-b+\sqrt{Delta}}{2a}$
Sortir : $\{x_1, x_2\}$

ou alors :

Si $Delta < 0$
    Sortir : ϕ
Si $Delta = 0$
    $x_1 \leftarrow \frac{-b}{2a}$
    $x_2 \leftarrow \frac{-b}{2a}$
    Sortir : $\{x_1, x_2\}$
$x_1 \leftarrow \frac{-b-\sqrt{Delta}}{2a}$
$x_2 \leftarrow \frac{-b+\sqrt{Delta}}{2a}$
Sortir : $\{x_1, x_2\}$

Dans la dernière variante ci-dessus, on utilise le fait que « **Sortir** : $\{x_1, x_2\}$ » est une structure de contrôle qui permet d'arrêter l'exécution de l'algorithme.

3) *Les boucles conditionnelles.* **Répéter** *INS* **Tant que** *E*

Ici *E* est une expression booléenne (vrai ou faux) et *INS* une séquence d'instructions. Tant que *E* est vrai, on répète les instructions de *INS*. Dès que *E* est faux, on passe aux instructions qui suivent la boucle. Ainsi, dans l'algorithme d'Euclide :

> **Répéter**
> $r \leftarrow$ reste de la division de a par b
> $a \leftarrow b$
> $b \leftarrow r$
> **Tant que** $r > 0$

Une variante que l'on utilise souvent s'écrit : **Tant que** E : INS. Dans ce cas on évalue E avant d'exécuter INS. Il faut dans ce cas s'assurer que l'évaluation initiale de E a un sens. Cela n'est par exemple pas le cas dans l'algorithme d'Euclide (il faudrait initialiser r).

4) *Les itérations.* **Pour** x de i à j : INS
Ici x est une variable, i, j sont typiquement des entiers naturels et *INS* est une séquence d'instructions. La variable x vaudra tout d'abord i, puis $+1$, $i+2$, etc., jusqu'à j. La séquence d'instructions *INS* sera exécutée pour chacune des valeurs de x. Dans l'exemple de l'entraînement au marathon :

> **Pour** *jour* de 1 à 7
> **Si** *jour* = 3 ou 6 : repos

Mais encore

On retrouve les structures de contrôle décrites ci-dessus sous différentes formes dans les langages de programmation utilisés aujourd'hui. Mais on en retrouve aussi sous d'autres formes, par exemple, dans les langages de programmation permettant d'exécuter des algorithmes sur plusieurs processeurs. Ces langages offrent des structures de contrôle qui stipulent les différentes séquences d'instructions qui peuvent s'exécuter en parallèle, c'est-à-dire simultanément sur différents processeurs. De telles structures de contrôle dépassent le cadre de cet ouvrage.

1.5 Qu'est-ce qu'un algorithme correct ?

On peut voir un algorithme comme un *contrat* impliquant trois parties : 1) *l'utilisateur* de l'algorithme, qui propose par exemple une valeur *d'entrée* et souhaite récupérer une valeur de *sortie* (le résultat), 2) *l'exécutant* des instructions de l'algorithme, et 3) *le concepteur* de l'algorithme.

Dans certains cas, certains de ces acteurs sont les mêmes. Dans l'exemple du marathon, le concepteur de l'algorithme est par exemple un professionnel de la course longue distance. Celui qui s'en sert est le même que celui qui exécute les instructions de base de l'algorithme. Dans le cas des algorithmes *EdgeRank* et *PageRank*, les instructions sont executées par des machines puissantes qui doivent traiter un grand nombre de données. Les concepteurs des algorithmes sont des ingénieurs en Californie. Ceux qui les utilisent sont éparpillés aux quatre coins du monde. Dans le cas des algorithmes d'Euclide ou de résolution d'équations quadratiques, les concepteurs sont des mathématiciens, les utilisateurs sont souvent des élèves et les instructions élémentaires peuvent être exécutées par des calculatrices.

1) **Les valeurs d'entrée d'un algorithme**

Dans le cas de l'algorithme d'Euclide, l'utilisateur doit entrer deux entiers non nuls a et b tels que $a \geqslant b$. C'est sa part du contrat. Si l'un des deux est nul, ou a est inférieur à b, l'algorithme ne fonctionnera pas. Cela ne serait pas de la responsabilité du concepteur de l'algorithme. Une source d'erreur classique est d'utiliser des entrées pour lesquelles l'algorithme n'est pas conçu.

En fait, on rajoute souvent des tests dans l'algorithme pour s'assurer que les valeurs d'entrées sont conformes à la spécification de l'algorithme. Dans le cas de l'algorithme d'Euclide, nous pourrions rajouter un test au début de l'algorithme qui vérifierait que les valeurs entrées pour a et b sont correctes. Dans le cas contraire, l'algorithme retournerait par exemple le résultat « 0 » signalant une erreur [1], et n'exécuterait pas la boucle. Voici ce nouvel algorithme :

PGDC′
entrée : *deux entiers naturels non nuls a et b tels que $a \geqslant b$* sortie : *PGDC*

Si $(a = 0)$ ou $(b = 0)$ ou $(a < b)$
    Sortir : 0
Répéter
    $r \leftarrow$ reste de la division de a par b
    $a \leftarrow b$
    $b \leftarrow r$
Tant que $r > 0$
Sortir : a

Rajouter de tels tests est une manière de rendre l'algorithme plus robuste en tolérant des erreurs de l'utilisateur.

2) **Les instructions élémentaires**

La deuxième partie du contrat concerne les instructions élémentaires. Le concepteur d'un algorithme A ne peut rien assurer si ces instructions ne sont pas exécutées correctement. Une panne de la machine sous-jacente par exemple ne signifie pas que l'algorithme A n'est pas correct.

Il est par ailleurs important de se rappeler, encore une fois, que la notion d'instruction élémentaire est une notion relative. Parfois, cette instruction est elle-même mise en œuvre à travers un sous-algorithme qui retourne un résultat (une sortie). La défaillance de ce sous-algorithme, qui peut se traduire par une sortie non correcte, ne signifie pas que l'algorithme A n'est pas correct.

---

(1) Comme le PGDC n'est pas censé être 0, l'utilisateur saurait qu'il y a un problème.

3) **Sûreté et terminaison**

La responsabilité du concepteur d'un algorithme est donc d'assurer que son algorithme est correct, en supposant que les entrées sont correctes et que les instructions élémentaires sont exécutées correctement.

Cela recouvre deux aspects. Il s'agit d'une part de s'assurer que l'algorithme ne retourne pas de résultat faux. D'autre part, il s'agit de s'assurer que l'algorithme retourne toujours un résultat. Dans le premier cas, on parle de propriété de ***sûreté*** : l'algorithme est « sûr » dans le sens où l'ont peut faire confiance au résultat retourné. Dans le second cas, on parle de propriété de ***terminaison*** : l'algorithme se termine.

Des techniques de preuves mathématiques permettent de se convaincre que ces deux propriétés sont assurées. Il existe aussi des algorithmes de vérification automatique qui permettent de déceler des risques de violation de ces propriétés. (Un algorithme de vérification a pour entrée un autre algorithme). Aucune de ces techniques n'est complète en général : elles ne permettent pas d'étudier tous les cas possibles. C'est surtout l'expérience qui permet d'éviter les pièges qui conduisent à enfreindre la sûreté ou empêcher la terminaison.

Une source d'erreur classique est la boucle infinie. Si l'on reprend l'exemple de l'algorithme d'Euclide, il est important (pour que l'algorithme se termine) de finir par avoir $r \leqslant 0$:

Répéter
  $r \leftarrow$ reste de la division de a par b
  $a \leftarrow b$
  $b \leftarrow r$
Tant que $r > 0$

De manière générale, s'efforcer de concevoir des algorithmes simples et décomposer les algorithmes en sous-algorithmes sont deux bonnes pratiques pour concevoir des algorithmes corrects.

1.6 Qu'est-ce qu'un algorithme efficace ?

Garantir qu'un algorithme assure la terminaison et la sûreté est fondamental. Mais cela n'est pas suffisant pour en faire un algorithme utile : un algorithme qui mettrait un siècle à se terminer ne serait pas très utile. Il est donc tout aussi important qu'un algorithme soit *efficace*.

On dit d'un algorithme qu'il est efficace s'il utilise peu de *ressources*. Regardons cela de plus près.

1.6.1 De l'efficacité à la complexité

Un algorithme utilise comme ressources du *temps*, de la *mémoire* et de l'*énergie*. Plus il en utilise, et moins il est considéré comme efficace.

Dans ce chapitre, nous allons nous concentrer sur la ressource « temps » : on parle d'*efficacité temporelle* d'un algorithme. D'une part, c'est une ressource souvent privilégiée dans la conception des algorithmes, car considérée la plus importante en pratique. D'autre part, son étude est suffisante pour avoir une bonne idée de la notion de complexité. La question qui se pose ici concerne le temps que mettra un algorithme pour résoudre un problème donné.

A priori, on peut penser qu'il est impossible de répondre à cette question de manière générale, car tout dépend du temps d'exécution des instructions élémentaires de l'algorithme. Prenons par exemple l'algorithme d'Euclide. Son temps d'exécution dépend du temps qu'il faut pour exécuter les divisions entières, en l'occurrence de la puissance de la calculatrice utilisée. De même, on peut penser qu'il est impossible de comparer dans l'absolu deux algorithmes A et A' qui résolvent le même problème : A peut être plus rapide que A' sur un ordinateur O et moins rapide sur un ordinateur O'.

Pourtant, il existe un moyen de s'affranchir des spécificités de l'ordinateur sous-jacent et de comparer l'efficacité des algorithmes de manière abstraite. Il s'agit de la ***théorie de la complexité***. Dans le contexte de cette section, nous considérerons la théorie de la complexité temporelle, dont nous allons donner une idée intuitive.

La ***complexité temporelle*** mesure l'*évolution* du nombre d'instructions élémentaires absolues en fonction de la taille des entrées de l'algorithme. On dira qu'une instruction est ***élémentaire absolue*** dans un algorithme si le temps qu'il faut pour l'exécuter ne dépend pas de la taille des entrées de cet algorithme.

Avant d'expliquer cela plus en détails, regardons deux exemples simples.

1.6.2 Illustration de la complexité temporelle à travers deux algorithmes de recherche

Les deux algorithmes ci-après résolvent le même problème. Ils déterminent si un élément appartient à une liste, par exemple si un étudiant est dans une classe. Les deux algorithmes prennent comme entrée un élément x (le nom de l'étudiant) et une liste L (la liste de tous les noms des élèves de la classe), et retournent une valeur booléenne indiquant si oui ou non l'élément x est dans la liste L.

A première vue, les deux algorithmes utilisent la même stratégie. Il s'agit, à travers une boucle, de parcourir les éléments de la liste L un à un, en partant du premier, et de tester à chaque fois si l'élément rencontré (le $i^{\text{ème}}$, noté $L(i)$) est l'élément x recherché. Si c'est le cas, l'algorithme s'arrête et retourne *vrai*. Sinon l'algorithme fait une nouvelle itération en incrémentant la valeur de i pour passer à l'élément suivant. Si la fin de la liste est atteinte sans avoir trouvé l'élément x recherché, l'algorithme retourne *faux*.

Recherche-1
entrée : x, L sortie : x *dans* L ?

$i \leftarrow 1$
Tant que $i \leqslant taille(L)$
    Si $x = L(i)$ **Sortir** : *vrai*
    $i \leftarrow i + 1$
Sortir : *faux*

Recherche-2
entrée : x, L sortie : *x dans L ?*

$i \leftarrow 1$
$n \leftarrow \textit{taille}(L)$
Tant que $i \leqslant n$
    Si $x = L(i)$ **Sortir** : *vrai*
    $i \leftarrow i+1$
Sortir : *faux*

Parmi les instructions utilisées dans ces algorithmes, certaines sont des instructions élémentaires absolues : assigner une valeur à une variable ($i \leftarrow 1$, $i \leftarrow i+1$), sortir une valeur, terminer l'algorithme (**Sortir** : *vrai*, **Sortir** : *faux*). Le temps qu'il faut pour exécuter chacune de ces instructions est constant par rapport à la taille de l'entrée de l'algorithme. On peut supposer ici que chacune de ces instructions coûte une unité de temps.

En plus de ces instructions, les deux algorithmes ci-dessus utilisent deux opérations spécifiques aux manipulations de listes :

- La première opération, notée $L(i)$, permet de retourner le $i^{\text{ème}}$ élément de la liste. Nous considérons ici que c'est une instruction *élémentaire absolue* : le temps pour l'exécuter ne dépend pas de la taille de la liste E. On considérera que l'exécution de $x = L(i)$ coûte également une unité de temps.
- La seconde opération, notée $\textit{taille}(L)$, retourne la taille de la liste L. Nous considérons ici que ce n'est pas une instruction élémentaire absolue : le temps pour l'exécuter dépend de la taille de la liste. Imaginons par exemple que le calcul de cette taille se fait en exécutant une boucle allant de 1 jusqu'à la fin de la liste [(2)], tout en comptant le nombre de parcours de cette boucle. Le temps de calcul de $\textit{taille}(L)$ est alors égal à la taille de la liste.

Certes les deux algorithmes utilisent la même stratégie, mais il y a une différence de taille entre les deux (oui c'est un jeu de mots). Dans le premier cas (Recherche-1), on calcule la taille de la liste à chaque itération de la boucle. Dans le second cas (Recherche-2), on calcule cette taille une seule fois : la valeur de la taille est gardée dans la variable n avant d'entrer dans la boucle. Une fois dans la boucle, cette variable n de l'algorithme devient une constante.

Comparons maintenant le temps nécessaire à chaque algorithme. Clairement, cela dépend de l'élément recherché : s'il est dans la liste ou pas, et à quel endroit. En fait, on s'intéresse souvent au *pire cas*. Dans notre exemple, cela correspond à la situation où l'élément ne se trouve pas dans la liste. Dans ce cas, l'algorithme finira par sortir *faux*. Mais avant, l'algorithme aura fait le maximum de travail possible, à savoir, il aura parcouru la boucle n fois.

(2) On suppose ici que le dernier élément de la liste a une valeur spéciale indiquant la fin.

Dans les deux algorithmes, la première instruction est l'affectation de 1 à la valeur i, et la dernière instruction est une sortie. On peut donc les ignorer dans un premier temps, pour nous concentrer sur la boucle de chaque algorithme :

- Dans le pire des cas, la boucle du premier algorithme nécessite $n(n+3) = n^2 + 3n$ unités de temps : n itérations avec, à chaque itération, le calcul de la taille de la liste (n), les deux opérations $x = L(i)$ et $i \leftarrow i + 1$, ainsi que la condition de terminaison ($i \leqslant ..$).
- Dans le second algorithme, la boucle nécessite $3n$ unités de temps dans le pire cas : n itérations avec, à chaque fois, l'évaluation $x = L(i)$, l'affectation $i \leftarrow i + 1$, ainsi que l'évaluation de la condition de terminaison ($i \leqslant ..$).

Si l'on ajoute les instructions à l'extérieur des boucles, le premier algorithme exécute $n^2 + 3n + 2$ instructions élémentaires absolues, alors que le second en exécute $4n + 2$ (en plus de la boucle, de l'affectation à i, et de la sortie, il y a le calcul de la taille de la liste).

Supposons que chaque instruction élémentaire absolue met 0,001 seconde à s'exécuter (ce qui correspond à une unité de temps). Pour $n = 10\,000$, le premier algorithme nécessite près de 30 heures, alors que le second seulement 40 secondes. Pour $n = 100\,000$, le premier nécessite plusieurs mois, alors que le second moins de 7 minutes.

Sur un ordinateur qui exécute 10^9 opérations par seconde, comme c'est le cas aujourd'hui, le premier algorithme mettrait des décennies si la taille de l'entrée est de l'ordre du milliard alors que le second ne mettrait que quelques secondes. Même si l'on arrive un jour à fabriquer des ordinateurs qui exécutent 10^{12} opérations par seconde, le premier mettrait quand même des semaines ; le second serait dans ce cas immédiat. Ce sont les grandes tailles de données qui montrent les différences entre les algorithmes.

1.6.3 De l'importance du plus grand facteur

Nous sommes arrivés à la conclusion que le premier algorithme est moins efficace que le second en évaluant le nombre d'instructions élémentaires absolues exécutées dans le pire cas par chacun des algorithmes. Nous avons fait encore plus, en représentant ce nombre par une fonction de la taille de l'entrée des algorithmes. Nous avons calculé ce que l'on appelle communément la complexité temporelle (dans le pire cas) des algorithmes. Nulle part nous n'avons parlé des spécificités de l'ordinateur qui pourrait exécuter ces algorithmes. Et c'est tant mieux, car ces spécificités changent tout le temps.

Bien entendu, les ordinateurs d'aujourd'hui ne se ressemblent pas. Mais les différences sont superficielles par rapport au principe général de fonctionnement. Des différences peuvent bien sûr exister en ce qui concerne la vitesse ou les capacités de mémoire. Ces différences se traduisent par différentes constantes dans la fonction de complexité, mais pas sur l'évolution du nombre d'étapes de calcul (ou d'unités de mémoire) en fonction de la taille des entrées. Lorsque l'on considère de grandes tailles de données, ces constantes deviennent négligeables par rapport à un facteur d'évolution exponentiel ou même polynomial (au sens où nous le discuterons dans le paragraphe 1.6.4).

Par exemple, pour décomposer de très grands nombres (au-delà de 300 chiffres) en facteurs de nombres premiers, il faudrait y consacrer des milliers d'années avec un ordinateur moderne aujourd'hui. Même chose pour prévoir la météo de manière précise sur quelques jours : simuler le comportement de molécules de gaz en fonction d'une certaine température et d'une certaine pression pour un volume de 1 litre pourrait nécessiter plus que ces quelques jours.

1.6.4 Notation de Landau : un pas de plus vers l'abstraction de l'efficacité

Nous avons souligné à travers l'exemple des deux algorithmes de recherche ci-dessus l'importance, dans un calcul de complexité, du facteur d'évolution du nombre d'instructions élémentaires absolues en fonction de la taille de l'entrée, c'est-à-dire de la taille n de la liste. Autrement dit, ce qui importe c'est que ce soit n^2 pour le premier algorithme et n dans le second. On dit que le premier algorithme est en $\mathcal{O}(n^2)$ et le second en $\mathcal{O}(n)$. On appelle cette notation, la notation de ***Landau***, du nom d'un mathématicien du même nom. On parle aussi de notation en « grand O ».

La définition est la suivante. Soient f et g deux fonctions : on a $f \in \mathcal{O}(g)$ (on dit que f est en $\mathcal{O}$ de g) si et seulement si :

$$\exists c > 0,\ \exists x_0,\ \forall x > x_0,\ |f(x)| \leqslant c \cdot |g(x)|$$

Autrement dit, il existe une constante c et une valeur x_0 dans le domaine des valeurs de f et de g, tels que pour tout x plus grand que x_0, $f(x)$ est inférieure ou égale à $c \cdot g(x)$. En gros, cette formule dit que $g(x)$ croît plus vite que $f(x)$ à un facteur multiplicatif près (la constante c) lorsque x tend vers l'infini (pour toutes les valeurs de x qui dépassent x_0).

Bien entendu, une fonction en $\mathcal{O}(n)$ est aussi en $\mathcal{O}(n^2)$. En pratique, on utilise le plus petit des $\mathcal{O}(.)$ possibles. Ainsi, si l'on revient aux algorithmes de recherche ci-dessus, le premier est en $\mathcal{O}(n^2)$. En effect, la fonction $f(n) = n^2 + 3n + 2$ sera bornée par la fonction $g(n) = 3n^2$ ($c = 3$) pour toutes les valeurs de n au-dessus de 2 ($x_0 = 2$). (Nous aurions pu aussi prendre $c = 5$ et $x_0 = 1$). Le second est en $O(n)$ car la fonction $f(n) = 4n + 2$ sera bornée par $g(n) = 5n$ ($c = 5$) pour toutes les valeurs de n au-dessus de 3 ($x_0 = 3$). (Nous aurions pu aussi prendre $c = 6$ et $x_0 = 2$.)

Deux propriétés importantes de la notation de Landau permettent de faciliter les calculs lorsque l'on construit un algorithme à partir de deux autres algorithmes de complexité f et f' :

$$\text{si } f \in \mathcal{O}(g) \text{ et } f' \in \mathcal{O}(g') \text{ alors } f + f' \in \mathcal{O}(g + g') \text{ et } f \cdot f' \in \mathcal{O}(g \cdot g')$$

1.6.5 Complexité d'un algorithme et complexité d'un problème

Une fois que l'on a conçu un algorithme, que l'on est convaincu qu'il est correct et que l'on a calculé sa complexité, on se trouve naturellement face à la question : peut-on faire mieux ? Si l'on a conçu le premier des algorithmes de recherche ci-dessus, on peut estimer que $\mathcal{O}(n^2)$ n'est pas satisfaisant et essayer de réduire cette complexité. Cela nous conduirait naturellement au second algorithme dont la complexité est $\mathcal{O}(n)$. Mais peut-on aller plus loin ?

Peut-on imaginer un algorithme de recherche d'un élément dans une liste dont la complexité est moins que $\mathcal{O}(n)$? Par exemple un algorithme dont la complexité serait constante, c'est-à-dire indépendante de n ? On dirait qu'elle est de $\mathcal{O}(1)$. La réponse est non. Il semble naturel que la complexité dépende toujours de la taille n de la liste. Cela est intrinsèque au *problème* de la recherche. Mais peut-on quand même faire moins que $\mathcal{O}(n)$?

Cela dépend en fait des hypothèses que l'on peut faire sur la liste en entrée. Supposons que cette liste soit ordonnée. Plus précisément, supposons qu'il existe une relation d'ordre total sur les éléments de la liste. Supposons que ces éléments soient rangés selon cet ordre : $L(1)$ le plus petit, puis $L(2)$, $L(3)$, etc. C'est ce que nous aurions par exemple si la liste est un dictionnaire dont les éléments sont des mots classés par ordre alphabétique.

Voici ci-dessous un algorithme qui permet de savoir si un élément fait partie de la liste avec une complexité moindre que $\mathcal{O}(n)$. On coupe la liste au « milieu » et on teste si l'élément x que l'on cherche est (a) dans la partie supérieure de la liste, ou (b) dans la partie inférieure. (Le terme « milieu » est un abus de langage car la liste ne contient pas forcément un nombre pair d'éléments.) Mais, si la taille est impaire, on considérera d'un côté $(n-1)/2$ éléments et de l'autre $(n-1)/2+1$. Dans le cas (a), on se concentre sur la moitié supérieure de la liste ; dans le cas (b), on se concentre sur la moitié inférieure. Puis on refait la même recherche sur la moitié de la liste considérée, en coupant de nouveau au milieu. C'est en gros comme cela d'ailleurs que nous cherchons un mot dans le dictionnaire (sauf que l'on ne démarre pas forcément au milieu). On parle de recherche par ***dichotomie***.

Recherche-3
entrée : x, L *ordonnée* sortie : x *dans* L *?*

Si L est vide
    Sortir *faux*
Si L contient un seul élément e
    Si $e = x$ **Sortir** : *vrai*
    Sinon Sortir : *faux*
Découper L en deux sous-ensembles disjoints $L1$ et $L2$ de tailles (quasi) égales
Si $x > \max(L1)$ **Sortir** : Recherche-3 avec entrées$(x, L2)$
Sinon Sortir : Recherche-3 avec entrées$(x, L1)$

Le fait que l'algorithme s'appelle lui-même, c'est-à-dire qu'il constitute une instruction élémentaire de lui-même, s'appelle la ***récursivité***. C'est une notion très importante sur laquelle nous reviendrons dans le chapitre 2.

Quelle est la complexité de cet algorithme ? Nous considérons ici aussi le pire cas où l'élément n'est pas dans la liste. Avant de se lancer dans ce calcul, il est important de noter qu'à part l'appel à l'algorithme lui-même, toutes les autres instructions sont élémentaires absolues. La question que l'on doit alors se poser est la suivante : combien de fois l'algorithme s'appelle-t-il lui-même ? Dans le pire cas, l'algorithme s'appelera autant de fois que l'on peut diviser la liste en deux parties (quasi égales).

Pour une liste de taille n, ce nombre s'appelle le logarithme en base 2 de n, et il est noté $\log_2(n)$. (On appelle logarithme en base 2, ou logarithme entier d'un nombre $x \leqslant 1$, le nombre de fois qu'il faut diviser ce nombre par deux pour obtenir un nombre inférieur ou égal à 1. Si $y = 2^x$ alors $x = \log_2(y)$.)

Ainsi, l'algorithme de recherche par dichotomie est en $\mathcal{O}(\log_2(n))$ [(3)]. Le gain en complexité par rapport aux deux algorithmes de recherche précédents est énorme. Si l'on reprend l'exemple d'une liste de taille $n = 100\,000$ et qu'il faut 0,001 seconde pour exécuter chaque instruction élémentaire absolue, la complexité indique que l'algorithme Recherche-1 mettra plusieurs mois, l'algorithme Recherche-2 nécessitera quelques minutes et l'algorithme de recherche dichotomique Recherche-3 moins d'une seconde. Sur un ordinateur qui exécute 10^9 opérations par seconde, comme c'est le cas aujourd'hui, le premier algorithme mettrait des décennies si la taille de l'entrée est de l'ordre du milliard, le second mettrait quelques secondes et le troisième serait immédiat.

Ainsi, si l'on suppose que la liste est ordonnée, on peut obtenir une complexité intéressante. Nous verrons dans le chapitre 2 comment ordonner une liste en étudiant le problème du tri.

Mais peut-on faire encore mieux ? Pas vraiment. Autrement dit, la complexité de la recherche dans une liste est $\mathcal{O}(n)$ si la liste n'est pas ordonnée et $\mathcal{O}(\log_2(n))$ si elle l'est. On ne peut pas trouver d'algorithmes pour faire mieux. Il s'agit de complexités intrinsèques des *problèmes*. Démontrer formellement ce genre de résultat n'est pas aisé. Le chapitre 3 reviendra sur la notion de complexité d'un problème.

1.6.6 Classes de complexité

Voici différentes classes de complexité qui permettent de caractériser les algorithmes (n représentant la taille de l'entrée) :

- Complexité constante : $\mathcal{O}(1)$
- Complexité logarithmique : $\mathcal{O}(\log_2(n))$
- Complexité linéaire : $\mathcal{O}(n)$
- Complexité quasi linéaire : $\mathcal{O}(n \log_2(n))$
- Complexité polynomiale : $\mathcal{O}(n^2), \ldots, \mathcal{O}(n^k)$
- Complexité exponentielle : $\mathcal{O}(2^n)$

Les algorithmes linéaires (et a fortiori constants et logarithmiques) sont considérés rapides. Les algorithmes polynomiaux sont considérés plus lents, mais souvent acceptés en pratique. Les algorithmes exponentiels sont considérés comme impraticables.

Mais encore

Nous nous sommes concentrés sur la complexité temporelle. Il est important de noter qu'il y a d'autres formes de complexités, comme la complexité spatiale, qui étudie les ressources nécessaires en termes de mémoire, ou la complexité en termes d'accès à une mémoire partagée pour les algorithmes parallèles, ou en termes de nombre de messages pour les algorithmes répartis sur plusieurs machines.

---

(3) Souvent $\log_2(n)$ est simplement noté $\log(n)$.

Comme nous l'avons mentionné, nous nous sommes concentrés sur la complexité dans le pire des cas. On s'intéresse aussi parfois de manière optimiste au meilleur des cas, ou de manière pragmatique au cas moyen.

1.7 La machine de Turing

Nous avons rappelé au début du chapitre que l'informatique était la convergence de deux entités : les algorithmes et les ordinateurs. Nous nous sommes concentrés ensuite sur la notion d'algorithme en l'expliquant comme une séquence d'instructions élémentaires permettant de résoudre un problème. Cette définition a l'avantage de s'affranchir de la notion d'ordinateur dans une certaine mesure. Mais dans une certaine mesure seulement, car le concept même d'« instruction élémentaire » suppose implicitement une entité exécutante. En fait, dans leurs formes modernes, les algorithmes sont étroitement liés aux machines. Il se trouve que ces machines obéissent toutes aux principes abstraits de la fameuse *machine universelle de Turing*. C'est cela qui permet de se concentrer sur les algorithmes, de prouver qu'ils sont corrects et de calculer leur complexité en s'affranchissant de la machine sous-jacente qui va les exécuter. Nous allons expliquer tout cela.

Il est important, avant de se lancer dans la description de la machine de Turing, de souligner que c'est un modèle abstrait inventé par Alan Turing en 1936. La motivation était de donner une description précise de ce qu'est un algorithme, afin de répondre à une question posée par le mathématicien David Hilbert [(4)]. Nous allons tout d'abord présenter la notion de machine de Turing dans sa forme originale, avant de la présenter dans sa forme universelle.

1.7.1 Un ruban, une tête de *lecture/écriture* et un automate

Une machine de Turing possède trois composantes principales (fig. 1.2) :

- Un *ruban* composé d'une infinité de *cases* (on les appelle aussi des *cellules*), chaque case pouvant contenir un symbole (par exemple une lettre de l'alphabet ou un nombre entier). Le ruban contient également les données d'entrées (input) de la machine et les données de sorties (output).
- Une *tête de lecture/écriture* qui peut se déplacer de case en case sur le ruban, sans jamais sauter de case. A chaque étape de calcul, qui concerne une case à la fois, la tête de lecture/écriture lit ce que contient la case, et la modifie le cas échéant. La tête de lecture/écriture est à chaque instant dans un état donné (Turing parlait d'« état d'esprit ») stipulant par exemple que la prochaine case à explorer devra se situer à droite ou à gauche de la case actuelle. Cet état de la tête de lecture/écriture est inscrit dans un registre. A chaque étape de calcul, la tête de lecture/écriture peut modifer cet état.
- Un *automate*, appelé aussi *table de transitions*, indiquant ce que doit faire la tête de lecture/écriture lorsqu'elle est dans un état donné et qu'elle lit

(4) La question était de trouver un algorithme prenant en entrée une équation diophancienne (équation polynomiale à une ou plusieurs inconnues avec solutions dans les nombres entiers) et produisant en sortie vrai ou faux (vrai si l'équation a une solution, faux sinon). Il a été démontré qu'un tel algorithme n'existe pas.

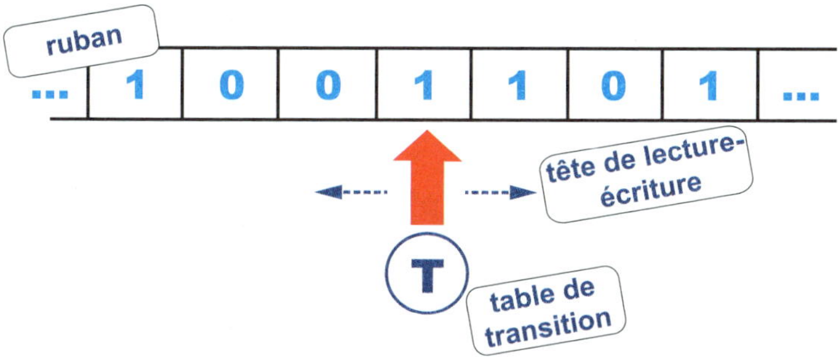

Figure 1.2 Les trois composantes d'une machine de Turing.

un symbole donné. Si la tête de lecture/écriture se trouve devant une case pour laquelle aucune transition n'est indiquée, elle s'arrête. *La table de transition (l'automate) est l'algorithme proprement dit.*

En inventant sa machine, Alan Turing souhaitait représenter l'être humain en train d'effectuer un calcul. Le ruban représente la feuille de papier que nous utilisons pour, par exemple, effectuer l'addition de deux grands nombres. Les deux nombres sont écrits sur cette feuille, l'un au-dessus de l'autre. La tête de lecture/écriture représente le crayon qui parcourt les colonnes de chiffres depuis la droite vers la gauche, écrit les chiffres du résultat (en dessous) et les retenues (en dessus). A chaque instant du calcul, nous sommes dans un état d'esprit donné : soit nous nous apprêtons à écrire le résultat d'une addition intermédiaire d'une colonne donnée, soit nous nous apprêtons à noter une retenue, etc. La table de transitions représente l'algorithme d'addition que nous apprenons à l'école.

1.7.2 Chercher le 1 dans le ruban

Pour illustrer le principe de fonctionnement d'une machine de Turing, imaginons le problème, encore plus simple que l'addition, qui consiste à trouver un 1 dans un ruban infini. En gros, le ruban contient une infinité de 0 et un seul 1 (fig. 1.3). La tête de lecture/écriture démarre devant une case arbitraire et doit s'arrêter devant le 1. Elle ne sait pas à l'avance ou se trouve le 1.

Figure 1.3 Ruban avec des 0 et un seul 1.

Si la tête de lecture/écriture ne parcourt le ruban que vers la droite, elle risque de le parcourir indéfiniment sans trouver le 1 (si celui-ci se trouve à gauche de la case de départ). Même chose de l'autre côté. L'algorithme doit donc explorer les deux sens à la fois : il n'est donc pas complètement trivial. Un tel algorithme est décrit par l'automate (la table de transitions) de la figure 1.4.

L'état (d'esprit) de la tête de lecture/écriture peut être égal à I (initial), D (droite) ou G (gauche). La tête de lecture/écriture démarre dans l'état I. Si elle

Etat / Symbole lu	I	D	G
0	2, D	2, G	2, D
1	stop	stop	stop
2	2, D	2, D	2, G

Figure 1.4 Automate (table de transitions).

voit un 0, elle le remplace par le chiffre 2 (signifiant qu'elle est déjà passée par cette case) et se met dans l'état D (il faut aller à droite). Cela correspond à la transition (0, I) → (2, D). Si la tête de lecture/écriture est dans l'état D et qu'elle rencontre un 2, elle se déplace à droite (transition (2,D) → (2, D)). Tant que la tête de lecture/écriture voit des 2, elle continue d'aller à droite. Si dans l'état D la tête de lecture /écriture voit 0, elle le remplace par un 2 et se met dans l'état G : il faut maintenant aller à gauche (transition (0, D) → (2, G)). Si dans l'état G la tête de lecture/écriture voit 0, elle le remplace par 2 et repart à droite. Ce va-et-vient continue jusqu'à ce que le symbole 1 soit rencontré. Si le ruban contient effectivement un 1, la tête de lecture/écriture finira par s'arrêter devant le 1.

1.7.3 Universalité

La motivation initiale d'Alan Turing était de donner une définition précise du concept d'algorithme en partant de l'intuition de *procédure mécanique*. Ce fût fait à travers la notion de table de transitions d'une machine de Turing.

Jusqu'à ce jour, tout problème résoluble de *manière mécanique* a pu être résolu par une machine de Turing. C'est ce que l'on appelle la thèse de Church-Turing. Elle dit en gros que si un procédé peut être écrit par un ensemble fini de symboles, de règles et d'instructions à exécuter, s'il doit toujours produire un résultat après un nombre fini d'étapes, s'il peut être suivi par un humain avec une feuille de papier et un crayon, et si la seule « intelligence » requise pour l'exécuter est celle qui consiste à exécuter les instructions, alors un tel procédé peut être executé par une machine de Turing. Autrement dit, un tel procédé peut être représenté par une table de transitions et exécuté par une tête de lecture/écriture et un ruban.

Ainsi, la machine de Turing représente ce que l'Homme a trouvé de plus puissant pour résoudre des problèmes de manière mécanique. Bien que minimale, et plus simple à première vue que la plupart des machines conçues à l'époque, la machine de Turing est au moins aussi puissante que toutes les machines que l'on peut imaginer. Mais sa puissance ne s'arrête pas là.

Dans sa forme originale présentée ci-dessus, chaque machine de Turing correspond à un algorithme. En gros, une machine peut résoudre exactement un et un seul problème et d'une et une seule manière : celle décrite dans sa table de transitions.

Mais Alan Turing a aussi suggéré que la table de transition puisse être encodée dans le ruban d'une autre machine de Turing : une sorte de méta-machine. Ainsi, le ruban de cette méta-machine contiendrait aussi bien les données du problème à résoudre que la description de la manière de le résoudre : la description de l'algorithme. (Les données et les programmes sont ainsi traités de la même manière.) La table de transition de la méta-machine stipule que la tête de lecture/écriture doit, à chaque étape, lire la transition dans le ruban (au lieu de la lire dans la table de transitions de la machine en entrée). Cette méta-machine est ce que l'on appelle une ***machine universelle de Turing*** : son universalité réside dans le fait qu'elle peut exécuter n'importe quel algorithme et donc résoudre n'importe quel problème résoluble par un procédé mécanique.

Le programme est donc « chargé » dans la machine comme une simple donnée, puis utilisé pour agir sur les données. L'*ordinateur* est né. Le *logiciel* aussi. Tout comme la notion de *cycle d'instruction* (une étape dans le calcul d'une machine de Turing), de *mémoire* (ruban de la machine), de *registre* d'état, etc. En 1945, von Neumann présente son modèle de machine, inspiré de celui de Turing, que tous les ordinateurs suivent aujourd'hui. Les super-calculateurs pour le séquencage de l'ADN, l'ordinateur dans votre lecteur MP3, votre ordinateur portable, tous suivent le même modèle. En gros, les mémoires aujourd'hui peuvent se décrire comme un *ruban (fini) avec des cellules :* disque dur, mémoire vive, DVD. Il y a bien entendu des variantes concernant les modes d'accès aux cellules par exemple, mais l'idée de base est inspirée de celle de Turing.

Quand on achète un ordinateur aujourd'hui, il n'est pas besoin de préciser ce que l'on souhaire faire avec. Il peut tout faire car c'est une *machine universelle* au sens de Turing. Sans cette notion d'universalité, il faudrait probablement un ordinateur pour faire des calculs arithmétiques, un deuxième pour aller sur Facebook, un troisième pour envoyer des mails, etc. Le web n'existerait pas car les ordinateurs ne pourraient pas se parler.

1.8 Conclusion

L'objectif de ce chapitre était de donner une idée intuitive de la notion d'algorithme, notion centrale à l'informatique, mais beaucoup plus ancienne que les ordinateurs. Aujourd'hui, la tâche de beaucoup de scientifiques, quel que soit leur domaine, est de trouver un algorithme pour résoudre leurs problèmes. L'étude des algorithmes est une branche importante des sciences modernes appelée l'algorithmique.

Nous avons présenté quelques algorithmes modernes que beaucoup utilisent dans leur vie de tous les jours, tels que *PageRank*, au cœur de Google, et *EdgeRank*, au cœur de Facebook, ainsi que certains algorithmes utilisés en mathématiques depuis très longtemps.

Le premier but de ces exemples était d'illustrer l'idée qu'un algorithme est un ensemble ordonné d'instructions élémentaires. Ses deux ingrédients de base sont l'instruction élémentaire et la structure de contrôle qui permet de décrire la relation d'ordre entre ces mêmes instructions. Les deux manipulent des variables. Nous avons passé en revue plusieurs types de structures de contrôle. Lorsqu'il s'agit de faire exécuter des algorithmes par des ordinateurs, on passe par un langage de programmation qui offre différentes variantes de ces structures de contrôle. Pour exprimer les algorithmes dans ce chapitre, nous avons considéré un langage assez simple privilégiant l'intuition.

Concevoir un algorithme correct n'est pas chose aisée. Il est important avant tout de réaliser qu'un algorithme est un contrat entre un utilisateur, un concepteur et un exécutant. Bien clarifier ces termes est une condition nécessaire à la démarche de conception. Les propriétés que le concepteur doit pour sa part assurer sont la sûreté et la terminaison. Il existe des mécanismes de vérification automatique d'algorithmes et des techniques de preuve. Mais souvent, l'expérience est fondamentale.

Comme nous l'avons souligné, pour qu'un algorithme soit considéré pratique, il ne suffit pas qu'il soit correct. Il faut en plus qu'il soit efficace. Nous avons donné une idée intuitive de la notion de complexité, en particulier dans sa forme temporelle. Cette notion permet d'étudier l'efficacité relative des algorithmes de manière abstraite, sans devoir plonger dans les détails des ordinateurs. Nous avons étudié cette notion à travers le problème de la recherche d'un élément dans une liste. Nous étudierons dans le chapitre 2 le problème du tri et celui du plus court chemin.

Enfin, et pour conclure, nous avons présenté une définition plus précise de la notion d'algorithme : un automate (table de transitions) d'une machine de Turing. Nous avons présenté la machine de Turing universelle, à la base à la fois des ordinateurs d'aujourd'hui et de la théorie de la complexité.

1.9 Exercices

1.9.1 *Algorithme EdgeRank*
Considérer l'algorithme *EdgeRank* tel qu'il a été décrit dans ce chapitre. Expliquer comment le score d'un courrier (post) peut augmenter avec le temps.

1.9.2 *Algorithme PageRank*
Considérer l'algorithme *PageRank* tel qu'il a été décrit intuitivement dans ce chapitre, sans prendre en compte le facteur d'amortissement. Considérer par ailleurs un système de quatre pages : q a un lien vers p et p', alors que q' a seulement un lien vers p'. Aucun autre lien n'existe. Si le score de q est de 1, quel est le plus petit score que devrait avoir q' pour que le score de p soit plus grand que celui de p' ?

1.9.3 *Algorithme Netflix*
Inspirons-nous de l'algorithme *EdgeRank* pour concevoir et décrire un algorithme qui pourrait proposer à chaque utilisateur u les films qui ont été les plus appréciés par les utilisateurs qui ont aimé par le passé les mêmes films que u. Pour

simplifier, concentrons-nous sur le score de chaque film f pour chaque utilisateur et utilisons la fonction suivante :

$aime(f, u, v)$: vrai si et seulement si u et v ont aimé le même film f.

1.9.4 *Boucles*

1) Expliquer pourquoi l'algorithme suivant ne se termine pas ?

Algorithme
entrée : a, b, r *des entiers naturels supérieurs à 0* sortie : x

Répéter
    $b \leftarrow$ reste de la division de a par b
    $a \leftarrow b$
Tant que $r > 0$
Sortir : b

2) Que faudrait-il au minimum modifier pour qu'il se termine ?

1.9.5 *Complexités*

Considérer un ordinateur qui mettrait une seconde pour exécuter chacune de ses instructions élémentaires. Donner l'ordre de grandeur du temps qu'il faudrait pour exécuter chacun des algorithmes suivant sur une donnée de taille $n = 1\,000\,000$:

- Un algorithme A de complexité $\mathcal{O}(1)$
- Un algorithme B de complexité $\mathcal{O}(n)$
- Un algorithme C de complexité $\mathcal{O}(n^2)$
- Un algorithme D de complexité $\mathcal{O}(log_2(n))$

1.9.6 *Machine de Turing*

Donner la table de transitions de la machine de Turing qui permet de savoir si un mot est un palindrome, c'est-à-dire s'il peut se lire aussi bien de gauche à droite que de droite à gauche. Par exemple : RADAR est un palindrome ; RADEAU ne l'est pas. La tête de lecture/écriture est supposée être placée initialement devant la première lettre du mot qui est dans le ruban. Le reste du ruban contient des 0. La machine doit atteindre l'état « oui » et s'arrêter si le mot est un palindrome et l'état « non » sinon.

Chapitre 2

Stratégies de conception d'algorithmes

2.1 Introduction

Le chapitre précédent a, entre autres, présenté ce qu'est un algorithme et par quels moyens l'exprimer. Mais reste la principale question : face à un problème donné, comment *concevoir* un algorithme permettant de le résoudre ?

L'objectif de ce chapitre est de présenter quelques méthodes de résolution de problèmes : « diviser pour régner », les méthodes récursives et la programmation dynamique.

De façon générale, étant donné un problème, par exemple trier une liste de nombres, trouver le plus court chemin entre deux sommets d'un *graphe*, trouver le meilleur alignement entre deux séquences (gènes, correction orthographique, etc.), il n'y a malheureusement pas de méthode miracle ni de recette toute faite pour construire des algorithmes permettant de le résoudre. Il existe cependant plusieurs *méthodes de résolution*, c'est-à-dire des schémas d'élaboration de solutions.

Plusieurs de ces méthodes suivent ce que l'on appelle une approche « descendante » (« *top-down* »), qui procède par *analyse*, par opposition à une approche « ascendante » (« *bottom-up* »), qui procède par *synthèse*. Dans ce chapitre, nous nous intéressons aux approches « descendantes ».

2.2 Approches descendantes

2.2.1 Généralités

Résoudre un problème par une *approche descendante* consiste à décomposer le problème général en sous-problèmes plus spécifiques, lesquels seront chacun décomposés en problèmes encore plus spécifiques ; et ainsi de suite, par raffinements successifs, arriver à des problèmes assez simples pour être résolus (fig. 2.1).

Une telle analyse du problème se fait à l'aide de blocs imbriqués correspondant chacun à des résolutions de plus en plus spécifiques, décrites par des algorithmes de plus en plus spécialisés.

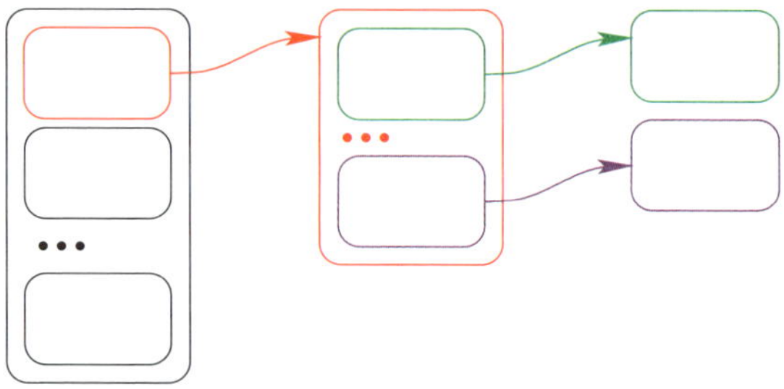

Figure 2.1 Approche descendante : le problème noir est décomposé en sous-problèmes, dont le sous-problème rouge, lequel est lui-même décomposé en sous-problèmes, etc., jusqu'à avoir des sous-(sous-...)problèmes assez simples pour être résolus directement. Reste ensuite à recombiner les solutions des sous-problèmes pour construire une solution du problème dont ils découlent.

Considérons par exemple le problème consistant à trier une liste de nombres. Pour trouver un algorithme permettant de résoudre ce problème, on pourrait le découper en sous-problèmes, par exemple de la façon suivante :

tri insertion
entrée : *une liste de nombres* sortie : *la liste triée (p.ex. par ordre croissant)*

Tant que il y a un nombre *mal placé*
   chercher sa *bonne place*
   déplacer ce nombre à sa bonne place
Sortir : la liste

Chaque *sous-problème* est ensuite spécifié plus clairement puis résolu séparément, en tant que nouveau problème.

Pour le sous-problème « *mal placé* », on a en entrée une liste de nombres et l'on veut en sortie la position du 1er élément strictement plus petit que son prédécesseur. En effet, le premier nombre mal placé dans cette liste sera bien strictement plus petit que son prédécesseur. Par exemple dans la liste 12, 17, 32, 5, 8, 22, le premier élément mal placé est 5.

Notons qu'avec la définition précédente, dans une liste comme 12, 1, 5, 7, 8, on ne dira pas que c'est 12 qui est mal placé (il n'a pas de prédécesseur), mais 1 (puis 5, 7 et 8). C'est un choix possible, tout à fait valide ; le but est ici de trouver *un* algorithme, pas forcément le meilleur possible.

La solution au sous-problème « *mal placé* » est alors assez simple à trouver pour ne pas avoir à le décomposer davantage. Une solution possible consiste, par exemple, à simplement effectuer une *itération* sur les éléments de la liste en s'arrêtant au premier élément strictement plus petit que son prédécesseur. Comme le tout premier élément de la liste ne peut être mal placé (car sans prédécesseur), cette itération commencera à partir du 2e élément. Enfin, s'il n'y a pas d'élément mal placé dans la liste reçue, on retournera, par convention, la valeur 1, puisque le premier élément ne peut jamais être mal placé avec les définitions que nous avons choisies. Notons que l'on pourrait tout à fait choisir une autre convention, mais celle-ci est possible car non ambiguë dans notre cas.

L'algorithme obtenu pour résoudre le sous-problème « *mal placé* » est alors :

mal placé
entrée : *une liste de nombres (de taille n)* sortie : *la position du premier nombre mal placé*

Pour *pos* de 2 à *n*
  Si le nombre à la position *pos* est strictement plus petit que celui à la position *pos*−1
    Sortir : *pos*
Sortir : 1

Nous avons donc un algorithme pour résoudre le premier sous-problème. Pour le second sous-problème, « *bonne place* », son entrée est une liste de nombres et un entier, position d'un élément mal placé, et sa sortie est la position correcte de l'élément mal placé. Par exemple, si en entrée nous avons la liste 12, 17, 32, 5, 8, 22, et l'entier 4 (le 4e élément, de valeur 5, est mal placé), alors la sortie devra être 1 : cet élément de valeur 5 doit venir en 1re position. La position recherchée correspond à la plus grande position *pos_ok* telle que le (*pos_ok*−1)^ième^ élément de la liste soit inférieur ou égal au nombre mal placé.

L'algorithme pour trouver la *bonne place* consiste donc à parcourir un à un les éléments de la liste à la recherche de la bonne position, entre le premier élément et celui mal placé (indiqué en entrée). Cet algorithme effectue aussi une *itération* sur les éléments de la liste, du premier à celui indiqué en entrée.

L'algorithme obtenu pour résoudre le sous-problème « *bonne place* » est alors :

bonne place
entrée : *une liste de nombres et un entier* pos sortie : *la position où placer le nombre mal placé indiqué par* pos

Pour *pos_ok* de 1 à *pos*−2
  Si le nombre à la position *pos_ok* est plus grand ou égal à celui à la position *pos*
    Sortir : *pos_ok*
Sortir : *pos*−1

Pour le dernier sous-problème, « *déplace* », dont le but est de déplacer un élément dans la liste de la position *pos* à la position *pos_ok*, ses entrées sont une liste de nombres, la position de départ *pos* et la position d'arrivée *pos_ok*.

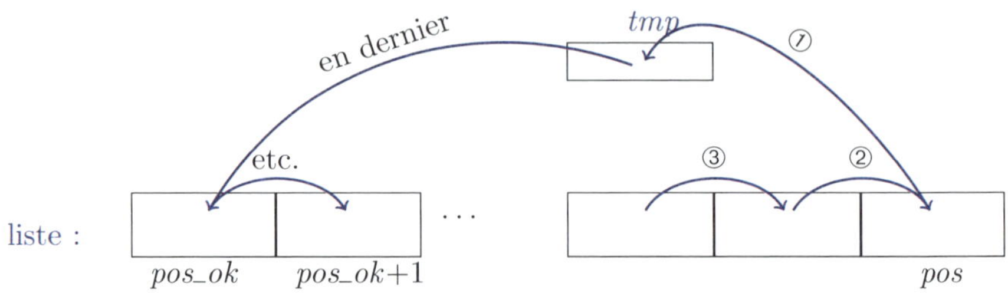

Figure 2.2 Déplacement, par décalages successifs, d'un élément de la position *pos* à la position *pos_ok*. On utilise pour cela une variable supplémentaire *tmp* permettant de mémoriser l'élément à déplacer.

On peut effectuer ce déplacement par *décalages successifs* en utilisant un stockage temporaire (fig. 2.2) ; ce qui conduit à l'algorithme suivant :

déplacer
entrée : *une liste de nombres et deux entiers* pos *et* pos_ok sortie : —
tmp ← valeur à la position *pos* dans la liste **Pour** *i* de *pos* à *pos_ok*+1 en décroissant   mettre l'élément de position $i-1$ en position i mettre la valeur *tmp* à la position *pos_ok* dans la liste

L'approche descendante que nous avons appliquée ici nous a donc permis de trouver un algorithme pour chacun des sous-problèmes, et donc au final en les regroupant, un algorithme pour le problème de départ.

Une fois un algorithme trouvé, on peut bien sûr chercher à lui apporter des améliorations. Par exemple ici :

- pour rechercher le prochain élément *mal placé*, ce n'est pas la peine de recommencer à chaque fois du début de la liste (position 2) ; on peut simplement repartir de la dernière position mal placée ;
- on pourrait trouver la *bonne place* et *déplacer* l'élément à cette place *en même temps* (c'est-à-dire en *une seule* itération).

Si l'on regroupe les algorithmes précédents en y apportant les amélioration ci-dessus, on arrive alors à l'algorithme suivant, appelé « tri par insertion » :

tri insertion
entrée : *une* liste *de n nombres* sortie : *la* liste *triée (par ordre croissant)*

Pour *i* de 2 à *n*
   $tmp \leftarrow liste[i]$
   $j \leftarrow i$
   Tant que $j \geq 2$ et $liste[j-1] > tmp$
      $liste[j] \leftarrow liste[j-1]$
      $j \leftarrow j-1$
   $liste[j] \leftarrow tmp$
Sortir : *liste*

2.2.2 « Diviser pour régner »

Parmi les méthodes descendantes, une qui est souvent mise en œuvre s'appelle « *diviser pour régner* » (« *divide and conquer* »). Elle consiste à partitionner les *données* pour résoudre des (sous-)problèmes plus simples.

Cette idée n'est pas nouvelle :

> « *Diviser chacune des difficultés que j'examinerois, en autant de parcelles qu'il se pourroit, et qu'il soit requis pour les mieux résoudre.* »
>
> (Descartes, *Discours de la méthode*, 17e siècle)

Pour un problème P portant sur des *données* d, noté $P(d)$, le schéma général de l'approche « *diviser pour régner* » est le suivant (fig. 2.3) :

- si d est « assez simple », appliquer un algorithme *ad hoc* permettant de résoudre le problème (traitement des cas triviaux) ;
- sinon,
  - décomposer d en morceaux plus petits d_1, ..., d_n ;
  - puis pour chacun des d_i : résoudre le sous-problème $P_i(d_i)$ pour obtenir une solution y_i ; notons que nous avons bien écrit ici $P_i(d_i)$ et non pas $P(d_i)$: les sous-problèmes ne sont pas forcément des versions simplifiées du problème de départ, mais peuvent être des problèmes différents, comme le sous-problème « bonne place » était différent du problème « trier » ;
  - recombiner les y_i pour former la solution Y au problème de départ.

Ce genre d'approche « *diviser pour régner* » conduit souvent à des algorithmes récursifs, lorsque justement tous les P_i sont en fait P.

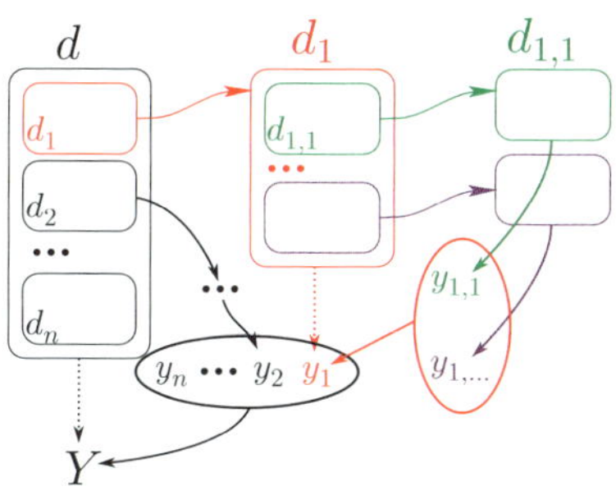

Figure 2.3 Résolution de problème par l'approche « diviser pour régner » : le problème $P(d)$ est décomposé en sous-problèmes $P_1(d_1)$, ..., $P_n(d_n)$, lesquels sont à nouveau décomposés en sous-problèmes et ainsi de suite jusqu'à arriver à des problèmes assez simples pour en trouver directement des solutions. La solution Y du problème $P(d)$ est ensuite construite en combinant les solutions y_1, ..., y_n, solutions des sous-problèmes $P(d_1)$, ..., $P(d_n)$, elles-mêmes obtenues par combinaison des solutions de leurs sous-problèmes.

2.3 Récursivité

2.3.1 Cadre général et exemples

Une catégorie particulière de méthodes de résolution de problèmes sont les solutions *récursives*. Le principe de l'approche récursive est de ramener le problème à résoudre à un sous-problème qui soit une version simplifiée du problème *d'origine*.

Par exemple :

- la recherche par dichotomie (§ 1.6.5) ;
- le raisonnement par récurrence en mathématique ;
- le calcul de la somme des n premiers entiers à partir de la somme des $n-1$ premiers entiers ;
- le jeu des tours de Hanoï.

Détaillons ces deux derniers exemples. Dans le cas du calcul de la somme des n premiers entiers, le problème P est alors celui qui en entrée prend un entier n et en sortie donne $S(n)$, la valeur de la somme des entiers de 1 à n. Dans cet exemple, ce que nous appelions « les données d » sont donc simplement l'entier n.

Une façon de résoudre ce problème (ce n'est pas la seule) est de le faire en utilisant la résolution du *même* sous-problème, mais sur des données plus simples, $n-1$. En effet, si je peux résoudre le problème pour $n-1$, alors je peux le faire pour n :

$$S(n) = n + S(n-1)$$

Ce genre d'approche se généralise bien sûr trivialement au calcul de toute grandeur définie mathématiquement par une équation de récurrence.

Un autre exemple bien connu des informaticiens est celui du jeu « des tours de Hanoï ». Il consiste à trouver comment déplacer d'un pilier à un autre, une pile de disques de taille croissante (une « tour », cf. fig. 2.4), en respectant les règles suivantes :

- n'utiliser qu'un seul pilier de transition (c'est-à-dire trois piliers en tout) ;
- en ne déplaçant qu'un seul disque à chaque fois ;
- et en ne posant un disque que sur le sol ou sur un disque plus grand, jamais sur un disque plus petit.

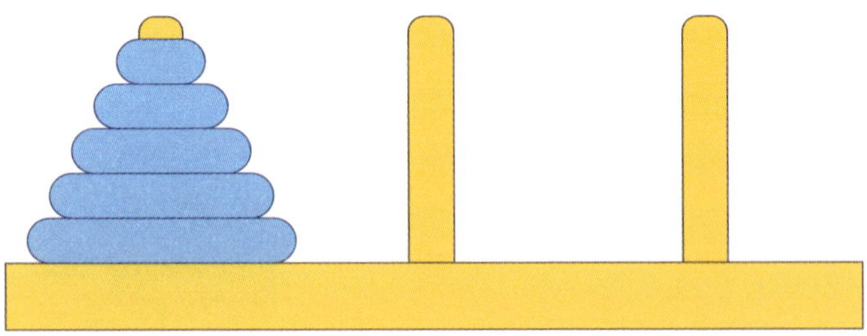

Figure 2.4 Illustration du jeu des tours de Hanoï.

Dans ce cas, le problème P est alors celui qui prend en entrée :

- un jeu avec une « tour de Hanoï » de taille n sur le pilier numéro i (entre 1 et 3) ;
- le numéro i de ce pilier (où se trouve la « tour » au départ) ;
- le numéro j d'un autre pilier (arrivée) ;
- ainsi que le nombre de disque m ($\leq n$) à déplacer du pilier i au pilier j.

La sortie de ce problème sera la séquence de mouvements permettant de déplacer la « sous-tour » de taille m du pilier i au pilier j (en respectant les règles du jeu). Dans cet exemple, ce que nous appelions « les données d » au début de cette section sont le jeu et les entiers i, j et m.

Une façon de résoudre le problème des tours de Hanoï est d'utiliser la solution au *même* sous-problème, mais sur des données plus simples, en utilisant le troisième pilier (notons le k) et $m - 1$. L'idée est en effet que si je sais résoudre le problème des tours de Hanoï pour $m - 1$, alors je sais le résoudre pour m de la façon suivante :

- je déplace les $m - 1$ disques du haut sur le pilier de transition k (en utilisant la méthode que je connais par hypothèse) ;
- je déplace le dernier disque du pilier i au pilier j ;
- je re-déplace la tour de $m-1$ disques du pilier k au pilier destination j (en utilisant à nouveau la méthode que je connais par hypothèse, et le pilier initial i comme transition).

On peut exprimer ceci plus formellement par l'algorithme suivant :

Tours de Hanoï
entrée : *i numéro de pilier de départ, j numéro de pilier d'arrivée ($j \neq i$), nombre m de disques à déplacer* sortie : S *: séquence de mouvements permettant de déplacer la « sous-tour » de taille m du pilier i au pilier j*

S est vide
Si $m > 0$
  Choisir k différent de i et j ($k \leftarrow 6 - i - j$)
  [**Tours de Hanoï** — entrée : i, k, $m{-}1$; sortie : S]
  Ajouter « *Déplacer le disque du pilier i au pilier j* » à S
  [**Tours de Hanoï** — entrée : k, j, $m{-}1$; sortie : S']
  Ajouter S' à S
Sortir : S

Un exemple du déroulement de l'algorithme pour $i = 1$, $j = 3$, $m = 3$ est donné à la figure 2.5.

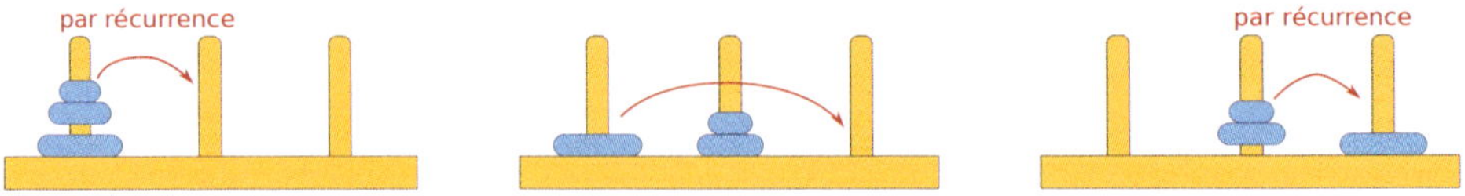

(a) En appliquant le principe de la résolution récursive.

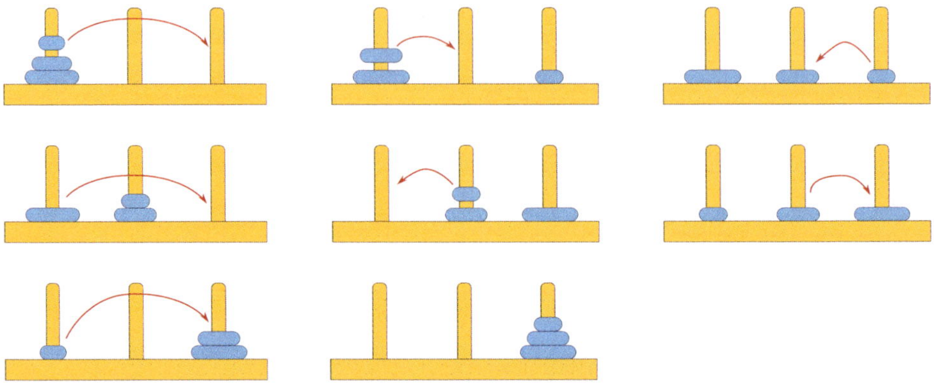

(b) Séquence complète correspondante.

Figure 2.5 Illustration de la résolution du jeu des tours de Hanoï pour $m = 3$.

2.3.2 Algorithme récursif

Un algorithme récursif est un algorithme qui s'appelle lui-même, soit directement, soit indirectement en appelant un sous-algorithme qui, lui, fait appel à l'algorithme de départ.

Lorsqu'un algorithme s'appelle directement lui-même et une seule fois, on parle d'algorithme *simplement* récursif. Le schéma général d'un algorithme simplement récursif est alors le suivant :

Mon algo rec

entrée : X
sortie : Y

  Si terminaison(X)
    ...
    Sortir : ...
  Sinon
    ...

    Mon algo rec
    entrée : *entrée de l'instance réduite*
    sortie : ...
    ...

    ...

Par exemple, sur le problème de la somme des n premiers entiers positifs :

somme
entrée : n
sortie : $S(n)$

> **Si** $n \leq 0$
> > **Sortir :** 0
>
> **Sinon**
> > **somme**
> > entrée : $n-1$
> > sortie : m
> >
> > **Sortir :** $n+m$

Si l'appel récursif est la toute dernière instruction de l'algorithme, alors on parle de ***récursion terminale***. Cette notion est importante car on peut facilement transformer un algorithme récursif terminal en un *algorithme itératif*, souvent plus performant.

L'exemple précédent (somme des n premiers entiers) n'est pas une récursion terminale car la dernière instruction est une addition $(n+m)$ et non pas un appel récursif. Une version récursive terminale du calcul de la somme des n premiers entiers positifs nécessite une entrée supplémentaire, notée m ici, qui est une valeur constante que l'on ajoute à la somme ; l'algorithme ci-dessous calcule donc en réalité $m + S(n)$:

somme
entrée : n, m
sortie : $m + S(n)$

> **Si** $n \leq 0$
> > **Sortir :** m
>
> **Sinon**
> > **somme**
> > entrée : $n-1$, $n+m$
> > sortie : $n+m+S(n-1)$

Condition de terminaison

Pour qu'un algorithme récursif soit correct, il est impératif d'avoir (au moins) une *condition de terminaison*. Sinon, l'algorithme ne se termine pas et l'on a une boucle infinie. Par exemple si l'on avait écrit :

somme
entrée : n
sortie : $S(n)$

> > **somme**
> > entrée : $n-1$
> > sortie : m
>
> **Sortir :** $n+m$

Alors *somme*(2) appelle *somme*(1) qui appelle *somme*(0) qui appelle *somme*(−1) qui... Avec la condition de terminaison « **Si** $n \leq 0$ **Sortir :** 0 », *somme*(2) appelle *somme*(1) qui appelle *somme*(0) qui retourne 0, et donc *somme*(1) retourne 1 (1+0), et *somme*(2) retourne 3 (2+1).

Remarques (à propos du 1er exemple). Notons qu'il est parfois préférable (plus clair, plus efficace) d'écrire l'algorithme sous une forme non récursive. Cela dépend du problème. Si l'on reprend l'exemple de la somme des n premiers entiers :

$$S(n) = n + S(n-1)$$

Mais on a aussi :

$$S(n) = \sum_{i=1}^{n} i$$

(c'est-à-dire une itération) qui est plus direct que la forme récursive. On peut parfois même utiliser une expression analytique (lorsqu'on en a une !), par exemple :

$$S(n) = \frac{n\,(n+1)}{2}$$

2.3.3 Autre exemple : version récursive du tri par insertion

On peut également concevoir le tri par insertion de façon récursive : en mettant de côté un élément, triant le sous-ensemble restant puis en insérant l'élément mis de côté à sa bonne place dans le sous-ensemble trié. Ce qui conduit à l'algorithme suivant :

tri

entrée : *liste de n éléments*
sortie : *liste triée*

condition arrêt : moins de 2 éléments

> **tri**
>
> entrée : *liste des $n-1$ premiers éléments*
> sortie : *liste triée*
>
> ...

insertion du $n^{\text{ème}}$ élément dans la liste triée de $n-1$ éléments

Le principe est illustré en figure 2.6 et un exemple de déroulement est donné en figure 2.7.

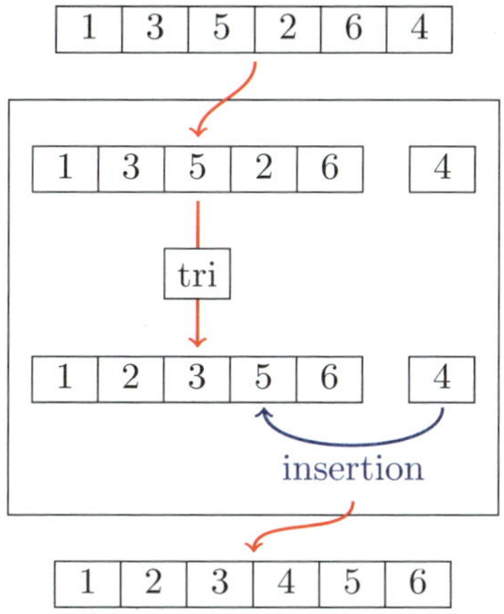

Figure 2.6 Illustration du principe de tri par insertion récursif : on trie une liste de n éléments en retirant un élément (ici 4), triant la sous-liste de $n-1$ éléments et ré-inserant l'élément à sa bonne place dans la sous-liste triée. La condition d'arrêt est une liste ayant 1 (ou 0) éléments (qui est forcément déjà triée).

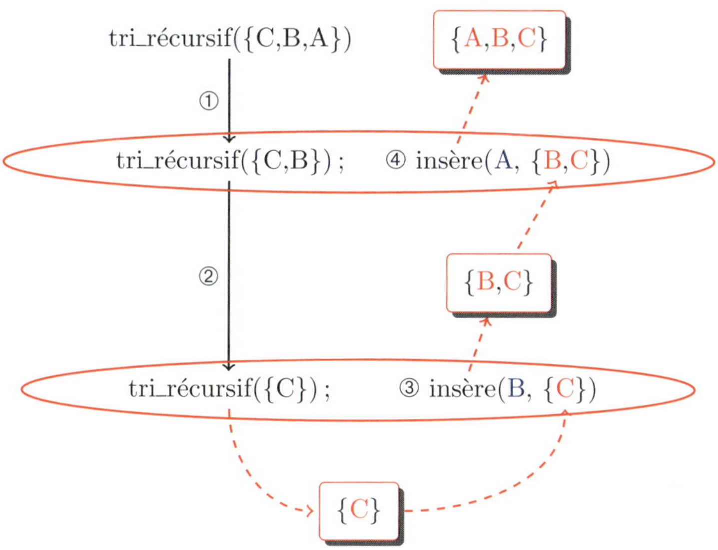

Figure 2.7 Exemple de déroulement du tri par insertion récursif : partant de la liste C, B, A, on retire A et on trie la liste C, B. Pour trier cette liste, on retire B et on trie la liste réduite à C tout seul, laquelle est donc déjà bien triée. On insère alors B à sa bonne place, obtenant ainsi la liste B, C. On ré-insère alors A à sa bonne place pour obtenir finalement A, B, C.

2.3.4 Pour conclure sur la récursivité

La solution récursive à un problème n'est pas toujours la seule solution ni même la plus efficace...

...mais elle est parfois beaucoup *plus simple* à concevoir et/ou *plus pratique* à mettre en œuvre ! C'est souvent une bonne méthode de conception d'algorithmes, conduisant justement à la création d'un premier algorithme pour résoudre un problème qui peut sembler compliqué, typiquement lorsque ce problème a une structure récursive naturelle comme un tri, la recherche dans une structures de données récursives (arbres, graphes), etc.

2.4 Programmation dynamique

2.4.1 Introduction

La *programmation dynamique* est une méthode de résolution de problèmes permettant de traiter des problèmes ayant une structure séquentielle répétitive.

Par « problèmes séquentiels », on entend des problèmes pour lesquels on doit faire un ensemble de choix *successifs*, prendre des décisions *successives* pour arriver à une solution ; au fur et à mesure que de nouvelles options sont choisies, des sous-problèmes apparaissent (aspect « séquentiel »).

Par exemple, pour trouver le meilleur moyen d'aller à un hôtel de vacances sur une île, on commence par chercher le meilleur moyen d'aller à un aéroport (souvent l'aéroport le plus proche), puis on cherche le meilleur vol pour aller à l'aéroport de destination, sur l'île, et enfin on recherche le meilleur moyen pour aller de cet aéroport à l'hôtel en question. On fait cela *en séquence*. La « programmation dynamique » s'applique lorsqu'un *même sous-problème* apparaît dans *plusieurs* sous-solutions différentes.

Modifions un peu l'exemple précédent en recherchant maintenant le meilleur hôtel (toujours sur la même île) : pour chacun des sous-problèmes consistant à aller à l'un des hôtels considérés, on ne va pas refaire la recherche du meilleur vol : on sait que le meilleur vol pour chacun des hôtels envisagés reste le même (la même île). Le principe est alors de stocker la solution à chaque sous-problème au cas où il réapparaitrait plus tard dans la résolution du problème global : on évite ainsi de calculer plusieurs fois la même chose. Exactement comme on noterait sur un bout de papier le meilleur vol trouvé dans la recherche du meilleur hôtel à une destination lointaine donnée, sans refaire à chaque fois la recherche du meilleur vol pour chaque recherche d'hôtel.

La programmation dynamique est souvent utilisée lorsque une solution récursive se révèle inefficace. Elle permet en effet souvent de changer un algorithme « naïf » coûteux en un algorithme peut-être plus complexe à concevoir, mais plus efficace.

Notons que cette idée (programmation dynamique) peut s'appliquer aussi bien à des approches descendantes qu'ascendantes.

2.4.2 Premier exemple : la suite de Fibonacci

Prenons l'exemple du calcul des nombres de Fibonacci, définis mathématiquement par :

$$F_0 = 0\,; F_1 = 1$$
$$F_n = F_{n-1} + F_{n-2} \qquad n \geq 2$$

Vue la définition, la première idée pour calculer de tels nombres est bien sûr d'utiliser un algorithme récursif :

```
┌─────────────────────────────────┐
│ Fibonacci récursif              │
├─────────────────────────────────┤
│ entrée : n                      │
│ sortie : F(n)                   │
├─────────────────────────────────┤
│   Si n = 0                      │
│     Sortir : 0                  │
│   Si n = 1                      │
│     Sortir : 1                  │
│   Sinon                         │
│     ┌───────────────────────┐   │
│     │ Fibonacci récursif    │   │
│     ├───────────────────────┤   │
│     │ entrée : n − 1        │   │
│     │ sortie : p            │   │
│     └───────────────────────┘   │
│     ┌───────────────────────┐   │
│     │ Fibonacci récursif    │   │
│     ├───────────────────────┤   │
│     │ entrée : n − 2        │   │
│     │ sortie : q            │   │
│     └───────────────────────┘   │
│     Sortir : p + q              │
└─────────────────────────────────┘
```

Quelle est la complexité $C(n)$ de cette approche ? Supposons que les comparaisons et les additions soient des instructions élémentaires[(1)]. On a alors :

$$\begin{aligned} C(0) &= 1 \\ C(1) &= 2 \\ C(n) &= 3 + C(n-1) + C(n-2) \end{aligned}$$

ce qui donne[(2)]

$$C(n) \in \mathcal{O}(\Phi^n)$$

avec $\Phi = \frac{1+\sqrt{5}}{2}$ (nombre d'or). Nous avons donc ici un algorithme *exponentiel* (fig. 2.8). Y a-t-il une meilleure solution ?

Utilisons l'idée de base de la programmation dynamique : ne pas recalculer plusieurs fois la même chose mais stocker les valeurs déjà calculées qui sont utiles pour la suite (on parle de « *mémoïsation* » , « *memoization* » en anglais).

(1) Voir à ce sujet l'annexe 2.7, page 50.

(2) Cette résolution sort du cadre de ce livre et relève du programme de mathématiques sur les suites récursives.

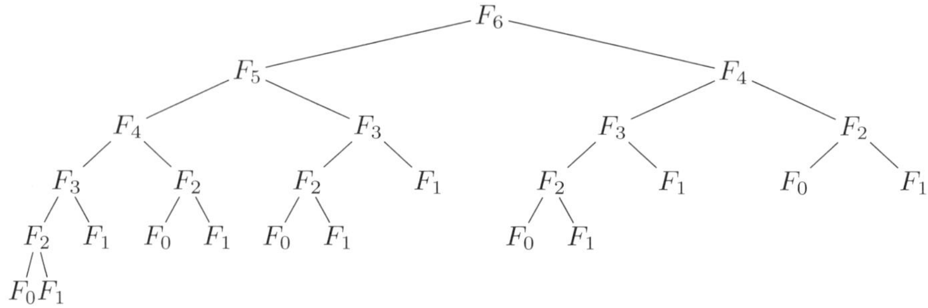

Figure 2.8 Schéma des appels récursif pour le calcul du sixième nombre de Fibonacci F_6 : son calcul nécessite le calcul de F_5 et F_4 ; le calcul de F_4 nécessite le calcul de F_4 et F_3, etc. Notez par exemple combien de fois F_2 est calculé !

Appliqué à cet exemple simple, l'idée est de mémoriser les deux calculs précédents (notés ici y et z) :

Fibonacci itératif
entrée : n sortie : $F(n)$

$y \leftarrow 0$
$z \leftarrow 1$
Pour i de 1 à n
    $x \leftarrow y + z$
    $z \leftarrow y$
    $y \leftarrow x$
Sortir : y

Quelle est la complexité de ce nouvel algorithme ?

Nous avons trois initialisations (ne pas oublier $i \leftarrow 1$ de la boucle) puis six opérations dans la boucle (ne pas oublier la comparaison de i avec n, ni l'incrément de i), ce qui nous donne :

$$C'(n) = 3 + \sum_{i=1}^{n} (6) = 6\,n + 3$$

Ce nouvel algorithme est *linéaire.*

2.4.3 Second exemple : les coefficients du binôme

Prenons maintenant l'exemple du calcul des coefficients du binôme $\binom{n}{k}$ (notés aussi parfois C_n^k). Le problème $C(n, k)$ que l'on souhaite résoudre est le suivant : étant donnés en entrée un entier n positif (ou nul) et un entier k positif (ou nul) tels que $k \leq n$, donner en sortie le nombre $\binom{n}{k}$. Si l'on se souvient de la formule de récurrence vérifiée par ces nombres :

$$\binom{n}{k} = \binom{n-1}{k-1} + \binom{n-1}{k}$$

on peut alors penser à un algorithme récursif :

C(n, k) récursif
entrée : *deux entiers* n *et* k, $k \leq n$
sortie : $\binom{n}{k}$

Si $k = 0$ ou $k = n$
  Sortir : 1
Sinon
  C(n, k) récursif
  entrée : $n - 1$, $k - 1$
  sortie : p

  C(n, k) récursif
  entrée : $n - 1$, k
  sortie : q

  Sortir : $p + q$

Quelle est la complexité $T(k, n)$ de cette approche ? Supposons que les comparaisons et les additions soient des instructions élémentaires (3). On a alors :

$$T(k, n) = T(k - 1, n - 1) + T(k, n - 1) + 1$$

et d'autre part $T(0, 0) = 1$ et $T(n, n) = 1$. Ce qui donne (4) :

$$T(k, n) = 2\binom{n}{k} - 1$$

dont le pire cas est obtenu pour $k = n/2$, et qui donne une complexité exponentielle en fonction de n (fig. 2.9).

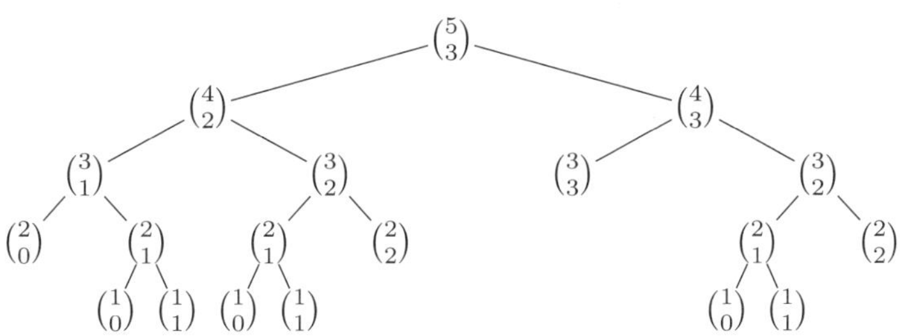

Figure 2.9 Schéma des appels récursif pour le calcul du coefficient $\binom{5}{3}$: son calcul nécessite le calcul de $\binom{4}{2}$ et $\binom{4}{3}$; le calcul de $\binom{4}{2}$ nécessite le calcul de $\binom{3}{1}$ et $\binom{3}{2}$, etc. Notez par exemple combien de fois $\binom{2}{1}$ est calculé !

Y a-t-il une meilleure solution ? Utilisons à nouveau l'idée de base de la programmation dynamique : ne pas recalculer plusieurs fois la même chose mais stocker les valeurs déjà calculées qui sont utiles pour la suite. Où les stocker dans ce cas ci ? Dans une table à deux indices : n et k.

(3) Voir à ce sujet l'annexe 2.7, page 50.
(4) Cela se résout par exemple par récurrence sur k ou alors en remarquant que $V(k, n) = (T(k, n)+1)/2$ est solution de $V(k, n) = V(k-1, n-1)+V(k, n-1)$ avec $V(0, 0) = V(n, n) = 1$.

Concrètement ici, c'est ce qui est connu sous le nom de « triangle de Pascal » :

$$
\begin{array}{c|ccccc}
 & \multicolumn{5}{c}{k \longrightarrow} \\
 & 1 & & & & \\
 & 1 & 1 & & & \\
 & 1 & 2 & 1 & & \\
n \downarrow & 1 & 3 & 3 & 1 & \\
 & 1 & 4 & 6 & 4 & 1 \\
 & \dots & & \binom{n}{k} & \dots &
\end{array}
$$

L'algorithme de calcul par programmation dynamique du coefficient $\binom{n}{k}$ devient alors :

- on remplit le début ($k+1$ premiers éléments) de chaque ligne du triangle de Pascal, une après l'autre, de haut en bas ;
- on s'arrête à la ligne n.

Plus formellement :

```
C(n, k) itératif
entrée : deux entiers n et k, k ≤ n
sortie : (n k)
  Si k = 0 ou k = n
    Sortir : 1
  table[0][0] ← 1
  Pour i de 1 à n
    table[i][0] ← 1
    Si i ≤ k
      table[i][i] ←1
      fin ← i − 1
    Sinon
      fin ← k
    Pour j de 1 à fin
      table[i][j] ← table[i − 1][j − 1] + table[i − 1][j]
  Sortir : table[n][k]
```

Quelle est la complexité de ce nouvel algorithme ?

Le plus grand nombre d'opérations est requis lorsque $k = n - 1$.[5]

Dans ce cas, le nombre d'opérations effectuées est : 1 pour la première ligne, puis $1+1$ pour la seconde, etc. jusqu'à $1+\dots+1$, $n-1$ fois pour la $n^{\text{ième}}$ ligne ; ce

[5] On aurait pu exploiter la symétrie des coefficients du binôme, mais cela ne change pas fondamentalement le propos.

qui au total nous donne :

$$1 + (1 + 1) + (1 + 1 + 1) + (1 + 1 + 1 + 1) + ... + (1 + \underbrace{1 + ... + 1}_{n-1})$$

$$= n + 1 + n - 1 + \sum_{i=1}^{n-1} i \cdot 1 \quad = \quad 2n + \frac{n(n-1)}{2} \quad = \quad \frac{1}{2}n^2 + \frac{3}{2}n$$

On a donc un algorithme quadratique, ce qui est bien mieux qu'exponentiel !

2.4.4 Troisième exemple : le plus court chemin

Terminons par un troisième exemple, archétypique des algorithmes de programmation dynamique, le calcul du *plus court chemin*, par exemple entre toutes les gares d'un réseau ferré (disons, suisse).

Une application possible de l'idée de base de la programmation dynamique à cet exemple serait la suivante (fig. 2.10) : le plus court chemin pour aller de Lausanne à Zurich est le minimum entre :

1) le plus court chemin déjà connu pour aller de Lausanne à Zurich,
2) et le plus court chemin allant de Lausanne à Zurich en passant par une ville intermédiaire non encore considérée.

Formellement, si l'on note $D_k(i, j)$ le plus court chemin pour aller de la ville i à la ville j en considérant les k premières villes du réseau (les villes ont été numérotées au préalable, dans un ordre quelconque et on n'envisage ici que de passer par les k premières), alors :

$$D_k(i,j) = \min\{D_{k-1}(i,j),\ D_{k-1}(i,k) + D_{k-1}(k,j)\}$$

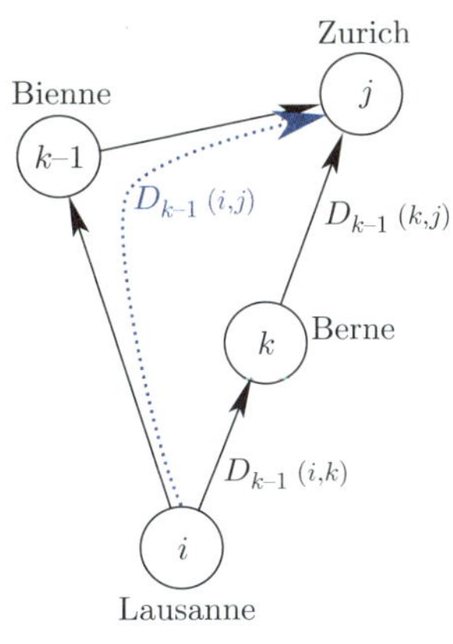

Figure 2.10 Recherche du plus court chemin : le plus court chemin pour aller de i (Lausanne) à j (Zurich) est le minimum entre (1) le plus court chemin déjà connu (pour aller de i à j) en passant par les villes 1 à $k-1$ et (2) un nouveau chemin possible en considérant passer par k (Berne), résultant du plus court chemin connu à ce stade pour aller de i à k et du plus court chemin connu pour aller de k à j.

L'utilisation de la programmation dynamique ici consiste à ne pas calculer les $D_k(i,j)$ à chaque fois, mais à les stocker dans une table pour les réutiliser. Ceci conduit à l'*algorithme de Floyd* (où n est le nombre de villes dans le réseau) :

Floyd

entrée : *un graphe pondéré (dont les sommets sont numérotés)*
sortie : *tableau des plus courts chemins entre chaque nœud du graphe*

Initialisation :
Pour i de 1 à n
  Pour j de 1 à n
    $D[i][j] \leftarrow$ distance *directe* de i à j,
      ∞ si i et j ne sont pas directement connectés

Déroulement :
Pour k de 1 à n
  Pour i de 1 à n
    Pour j de 1 à n
      $D[i][j] \leftarrow \min\{D[i][j], D[i][k] + D[k][j]\}$
Sortir : tableau D

Si l'on considère par exemple le graphe de la figure 2.11, alors au départ (initialisation) nous avons le tableau suivant :

	Lausanne	Bienne	Berne	Zurich	
	0	133	58	∞	Lausanne
$D =$	133	0	45	38	Bienne
	58	45	0	102	Berne
	∞	38	102	0	Zurich

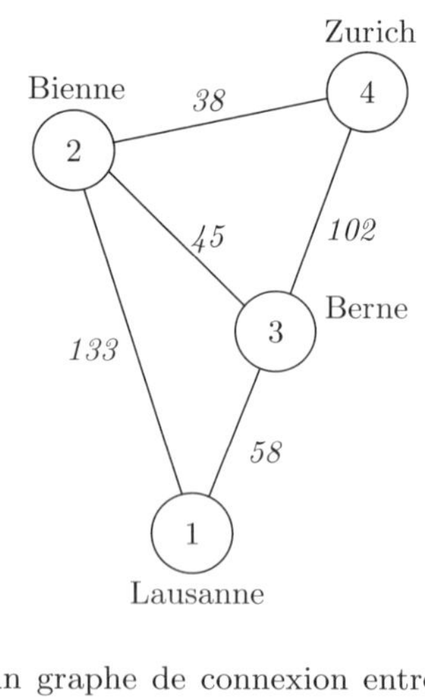

Figure 2.11 Exemple d'un graphe de connexion entre quatre villes. Les grandeurs peuvent, suivant les besoins, représenter soit des distances, des prix ou des durées (données totalement fictives).

L'étape de déroulement pour $k = 1$ (c.-à-d. ne considérer que « Lausanne ») n'apporte aucun changement.

Par contre, l'étape $k = 2$ (c.-à-d. considérer passer aussi par « Bienne ») trouve un chemin plus court de « Berne » à « Zurich », et aussi de « Lausanne » à « Zurich ». Le tableau D des plus courtes distances devient alors :

$$D = \begin{array}{rrrr} \text{Lausanne} & \text{Bienne} & \text{Berne} & \text{Zurich} \\ 0 & 133 & 58 & \boxed{171} \\ 133 & 0 & 45 & 38 \\ 58 & 45 & 0 & \boxed{83} \\ \boxed{171} & 38 & \boxed{83} & 0 \end{array}$$

L'étape $k = 3$ (c.-à-d. considérer passer par « Berne ») trouve un chemin encore plus court de de « Lausanne » à « Zurich », et le tableau D devient :

$$D = \begin{array}{rrrr} \text{Lausanne} & \text{Bienne} & \text{Berne} & \text{Zurich} \\ 0 & \boxed{103} & 58 & \boxed{141} \\ \boxed{103} & 0 & 45 & 38 \\ 58 & 45 & 0 & 83 \\ \boxed{141} & 38 & 83 & 0 \end{array}$$

La dernière étape enfin, $k = 4$ (c.-à-d. considérer passer par « Zurich ») n'apporte pas de chemin plus court et D reste donc inchangée.

Quelle est la complexité de l'algorithme précédent ? Il semble assez clair que dans ce cas elle est en $\mathcal{O}(n^3)$.

Notons que l'algorithme de Floyd fonctionne aussi pour des graphes asymétriques (« graphes orientés »), où le coût pour aller de i à j n'est pas le même que pour aller de j à i. Le tableau D est simplement dissymétrique dans ce cas là.

2.4.5 Complément sur les problèmes de plus court chemin

L'algorithme de Floyd présenté ci-dessus résout en $\mathcal{O}(n^3)$ le problème du plus court chemin entre *toutes* les paires de villes. Il existe en fait de nombreuses variantes de « problèmes de plus court chemin ». En appliquant le même genre d'idées (programmation dynamique) :

- l'algorithme de Dijkstra résout en $\mathcal{O}(n^2)$ le problème du plus court chemin entre une ville donnée et toutes les autres ;
- l'algorithme A* (« *A star* ») est une généralisation de l'algorithme de Dijkstra qui est plus efficace si l'on possède un moyen d'estimer une borne inférieure de la distance restant à parcourir pour arriver au but [(6)] ;
- l'algorithme de Viterbi résout en $\mathcal{O}(n)$ le problème du plus court chemin entre deux villes données (dans un graphe sans cycle) ;
- ...et il existe beaucoup d'autres types de problèmes en fonctions des conditions spécifiques (graphe orienté/non orienté, coûts positifs ou quelconques, graphe à cycles ou sans cycle).

---

(6) On appelle cela une « heuristique admissible » ; Dijkstra est un algorithme A* avec l'heuristique nulle : toutes les distances sont plus grandes que 0. Mais l'on peut, pour un problème donné, avoir de meilleures heuristiques que 0...

2.5 Conclusion

Le chapitre 1 portait sur la formalisation des traitements à effectuer pour résoudre un problème donné, la notion d'*algorithmes*. Le but était de trouver des solutions correctes et de distinguer formellement les solutions efficaces de celles inefficaces (notion de complexité).

Dans ce chapitre, nous avons présenté des méthodes permettant de façon générale de construire des algorithmes pour résoudre un problème donné. Il n'y a pas de recette miracle pour cela, mais il existe des grandes familles de stratégies de résolution :

- *décomposer* (« diviser pour régner ») : essayer de résoudre le problème en le décomposant en instances plus simples ; les algorithmes récursifs, qui s'appellent eux-mêmes, sont des cas particuliers de cette stratégie ;
- *regrouper* (« programmation dynamique ») : mémoriser les calculs intermédiaires pour éviter de les effectuer plusieurs fois.

2.6 Exercices

2.6.1 *Que font ces algorithmes ?*
Voici quatre algorithmes :

algo1
entrée : *entier naturel n* sortie : *?*

Si $n = 0$
  Sortir : 0
$k \leftarrow 0$
Pour j allant de 1 à $2n - 1$
  Si j est impair
    $k \leftarrow k + j$
Sortir : k

algo2
entrée : *entier naturel n* sortie : *?*
Sortir : n^2

algo3
entrée : *entier naturel n* sortie : *?*
Si $n = 0$ **Sortir :** 0 **Sortir :** $2n - 1 +$ **algo3**$(n - 1)$

algo4
entrée : *entier naturel n* sortie : *?*

Si $n = 0$
  Sortir : 0
Si $n = 1$
  Sortir : 1
Sortir : $n +$ **algo4**$(n - 2)$

Pour chacun des quatre algorithmes ci-dessus, répondre aux questions suivantes :

1) Que se passe-t-il si l'on exécute l'algorithme avec la valeur d'entrée 6 ?
2) L'algorithme est-il récursif ou non ?

3) En général, que fait l'algorithme ?
4) Quelle est l'ordre de complexité de l'algorithme ?

2.6.2 *Et ceux-ci ?*
Voici quatre autres algorithmes :

algo5
entrée : *entier naturel n* sortie : *?*
Si $n = 0$ **Sortir :** 0 **Sortir :** $n +$ **algo5**(n)

algo6
entrée : *entier naturel n* sortie : *?*

Si $n = 0$
  Sortir : 0
Si $n = 1$
  Sortir : 1
Sortir : $2 \times$ **algo6**$(n-1) -$ **algo6**$(n-2)$

algo7
entrée : *entier naturel n* sortie : *?*
Si $n = 0$ **Sortir :** 0 **Sortir :** $n +$ **algo7**$(n+1)$

algo8
entrée : *entier naturel n* sortie : *?*

Si $n = 0$
  Sortir : 0
Si $n = 1$
  Sortir : 1
Sortir : **algo8**$(2n)$ $+$ **algo8**$(2n-1)$

- Un seul de ces algorithmes fonctionne correctement ; lequel ?
- Mais il a un gros défaut ; lequel ?
- Enfin, que calcule-t-il ?

2.6.3 *Taille de liste*
Soit L une liste d'entiers (pas forcément ordonnée et avec de possibles répétitions), comme par exemple 19, 31, 15, 21. On cherche à écrire un algorithme *taille*(L) qui retourne le nombre d'élément d'une liste [7] L donnée en entrée.

On suppose que l'on dispose d'un autre algorithme *a_element*(L, i) qui nous dit (vrai ou faux) s'il existe un $i^{\text{ème}}$ élément dans la liste : il répond donc « vrai » si i est inférieur ou égal à la taille de la liste et « faux » sinon [8].

1) Utiliser l'algorithme *a_element*(L, i) pour calculer la taille de L en un temps linéaire (par rapport à cette taille) ? Ecrire l'algorithme pour le faire.

---

(7) On utilise ici le terme « *liste* » au sens commun du terme, pas au sens informatique. Voir également la prochaine note de bas de page.

(8) Notons qu'il n'est pas évident de toujours avoir un tel algorithme (sans avoir l'algorithme *taille*, bien sûr !). En réalité cela dépend de la représentation effective de L. Nous faisons ici l'hypothèse qu'un tel algorithme existe pour L.

2) En vous inspirant de la recherche dichotomique, pourrait-on avoir une complexité moindre que linéaire ? Si oui, quelle serait cette complexité et expliquer intuitivement comment procéder.

   Pour les plus motivés : essayer d'écrire un tel algorithme.

2.6.4 *Algorithme d'Euclide*
Proposer une version récursive de l'algorithme d'Euclide (voir § 1.3.2), qui calcule le plus grand diviseur commun de deux entiers naturels a et b :

Algorithme d'Euclide
entrée : *a, b deux entiers naturels non nuls* sortie : *pgdc(a,b)*

$r \leftarrow 0$
Tant que $b > 0$
  $r \leftarrow a \mod b$
  $a \leftarrow b$
  $b \leftarrow r$
Sortir : a

L'expression $a \mod b$ dénote le reste de la division euclidienne de a par b.

2.6.5 *Devinette*
Que fait l'algorithme suivant, où L est une liste de nombres *ordonnée* (par ordre croissant), x un nombre de même nature que ceux de L, et a, b deux entiers naturels non nuls ?
La notation $\lfloor x \rfloor$ représente la « partie entière par défaut » de x, c'est-à-dire le plus grand entier inférieur ou égal à x. Par exemple $\lfloor 1.5 \rfloor = 1$ et $\lfloor 1 \rfloor = 1$.

Cet algorithme est-il correct dans tous les cas ? Si la réponse est non, quels problèmes pourraient survenir ?

devinette
entrée : L, x, a, b sortie : *?*

Si a et b sont égaux
  Si x et le $a^{\text{ième}}$ nombre de L sont identiques
    Sortir : a
  Sinon
    Sortir : 0
$c \leftarrow a + \left\lfloor \frac{b-a}{2} \right\rfloor$
Si x et le $c^{\text{ième}}$ nombre de L sont identiques
  Sortir : c
Sinon, si le $c^{\text{ième}}$ nombre de L est plus petit que x
  Sortir : devinette(L, x, $c+1$, b)
Sinon
  Sortir : devinette(L, x, a, $c-1$)

2.6.6 *Deviner l'affichage*
Soit l'algorithme suivant prenant en entrée un message (« séquence de caractères ») et un entier, et affichant quelque chose.

devinette
entrée : *message m, entier naturel n* sortie : *(rien)*

Si $n = 0$
  afficher m
Pour i de n à 1 (en décroissant)
  [**devinette** — entrée : *« m, i », n − i* ; sortie : *(rien)*]

Une boucle de 0 à 1 en décroissant ne fait rien du tout et « m, i » désigne le message composé de m suivi d'une virgule suivit de l'écriture de i en décimal. Par exemple si m est le message « *2,3* » et que i vaut 5, alors « m, i » sera le message « *2,3,5* ».

1) Donner l'affichage produit par cet algorithme lorsqu'il est lancé avec les entrées suivantes :
   a) $m =$ « 3 : » et $n = 3$
   b) $m =$ « 4 : » et $n = 4$
2) Que fait cet algorithme (en fonction de l'entier n fourni en entrée) ?

2.6.7 *Retour sur le calcul des coefficients du binôme*
On a vu au paragraphe 2.4.3, comment calculer les coefficients du binôme $\binom{n}{k}$ avec un algorithme de complexité quadratique utilisant les principes de la programmation dynamique dans une table de taille $n + 1$ par $k + 1$ (triangle de Pascal).

En fait, il n'est pas nécessaire de mémoriser toute la table : k cases suffisent en tout et pour tout. Trouver l'algorithme.

2.7 Annexe : au sujet de la complexité des opérations arithmétiques

Dans ce chapitre nous avons considéré les opérations arithmétiques comme des opérations élémentaires, c'est-à-dire de complexité en $\mathcal{O}(1)$.

En fait, pour un nombre entier n représenté en binaire, les opérations arithmétiques (et comparaison) ne sont pas en temps constant, mais ont les complexités suivantes lorsque la valeur de n peut croitre à l'infini (on ne parle donc pas ici de représentation de taille fixe telle qu'abordée dans le chapitre 4) :

comparaison	$\mathcal{O}(\log(n))$
addition	$\mathcal{O}(\log(n))$
multiplication	$\mathcal{O}(\log(n)\log(\log(n))\log(\log(\log(n))))$
division	$\mathcal{O}(\text{multiplication})$
racine carrée	$\mathcal{O}(\text{multiplication})$

Toutes ces complexités étant négligeables par rapport à celles obtenues dans ce chapitre, l'hypothèse d'opération élémentaire pour ces opérations arithmétiques ne remet pas en cause les conclusions obtenues tout en simplifiant grandement le propos.

Chapitre 3

Limites des algorithmes

3.1 Introduction

Nous avons vu qu'un *calcul* est effectué selon un *programme*, qui est un ensemble précis d'instructions implémentant un *algorithme*, qui est lui-même la description d'une méthode de résolution d'un problème. Nous avons aussi vu différentes approches pour construire des algorithmes, et nous avons vérifié expérimentalement qu'il peut y avoir différents algorithmes prenant des temps différents pour trouver une solution, même lorsqu'ils commencent tous avec la même entrée et qu'ils produisent la même sortie. Maintenant, il est important de réfléchir sur les notions de *problème* et d'*algorithme*. En particulier, nous aborderons les deux questions principales de ce qui est connu maintenant comme la *théorie de la calculabilité* :

- *Est-ce que tout problème peut être résolu grâce à un algorithme ?*
  Existe-t-il des problèmes de calcul bien définis qui ne peuvent pas être résolus ? Si c'est le cas, quels sont ces problèmes ?
- *Concernant les problèmes que l'on peut résoudre, lesquels peuvent être résolus « efficacement » ?*
  Existe-t-il des problèmes bien définis qui peuvent être résolus avec un algorithme, mais pas de manière efficace ?

Ces questions ont une profonde connexion avec les fondements des mathématiques et de la logique, avec la théorie de l'information et avec la communication.

Pour répondre à ces questions, il nous faut définir les notions de problème, solution, algorithme, efficacité, etc. dans un cadre précis. Nous introduirons ensuite la notion de *calculabilité*, qui utilise extensivement les dénombrements, infinis, et paradoxes, puis la notion de *complexité*, qui nous conduira à distinguer entre résoudre un problème ou simplement vérifier que sa solution est correcte.

3.2 Qu'est ce qu'un problème ? une solution ?

Nous avons vu différents exemples de problèmes pouvant être résolus avec des calculs, comme trier une collection d'objets, chercher une valeur dans cette collection, ou trouver le chemin le plus court entre deux points dans un graphe. Dans chacun de ces cas, nous avons conçu un algorithme qui, étant donné une collection spécifique de valeurs, ou un graphe spécifique et la paire de sommets qui nous intéresse, devra renvoyer la liste triée, ou le plus court chemin entre les deux sommets. Quel point commun pouvons-nous trouver à tous ces exemples que nous avons vus ?

Peut-être que l'observation la plus évidente est celle-ci : pour toute entrée, l'algorithme renvoie une sortie, l'algorithme peut donc gérer toutes les entrées qui sont dans le bon format. Naturellement, des entrées différentes peuvent produire des sorties différentes : la sortie dépend de l'entrée. En termes mathématiques, l'algorithme définit une application (une fonction) de l'ensemble des entrées possibles vers l'ensemble des sorties possibles.

Pour se référer à une entrée particulière de l'ensemble des entrées possibles, on utilise le terme *instance*. Dans le cas du tri, par exemple, une instance est une collection de nombres, et la sortie correcte est leur ordonnancement dans l'ordre croissant. Pour le cas du chemin le plus court, une instance est un graphe et deux sommets distincts de ce graphe, et la sortie correcte est le chemin le plus court dans le graphe qui relie ces deux sommets.

Cependant, l'instance seule ne peut pas définir le problème : étant donné un graphe, et deux sommets distincts, nous pouvons imaginer beaucoup de problèmes possibles : existe-t-il une arête reliant ces deux sommets ? Quel est le chemin le plus long entre ces deux sommets ? Existe-t-il un cycle dans ce graphe passant par ces deux sommets ? Etc. Dans chaque cas, nous ne devons pas juste donner une instance, nous devons aussi poser une *question* ; c'est à cette question que l'algorithme doit répondre.

Ces considérations nous amènent à deux définitions possibles (et étroitement reliées) d'un problème :

1) Un problème est un ensemble de paires, où le premier élément de chaque paire est une instance et le second est la sortie correcte correspondante.
2) Un problème est un ensemble d'instances possibles et une question.

La première définition capture très concrètement l'objectif d'un algorithme : donner une sortie correcte pour toutes les instances possibles. Cependant, ce n'est pas une définition pratique, puisque le nombre d'instances possibles sera souvent très important. (En effet, d'un point de vue abstrait, le nombre d'instances possibles est typiquement infini : le nombre de sous-ensemble d'entiers que quelqu'un voudrait pouvoir trier, le nombre de graphes finis, le nombre de mots dans un alphabet, etc.) Par exemple, nous pouvons considérer le problème de l'incrémentation des nombres naturels : une instance est un entier positif, et la sortie correcte est cet entier auquel on ajoute 1. Notre liste de paires est donc

$$(0, 1), (1, 2), (2, 3), (3, 4), (4, 5), \ldots$$

où les points de suspension indiquent que cette liste est infinie. Si nous donnons seulement une part finie de cette liste infinie, la sortie correcte n'est pas définie pour les instances qui n'apparaissent pas dans cette liste, puisque nous ne pouvons pas être sûr de ce que l'algorithme renvoie pour ces entiers. Bien sûr, si le problème a seulement quelques instances, alors cette première définition donne à la fois le problème et sa solution, puisqu'il suffit de trouver l'instance qui nous intéresse dans la liste de paires et de renvoyer l'élément correspondant de la même paire.

Notons que les conjectures mathématiques (qui peuvent éventuellement donner des théorèmes) sont des problèmes avec une seule instance. Par exemple, considérons l'assertion suivante

Il existe un nombre infini de nombres premiers,

qui est un théorème célèbre attribué à Euclide. C'est un problème, puisqu'il y a une question (« existe-t-il un nombre infini de nombres premiers ? ») et une instance (les entiers positifs), mais l'instance est unique. En utilisant les notations conventionnelles, $\mathbb{N}$ pour les entiers positifs, alors nous avons une seule paire $(\mathbb{N}, \text{oui})$ qui définit le problème entier. Nous n'avons pas besoin de définir un algorithme pour une instance simple : l'algorithme qui la résout renvoie simplement la bonne réponse ! Pour la question d'Euclide sur le nombre de nombres premiers, notre algorithme solution a une seule ligne

Sortir : « oui »

Contrairement à la première définition d'un problème, la seconde définition est applicable à n'importe quel ensemble d'instances, peu importe sa taille, mais demande un certain niveau d'abstraction. Par exemple, nous pourrions écrire la question de l'incrémentation en utilisant des notions algébriques telles que « étant donné un entier positif i, renvoyer $i + 1$ » ; Nous pourrions aussi l'écrire en utilisant des mots comme « étant donné un entier positif, quel est le plus petit entier plus grand que celui-ci ? » En raison de son universalité, nous devrions utiliser cette seconde définition :

PROBLÈME = ENSEMBLE D'INSTANCES + QUESTION

Voyons maintenant ce qu'est une solution. Une fois de plus, notons que dans le cas d'un nombre fini d'instances, la première définition donne à la fois celle du problème et de ses solutions, puisqu'elle nous donne directement ce qui est la réponse correcte à renvoyer pour chacune des instances possibles. Pour la seconde définition, où tout ce qui est donné est l'ensemble des instances possibles et une question, une solution est un *algorithme* qui, étant donné n'importe quelle instance du problème, produit la réponse correcte pour cette instance. L'algorithme produit une construction (comme une liste ordonnée de nombres ou un chemin dans un graphe) qui remplit les conditions données par la question. Puisque nous avons un nombre infini d'instances, nous ne pouvons pas vérifier si chaque sortie est correcte, nous ne pouvons donc pas vérifier qu'un algorithme est correct en vérifiant ses sorties. Au lieu de cela, nous devons *prouver* que l'algorithme est bien correct. Nous pouvons donc écrire

SOLUTION = ALGORITHME + PREUVE DE SON EXACTITUDE

Ce point de vue sur la « solution » est en fait très proche d'un point de vue d'ingénierie : pour construire une structure (un pont, un récipient pour des produits chimiques, une antenne, un moteur électrique, une puce de semi-conducteur), nous appliquons une méthode de conception (l'algorithme) bien testée (une version plus faible de « prouvé correct ») pour produire l'objet (la sortie). Dans l'ingénierie nous travaillons seulement sur une collection d'instances finies (le « monde réel »), ainsi cette discipline repose sur une combinaison de calculs mathématiques et de tests expérimentaux pour établir si une méthode est correcte.

Par contraste, la correction d'un algorithme doit être établie avec une preuve mathématique : parce que l'algorithme peut être utilisé sur toutes les entrées possibles, une vérification expérimentale ne peut tester que quelques exemples et ne peut donc pas donner un degré de confiance suffisamment élevé pour vérifier qu'une solution est correcte.

3.3 Dénombrement

Pour récapituler ce que nous avons vu jusqu'à maintenant, les seuls problèmes intéressants sont ceux dont l'ensemble des instances est infini : des problèmes sur des ensembles de nombres, des graphes, des réseaux, etc. Ainsi, pour étudier ces problèmes nous devons nous familiariser avec les ensembles infinis, ce que notre expérience au quotidien ne nous permet pas de faire facilement. Peut-être qu'une des propriétés les plus basiques des entiers est qu'ils forment une base pour le *dènombrement* : les entiers naturels $\mathbb{N} = \{1, 2, 3, 4, \ldots\}$ définissent le comptage. L'humanité a appris à compter bien avant de commencer à faire des calculs ; les nombres naturels sont tellement fondamentaux que le fameux mathématicien allemand Leopold Kronecker (1823–1891) a dit « Dieu a créé les entiers, tout le reste est le travail des humains. »

N'importe lequel d'entre nous, avec le temps nécessaire, peut compter le nombre d'éléments dans un ensemble fini. Mais que signifie compter le nombre d'éléments dans un ensemble infini ? Peut-on comparer le « nombre » d'éléments de l'ensemble des entiers relatifs $\mathbb{Z} = \{\ldots, -4, -3, -2, -1, 0, 1, 2, 3, 4, \ldots\}$ au « nombre » d'éléments dans $\mathbb{N}$?

Dans un premier temps, nous devons ajouter quelques mots à notre terminologie : parce qu'un « nombre » est, par définition, fini, nous ne pouvons pas parler de « nombre d'éléments » dans un ensemble infini. Au lieu de cela, nous devons parler de *cardinalité* d'un ensemble. Pour un ensemble fini, sa cardinalité est simplement son nombre d'éléments. Mais pour un ensemble infini, la cardinalité est un concept plus abstrait : quelque chose proche d'un nombre, mais avec des propriétés différentes. Nous allons écrire $|S|$ pour le cardinal d'un ensemble S, ainsi, nous avons par exemple $|\{a, b, c, d, e\}| = 5$. Nous allons utiliser le cardinal du plus basique des ensembles infinis, $\mathbb{N}$, et utiliser un caractère hébreu pour le représenter $\aleph_0 = |\mathbb{N}|$. Le caractère $\aleph$ (aleph) est le premier de l'alphabet hébreu. Les mathématiciens utilisent ce caractère pour définir le *nombre cardinal* $\aleph_0$, usuellement appelé « aleph-zéro », qui est simplement le premier nombre cardinal.

Nous sommes maintenant prêts pour définir une méthode pour compter les éléments d'un ensemble infini, en généralisant la façon dont nous les comptons dans un ensemble fini.

Définition 3.1 Un ensemble S est ***dénombrable*** si, et seulement si, il existe une fonction surjective $f \colon \mathbb{N} \to S$. ■

(Rappelons qu'une fonction $f \colon A \to B$ est surjective si, pour tout élément $y \in B$, il existe au moins un élément $x \in A$ tel que $f(x) = y$.) La fonction f est appelée une fonction de dénombrement : elle assigne tout élément de S à un (ou plusieurs) entiers positifs. Intuitivement, en montrant qu'il existe une telle fonction f pour un ensemble S, on montre que l'ensemble S n'est « pas plus grand » que $\mathbb{N}$.

3.3.1 L'hôtel suisse infini

Une façon amusante de penser aux ensembles infinis et d'étudier comment les manipuler est d'utiliser l'analogie de « l'hôtel suisse infini ». La Suisse est bien connue pour former les managers d'hôtel les plus efficaces, qui dirigent des propriétés luxueuses partout dans le monde. Le légendaire manager suisse Rudi est même capable de diriger un hôtel *infini* ! Dans cet hôtel infini, chaque chambre est numérotée par un entier positif, en commençant par 1 ; peu importe quelle chambre nous considérons, disons la chambre i, il existe toujours une chambre $i+1$, qui n'est pas parmi les i premières chambres. Ainsi l'ensemble de tous les numéros des chambres de cet hôtel est précisément l'ensemble $\mathbb{N}$. Nous pouvons aussi supposer que toutes les chambres sont interchangeables : même taille, même mobilier, même vue, même distance de l'ascenseur, ainsi les clients ne seront pas dérangés s'ils doivent changer de chambre.

Observons maintenant Rudi travailler. Pour augmenter la difficulté, nous pouvons aussi supposer que toutes les chambres de l'hôtel sont occupées, bien que, pour des raisons qui seront bientôt claires, l'hôtel n'a pas à afficher « complet ». Supposons qu'un touriste arrive à la réception et demande une chambre – souvenez-vous que l'hôtel est complet ! – Rudi répond simplement « Bien sûr, Monsieur » et assigne à ce nouveau client la chambre 1, demandant à tous les autres clients de l'hôtel de se déplacer de leur chambre i à la chambre $i+1$. Puisque l'hôtel est infini, pour tout entier i, il existe une chambre $i+1$ qui n'est pas parmi les i premières chambres, de telle manière que chaque client ait bien une chambre individuelle, et que ce procédé libère bien la chambre 1 pour le nouveau client. Plus tard, un groupe de k touristes ($k \in \mathbb{N}$) arrive et demande k chambres. Rudi demande à chaque client de déménager de leur chambre i à la chambre $i+k$ et donne aux nouveaux clients les chambres de 1 à k. L'hôtel n'a pas changé, n'a pas ajouté de chambre, et reste complet tout le temps : à la fois avant et après. Nous avons montré informellement que, pour tout entier positif k nous avons

$$\aleph_0 + k = \aleph_0,$$

ce qui indique que le nombre cardinal ne se comporte pas comme un nombre (fini) « normal ».

Maintenant regardons Rudi traiter un problème encore plus difficile : un bus infini vient juste d'arriver devant l'hôtel infini [(1)]. Naturellement notre hôtel infini est déjà complet ; que peut donc faire Rudi ? Il dit simplement au meneur du bus « Tout de suite Monsieur » et fait ce qui suit : il déplace tous les clients actuels de la chambre i à la chambre $2i$ (qui existe, puisque l'hôtel est infini – ou, plus formellement, si nous avons $i \in \mathbb{N}$, alors nous devons aussi avoir $2i \in \mathbb{N}$), puis il assigne au touriste i du bus la chambre numéro $2i - 1$. De cette façon, tous les clients étant déjà dans l'hôtel ont toujours une chambre privée et tous

(1) Si un hôtel infini existe, alors un bus infini peut aussi exister !

les nouveaux touristes ont aussi une chambre privée. Nous avons juste montré informellement une autre propriété curieuse de $\aleph_0$, à savoir

$$\aleph_0 + \aleph_0 = \aleph_0$$

Ce résultat peut sembler étrange, mais il est logique qu'ajouter une constante à l'infini reste infini et que doubler l'infini nous donne toujours l'infini. Nous allons retourner voir Rudi et son hôtel une fois de plus, mais d'abord nous allons formaliser ses actions.

3.3.2 Ensembles dénombrables

Ce que Rudi a fait avec le premier touriste a été de montrer que l'ensemble $S = \mathbb{N} \cup \{x\}$ (où x n'est pas un élément de $\mathbb{N}$) est dénombrable : son application $f\colon \mathbb{N} \to S$ est simplement

$$f(i) = \begin{cases} x & i = 1 \\ i+1 & \text{sinon} \end{cases}$$

C'est une surjection, comme voulu, et selon notre définition cela montre que S est dénombrable. Ce que Rudi a fait avec le bus infini est similaire : si nous appelons l'ensemble des clients de l'hôtel G (en remarquant que G est en fait $\mathbb{N}$, puisque nous pouvons identifier chaque client par son numéro de chambre) et l'ensemble des touristes dans le bus T (en remarquant aussi que T est en fait $\mathbb{N}$, puisque nous pouvons identifier chaque touriste par son numéro de siège), Rudi a défini l'application $f\colon \mathbb{N} \to G \cup T$ comme suit

$$f(i) = \begin{cases} i/2 \in G & i \text{ est pair} \\ (i+1)/2 \in T & \text{sinon} \end{cases}$$

qui est bien une surjection.

Nous pouvons utiliser les mêmes idées pour montrer que d'autres ensembles infinis, plus complexes, sont dénombrables.

Proposition 3.2

$\mathbb{Z}$ (les entiers relatifs) est dénombrable. ◄

Démonstration. Définir l'application $f\colon \mathbb{N} \to \mathbb{Z}$ par

$$f(i) = \begin{cases} i/2 & i \text{ est pair} \\ -(i-1)/2 & \text{sinon} \end{cases}$$

(Cette application est la même que celle de Rudi dans le bus infini.) La liste des paires $(i, f(i))$ (l'énumération de $\mathbb{Z}$) commence alors par $(1, 0)$, $(2, 1)$, $(3, -1)$, $(4, 2)$, $(5, -2)$, $(6, 3)$, $(7, -3)$, …, c'est-à-dire, nous énumérons les entiers relatifs dans l'ordre suivant : $0, 1, -1, 2, -2, 3, -3, 4, -4, 5, -5, \ldots$ L'application est clairement surjective, et donc $\mathbb{Z}$ est dénombrable. □

Retournons à l'hôtel infini et au dernier défi de Rudi : maintenant un ensemble infini de bus infinis vient d'arriver, et l'hôtel est, comme chaque fois, déjà complet. Rudi, imperturbable comme toujours, répond à l'organisateur « Aucun problème, Monsieur ! » et fait ce qui suit. Puisqu'il y a un nombre infini de bus, nous numérotons ces bus 1, 2, 3, etc. ; et puisque chaque bus a un nombre infini de sièges numérotés 1, 2, 3, etc., tout comme l'hôtel a un nombre infini de chambres numérotées 1, 2, 3, etc., Rudi voit les bus comme les copies 2, 3, 4, etc., de son hôtel – son hôtel étant la copie 1. Donc maintenant, il a des copies 2, 3, 4, etc., de son hôtel et doit envoyer chaque personne de chacune de ces copies dans une chambre privée de la copie 1 (l'hôtel). Cela semble impossible : après tout, si l'hôtel était vide, il pourrait juste donner à la première personne de la copie i la chambre numéro i et cela remplirait complètement son hôtel ! Et pourtant...

Rudi assigne la première personne de la première copie à la chambre 1 (ainsi le client actuel de la chambre 1 reste dans sa chambre) ; ensuite il assigne la seconde personne de la première copie à la chambre 2 (ainsi le client actuel de la chambre 2 reste lui aussi dans sa chambre) ; et la première personne de la deuxième copie (le premier touriste du premier bus) à la chambre 3 ; ensuite il assigne la troisième personne de la première copie à la chambre 4 (ainsi le client actuellement dans la chambre 3 se déplace dans la chambre 4), la deuxième personne de la deuxième copie (le deuxième touriste du premier bus) à la chambre 5, et la première personne de la troisième copie (premier touriste du deuxième bus) à la chambre 6. Cette idée est illustrée par la figure 3.1 : en effet, un espace infini de deux dimensions – l'ensemble de toutes les paires (i, j), où i est le numéro de la copie et j l'index de la personne dans cette copie – est parcouru par une seule ligne infinie, qui balaye successivement les contre-diagonales les unes après les autres. Ce procédé de balayage est souvent appelé *déployeur universel* (ou *dovetailing* en anglais).

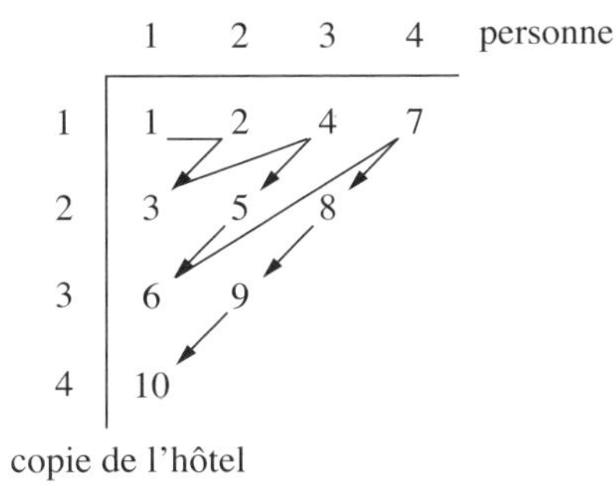

Figure 3.1 Déployeur universel : balayer un quadrant infini avec une seule ligne.

Toutefois, Rudi ne peut pas appliquer cette méthode de façon séquentielle et espérer attribuer une chambre à tous ses clients dans un temps fini. Il a donc travaillé sur une formule que ses clients peuvent lire pour trouver leur numéro de chambre. Déterminons cette formule.

Soit (i, j) la paire représentant la $i^{\text{ème}}$ personne de la $j^{\text{ème}}$ copie. Rudi a d'abord considéré la paire $(1, 1)$; puis les paires $(1, 2)$ et $(2, 1)$; puis les paires

$(1,3)$, $(2,2)$, et $(3,1)$; etc. Notons que, pour chaque tour, la somme $i+j$ est fixe (2 pour le premier tour, 3 pour le deuxième, 4 pour le troisième, etc.). Notons cette somme $k = i + j$: pour $k = 2$ il y a un client, pour $k = 3$ il y en a deux, et en généralisant pour des plus grands k, il y a $k - 1$ clients. Par conséquent, après avoir assigné tous les clients représentés par une paire dont la somme est au plus m, nous avons assigné exactement $1 + 2 + \ldots + (m - 1) = m(m - 1)/2$ clients.

Si nous faisons cette assignation de la même manière que Rudi, en assignant une chambre au client (i, j) en se basant d'abord sur la valeur de $k = i + j$ puis sur la valeur de i, alors le client $(1, i + j)$ aura une chambre après avoir assigné les chambres de tous les clients dont la représentation en paire a une somme pas supérieure à $i + j$. Ainsi, le client $(1, i + j)$ aura la chambre numéro $1 + [(i + j)(i + j - 1)/2]$, puis le client $(2, i + j - 1)$ aura la chambre suivante, et ainsi de suite.

L'application utilisée par Rudi $f \colon \mathbb{N} \to \mathbb{N} \times \mathbb{N}$ est donc définie par

$$f(i,j) = i + \frac{(i + j - 1)(i + j - 2)}{2}$$

et c'est une surjection (preuve en exercice).

Nous avons prouvé que l'ensemble de toutes les paires d'entiers est un ensemble dénombrable. Ce résultat nous donne encore un autre aperçu de l'arithmétique des cardinaux : nous venons de prouver

$$\aleph_0 \cdot \aleph_0 = \aleph_0$$

Un corollaire immédiat est que $\mathbb{Q}^+$, l'ensemble de tous les nombres rationnels positifs, est dénombrable ! Un nombre rationnel est juste une fraction, c'est-à-dire une paire de nombres naturels ; notre application assigne un index dans $\mathbb{N}$ à chaque paire de nombres, ce qui signifie que toute fraction reçoit au moins un indice. (En fait, chaque fraction reçoit même un nombre infini d'indices, puisque la multiplication du numérateur et du dénominateur par le même entier ne change pas la fraction.)

Comme exercice final, regardons l'ensemble de tous les programmes écrits dans un langage de programmation de notre choix. Un programme est juste une longue chaîne de caractères (aller à la ligne dans le programme étant remplacé par « nouvelle ligne ») où les caractères viennent d'un alphabet fini. Appelons l'alphabet Σ et choisissons un ordre pour ses caractères, du caractère 1 au caractère $|\Sigma|$. Nous pouvons énumérer (c.-à-d. compter) toutes les chaînes finies possibles sur l'alphabet Σ en utilisant un procédé très similaire à celui que nous avons utilisé pour $\mathbb{Q}^+$. Nous allons énumérer toutes les chaînes de longueur 0 (il y en a une seule, qui est usuellement dénotée par le symbole ε), puis toutes les chaînes de longueur 1, puis toutes celles de longueur 2, etc. Pour chaque longueur fixée, nous allons énumérer les chaînes dans l'ordre lexicographique (« du dictionnaire »). Ainsi, si l'alphabet est $\Sigma = \{a, b, c\}$, avec l'ordre usuel utilisé dans l'alphabet, notre énumération va commencer comme suit :

$$\varepsilon, a, b, c, aa, ab, ac, ba, bb, bc, ca, cb, cc, aaa, aab, aac, aba, abb, \ldots, ccc, aaaa, \ldots$$

Evidemment, dans la plupart des langages de programmation, toutes les chaînes ne sont pas des programmes syntaxiquement corrects pouvant être compilés. Mais tous les programmes sont listés par ce procédé, et nous pouvons définir un procédé à peine plus compliqué qui empêche de lister les chaînes qui ne sont pas syntaxiquement correctes pour le langage. Nous avons donc défini une application surjective de $\mathbb{N}$ dans l'ensemble de toutes les chaînes de Σ (ou l'ensemble de tous les programmes sur Σ). Par conséquent, l'ensemble de tous les programmes est dénombrable.

3.4 Ensembles non dénombrables

Nous n'aurions pas passé tout ce temps sur la dénombrabilité si tous les ensembles étaient dénombrables, puisqu'une propriété qui est vraie pour tous les ensembles ne serait pas intéressante. Comme le lecteur peut maintenant s'en douter, il existe des ensembles *non dénombrables*. Ainsi, il existe des ensembles S tels qu'il n'existe pas de surjection $f : \mathbb{N} \to S$. Ceci a été prouvé par le mathématicien Georg Cantor (1845–1918), qui a montré que le cardinal des nombres réels entre 0 et 1 est strictement plus grand que $\aleph_0$. Pour cela, il a utilisé une technique entièrement nouvelle, connue maintenant comme « preuve par diagonalisation. » Nous commençons avec un résultat légèrement plus simple, mais tout aussi puissant.

Théorème 3.3

L'ensemble des fonctions booléennes ayant un argument entier n'est pas dénombrable. ◂

Démonstration. Une fonction booléenne est simplement une fonction qui renvoie vrai ou faux pour chaque instance ; comme l'argument est un seul entier positif, une instance est un élément de $\mathbb{N}$. Ainsi, nous pouvons représenter une fonction donnée de ce type, appelons la f, comme une liste ordonnée de valeurs binaires (avec 1 représentant vrai et 0 faux) : une valeur pour chaque argument, comme montré ci-dessous.

i	1	2	3	4	5	6	...
$f(i)$	0	0	0	1	0	1	...

Maintenant, si l'ensemble de toutes ces fonctions était dénombrable, nous pourrions indexer ces fonctions : f_1, f_2, f_3, f_4, f_5, etc. Comme chacune de ces fonctions peut être représentée par une liste, écrivons un tableau à deux dimensions, où la $i^{\text{ème}}$ ligne représente la fonction f_i et la $j^{\text{ème}}$ colonne représente la valeur de chaque fonction pour l'argument j. Un schéma d'un tel tableau (qui est bien entendu infini pour chaque dimension) est donné dans la figure 3.2.

Voyons maintenant la partie « diagonalisation » de la preuve. Regardons les éléments diagonaux de ce tableau, qui sont les éléments de la $i^{\text{ème}}$ ligne et de la $i^{\text{ème}}$ colonne pour tout i : ces éléments sont les valeurs de $f_i(i)$ pour tout i, mais forment aussi une liste simple de valeurs binaires lorsque i augmente. Ainsi, ils définissent eux-mêmes une fonction booléenne à un seul argument entier i (fig. 3.3).

f_1	0	1	1	0	0	0	1	...
f_2	0	0	0	0	1	0	1	...
f_3	1	1	0	0	1	1	1	...
f_4	0	1	0	1	0	1	1	...
f_5	1	0	1	0	0	0	0	...
f_6	1	1	0	1	1	0	1	...
f_7	0	0	0	1	1	1	1	...

Figure 3.2 Le tableau à deux dimensions énumérant les fonctions booléennes à un argument.

f_1	**0**	1	1	0	0	0	1	...
f_2	0	**0**	0	0	1	0	1	...
f_3	1	1	**0**	0	1	1	1	...
f_4	0	1	0	**1**	0	1	1	...
f_5	1	0	1	0	**0**	0	0	...
f_6	1	1	0	1	1	**0**	1	...
f_7	0	0	0	1	1	1	**1**	...

Figure 3.3 La fonction g sur la diagonale dans l'énumération des fonctions booléennes à un argument.

Appelons cette nouvelle fonction g ; nous avons donc $g(i) = f_i(i)$. Maintenant définissons une nouvelle fonction h de g en intervertissant les valeurs de g : chaque fois que g renvoie 0, h va renvoyer 1 et vice-versa ; Une façon simple de le faire est de définir $h(i) = 1 - g(i)$, comme illustré à la figure 3.4.

f_1	**1**	1	1	0	0	0	1	...
f_2	0	**1**	0	0	1	0	1	...
f_3	1	1	**1**	0	1	1	1	...
f_4	0	1	0	**0**	0	1	1	...
f_5	1	0	1	0	**1**	0	0	...
f_6	1	1	0	1	1	**1**	1	...
f_7	0	0	0	1	1	1	**0**	...

Figure 3.4 La fonction h sur la diagonale modifiée dans l'énumération des fonctions booléennes à un argument.

Est-ce que h apparaît dans notre énumération ? Si c'est le cas, cela voudrait dire qu'il existe un indice j particulier, tel que h est la $j^{\text{ème}}$ fonction de l'énumération, c'est-à-dire que nous aurions $h = f_j$. Mais ceci est impossible, parce que d'après notre définition de h et de g, nous avons

$$h(j) = 1 - g(j) = 1 - f_j(j) \neq f_j(j)$$

Ainsi, la fonction h, qui est une fonction booléenne à un seul argument entier, n'est pas dans l'énumération ; par conséquent, l'ensemble des fonctions booléennes à un seul argument entier ne peut pas être énuméré. □

Notons que l'ordre particulier dans lequel l'énumération est effectuée n'est pas important : la construction diagonale prend en compte l'ordre donné de telle façon que, peu importe l'ordre de l'énumération, elle renvoie toujours une nouvelle fonction h qui ne peut pas être dans l'énumération.

La célèbre preuve de Cantor sur les nombres réels est très proche de celle-ci, mais nous devons prendre quelques précautions supplémentaires à cause de la nature des nombres réels. Nous considérons tous les nombres réels de l'intervalle semi-ouvert $[0, 1)$, nombres qui peuvent être représentés en décimal par une partie entière 0 suivie d'une liste infinie de décimales. Ainsi, tous les nombres de cet intervalle sont de la forme $r = 0.d_1d_2d_3d_4d_5\ldots$, où d_i est le $i^{\text{ème}}$ chiffre dans la représentation décimale du nombre réel r. Cette représentation est juste une liste de chiffres, un pour chaque décimale ; dans ce contexte, ce n'est qu'une version un petit peu plus compliquée du problème des fonctions booléennes à un argument : nous avions des valeurs égales à 0 ou 1 ; nous avons maintenant des valeurs possibles dans l'ensemble $\{0, 1, 2, 3, 4, 5, 6, 7, 8, 9\}$. Si ces nombres formaient un ensemble dénombrable, ils pourraient être énumérés, et nous pourrions donc construire un tableau à deux dimensions dans lequel chaque ligne serait un de ces nombres réels et chaque colonne serait associée à une position décimale, comme illustré à la figure 3.5.

f_1	0.87244829367...
f_2	0.62932954201...
f_3	0.12250273412...
f_4	0.50234902335...
f_5	0.60823492580...
f_6	0.90823090892...
f_7	0.09354142407...

Figure 3.5 Enumérer les nombres réels dans $[0, 1)$ en utilisant leur écriture décimale.

Maintenant nous pouvons regarder la diagonale de ce tableau : l'entrée (i, i) est la $i^{\text{ème}}$ décimale du $i^{\text{ème}}$ nombre de la liste. Mais les entrées de cette diagonale définissent elles-mêmes un nombre réel dans l'intervalle $[0, 1)$; appelons ce nombre a. (Pour l'exemple de la figure 3.5, ce nombre est $a = 0.8223304\ldots$) Définissions maintenant un nouveau nombre b qui est différent de a pour chaque décimale, par exemple en augmentant chaque décimale par 1, modulo 10. (Dans l'exemple, nous aurions alors $b = 0.9334415\ldots$) Nous affirmons que b, qui est aussi un nombre réel dans l'intervalle $[0, 1)$, ne peut pas être dans l'énumération. S'il y était, alors il existerait un indice j tel que b serait le $j^{\text{ème}}$ élément de la liste. Mais dans ce cas, la $j^{\text{ème}}$ décimale de b serait l'entrée (j, j) du tableau, pourtant nous avons défini b comme étant différent de toutes les décimales de la diagonale, ainsi ils ne peuvent être égaux, d'où la conclusion de Cantor que les nombres réels (même ceux entre 0 et 1) ne sont pas dénombrables.

Avez-vous repéré un problème dans cette preuve ? Parce qu'il y a un petit problème, dû au fait que les nombres ayant un développement décimal fini ont *deux* représentations décimales. Un nombre avec un développement décimal fini peut être vu comme un nombre avec un développement décimal périodique infini du chiffre 0 ; par exemple, nous pouvons écrire $3.12 = 3.120000000\ldots$ Mais ce même nombre peut aussi être écrit en soustrayant un à la dernière décimale, et en remplaçant celle qui se répète par 9 ; dans notre exemple, nous avons aussi $3.12 = 3.119999999\ldots$ Cette représentation double crée un problème mineur, parce que nous avons argumenté qu'un développement décimal particulier ne pouvait pas être dans l'énumération : et si cela n'arrivait que pour les nombres ayant deux représentations et que l'*autre* représentation était dans la liste ? Notre augmentation d'une décimale 9 en une décimale 0 ($9 + 1$ modulo 10) transforme automatiquement un nombre comme $0.1999999\ldots$ en $0.2000000\ldots$, qui est le *même* nombre ! Heureusement, ce problème peut facilement être évité en traitant les décimales 9 différemment des autres dans la transformation, par exemple en les décrémentant au lieu de les incrémenter.

Une preuve par diagonalisation est vraiment une preuve par l'absurde et auto-référence. Cet aspect d'auto-référence a été introduit par Cantor et a depuis une place importante en informatique ; en effet, la *récursivité*, qui est peut-être le plus utile des outils informatiques, est une forme d'auto-référence.

3.5 Programmes vs fonctions

Nous avons maintenant vu que l'ensemble de tous les programmes, de n'importe quel langage de programmation, est un ensemble dénombrable. Nous avons aussi vu que l'ensemble des fonctions booléennes à un argument entier (la plus « simple » des familles de fonctions que nous pouvons définir) n'est pas dénombrable. Il en résulte qu'il existe une fonction booléenne à une seule variable entière *qui ne peut pas être calculée par un programme*. Fondamentalement, alors qu'il existe une infinité de programmes possibles, il existe une infinité bien plus grande (différente avec un cardinal plus grand) de fonctions booléennes – trop de fonctions mathématiques possibles pour trop peu de programmes possibles. Ce résultat est fondamental dans la théorie de la calculabilité : la plupart des fonctions mathématiques ne sont pas calculables, dans le sens que, étant donnée une de ces fonctions, disons g, il n'existe pas de programme informatique qui, pour toutes les entrées possibles x, va calculer correctement $g(x)$.

Presque rien n'est calculable !

Cette assertion semble bien plus négative qu'elle ne l'est en réalité. Rien dans ce que nous avons vu ne dit que nous ne pouvons pas calculer $g(x)$ pour *presque toutes les valeurs* de x, par exemple : cela dit seulement que nous ne pouvons pas la calculer pour *toutes* les valeurs de x, donc il suffirait juste qu'une petite fraction de ces valeurs ne soient pas calculable. Si ces valeurs étaient en dehors de celles qui sont intéressantes, alors, en pratique, nous n'aurions aucun problème à calculer la fonction g. Ce que le résultat que nous venons de montrer dit vraiment, c'est qu'une solution de calcul complète et générale existe rarement – ce qui semble beaucoup moins négatif que notre assertion précédente, même si les deux sont formellement correctes.

3.6 Fonctions spécifiques ne pouvant être calculées

L'argument de diagonalisation de Cantor est une preuve par l'absurde ; cette preuve est fondamentalement non constructive, ce qui signifie qu'elle ne peut pas nous fournir une fonction spécifique et facile à formuler ne pouvant être calculée. Pour trouver une telle fonction, nous devons nous tourner vers un passe-temps ancien (et moderne) : les paradoxes. Les paradoxes ont une longue histoire, datant des Grecs anciens et au-delà. Depuis leur création, ils ont été utilisés comme méthode d'enseignement et comme un moyen de défier les théories en logique et en philosophie. Vous avez peut-être entendu parler du paradoxe de Zenon concernant Achille et la tortue, qui aborde la notion de quantité infiniment petite : si Achille démarre après la tortue, mais court beaucoup plus rapidement, alors il la dépassera à un certain moment. Mais Zenon (un philosophe grec du 5e siècle avant J.-C.) a proposé le paradoxe qu'Achille ne rattraperait jamais la tortue, parce qu'il devrait d'abord diminuer la distance entre lui et la tortue de moitié, puis il devrait diminuer la distance restante de moitié, etc., de telle façon qu'il reste toujours une moitié de la distance précédente à parcourir et qu'il ne pourra donc jamais rattraper la tortue. Il a fallu attendre l'invention d'outils mathématiques par Newton et Leibnitz au milieu du 17e siècle (22 siècles plus tard !) pour répondre complètement à ce paradoxe, bien qu'Aristote et d'autres philosophes grecs aient proposés différentes solutions reposant sur l'atomicité du temps, de l'espace et de la matière (la notion que le temps, l'espace et la matière ne sont pas infiniment divisibles, un prédécesseur très précoce des particules physiques).

Nous allons utiliser un type différent de paradoxes, reposant sur l'auto-référence – comme nous pouvons nous y attendre, après le rôle qu'a joué l'auto-référence dans nos preuves précédentes. Voici un paradoxe simple d'auto-référence : dans une ville, le barbier rase toutes les personnes qui ne se rasent pas elles-mêmes mais qui rase le barbier ? La seule solution semble être que le barbier n'a pas besoin de se raser... Ce paradoxe du barbier est une version simplifiée du paradoxe très ancien appelé paradoxe du menteur, attribué à un philosophe grec semi-mythique appelé Epimenide. Epimenide était originaire de l'île de Crête, et aurait dit « tous les Crétois sont des menteurs » – alors qui dit la vérité ? Comme nous l'avons indiqué, ceci n'est pas un vrai paradoxe : la solution est de supposer qu'Epimenide est un menteur, ainsi, même s'il ment en disant que tous les Crétois sont des menteurs, cela n'implique pas forcement que tous les Crétois doivent toujours dire la vérité. Mais il est facile de le reformuler pour en faire un vrai paradoxe. Le paradoxe du barbier est une façon de le reformuler, une autre est la phrase suivante :

Cette assertion est fausse.

Si l'assertion est fausse, alors ce qui est écrit n'est pas vrai, et donc l'assertion n'est pas fausse, c'est-à-dire qu'elle est vraie, ce qui est contradictoire ; si l'assertion est vraie, alors ce qui est écrit est vrai, et donc l'assertion est fausse, ce qui est aussi une contradiction. Puisqu'une assertion ne peut être que vraie ou fausse (la logique booléenne opère avec le « principe du tiers exclu »), il n'y a pas d'échappatoire pour ce paradoxe. Ce paradoxe va nous amener au *problème de l'arrêt* en informatique : il ne peut pas exister d'algorithme qui décide, étant donné un programme et une donnée en entrée, si le programme se termine pour cette donnée. Ce résultat semble de mauvais augure pour la profession de programmeur en général, et pour les professeurs de programmation en particulier !

Un autre paradoxe d'auto-référence, plus riche, est appelé du nom d'un bibliothécaire d'Oxford du 19e siècle, Berry. Comme Epimenide, Berry n'avait pas très bien énoncé son paradoxe non plus, mais son énoncé a été corrigé par un célèbre mathématicien et philosophe, Bertrand Russell :

> *Soit n le plus petit entier ne pouvant pas être défini par moins de quarante syllabes.*

Cette phrase a moins de quarante syllabes et définit n... Ce paradoxe concrétise le problème connu de la *longueur de description minimale* et nous permet de conclure qu'aucun algorithme ne peut déterminer la taille minimale d'un message pour transmettre une donnée – apparemment de plutôt mauvaises nouvelles pour les réseaux sociaux, les vidéos à la demande et notre société orientée sur la communication !

Nous pouvons maintenant prouver que ces deux problèmes sont *insolubles*, c'est-à-dire qu'il n'existe pas d'algorithme résolvant l'un des deux. Notre premier problème majeur est le *problème de l'arrêt* : décider si un programme donné se termine pour une entrée donnée.

Théorème 3.4

Le problème de l'arrêt est insoluble. ◄

Démonstration. Cette preuve est une preuve par l'absurde, qui utilise l'auto-référence. Supposons qu'il existe un algorithme $\mathcal{A}$ qui résout le problème de l'arrêt. Cela signifie que l'algorithme $\mathcal{A}$, étant donné le texte d'un programme P et des données D (formatées pour être une entrée valide pour P), renvoie « vrai » si le programme P exécuté avec l'entrée D se termine, et renvoie « faux » sinon. L'algorithme $\mathcal{A}$ peut être implémenté par un programme A, donc $A(P, D)$ tourne et s'arrête après avoir renvoyé soit « vrai », soit « faux », selon si $P(D)$ s'arrête ou pas. Notons que A, P et D ne sont que des chaînes sur un alphabet. Maintenant, définissons le programme Q suivant :

Si $A(x, x) =$ faux
  stopper
Sinon
  entrer dans une boucle infinie

Alors, que se passe-t-il lorsque nous exécutons le programme Q sur l'entrée Q ? $Q(Q)$ exécute $A(Q, Q)$ et nous avons deux cas possibles :

- si $A(Q, Q)$ renvoie « faux », alors $Q(Q)$ s'arrête (de par notre définition de Q), mais cela contredit le fait que $A(Q, Q)$ renvoie « faux », ce qui n'arrive que si le programme Q qui tourne sur l'entrée Q ne s'arrête pas,

- si $A(Q, Q)$ renvoie « vrai », alors $Q(Q)$ entre dans une boucle infinie donc ne s'arrête pas (de par notre définition de Q), mais cela contredit le fait que $A(Q, Q)$ renvoie « vrai », ce qui n'arrive que si le programme Q exécuté sur l'entrée Q s'arrête.

Dans chacun des cas, nous avons une contradiction directe. Puisque notre seule supposition était que l'algorithme $\mathcal{A}$ (et donc le programme A) existe, et puisque cette supposition nous amène à une contradiction, nous en concluons que l'algorithme $\mathcal{A}$ ne peut pas exister. □

Notons que le programme Q, lorsqu'il est exécuté en étant lui-même son entrée, se ment à lui-même – s'arrêtant lorsqu'il dit qu'il ne devrait pas et ne terminant pas lorsqu'il dit qu'il devrait : il concrétise le paradoxe du menteur que nous avons présenté plus tôt.

Terminer est un prérequis pour toute les autres propriétés utiles d'un programme, en particulier toutes les propriétés liées à la correction de ce programme. C'est donc une question simple de montrer que les problèmes suivants sont aussi insolubles :

- déterminer si un programme produit la même sortie qu'un autre pour chaque entrée (un résultat négatif important pour la conception de compilateur, l'optimisation de code, la parallélisation de code, etc.) ;
- déterminer si un programme produit la sortie correcte pour chaque entrée (une conséquence de l'item précédent, puisque « produire la sortie correcte » peut être vu comme « produire la même sortie qu'une solution correcte ») ;

Notre deuxième problème majeur est le problème de la longueur de description minimum : étant donné des données devant être stockées ou transmises, quelle est la longueur de la plus petite chaîne pouvant être utilisée pour encoder ces données de telle manière qu'elles puissent toujours avoir un décodage unique ? Une autre façon de voir ce problème est de voir l'encodage comme un objet actif, plutôt que passif, et de demander « quel est le plus court programme qui, en commençant sans entrée, produit les données ? » Le programme lui-même est ainsi la plus petite description des données, puisqu'il les encode dans la logique du programme. Par exemple, pour transmettre la chaîne 101001000100001000001..., dans laquelle le dernier groupe de chiffres « 0 » contient 1000 fois « 0 », nous transmettrions un programme de la forme

Pour i de 0 à 1000
    Pour j de 1 à i
        imprimer le caractère 0
    imprimer le caractère 1

ce qui, vu comme une chaîne, est nettement (exponentiellement) plus petit que la chaîne devant être transmise ; le destinataire aura simplement à faire tourner le programme pour retrouver la chaîne voulue.

Théorème 3.5

Il n'existe pas d'algorithme pour déterminer, étant donné une chaîne de caractères, la longueur du programme le plus court qui imprime cette chaîne et s'arrête. ◄

Démonstration. Nous utilisons une preuve par l'absurde. Supposons qu'un tel algorithme existe, et qu'il est implémenté par un programme M. Lorsqu'il tourne sur une entrée x, $M(x)$ renvoie la longueur du programme le plus court qui, en tournant sans entrée, renvoie la chaîne x et s'arrête. Maintenant, prenons un entier positif $m > 0$ et écrivons le programme B_m (pour Berry) comme suit :

$i = 0$
Répéter
  $i \leftarrow i + 1$
Tant que $M(i) \leq m$
imprimer i

Le programme B_m imprime le plus petit entier positif i qui ne peut pas être imprimé par un programme de longueur plus petite que m. Quelle est la longueur du programme B_m ? Il y a un nombre constant de caractères dans ce programme, à une exception : la constance m s'écrit en $\log m$ caractères – par exemple, $\lceil \log_2 m \rceil$ bits si elle est écrite en binaires. Donc, pour m suffisamment grand, la taille du programme B_m est simplement proportionnelle à $\log m$ – une valeur exponentiellement plus petite que m lui-même. Mais le programme B_m est lui-même un programme de taille plus petite que m qui imprime le plus petit entier positif i ne pouvant pas être imprimé par un programme de longueur plus petite que m. Il y a donc une contradiction. □

Une fois de plus, notons que le programme B_m concrétise le paradoxe de Berry : il est supposé définir le plus petit entier qui ne peut pas être imprimé par un programme plus petit que m, pourtant il est plus petit que m, et renvoie ce plus petit entier.

3.7 Qu'avons-nous appris jusqu'à maintenant ?

Pour résumer, nous avons appris que les mathématiques peuvent facilement définir des problèmes que l'informatique ne peut pas résoudre complètement. Un aspect important de toutes les preuves que nous avons vues, de la non-dénombrabilité des fonctions booléennes à l'insolvabilité du problème de l'arrêt et du problème de la description de longueur minimale, est l'auto-référence (la récursion). Ceci souligne bien l'importance de la récursion à la fois dans les outils calculatoires et dans les définitions.

Devons-nous alors jeter l'éponge ? Si presque tout est insoluble, alors calculer n'est pas si utile que cela ? En fait si. C'est en effet fâcheux que certains problèmes importants, tels que la correction d'un programme, soient insolubles. Mais le système de preuves que nous avons utilisé (preuve par l'absurde utilisant l'argument de diagonalisation, c.-à-d. l'auto-référence) ne fonctionne que sur l'ensemble des choix possibles : les résultats négatifs obtenus sont plus faibles qu'il n'y parait, dans le sens qu'ils disent seulement qu'il n'existe pas un seul programme pouvant résoudre toutes les instances possibles d'un problème (de l'arrêt ou autre). Si nous avons seulement un ensemble fini d'instances, nous pouvons toujours résoudre le problème en calculant à l'avance toutes les réponses ; et si nous avons un sous-ensemble infini d'instances, mais pas l'ensemble complet, alors il est possible que le problème soit possible à résoudre pour le sous-ensemble infini. De plus, même si nous devons travailler avec l'ensemble complet, nous pouvons souvent construire un algorithme qui va résoudre la plupart des instances, mais juste pas toutes. Si les instances possibles à résoudre contiennent celles que nous allons rencontrer en pratique, alors l'insolvabilité du problème général n'est pas si grave.

3.8 La complexité des problèmes

3.8.1 Pourquoi avons nous besoin d'algorithmes efficaces ?

Considérons maintenant uniquement les problèmes qui *peuvent* être résolus par le calcul. Parmi ceux-là, certains ont été résolus des millions de fois par seconde dans le monde, comme des opérations diverses sur les bases de données (pour chercher, pour utiliser sa banque en ligne, pour acheter quelque chose, etc.) ; d'autres nécessitent des billiards d'opérations, comme par exemple des simulations très complexes (des modèles sur le climat, des simulations d'incendie ou d'accidents, etc.) ; et d'autres encore utilisent des quantités de données énormes, souvent mesurées en pétaoctets (1 Po = 10^{15} octets, soit un billiard d'octets). Par exemple, Facebook a annoncé avoir plus de 350 millions de photos téléchargées chaque jours et plus de 350 Po d'images sur ses serveurs en janvier 2013. Les réseaux pair à pair (Bit Torrent, eDonkey, etc.) transfèrent plus de 50 Po de données par an, et le Grand collisionneur de hadrons du CERN produit 1 Po de données par mois. Par comparaison, nous pensons qu'un cerveau humain peut stocker un équivalent de 2 Po de données.

Dans toutes ces utilisations, nous avons besoin des algorithmes les plus efficaces possibles. Un ordinateur moderne (en 2014) tourne à 2-3 GHz et a probablement 16 cœurs, ainsi il pourra en théorie exécuter environ 50 milliards d'instructions par seconde. Mais il est limité par la vitesse de sa mémoire, et pour les grands ensembles de données, par la vitesse de transfert du disque à la mémoire (au mieux à 6 Gbits par seconde, ou autour de 0.75 Go par seconde). Rien que pour lire un pétaoctet de données au meilleur taux de transfert actuel, cela prendrait 1.33 millions de secondes, soit environ un demi mois. Les simulations effectuées aujourd'hui par les agences gouvernementales pour les modélisations sur le climat, les projets spatiaux, la prévention en cas de catastrophe naturelle, et pour l'armée utilisent tous des systèmes informatiques composés de centaines de milliers à des millions de cœurs qui sont capables d'exécuter à un rythme soutenu des billiards (à nouveau le « péta ») d'opérations par seconde [(2)].

Calculer à une telle échelle doit se conformer aux limitations humaines : si vous voulez résoudre un problème en utilisant un ordinateur, vous devez être prêt à attendre quelques secondes (pour une recherche dans Google) ou quelques années (pour une évaluation complète des tendances planétaires en termes d'écologie, d'énergie et de populations). Mais il n'y a que 31.5 millions de secondes dans une année, donc notre plage d'échelle effective, en termes de temps, a seulement une magnitude d'ordre huit. Supposons que nous ayons un algorithme qui analyse une image et trouve certaines caractéristiques, et qu'il soit capable de traiter une image en quelques secondes. Vous serez peut-être content de la performance pour une image, mais maintenant envisagez de traiter toutes les images d'internet avec cet algorithme : il y a des billions (le préfixe téra) d'images sur internet aujourd'hui, donc, même si vous acceptiez d'attendre trois ans pour cette analyse, vous auriez besoin d'environ un million d'ordinateurs pour analyser toutes ces images. Dans cette nouvelle ère appelée *Big Data*, la mise à l'échelle devient la considération la plus importante. Puisque nous ne gagnons qu'un ordre de grandeur de huit en étant (très) patient, et peut-être un ordre de grandeur de six de plus en construisant des ordinateurs gargantuesques, qui utilisent assez d'électricité pour alimenter une petite ville, cette nouvelle échelle nécessite des algorithmes extrêmement efficaces.

La première question à poser est alors : est-ce que le problème que nous voulons résoudre peut l'être efficacement ? C'est l'étape suivante logique après notre question initiale, qui était de savoir si un problème peut être résolu. Pour répondre à cette question, nous devons commencer par définir ce que nous entendons par « résoudre efficacement » : que mesurons-nous ? Où plaçons-nous la limite entre « efficace » et « inefficace » ? Avons-nous besoin d'une limite qui s'adapte aux circonstances [(3)] ? Ce que nous devons mesurer est assez évident : le temps nécessaire pour exécuter le programme jusqu'à ce qu'il termine et la mémoire utilisée. Comment le mesurer est moins évident : les ordinateurs d'aujourd'hui ont des architectures complexes permettant d'accélérer l'accès aux données et d'exécuter des instructions multiples en une fois : l'équivalent d'une chaîne de montage dans une usine. Heureusement, notre objectif est de mesurer l'efficacité de l'algorithme, pas du programme ou de la machine elle-même. La difficulté principale vient de l'exigence que cette mesure doit être utile pour des algorithmes et des plate-formes de calculs différents. Pour obtenir cette généralité, nos mesures doivent renoncer à une certaine précision.

---

(2) Au début de l'année 2015, le supercalculateur le plus puissant du monde est le Tianhe-2 (littéralement Voie Lactée), en Chine. Cet ordinateur Linux a un peu plus de 3 millions de cœurs, 1 Po de mémoire, et une vitesse soutenue de presque $34 \cdot 10^{15}$ (34 péta) opérations par seconde. Il consomme 18 MW d'électricité, assez pour alimenter 25 000 foyers en Suisse ou 100 000 en Chine.

(3) Considérons par exemple la consommation d'essence d'une voiture. En ville une petite voiture avec un petit moteur consomme clairement moins d'essence qu'une grosse voiture avec un moteur puissant. Pourtant, sur un voyage de 500 km sur autoroute à 120 km/h, la voiture puissante aura une consommation plus basse. La mesure est la même, mais les circonstances sont différentes, donc la réponse aussi.

3.8.2 Efficacité = temps polynomial

Au fil des ans, les chercheurs en informatique en sont venus à définir un algorithme efficace comme un algorithme qui s'exécute en temps polynomial (par rapport à la taille de la donnnée en l'entrée). En pratique, les algorithmes en temps polynomial ont un temps d'exécution borné par un polynôme de petit degré : après tout, il faudrait un algorithme très compliqué pour obtenir un temps proportionnel à disons $n^{32.5}$. Ainsi, même si un algorithme qui s'exécute en temps proportionnel à $n^{10^{1000}}$ (ce qui est vraiment inutile en pratique) est en temps polynomial, la plupart des algorithmes en temps polynomial que nous utilisons au quotidien sont cubiques ou mieux [4].

Les algorithmes efficaces sont donc identifiés comme les algorithmes qui s'exécutent en temps polynomial, et la classe des problèmes ayant une solution efficace calculable est définie comme la classe de problèmes pour lesquels un algorithme en temps polynomial existe. On nomme cette classe [5] **P**.

Des algorithmes en temps polynomial ont été imaginés pour un grand nombre de problèmes. N'importe quel livre d'algorithmique décrira de nombreuses méthodes connues (comme l'algorithme glouton ou diviser-pour-régner que nous avons vu au chapitre 2) permettant de construire des algorithmes en temps polynomial, ainsi que des centaines de problèmes pouvant être résolus avec ces techniques. Par exemple, il y a la recherche par dichotomie (qui s'exécute en temps $\log n$, voir chap. 1), déterminer les composantes connexes d'un graphe (n), l'intersection de deux polygones convexes (n), trier un ensemble de nombres ($n \log n$), trouver le chemin le plus court dans un graphe ($n \log n$), l'alignement de deux séquences d'ADN (n^2), répartir des équipes de travail, des travaux routiers ou des vols internationaux ($n^2 \log n$), multiplier deux matrices de taille $n \times n$ ($n^{2.37}$), maximiser le flot entre deux points dans un réseau de distribution comme l'eau, internet ou l'électricité (n^3), etc.

Suite à nos résultats sur les problèmes insolubles, il devrait intuitivement être clair que la *majorité* des problèmes résolubles ne le sont *pas* en temps polynomial. En fait, comme la plupart des problèmes pouvant être formulés mathématiquement ne sont pas résolubles par calcul, la majorité des problèmes résolubles ne sont pas dans **P**. Ces problèmes sont appelés ***non traitables***. Même s'ils sont résolubles en théorie, ils ne peuvent être résolus en temps polynomial, ce qui signifie que seules les petites instances peuvent être résolues. Cependant, prouver qu'un problème n'est pas dans **P** est très difficile pour beaucoup de problèmes intéressants. Ceci est dû à notre compréhension limitée de la relation fondamentale entre *calculer* une solution et *vérifier* qu'une solution est correcte.

---

(4) Bien sûr, dans l'ère des *Big Data*, nous avons besoin d'algorithmes linéaires ou meilleurs. Supposez que le CERN veuille analyser les données produites par son LHC – environ un pétaoctet par semaine pour l'instant – sur un ordinateur. Si l'algorithme s'exécute en temps linéaire par rapport à la taille de l'entrée, alors il devra exécuter $c \cdot 10^{15}$ instructions, où c est une constante. Cela prendra donc quelques jours pour faire le calcul, et cela semble possible d'être fait chaque semaine. Mais si l'algorithme s'exécute en temps quadratique, cela nécessitera $c \cdot (10^{15})^2 = c \cdot 10^{30}$ instructions, ce qui prendrait plusieurs milliards de siècles...

(5) A proprement parler, **P** est la classe de fonctions booléennes pouvant être calculées en temps polynomial. Utiliser **P** pour décrire toutes les fonctions est un abus de notation.

3.8.3 Oracles, certificats et vérification

Construire un algorithme en temps polynomial pour résoudre un problème a *deux* avantages distincts : cela montre que le problème peut être résolu efficacement, mais l'algorithme lui-même est aussi une preuve que le résultat sera correct. Supposons qu'à la place, quelqu'un vous dit qu'un programme (pour lequel vous ne pouvez pas avoir le code) a résolu le problème : vous pouvez envoyer une instance du problème et obtenir le résultat. Dans ce cas comment savez-vous si le résultat est correct ? Si le problème est un tri, alors vous pouvez simplement vérifier que les objets sont rangés dans le bon ordre. Mais si le problème est de maximiser le flot d'électricité entre la France et la Suisse, comment vérifieriez-vous que le résultat est correct ? En fait, votre seule possibilité serait de trouver votre propre algorithme pour résoudre le problème et de l'exécuter sur votre instance ! Vous n'auriez donc aucun intérêt à recevoir la solution seule : sans une preuve que cette solution est correcte (ou au moins des preuves solides pour montrer que le résultat est correct), vous aurez à résoudre le problème par vous-même.

La différence entre obtenir une réponse et être capable de vérifier cette réponse a été soulignée tout au long de l'histoire de l'humanité. Les Grecs et les Romains consultaient des *oracles*. Ces personnes associées à des divinités recevaient une question, puis elles réfléchissaient aux signes, faisaient peut-être des sacrifices ou d'autres rituels, puis donnaient une réponse. Généralement la réponse était courte et ambiguë. Puisque ces oracles étaient associés aux divinités, il était supposé que leurs réponses étaient toujours correctes, même si elles étaient souvent difficiles à interpréter. Puisque les réponses étaient données sans aucune alternative ou rationalité, la vérification était impossible : le demandeur devait « prendre ou laisser », comme nous le savons à travers des exemples historiques[(6)]. Toute entreprise qui utilise des logiciels propriétaires pour faire de la consultation (et elles sont très fréquentes dans l'industrie de la finance par exemple), est en effet un oracle. On leur achète des réponses, comme le faisaient les anciens Grecs et Romains à Delphes, mais personne ne peut vérifier qu'elles sont correctes ou s'assurer qu'elles sont bien interprétées. Tout comme le bilan de l'oracle de Delphes était utilisé comme une preuve pour montrer qu'il donnait les bonnes réponses, le bilan de ces consultants doit être utilisé comme preuve de la validité de leurs conseils.

Cet inconvénient des oracles amèna les clients à demander des *preuves* de la réponse, autrement dit un moyen de la vérifier. Considérons par exemple la question « Puis-je aller en train de Lausanne à Zurich en moins de trois heures ? » Supposons que le site internet cff.ch réponde « oui ». Même si vous pensez que la réponse est juste (après tout, pourquoi donnerait-il une réponse aléatoire ou délibérément fausse ?), elle ne vous sera pas d'une grande aide. Vous aimeriez avoir les horaires de train pour arriver à Zurich moins de trois heures plus tard. Ou supposons que vous demandiez à un expert du jeu d'échecs si les noirs peuvent

(6) L'oracle le plus connu était sans aucun doute celui d'Apollon à Delphes, en Grèce. La prêtresse d'Apollon à Delphes était appelée la Pythie et sa lignée aurait existé à Delphes pendant huit siècles. Une des réponses les plus célèbres de la Pythie a été pour Crésus, le roi de Lydie : « Si vous faites la guerre à la Perse, un grand empire sera détruit ». La réponse était correcte, mais l'empire détruit fut le sien.

toujours forcer les blancs à faire match nul et qu'il vous réponde « oui ». (La réponse à cette question est inconnue, mais beaucoup des meilleurs joueurs pensent que si les noirs jouent un jeu parfait, ils peuvent en effet forcer le match nul contre n'importe quel adversaire ayant les blancs.) Cette réponse est inutile pour vous : vous voudriez savoir comment les noirs doivent jouer, coup par coup, contre les différents coups joués par les blancs. Les informaticiens ont formalisé cette notion en définissant le ***certificat***. Intuitivement, un certificat donne certaines informations permettant de vérifier une réponse. Dans notre cas, par un calcul qui s'exécute en temps polynomial.

Notons qu'il existe une grosse différence entre notre exemple du train et celui des échecs. Dans les deux cas, le problème est simple et la réponse est « oui ». Mais le certificat pour la question du train est simplement une liste de correspondances de trains pouvant être vérifiée efficacement en consultant les horaires officiels des CFF. Alors que le certificat pour la question sur les échecs n'existe pas, et demanderait d'invraisemblables quantités de ressources à produire et à vérifier [(7)]. Dans le premier problème, nous avons un certificat court et facile à vérifier, alors qu'il n'existe pas de certificat pour le second problème.

3.8.4 P et NP

Notre discussion sur les certificats et la vérification nous conduit naturellement à définir une nouvelle classe de problèmes : les problèmes dont la réponse peut être vérifiée en temps polynomial avec l'aide d'un certificat. Cette classe est connue sous le nom de **NP**. Puisque nous avons vu que les problèmes dans **P** vérifient cette propriété (l'algorithme permettant la vérification), nous en concluons que la classe **P** est un sous ensemble de la classe **NP**. Pour reformuler ce résultat simplement :

> *résoudre un problème est au moins aussi difficile que de vérifier sa solution.*

Beaucoup d'entre nous voudraient renforcer cette assertion, au moins dans certains contextes. Par exemple, considérons le problème de *satisfaisabilité booléenne* : étant donné une formule booléenne, par exemple $f(a, b, c, d, e) = (a \wedge \overline{c}) \vee (\overline{b}) \vee (c \wedge d) \vee (\overline{a} \wedge b)$, pouvons-nous trouver une assignation (« vrai » ou « faux ») des variables booléennes rendant la formule vraie ? Si la réponse est « oui », il existe un certificat très simple : les valeurs à assigner aux variables. Etant donné ces valeurs, la vérification consiste alors seulement à calculer la

(7) Claude Shannon a estimé la complexité du jeu d'échecs avec le fameux *nombre de Shannon* en 1950, dans un article créant aussi le domaine du jeu d'échecs sur ordinateur. Il a supposé que le nombre de mouvements possibles à chaque étape est d'environ 35, et que le nombre total de mouvements possibles est 80. Ceci correspond plus à une partie entre professionnels qu'à une partie dans un café. Il obtient ainsi 35^{80}, soit environ 10^{123}, parties possibles et différentes pouvant être jouées. Pour notre problème, nous devons nous occuper des mouvements de noirs, puisque notre manuel doit donner une réponse pour les noirs après chaque mouvement des blancs. En regardant des parties avec entre 60 et 80 mouvements possibles, notre manuel devra décrire la réponse des noirs dans quelque chose comme 35^{30}-35^{40}, ou 10^{46}-10^{61}, situations possibles. Ces nombres sont bien au-delà des capacités de calcul d'aujourd'hui. Ils approchent des nombres astronomiques, comme 10^{80}, qui est un nombre connu pour estimer le nombre de particules élémentaires de l'univers.

valeur d'une expression logique (dans notre exemple, assignons les variables a, b et c à « faux » et la variable « d » à vrai, et la formule entière s'évalue alors à « vrai »).

Le livre d'algorithmique que vous avez peut-être ouvert pour avoir une liste de problèmes possibles à résoudre en temps polynomial vous donnera aussi une liste de problèmes dont il est possible de vérifier la solution en temps polynomial mais pour lesquels nous n'avons pas d'algorithme de résolution en temps polynomial. Ces problèmes sont par exemple la plupart des problèmes d'optimisation sur les graphes (recouvrement, coloriage, circuits, etc.), des problèmes de logique (souvent reliés à la satisfaisabilité), des problèmes de partitionnement optimal (comme rendre la monnaie, qui revient à partitionner une somme en unités d'une monnaie fixée avec le moins de pièces possibles), des problèmes d'organisations (pour maximiser le débit ou minimiser le temps), des problèmes de localisation, et une multitude de problèmes en mathématiques, physique, chimie, biologie, etc. Presque tous les problèmes importants dans l'industrie aujourd'hui sont dans cette classe, et seulement quelques-uns sont aussi dans la classe **P**.

Pourtant nous avons été incapable de montrer que **P** est un sous ensemble strict de **NP**. En effet, le problème le plus important en informatique aujourd'hui (et, peut-être, en mathématiques), digne d'un prix Nobel (en mathématiques une médaille Fields, en informatique un prix Turing), est de déterminer si oui ou non **P** est égal à **NP**. Ou, avec une phrase : « Est-ce que résoudre un problème est plus difficile que de vérifier sa solution ? »

Comme presque tout le monde pense ces deux classes ne sont pas égales, que tant de problèmes importants apparaissent comme étant dans **NP** mais pas dans **P**, et parce qu'un problème ne disparaît pas juste parce qu'il est difficile, les informaticiens ont adopté différentes méthodes face aux problèmes difficiles. Ces méthodes incluent des algorithmes donnant la solution exacte, mais que pour des cas particuliers (disons, des graphes planaires plutôt que généraux, des fonctions de coût suivant des règles particulières, etc.). Ces méthodes incluent aussi des algorithmes d'approximations garantissant que la solution rendue est à un pourcentage fixe de la solution optimale, des heuristiques qui ne donnent pas certaines garanties, mais qui s'exécutent rapidement et rendent souvent des solutions excellentes, et des algorithmes probabilistes qui utilisent des générateurs de nombres aléatoires pour rendre différentes réponses sur des exécutions successives sur la même entrée en garantissant la qualité en moyenne de ces réponses. Cette dernière approche (probabiliste) est emblématique de l'informatique moderne. Elle a aussi fourni d'autres liens entre les trois composantes d'une société numérique : l'information, le calcul et la communication. Ainsi, nous allons l'étudier plus en détail dans le contexte de la vérification des réponses.

3.8.5 Vérification probabiliste

Comme nous le savons, les données sont sujettes aux erreurs : pas seulement à cause des mesures qui ont une précision limitée, mais aussi parce que beaucoup des procédés utilisés pour obtenir les données sont eux-mêmes des sources d'erreurs. Cela peut être des erreurs fondamentales dans les procédés physiques (mouvement brownien, radiations en arrière-plan, etc.), ou dues à des accessoires imparfaits (pureté des produits chimiques, erreurs de calibrations, etc.), ou des erreurs humaines (dans les manipulations, en entrant les données, etc.). Les erreurs de ce type sont un problème majeur en industrie et en recherche. Pourtant les ingénieurs utilisent aussi des erreurs artificiellement introduites, sous la forme de bruit : ajouter un bruit aléatoire contrôlé est en fait une excellente manière de protéger le système contre les bruits imprédictibles. Un exemple de cette approche est le « tramage » (ou *dithering*) qui consiste à ajouter un bruit aléatoire dans le procédé de numérisation des données analogiques en données numériques. Le tramage est très utilisé dans l'industrie de la musique et de la vidéo pour réduire les effets négatifs des erreurs de quantification corrélées, comme les motifs de bandes dans les images.

Le calcul est une autre source d'erreurs. Non seulement il y a de bonnes chances qu'un programme ait des « *bugs* », mais même un programme parfait peut produire une sortie erronée : les circuits utilisés pour le calcul et la mémoire ne peuvent pas garantir que chaque bit sera toujours correct. Une estimation de la probabilité qu'un bit donné ait la mauvaise valeur après une heure à cause de sources physiques variées (les radiations cosmiques, les sources magnétiques dans le voisinage, des petits défauts de manufacture, etc.) est entre 10^{-11} et 10^{-17}. Comme une erreur sur un seul bit peut complètement modifier un calcul, toute probabilité plus grande que 10^{-30} est trop grande. Comment pouvons-nous améliorer la fiabilité des calculs ? La solution consiste à introduire délibérément de l'aléa dans le calcul, tout comme le tramage en introduit dans la quantification. En fait, l'approche probabiliste du calcul s'est avérée être encore plus fructueuse que dans le traitement d'images et de vidéos. Cette approche ne réduit pas seulement la sensibilité au bruit, mais elle permet aussi de simplifier considérablement les algorithmes, permettant une meilleure productivité pour les programmeurs (programmes plus courts et plus simples, moins de débogage, etc.) et des temps d'exécution réduits.

Regardons deux exemples d'algorithmes de vérification probabilistes (aléatoires). Commençons pour cela par rencontrer nos deux personnages vedettes, Alice et Bob (ces deux personnages sont très populaires en informatique) ! Dans notre premier scénario, Alice et Bob vivent sur deux continents différents et entretiennent chacun une copie d'une base de données plutôt grande, disons de taille 1To (10^{12} octets). Comment peuvent-ils vérifier que leurs copies restent identiques ? L'approche naïve est que Bob envoie sa copie, appelée b, à Alice, permettant à Alice de la comparer avec sa copie, appelée a. Si Bob envoie son fichier b de 1To par internet à Alice, Alice devra attendre $10^{12}/10^{6} = 10^{6}$ secondes (en supposant un taux de transfert intercontinental optimiste de 1Mo/s), soit environ deux semaines. La probabilité qu'un de ces bits finisse avec une valeur fausse est assez élevée. Cela serait donc beaucoup plus rapide, économe, et sûr pour Bob de copier sa copie sur un disque dur et d'envoyer physiquement ce disque à Alice en utilisant un service de courrier...

En revanche, avec l'approche probabiliste, Bob calcule une *empreinte* numérique, un simple nombre qui dépend de tous les bits de sa base de données. Par exemple, Bob pourrait voir son fichier b de taille $|b|$ comme un seul nombre binaire très grand de $|b|$ bits, appelons le N_b. (Notons que N_b, bien que très grand, peut être borné : nous avons $N_b \leq 2^{|b|}$.) Bob choisit ensuite un nombre aléatoire premier entre 2 et $\log_2 N_b$, appelons ce nombre p, et envoie à Alice p et le reste de la division entière N_b/p (p et le reste de N_b/p peuvent être calculés efficacement). Les deux nombres que Bob envoie à Alice sont au plus aussi grands que p, donc Bob doit transférer au plus $2\log_2 p \leq 2\log_2 \log_2 N_b \leq 2\log_2 |b| = 2\log_2 10^{12} \approx 80$ bits, ce qui sera presque instantané sur sa connexion internet. De plus, la probabilité que tous ces bits soient reçus correctement est très élevée. Alice reçoit p et le reste, calcule le reste de la division N_a/p, et compare les deux restes. S'ils sont différents, alors Alice en conclut que le fichier de Bob est différent du sien, et elle aura raison si l'on ignore la probabilité extrêmement faible qu'un des 80 bits transmis par Bob ait été modifié ou que le calcul du reste ait donné une erreur. Si les deux restes sont égaux, Alice en conclut que les deux fichiers sont égaux ; dans ce cas, il y a par contre une probabilité non négligeable qu'elle se trompe. Pouvons-nous calculer cette probabilité ?

Alice a tort si les fichiers sont différents, mais que les restes sont égaux. Puisque les deux fichiers sont différents, les deux nombres N_a et N_b le sont aussi, donc nous avons $|N_a - N_b| > 0$. Les deux restes sont donc égaux seulement si $|N_a - N_b|$ est divisible par p. Un nombre n ne peut pas avoir plus de $\log_2 n$ diviseurs premiers (en comptant les diviseurs qui se répètent), puisque n est le produit de ses diviseurs premiers et que 2 est le plus petit d'entre eux. Il y a deux siècles, Euler a montré qu'il existe environ $n/\log n$ nombres premiers plus petits que n. Ainsi, si nous prenons un nombre aléatoire plus petit que n, la probabilité que ce nombre premier soit aussi un diviseur de n est la probabilité que, parmi les $n/\log n$ nombres premiers que nous pouvons choisir, celui que nous prenons soit un des (au plus) $\log_2 n$ diviseurs de n, ce qui arrive avec une probabilité $\varepsilon \leq \log_2 n/(n/\log n) \leq (\log_2 n)^2/n$. Dans notre cas, le nombre n est la valeur $|N_a - N_b|$, plus petite que $2^{|b|}$, donc ε est de l'ordre de $|b|^2/2^{|b|}$, une valeur relativement petite tout spécialement pour un $|b|$ grand. Si ε est trop grand comme une probabilité d'erreur, Bob et Alice répètent simplement l'échange. Bob choisit à nouveau un nombre premier p aléatoire, calcule le reste et envoie les deux à Alice. Alice calcule son reste et le compare à celui de Bob, et en conclut que les deux fichiers sont égaux si et seulement si les restes sont égaux dans les deux échanges. Comme les deux échanges sont indépendants, la probabilité d'avoir une erreur après les deux échanges est ε^2, après trois échanges elle est ε^3, etc. Par conséquent, Alice et Bob peuvent être sûrs que la probabilité d'erreur de leur protocole ne dépasse pas une borne pré-établie en exécutant un petit nombre d'échanges et en ne transmettant que quelques bits.

Ce protocole est en fait une *preuve probabiliste* : à la fin, Alice et Bob peuvent conclure soit que leurs deux fichiers sont différents, dans ce cas ils sont sûrs d'avoir raison, soit que leurs fichiers sont les mêmes, dans ce cas ils ont raison avec une probabilité très élevée. Ce concept, consistant à prouver quelque chose de manière probabiliste à travers un échange est connu comme une *preuve interactive* et joue un rôle majeur dans les systèmes de communication d'aujourd'hui. Notons que cette preuve concerne des fichiers très larges, et pourtant est faite en ne transmettant que quelques bits d'information. En particulier, si Alice conclut que les deux fichiers sont différents, elle n'apprend rien sur la différence entre les deux fichiers sinon qu'elle existe ; elle n'est donc pas en position de corriger sa copie.

Cette idée de prouver quelque chose sans donner trop d'information peut être poussée à l'extrême : prouver quelque chose sans donner *aucune* information ! Considérons par exemple deux nations en guerre. La première, grâce à ses recherches dans l'armement, a des capacités militaires bien plus avancées que la seconde, et voudrait la convaincre de capituler pour éviter une guerre, dont l'issue n'aurait pas de doute (par exemple, considérez les USA pendant la Seconde Guerre mondiale : ils avaient développés la bombe atomique et voulaient que le Japon capitule, mais voulaient aussi éviter d'utiliser cette horrible arme de destruction). Dire à l'autre pays « nous avons une horrible arme de destruction, vous devez capituler » n'aura pas d'effet sans une preuve, mais quelle genre de preuve peut être envoyée ? Une description détaillée de l'arme, ses caractéristiques, comment la construire, etc. suffirait probablement, mais alors l'autre pays pourrait s'armer avec la même arme (les USA ont finalement pensé que la seule chance qu'ils avaient de convaincre les Japonais était de prouver que l'arme était réelle). Ce dont ce pays a besoin, c'est d'une méthode de preuve pour convaincre l'autre pays sans donner aucune information sur l'arme. Mais retournons à nos amis Alice et Bob dans un contexte plus civilisé.

Bob a un graphe très grand qu'il voudrait colorer avec trois couleurs. Colorer un graphe signifie assigner à chaque sommet du graphe une couleur (ici choisie dans un ensemble de trois couleurs) de telle façon qu'il n'existe pas d'arête dans le graphe ayant deux extrémités de la même couleur. Par exemple, un triangle ne peut pas être coloré avec seulement deux couleurs, mais est bien sûr trivialement coloré avec trois couleurs. Déterminer si un graphe peut être coloré avec un nombre fixé de couleurs (plus grand que 2) est un problème dans **NP** : ainsi, malgré deux siècles de travaux de mathématiciens et d'informaticiens, nous n'avons pas d'algorithme en temps polynomial qui résout ce problème. Supposons qu'Alice ait trouvé un algorithme mais, de façon inhabituelle pour une grande théoricienne comme elle, qu'elle préférerait l'utiliser pour gagner de l'argent plutôt que de le publier. Elle dit alors à Bob qu'elle peut colorer son graphe pour une certaine somme d'argent payable d'avance. Bob est intéressé (il a besoin de colorer son graphe), mais il est naturellement un peu suspicieux : comment Alice réussirait la où tant d'autres ont échoué ? Bob a besoin d'une preuve, mais Alice ne peut pas juste colorer son graphe comme preuve qu'elle peut le faire, elle n'aurait alors plus rien à vendre à Bob. Alice doit convaincre Bob qu'elle peut colorer son graphe avec trois couleurs, mais sans lui donner aucun indice sur la coloration.

Voici ce qu'Alice et Bob font. Bob envoie son graphe à Alice, et Alice exécute son algorithme sur le graphe et obtient une coloration valable avec trois couleurs. Maintenant, elle utilise un chiffrement cryptographique sûr pour chiffrer la couleur de chaque sommet (chacune avec une clé différente), et envoie à Bob ces éléments chiffrés. Bob vérifie alors une arête aléatoire dans le graphe. Pour cela, il choisit une arête aléatoirement, et demande à Alice de lui envoyer les clés permettant de déchiffrer les couleurs des extrémités de cette arête. Alice envoie les deux clés à Bob et Bob déchiffre les colorations des deux sommets. Si les deux sommets ont la même couleur, Bob sait qu'Alice lui ment et cherche une solution ailleurs. Dans le cas contraire, Bob accepte qu'Alice ait juste jusqu'à maintenant, mais demande plus de preuves. Des preuves supplémentaires sont apportées avec des exécutions supplémentaires de ce protocole. Alice ne génère pas une coloration différente à chaque fois, mais elle permute aléatoirement les trois couleurs pour les sommets, ce qui n'affecte pas la validité de la coloration. Après avoir permuté les couleurs de chaque sommet, elle procède comme précédemment en chiffrant les nouvelles couleurs de chaque sommet et en envoyant la liste des éléments chiffrés à Bob. Lui-aussi procède de la même manière, il choisit une arête, demande les clés à Alice, puis déchiffre les couleurs des deux sommets et vérifie qu'elles sont bien différentes. Après un certain nombre de tours réussis (si toutes les arêtes testées par Bob ont bien des extrémités de couleurs différentes), alors Bob accepte qu'Alice sache comment colorer le graphe et paie sa facture.

Quelle est la probabilité que Bob ait gâché son argent ? Et qu'est-ce que Bob a appris sur une coloration valide dans ce procédé ? Nous commençons par répondre à la deuxième question : Bob n'a rien appris du tout sur la coloration de son graphe ! Toutes les colorations valides auront toujours des couleurs différentes pour les extrémités d'une arête et c'est tout ce que Bob a pu observer. Bob ne peut pas « suivre » les arêtes, puisque Alice permute les couleurs de chaque sommet. Par exemple, s'il commence avec l'arête $\{a, b\}$ et qu'au tour suivant il utilise l'arête $\{b, c\}$, la couleur qu'il obtient pour b au second tour peut être différente que celle qu'il a obtenue au premier tour, donc ces deux tours successifs ne peuvent pas être comparés et utilisés. Revenons à la première question, et supposons que Bob exécute le protocole T fois, chaque fois avec succès, avant d'accepter de payer la facture d'Alice. Soit E le nombre d'arêtes dans le graphe de Bob, et montrons que la probabilité que Bob ait gâché son argent est d'au plus $(1-1/E)^T$. Si Alice ment, elle n'a pas coloré le graphe correctement avec les trois couleurs, donc il y a au moins une arête qui a des extrémités de la même couleur. Dans le pire cas pour Bob, Alice est très proche de son but : seule une arête ne répond pas à la contrainte d'avoir des extrémités de couleurs différentes. Dans ce cas, la probabilité qu'un test échoue à trouver l'erreur est simplement la probabilité qu'il ne choisisse pas l'arête problématique, c'est-à-dire $(E-1)/E$. Pour que T exécutions successives réussissent, chaque exécution doit réussir indépendamment. Comme toutes les exécutions réussissent avec probabilité $(E-1)/E$, T exécutions successives vont réussir avec probabilité $[(E-1)/E]^T$, comme annoncé. En essayant quelques valeurs, nous obtenons que si Bob choisit $T = E$, alors la probabilité d'erreur est d'environ $\frac{1}{e} \approx 0.368$ (clairement trop élevée). Si Bob choisit $T = 10E$, alors la probabilité d'erreur est $(\frac{1}{e})^{10} \approx 0.00005$, un peu grand, mais beaucoup mieux. Utiliser environ $40E$ exécutions assure une probabilité d'erreur (environ $6 \cdot 10^{-18}$) qui justifie que Bob accepte la proposition d'Alice, même s'il n'a rien appris sur la façon de colorer son graphe.

Ce type de preuve est appelé une ***preuve à divulgation nulle de connaissance***, et, tout comme les preuves interactives plus générales, elles jouent un rôle important dans la recherche moderne sur les communications. Ces types de preuves ont aussi changé la manière dont les mathématiciens réfléchissent à des preuves : elles n'ont plus besoin d'être restreintes à des arguments sur une feuille de papier, mais peuvent être des conversations entre deux parties, aidées par des injections saines de bits aléatoires... Ces exemples illustrent aussi les interactions fortes et les chevauchements entre le calcul, la communication et l'information.

Une preuve implique les trois à la fois : calculs (pour préparer et vérifier les données), communication (puisque c'est une conversation entre un prouveur et un vérifieur), et information, mais le coût d'un ou deux de ces aspects peut être diminué en augmentant le coût du troisième. La preuve interactive des copies de la base de données ne nécessite que peu de communication (quelques tours avec peu d'échange par tour), mais beaucoup de calcul (pour obtenir les restes) et la transmission d'une bonne quantité d'information. Tandis que la preuve à divulgation nulle de connaissance pour le problème de coloration de graphes nécessite beaucoup de communications (le chiffrement complet de la coloration à chaque tour), peu de calcul (chiffrement et déchiffrement des couleurs), et ne transmet aucune information.

3.9 Conclusion

Nous avons vu que le calcul a des limites. En effet, dans l'absolu ces limites sont sévères : presque tous les problèmes pouvant être formulés en mathématiques sont calculatoirement insolubles, et pour le peu qui sont possibles à résoudre, ils sont presque tous intraitables calculatoirement. Ces limites ne nous ont pas empêché de nous intéresser à des problèmes insolubles ou non traitables ; par exemple, tout enseignant qui met une note à un programme informatique résout un problème insoluble ! Mais l'étude de ces limites, la théorie de la calculabilité moderne, a montré des liens profonds entre le calcul, la communication et l'information, et nous a donné un aperçu fascinant de la nature des preuves, du pouvoir de l'aléatoire, et du parallèle sans fin entre les interactions sociales et les méthodes de calcul. Pour le scientifique ou l'ingénieur qui utilise l'informatique, la théorie de la calculabilité donne des instructions claires pour la construction de solutions pratiques. Pour le théoricien, c'est un terrain de jeux qui suggère des questions plus profondes permettant d'accéder aux fondements des mathématiques et de la science. Enfin, pour le philosophe, elle donne une approche moderne pour la compréhension de notre société, et de la vie, puisqu'il devient de plus en plus évident que la nature est indissociable du calcul.

3.10 Exercices

3.10.1 *Problèmes*
Pour chacun des problèmes suivants, définir formellement l'ensemble des instances, et, en utilisant la même notation, formuler la question correspondante.

1) Compter le nombre de cycles dans un graphe.
2) Calculer le plus grand diviseur commun d'une collection d'entiers positifs.
3) Etant donné un ensemble de points dans le plan, calculer le diamètre du plus petit disque contenant tous les points.

3.10.2 *Dénombrement*
Vérifier que l'ensemble des entiers positifs impairs est dénombrable.

3.10.3 *Dénombrement*
Comment notre définition s'applique-t-elle lorsque l'ensemble S est fini ? Donner un exemple en vérifiant que l'ensemble $\{1, 2, 3, 5\}$ est dénombrable.

3.10.4 *Dénombrement*
Prouver que l'application $f(i, j)$ définie à la page 58 est une surjection. (Une façon de le prouver et d'inverser la formule : étant donné un numéro de chambre n, trouver comment calculer les valeurs i et j qui définissent le client (i, j) ayant eu la chambre.)

3.10.5 *Dénombrement*
Sans définir l'application appropriée, expliquer pourquoi les ensembles suivants sont dénombrables : l'ensemble des carrés parfaits, et l'ensemble des nombres premiers.

3.10.6 *Dénombrement*
Montrer comment étendre l'argument de la peuve du théorème 3.3 aux fonctions ayant comme argument un seul nombre entier et retournant un entier choisi dans un ensemble fini, c'est-à-dire les fonctions $f\colon \mathbb{N} \to \{a_1, a_2, \ldots, a_k\}$ pour un $k \in \mathbb{N}$.

3.10.7 *Dénombrement*
Identifier un autre ensemble non dénombrable et écrivez la preuve utilisant l'argument de la preuve par diagonalisation.

3.10.8 *Fonctions non calculables*
Pour l'exemple de chaîne de la page 65, déterminer le nombre exact de caractères de la chaîne et compter le nombre exact de caractères dans le programme pour comparer les deux. Maintenant, répéter l'opération quand le dernier groupe de chiffres dans la chaîne à transmettre contient 1 000 000 de « 0 », puis quand il en contient 1 000 000 000. Comparer alors le nombre de caractères transmis lorsque le dernier groupe de chiffres contient 10^k fois « 0 », pour $k \in \mathbb{N}$.

3.10.9 *Complexité des problèmes*
Comme toujours, le monde des mathématiques est composé d'objets à intérêt limité pour la vie de tous les jours, mais aussi d'objets d'importance vitale. Supposons donnés trois algorithmes pour résoudre le même problème. Le premier s'exécute en temps borné par $n^{1.0001 \cdot n}$, le deuxième en temps borné par $n^{\log \log n}$, et le troisième en temps borné par n^{100}. La première borne est exponentielle en n, la seconde est sous-exponentielle, et la troisième est polynomiale. Quel algorithme choisir pour résoudre des applications réelles et pourquoi ?

3.10.10 *Complexité des problèmes*
Donner un algorithme, qui, étant donné une formule booléenne (variables et opérateurs NOT, AND et OR), ainsi qu'une affectation de valeurs aux variables (chaque variable étant vraie ou fausse), calculer la valeur de la formule en temps linéaire. Utiliser cet algorithme pour résoudre le problème de satisfaisabilité pour

une formule à n variables, en un temps proportionnel à $n \cdot 2^n$, en énumérant les 2^n affectations possibles aux n variables booléennes et en les testant une à une.

3.10.11 *Complexité des problèmes*
Supposons que demain des gros titres proclament qu'un mathématicien a prouvé (à l'étonnement général) que $\mathbf{P} = \mathbf{NP}$. Est-ce que ce résultat révolutionnerait immédiatement la pratique de l'informatique ? (*Indice* : la majorité des preuves mathématiques sont des preuves d'existence.)

3.10.12 *Vérification probabilistique*
Ce qu'Alice et Bob utilisent dans le protocole de vérification de leur copie de la base de données (le reste modulo un nombre premier) est un exemple de ce qui est connu comme une *empreinte* : une petite valeur, riche en information, calculée avec des données beaucoup plus grandes. Voici une autre utilisation de la même idée. Supposons qu'Alice ait deux grands tableaux d'entiers (matrices) non nuls de taille $n \times n$, A et B, et que Bob ait un tableau (une matrice) C de taille $n \times n$. Alice et Bob doivent maintenant vérifier que le produit $A \cdot B$ est égal à C (le produit de deux matrices A et B est défini comme suit : le $(i,j)^{\text{ème}}$ élément du produit, appelons le $c_{i,j}$, est donné par $c_{i,j} = \sum_{k=1}^{n} a_{i,k} \cdot b_{k,j}$).

Alice et Bob peuvent vérifier que $A \cdot B = C$ en faisant calculer à Alice tous les éléments du produit de A et B et en envoyant ces n^2 éléments à Bob pour qu'il les compare avec C. Mais ceci prendrait un temps proportionnel à n^3, puisqu'il y a n^2 valeurs à calculer et qu'elles nécessitent le calcul d'une somme de n termes. Cela demanderait aussi le transfert de n^2 éléments. A la place, Alice et Bob peuvent calculer une empreinte. Alice choisit un vecteur x de taille n aléatoirement, où chacun de ces éléments est soit 0, soit 1, puis elle envoie ce vecteur à Bob. Maintenant Alice et Bob calculent chacun le produit de ce vecteur avec une matrice, plus spécifiquement, Alice calcule $y = A \cdot (B \cdot x)$ et Bob calcule $z = C \cdot x$. Les vecteurs y et z sont des vecteurs colonnes de n éléments entiers. Alice envoie finalement le vecteur y à Bob, qui le compare avec le vecteur z. Notons que la communication pour ce protocole est juste deux vecteurs de taille n, au lieu d'une matrice entière de taille n^2. Si les deux matrices sont égales, alors nous devons avoir $y = z$, sinon, selon le choix de x, il est possible d'avoir $y = z$ ou pas. Regardons ce protocole du point de vue de Bob ; s'il observe que $y \neq z$, alors il en conclut directement que C n'est pas égal au produit de A et B. Par contre, s'il observe que $y = z$ et en conclut que C est égal au produit de A et B, il peut commettre une erreur. Heureusement, comme dans notre exemple précédent, Alice et Bob peuvent répéter ce test, en utilisant un autre vecteur aléatoire binaire x à chaque fois, pour réduire la probabilité d'erreur. Bob conclut que C est égal au produit de A et B seulement après un nombre approprié de répétitions m avec à chaque fois $y = z$.

Vérifier qu'une seule exécution du test de l'empreinte que nous venons de décrire requiert un temps proportionnel à n^2 (beaucoup plus rapide que n^3) et que la probabilité d'erreur (la probabilité que y ne soit *pas* égal au produit de A et C même si Bob a observé que $y = z$) est d'au plus $1/2$ (ainsi, avec m répétitions, la probabilité qu'Alice et Bob fassent une erreur est bornée par 2^{-m}).

Indice : Pour borner la probabilité d'erreur, considérer le vecteur $d = y - z = A \cdot (B \cdot x) - C \cdot x$. Chaque entrée du vecteur d est une somme de n termes, et au moins une de ces sommes doit avoir au moins un terme non nul, puisque les matrices sont non nulles. Concentrons-nous sur une seule de ces sommes, qui est faite de $k < n$ termes non nuls. Que se passe-t-il si on change le bit du vecteur x correspondant au $k^{\text{ème}}$ terme non nul ?

Chapitre 4

Représentation de l'information

4.1 Introduction

Dans les chapitres précédents nous nous sommes intéressés aux algorithmes en faisant abstraction de leur mise en œuvre dans une machine. Ce chapitre se concentre sur la représentation de l'information de façon à ce qu'une machine numérique puisse la traiter automatiquement. De nos jours, de nombreux types d'informations très différentes se rencontrent au sein des applications. Par exemple, il est essentiel de disposer d'une représentation de données numériques pour le calcul scientifique (p. ex. planifier une mission spatiale), les simulations (p. ex. météo) et le contrôle de processus industriels (p. ex. robots), alors que la gestion d'informations administratives et commerciales nécessite une représentation pour des textes, éventuellement aussi des images, etc.

Une des questions centrales de ce chapitre est d'identifier les caractéristiques des représentations choisies, afin que les algorithmes disposent d'un modèle suffisamment précis du monde réel pour réaliser des traitements fiables. A travers les éléments présentés dans ce chapitre nous serons en mesure de poser un cadre de validité pour les différentes représentations des nombres et ainsi d'orienter la résolution des problèmes vers le meilleur compromis entre précision et coût calcul/mémoire.

En premier lieu, nous allons nous poser la question de l'unicité de ces représentations.

4.2 Existe-t-il une représentation universelle de l'information ?

L'histoire de l'humanité est d'une grande richesse en ce qui concerne l'élaboration de systèmes de signes pour communiquer et ceci de manière tout à fait autonome en divers endroits de la planète. Au point qu'il existe de nombreux systèmes qui nous sont complètement opaques parce que nous n'y avons pas été initiés. C'est le cas des caractères chinois pour les occidentaux, alors que plus d'un milliard de personnes les utilisent quotidiennement. Si l'on ne partage pas les conventions établies pour un caractère donné, on n'a pas accès à sa signification simplement en regardant son dessin. Ce constat nous amène à poser qu'il existe une capacité universelle de création de représentations de l'information, mais que celles-ci sont loin d'être uniques.

Etablir un lien entre un signe et une signification est en effet un processus typiquement humain qui ne demande pas de compétences très évoluées ; nos lointains ancêtres maîtrisaient la lecture de traces dans le sable, la boue ou la neige pour en déduire des informations importantes sur des proies, des prédateurs, etc. A leur tour, ils ont facilement pu tracer d'autres motifs sur les mêmes supports – puis d'autres plus permanents – dans le but de mémoriser une information. La difficulté principale est alors d'établir une convention entre le dessin du motif et le sens qu'on lui attribue, et d'assurer que cette convention soit partagée par les acteurs d'une même communauté. La valeur d'un système de signes est directement liée au nombre de personnes qui partagent cette convention et qui la transmettent aux générations futures. Cette convention est fragile sur les longues durées. Parfois elle est perdue et de nombreux documents anciens restent mystérieux.

On peut distinguer deux approches dans les processus qui ont conduit à la standardisation d'un système de signes. Un premier processus, dénommé *de facto*, est basé sur l'élargissement graduel de son usage du fait de migrations et d'échanges commerciaux, scientifiques et culturels entre communautés. L'autre processus est dénommé *de jure* car il repose sur une volonté politique pour normaliser un standard par la négociation et le débat. Un exemple du processus *de facto* est l'usage du système de numération positionnelle en base 10 que nous détaillons en section 4.3 ; celui-ci a vu le jour il y a environ 1400 ans en Inde et il s'est progressivement généralisé au monde entier au cours des siècles. L'approche *de jure* a été beaucoup mise en œuvre en informatique par l'intermédiaires d'associations d'ingénieurs comme IEEE (1) et ACM (2), ou encore par des institutions internationales comme ISO (3). Nous en verrons des exemples à la section 4.4.

Mais revenons au traitement automatique de l'information par une machine. Pour que l'information ne soit pas ambiguë pour la machine, celle-ci doit pouvoir distinguer chaque symbole sans se tromper. Passons brièvement en revue les familles de systèmes de signes élaborées au cours de l'histoire pour déterminer l'approche la plus efficace du point de vue d'une manipulation automatique et fiable. Bien que le système d'écriture chinois comporte plusieurs dizaines de milliers de caractères (avec un à deux caractères pour construire un mot), chaque caractère est en fait construit comme la combinaison d'une à plusieurs clés prises dans un ensemble de 214 radicaux (4) (fig. 4.1). Cette simplification a certes permis de structurer les dictionnaires de caractères, mais reste encore relativement lourde.

Les systèmes alphabétiques reposent sur un ensemble plus restreints de symboles (p. ex. 26 lettres de l'alphabet latin) pour construire phonétiquement les mots par un assemblage de lettres. En contrepartie, un même mot utilise généralement plus de symboles alphabétiques que de caractères en chinois (fig. 4.1). Mais du point de vue du traitement par une machine, la longueur du mot n'est

(1) Institute of Electrical and Electronics Engineers, www.ieee.org
(2) Association for Computing Machinery, www.acm.org
(3) International Organization for Standardization, www.iso.org
(4) http ://www.chine-nouvelle.com/ressources/radicaux.html

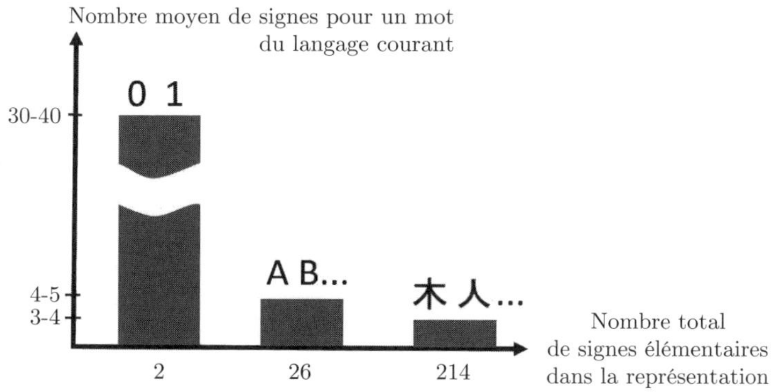

Figure 4.1 Lorsque la taille d'un système de signes est importante, le nombre moyen de signes élémentaires pour représenter un mot du langage courant reste faible, ce qui est vital pour sa maîtrise par un être humain. Un mot en chinois est représenté par un à deux caractères qui eux-même sont représentés avec une à plusieurs clés parmi 214 (les 2 clés montrées ici sont « arbre » et « homme »). La taille moyenne d'un mot français est de 4 à 5 lettres parmi 26. Par contre, le système binaire requiert 30 à 40 symboles binaires (0 et 1 par convention) pour représenter ce même mot avec le code ASCII qui sera vu en section 4.5.

pas problématique. Ce qui importe est de pouvoir manipuler les symboles de manière efficace et sans introduire d'erreur. Cette simplicité a permis de mécaniser la composition de pages de texte pour l'imprimerie en 1885 avec la linotype.

L'étape suivante vers l'identification d'une représentation encore plus efficace fait un détour par la cryptographie (ce sujet sera aussi abordé au chapitre 12). A l'opposé de l'objectif du partage transparent de l'information, certaines circonstances ont conduit à vouloir masquer le sens des messages sauf pour l'émetteur et le récepteur. Parmi les solutions retenues celle du *chiffrement* (codage du texte avec seulement les 10 chiffres décimaux) retient notre attention puisqu'elle montre que l'on peut utiliser un sous-ensemble de signes pour représenter non seulement des nombres mais aussi n'importe quel texte si l'on connaît la convention de codage et de décodage. Une machine manipulant seulement dix symboles distincts suffit donc, ce qui réduit la difficulté technique. D'ailleurs, Blaise Pascal a été capable de mettre au point la première machine capable de réaliser des opérations arithmétiques dès 1645.

En suivant cette ligne de réflexion, la question suivante est d'identifier le nombre minimal de signes permettant de chiffrer l'information. En fait il est tout à fait possible de coder n'importe quelle information à l'aide de seulement deux symboles (*système binaire*) comme l'a fait Francis Bacon en 1605 pour chiffrer des messages secrets à l'aide des seules 2 lettres A et B. Le prix à payer est simplement une augmentation du nombre de symboles pour représenter un mot en comparaison de sa repésentation alphabétique (fig. 4.1). Comme nous l'avons déjà souligné, la longueur de la représentation n'est pas un problème pour une machine. De plus, il existe de nombreux composants techniques très robustes qui peuvent prendre deux états distincts. Le transitor en est l'exemple le plus marquant, ayant bénéficié d'une miniaturisation fantastique depuis son invention (loi de Moore, p. 204).

4.3 Représentation et manipulation des nombres entiers

Rappelons tout d'abord que la représentation des nombres qui nous est famillière, appelée *représentation positionnelle* en base dix, est aussi une convention qui a été adoptée progressivement au cours de l'histoire.

Les premières traces de représentation d'une quantité montrent des encoches sur un support matériel ; le nombre est alors la somme des encoches ce qui n'est autre qu'une représentation en base 1. Cela étant peu pratique, des *représentations additives* ont ensuite vu le jour dans lesquelles un symbole représente une quantité donnée (p. ex. un, dix, cent, etc.) et le nombre est obtenu par la somme des quantités de tous les symboles. Par exemple les Grecs anciens avaient un symbole pour chaque unité de 1 à 9, mais aussi pour chaque dizaine et chaque centaine ! [(5)]. Le système romain comporte heureusement moins de symboles mais combine des règles d'additions et de soustractions, ce qui le rend complexe à utiliser. Par exemple l'opération $44 + 6 = 50$ s'écrit en chiffres romains XLIV + VI = L. Dans cet exemple la position du symbole X (qui représente dix) à gauche du symbole L (qui représente 50) fait que dix est soustrait de 50. La même règle s'applique aux symboles I (une unité) et V (cinq). On a donc XLIV qui repésente $(50 - 10) + (5 - 1) = 44$. C'est par contre une règle additive qui s'applique pour VI car le symbole I se situe à droite du symbole V ; on a donc $5 + 1 = 6$.

A l'opposé, la représentation positionnelle en base dix repose en tout et pour tout sur seulement dix symboles, les chiffres de 0 à 9. C'est la position du chiffre dans le nombre qui détermine la valeur représentée. Ainsi le nombre entier 703 n'est autre qu'une représentation condensée d'une somme où chaque chiffre est un poids associé à une puissance de la base. Le décodage s'effectue de droite à gauche, en commençant par le poids zéro de la base dix et en progressant vers la gauche en incrémentant la puissance de la base d'une unité pour chaque chiffre du nombre :

$$\begin{aligned} 703 &= 7 \cdot 10^2 + 0 \cdot 10^1 + 3 \cdot 10^0 \\ &= 7 \cdot 100 + 0 \cdot 10 + 3 \cdot 1 \\ &= 700 + 0 + 3 \end{aligned}$$

Le concept d'une pondération des puissances de la base était déjà connu des sumériens il y a 3500 ans. Ils l'utilisaient avec la base soixante qu'ils nous ont transmise pour mesurer le temps en heure-minute-seconde. Il faut attendre Bramagupta en Inde, il y a 1400 ans, pour finaliser le système de numération positionnelle en base dix avec l'invention du symbole du zéro. Deux cents ans plus tard, ce système a commencé à être diffusé dans l'immense empire abbasside sous

(5) Torra V., « Du boulier à la révolution numérique », Collection « Le monde est mathématique », n° 13, RBA France, 2014.

l'impulsion du savant Al-Khwarizmi depuis Badgad, où il dirigeait l'équivalent d'une académie de mathématiques. Ceci explique le nom de *chiffres arabes* sous lequel l'occident a découvert cette représentation grâce à Léonard de Pise, il y a seulement 700 ans.

4.3.1 Numération positionnelle en base 2

Toute information – et donc tout nombre – peut être représentée à l'aide d'un ensemble d'*éléments binaires* où chaque élément binaire contient un symbole choisi parmi seulement deux possibilités. Par convention en informatique on utilise les symboles *0* ou *1* car ils conservent leur signification en tant que chiffre pour la représentation des nombres en base 2. Dans la suite de ce chapitre nous utilisons la terminologie anglaise de *binary digit*, abrégée en ***bit***, pour désigner un élément binaire.

Si nous disposons d'un seul bit, nous pouvons seulement construire 2^1 nombres distincts. Avec deux bits nous pouvons construire 2^2 nombres et ainsi de suite, avec n bits la *capacité de représentation* est de 2^n. Ainsi, si l'on veut résoudre le problème de numéroter en binaire chaque élément d'un ensemble de K éléments avec un nombre minimum n de bits, il suffit d'encadrer K par deux puissances de 2 successives. La puissance de 2 supérieure ou égale nous donne ce nombre minimum de bits n. Prenons comme exemple la numérotation des sept jours de la semaine. Sept étant compris entre $4\,(2^2)$ et $8\,(2^3)$, il suffit de 3 bits pour disposer de suffisamment de combinaisons binaires. Dans le cas général nous avons :

$$n = \text{ entier supérieur ou égal à } log_2(K)$$

Conversions entre le binaire et le décimal

La numération positionnelle en base deux se construit exactement sur le même modèle que la numération en base dix, par une somme pondérée des puissances de la base. Pour un nombre entier, on travaille seulement avec les puissances positives de la base à partir de zéro. La figure 4.2 donne un exemple de conversion du binaire vers le décimal avec le motif binaire sur 8 bits : 00001011.

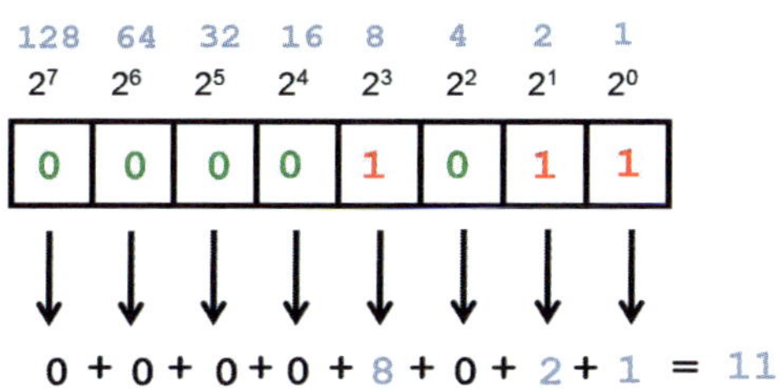

Figure 4.2 Quantité entière représentée par un motif binaire sur 8 bits. La puissance la plus faible de la base 2 apparaît à doite. Seuls les bits à 1 vont contribuer à la somme des puissances de 2 pour construire la quantité onze.

L'opération de conversion du décimal vers le binaire est moins immédiate ; elle est présentée sous forme algorithmique dans l'encadré suivant.

Conversion d'un entier N de base 10 vers la base 2

Un nombre entier N peut s'exprimer en binaire sous forme d'un ensemble de poids b_i, de valeur 0 ou 1, associés aux puissances positives de 2. Notons $b_3b_2b_1b_0$ la forme positionnelle binaire recherchée ; b_0 est associé à la puissance 2^0, b_1 à la puissance 2^1, etc.

L'algorithme général est le suivant :

$i \leftarrow 0$
Tant que $N \neq 0$
  $b_i \leftarrow N$ modulo 2 // calcule le reste de la division entière de N par 2
  $N \leftarrow N/2$ // division entière de N par 2
  $i \leftarrow i + 1$

A chaque passage dans la boucle de cet algorithme, le reste de la division de N par 2 nous donne un poids binaire b_i pour une puissance positive de 2. Ce reste vaut 0 si N est pair et 1 si N est impair. Au premier passage, nous obtenons b_0 qui constitue le poids recherché pour 2^0. Ensuite la division entière de N par 2 produit le nombre entier $b_3b_2b_1$ et l'algorithme se poursuit si ce nouveau nombre est différent de 0. Le second passage fournit b_1 et ainsi de suite tant que N est différent de 0.

Relation entre capacité et domaine couvert

Les représentations binaires vues dans ce chapitre sont destinées à être exploitées sur une machine optimisée pour travailler avec une capacité fixe de bits, par exemple n bits. Les opérations arithmétiques sont alors réalisées sur des opérandes représentés avec n bits et fournissent un résultat sur n bits aussi [6]. En conséquence, il n'est possible de représenter et manipuler que 2^n nombres distincts. L'intervalle contenant ces 2^n valeurs est le ***domaine couvert*** d'une représentation.

Dans le cas des nombres entiers naturels représentés en numération positionnelle binaire, le plus petit entier naturel représentable est celui avec 0 pour tous les bits. C'est la représentation de zéro. Le plus grand entier naturel représenté est donné par un motif binaire avec 1 pour tous les bits. Si la capacité est de n bits, cette valeur maximum représentable est $2^n - 1$. La figure 4.3 analyse ce motif binaire pour n valant 32. On remarque tout d'abord que les puissances de 2 associées à un bit vont de 2^0 à 2^{31}, ce qui exclut la puisance 2^{32} (fig. 4.3a). Examinons ensuite la table d'addition binaire la plus simple, c'est-à-dire sur un seul bit (fig. 4.3b). L'addition $1 + 1$ donne 2 en décimal mais, exprimé en binaire, cela produit une retenue de 1 qui se propage sur la puissance 2^1. Il reste seulement la valeur 0 pour la puissance 2^0 qui est la seule représentée sur un bit. C'est le cas le plus simple de ce qu'on appelle un ***dépassement de capacité***. En effet, si l'on ne dispose que d'un seul bit, on obtient $1 + 1 = 0$. La figure 4.3 (c) étend ce scénario à 32 bits ; on ajoute une unité au nombre maximum

---

(6) Les processeurs sur les ordinateurs grand public viennent récemment de passer de la génération « 32 bits » à la génération « 64 bits ».

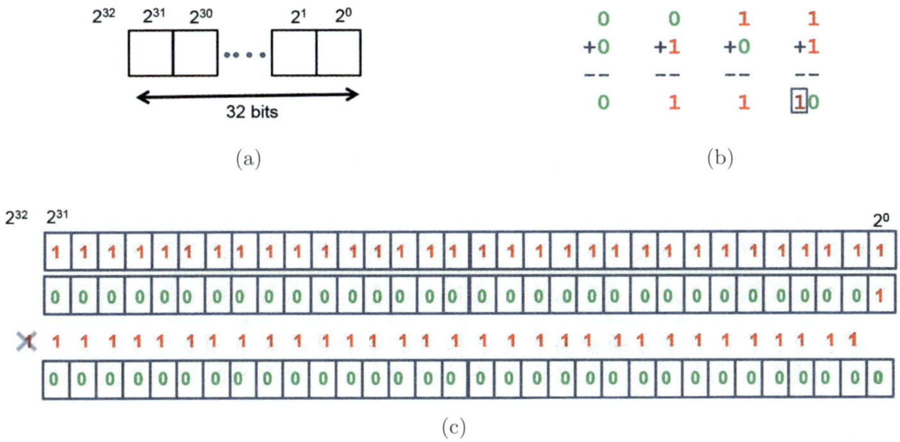

Figure 4.3 (a) Avec une capacité de 32 bits la puissance de 2 la plus grande dans la numération positionnelle est 2^{31} ; (b) table d'addition en binaire sur un seul bit ; (c) généralisation à 32 bits du dépassement de capacité lors de l'addition d'une unité au nombre maximum représentable.

représentable, que nous notons MAX. L'unité est ajoutée sur le poids faible 2^0 ce qui reproduit le cas observé dans la figure 4.3 (b). Ensuite, la retenue est ajoutée au 1 du poids 2^1, ce qui produit à nouveau une retenue sur le poids 2^2. Ainsi, de proche en proche, la retenue va atteindre le rang de 2^{32} pour lequel l'addition s'arrête. Ce résultat confirme tout d'abord que MAX $+1 = 2^{32}$, c'est-à-dire que MAX$= 2^{32} - 1$. De plus, la puissance 2^{32} n'ayant pas de bit pour mémoriser son poids, la dernière retenue de l'opération est perdue et on obtient un motif binaire avec 0 partout. La capacité fixe de 32 bits produit ce qu'on appelle une congruence modulo 2^{32}. Nous exploitons cette propriété pour la représentation des nombres négatifs dans le paragraphe 4.3.2.

Une propriété importante de la représentation positionnelle des entiers est d'obtenir des résultats exacts pour autant que le résultat désiré soit un entier et que celui-ci appartienne au domaine couvert. A contrario un dépassement de capacité survient lorsque le résultat théorique d'une opération arithmétique est en dehors du domaine couvert.

4.3.2 Réprésentation des entiers négatifs

La première intuition qui vient à l'esprit pour la représentation des nombres entiers négatifs est d'utiliser un bit pour représenter le signe puisqu'il y a seulement deux possibilités (+ ou −), et d'utiliser les autres bits comme précédemment pour représenter un nombre positif. De cette manière un nombre négatif est représenté par l'association de son signe et de sa valeur absolue (fig. 4.4). Le domaine couvert se répartit à parts égales entre nombres positifs et négatifs. Un premier inconvénient est d'avoir de deux représentations pour zéro (+0 et −0). Une limitation supplémentaire vient de la non-validité de l'équivalence mathématique suivante qui permettrait d'utiliser le circuit de l'addition pour effectuer la soustraction : $x - x = x + (-x) = 0$.

En effet l'addition bit à bit d'un nombre et de son opposé avec cette représentation par signe et valeur absolue donne $-2 \cdot |x|$, puisque nous additionnons deux fois la valeur absolue et que l'addition des bits de signe donne toujours 1, c'est-à-dire un signe négatif[7]. Cela veut dire qu'une telle représentation requiert de disposer d'un circuit dédié pour réaliser les soustractions, ce qui augmente les coûts.

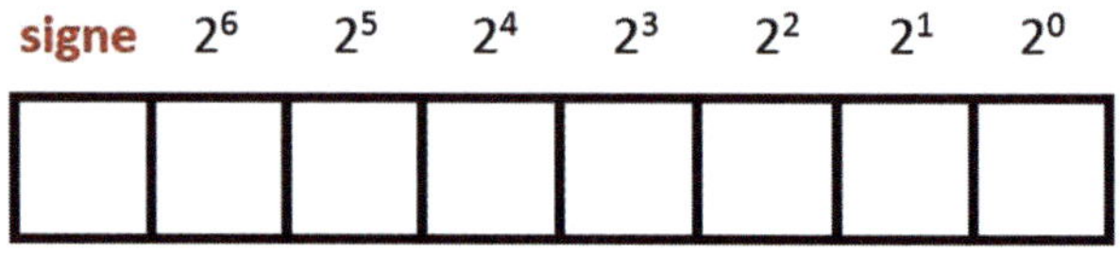

Figure 4.4 Représentation par signe et valeur absolue ; le bit de signe remplace la puissance de 2 la plus importante (0 indique un nombre positif et 1 un nombre négatif) ; le reste des bits représente une valeur positive.

Représentation en complément à deux

Nous allons maintenant présenter une alternative qui surmonte cette limitation en tirant parti de la congruence à 2^n déjà observée pour une capacité de n bits (fig. 4.3). En effet nous avons relevé que, pour une capacité de n bits, $(2^n - 1) + 1 = 0$ (modulo 2^n). L'observation de cette égalité sur n bits suggère que $(2^n - 1)$ est une représentation adaptée de l'opposé de 1 car leur somme est nulle. C'est ce que nous allons maintenant exploiter.

La généralisation pour un nombre x quelconque est aussi valable puisque $(2^n - x) + x = 2^n - x + x = 2^n$ ce qui donne aussi 0 sur n bits. La propriété supplémentaire qu'il faut vérifier pour disposer d'une représentation correcte de l'opposé d'un nombre est que $-(-x) = x$. Appliquons deux fois le calcul proposé :

$$-(-x) = -(2^n - x) = 2^n - (2^n - x) = 2^n - 2^n + x = x$$

L'expression $(2^n - x)$ est donc une représentation valide de l'opposé d'un nombre x. C'est pourquoi ce calcul de l'opposé de x est appelé le complément à 2^n de x, qui est habituellement raccourci en complément à 2 de x. Cependant, il reste l'écueil du calcul de cette quantité sur une machine travaillant avec n bits ! En effet, d'une part, on se souvient que 2^n n'est *pas* représentable sur n bits et d'autre part, on ne veut pas avoir un circuit spécial pour la soustraction... La solution repose sur une transformation simple qui fait apparaitre la quantité MAX$= 2^n - 1$:

$$2^n - x = 2^n - 1 + 1 - x = ((2^n - 1) - x) + 1 = (\mathrm{MAX} - x) + 1$$

où MAX est le motif binaire avec des 1 pour toutes les puissances de 2. La quantité $(\mathrm{MAX} - x)$ est facile à obtenir car il s'agit d'un cas particulier très facile à réaliser comme on peut le voir sur la figure 4.5 : chaque bit de $(\mathrm{MAX} - x)$ s'obtient en inversant le bit correspondant de x ; si le bit de x vaut 1 alors celui de

[7] Il pourrait y avoir une retenue provenant de l'addition des valeurs absolues.

(MAX $-x$) vaut 0, et vice-versa. La quantité (MAX $-x$) s'appelle le complément à 1 de x.

La seconde étape du calcul de l'opposé de x consiste à ajouter une unité au complément à 1 de x (fig. 4.6). La figure 4.7 illustre que l'addition du nombre onze et de son complément à 2 donne bien zéro.

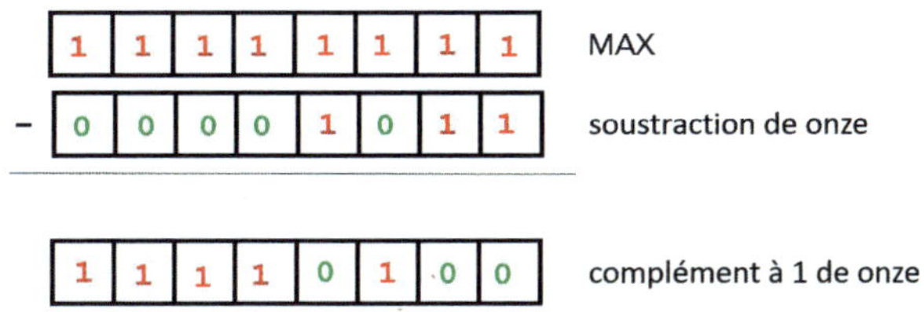

Figure 4.5 (MAX – onze) est égal au complément à 1 de onze.

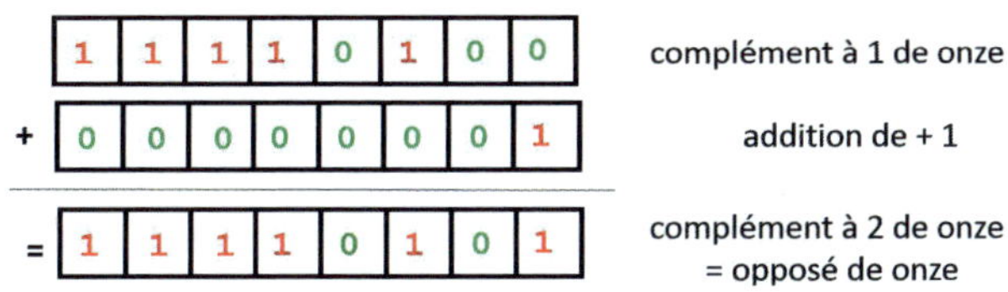

Figure 4.6 Le complément à 2 de onze s'obtient en ajoutant 1 à son complément à 1.

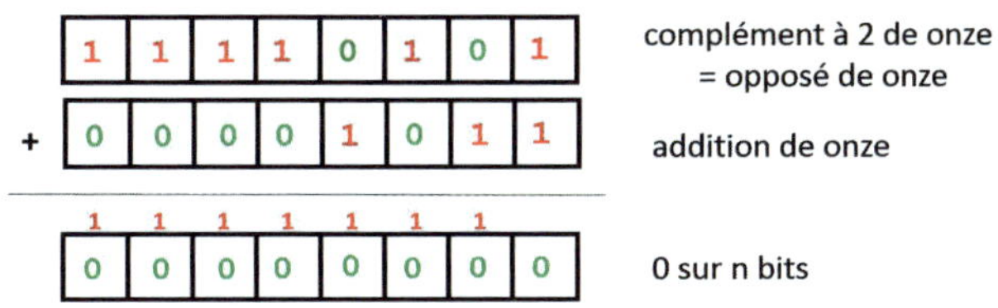

Figure 4.7 On obtient bien zéro en ajoutant onze et son complément à 2.

Domaine couvert avec le complément à 2

La représentation des nombres négatifs en complément à 2 sur n bits revient à interpréter la puissance 2^{n-1} comme un bit de signe (0 pour un entier positif et 1 pour un entier négatif). Le domaine couvert devient (fig. 4.8a) :

- Minimum des nombres positifs : $00\ldots0$; ce motif binaire est l'unique représentation de zéro
- Maximum des nombres positifs : $01\ldots1$; a pour valeur $2^{n-1}-1$
- Minimum des nombres négatifs : $10\ldots0$; a pour valeur -2^{n-1}
- Maximum des nombres négatifs : $11\ldots1$; est la représentation de -1

Un examen attentif de ces valeurs est très instructif. Si nous ajoutons une unité à la représentation de -1 (motif binaire avec des 1 partout), une retenue se propage au-delà de la capacité de n bits. Cependant, par construction du complément à 2, le fait d'ignorer cette retenue ne pose pas de problème car le résultat obtenu est zéro, ce qui est correct (fig. 4.8a). En généralisant, toute addition d'un nombre positif et d'un nombre négatif produisant un résultat positif fait apparaître une telle retenue, qui est ignorée. Cela ne pose pas de problème car le résultat de ce type d'opération appartient toujours au domaine couvert en complément à 2.

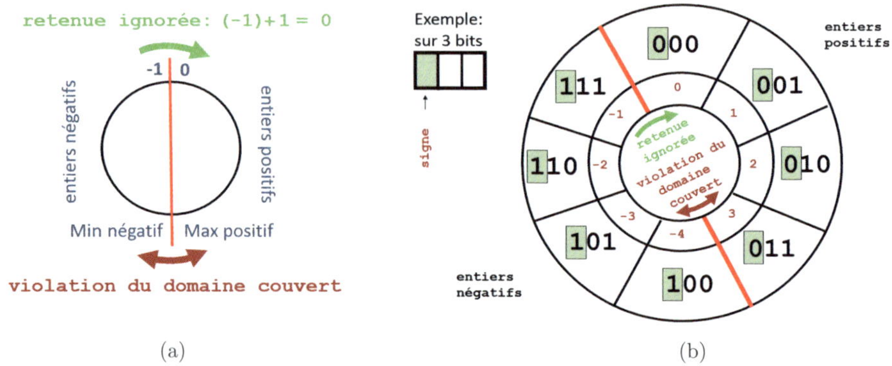

Figure 4.8 (a) Il n'y a pas de problème lorsque le résultat théorique reste dans le domaine couvert ; par contre si la valeur théorique en sort on obtient une violation du domaine couvert, et donc, un résultat incorrect. (b) Illustration de l'ensemble des valeurs représentées sur 3 bits ; le minimum des nombres négatifs est une valeur singulière car elle n'a pas d'opposé dans le domaine couvert, son complément à deux donne sa propre valeur !

Par contre, si l'on ajoute une unité au maximum des nombres positifs, une retenue se propage sur le bit de signe ce qui produit un nombre négatif (fig. 4.8a) ! Un tel scénario se produit car le résultat théorique de l'opération sort du domaine couvert. Le résultat effectivement obtenu est la valeur théorique modulo 2^n. Il s'agit d'un cas de *violation du domaine couvert* [8]. On peut le détecter a posteriori si la somme de deux nombres positifs donne un nombre négatif, ou si la somme de deux nombres négatifs donne un nombre positif. A ce jour, c'est le comportement mis en œuvre sur les processeurs des ordinateurs grand public, c'est le plus facile à mettre en œuvre. Une alternative exploitée dans des circuits spécialisés de traitement du signal est une technique de saturation qui fournit la valeur limite du domaine couvert au lieu de changer de signe. En définitive, c'est à la personne responsable du traitement numérique d'anticiper la capacité nécessaire en nombre de bits pour éviter toute violation du domaine couvert [9].

La figure 4.8 (b) permet d'observer concrètement les scénarios produisant des résultats corrects ou des violations de domaine couvert sur les nombres repré-

(8) On utilise souvent le terme anglais d'*overflow* pour caractériser ce type de cas.

(9) C'est ainsi qu'en décembre 2014, les ingénieurs de Google ont reconnu avoir anticipé la capacité insuffisante du compteur de vues des vidéos sur YouTube. En effet, en utilisant un entier signé sur 32 bits, le maximum possible est de 2 147 483 647. Ce nombre a été dépassé pour le clip vidéo Gangnam style du chanteur coréen PSY. Actuellement, le compteur est sur 64 bits ce qui offre un nouveau maximum de 9 223 372 036 854 775 807.

sentés en complément à 2 sur 3 bits. Par exemple $(-1)+1=0$ car la retenue est ignorée. Autre exemple : le maximum des nombres positifs est 011, de valeur décimale 3 ; si on lui additionne 1 on obtient 100 qui est le minimum des nombres négatifs, de valeur décimal -4. C'est une violation du domaine couvert.Cette figure permet également de souligner l'asymétrie du domaine couvert ; en effet le minimum des nombres négatifs 100 ne possède pas d'opposé.

4.4 Est-il possible de construire une représentation exacte du monde réel ?

Les nombres entiers sont insuffisants pour résoudre la grande variété de problèmes du monde réel. Nous examinons maintenant deux représentations des nombres réels, appelées la virgule fixe et la virgule flottante.

4.4.1 Nombres réels : représentation à virgule fixe

La première approche consiste à attribuer une partie des n bits pour les puissances négatives de deux, ce qui permet de représenter la partie fractionnaire des nombres à virgule. Voici un exemple avec $n = 4$ bits dont 2 utilisés pour la partie fractionnaire. Le motif binaire 00.11 représente le nombre réel suivant :

$$0 \cdot 2^1 + 0 \cdot 2^0 + 1 \cdot 2^{-1} + 1 \cdot 2^{-2} = 0 + 0 + 0.5 + 0.25 = 0.75$$

Nous aurions obtenu le même résultat en divisant 3 (valeur repésenté par le motif binaire 11.00) par $4\,(= 2^{-2})$, car cette opération est une division par la base, ce qui décale le motif binaire du nombre de rangs donnés par la puissance de la base. Donc si on divise par 4 le décalage est de 2 rangs vers la droite pour donner 00.11. La conversion inverse, de décimal vers binaire, est présenté sous forme algorithmique dans l'encadré en page 92.

EXEMPLE 4.1 Représenter la température du corps humain de 35 à 42 degrés avec un nombre minimum de bits tout en garantissant une précision au dixième de degrés.

Question : faut-il représenter les températures inférieures à 35 degrés ? Cela nous forcerait à utiliser au moins 6 bits pour la partie entière ! En fait rien ne nous le demande dans le cahier des charges ; seules huit valeurs entières sont utiles : 35, 36, 37, 38, 39, 40, 41, 42 donc 3 bits suffisent pour la partie entière. Du côté de la partie fractionnaire, 3 bits ne suffisent pas car on atteint seulement une précision du 1/8 de degré. Il est donc nécessaire de disposer de 4 bits de partie fractionnaire. Le nombre minimum de bits est donc de 7. ■

Erreur absolue et erreur relative

Un aspect important à souligner est que tous les nombres réels représentés en virgule fixe sont séparés par la même quantité α égale à la plus petite puissance de 2 de la partie fractionnaire (fig. 4.9).

Donc, entre deux nombres consécutifs représentés, existe une infinité de nombres non représentés. En machine, l'approche la plus fréquente pour approximer un nombre non représenté est de choisir le nombre représenté immédiatement inférieur ; il s'agit de l'arrondi par ***troncation***. Cette approximation

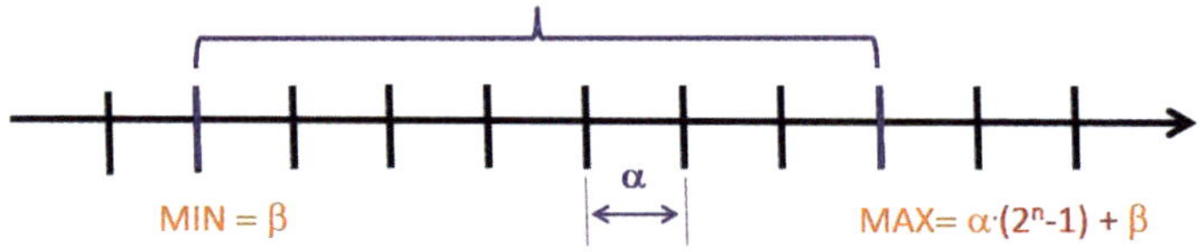

Figure 4.9 Domaine couvert pour une représentation à virgule fixe avec n bits pour repésenter un ensemble de nombres commençant à la valeur β (cf exemple précédent) ; si nous notons α la puissance de 2 la plus faible, le maximum du domaine est donné par $\alpha(2^n - 1) + \beta$.

est caractérisée par deux quantités : l'erreur absolue et l'erreur relative. L'***erreur absolue*** sur un nombre x est donnée par l'écart, noté δx, entre x et sa représentation en virgule fixe. La valeur maximum de cet écart est la quantité α. L'***erreur relative*** est l'erreur absolue divisée par x : $\varepsilon = |\delta x/x|$. La figure 4.10 illustre la distribution très inégale de l'erreur relative sur le domaine couvert ce qui constitue une faiblesse pour la résolution de certains problèmes.

Conversion d'un nombre décimal X vers la base 2

On suppose ici que la partie entière du nombre décimal X est nulle (utiliser l'algorithme de la page 86 pour toute partie entière non nulle). Le nombre X peut s'exprimer en binaire sous forme d'un ensemble de poids b_i, de valeur 0 ou 1, associés aux puissances négatives de 2. Notons $0.b_1b_2b_3b_4$ la forme positionnelle binaire recherchée ; b_1 est associé à la puissance 2^{-1}, b_2 à la puissance 2^{-2}, etc.

De plus il faut prévoir le cas fréquent dans lequel un nombre fini de bits ne suffit pas pour la conversion de X en binaire[10]. L'algorithme est donc complété par un test sur le compteur i pour calculer au plus un nombre prédéfini K de poids, ce qui lui permet de se terminer dans tous les cas. L'algorithme général est le suivant :

$i \leftarrow 1$
Tant que $i \leq K$ et $X \neq 0$
    $X \leftarrow X \cdot 2$
    $b_i \leftarrow$ partie entière(X)
    $X \leftarrow$ partie décimale(X)
    $i \leftarrow i + 1$

A chaque passage dans la boucle de cet algorithme la partie entière de X nous donne un poids binaire b_i pour une puissance négative de 2. Au premier passage, le résultat de la multiplication $X \cdot 2$ a pour expression $b_1.b_2b_3b_4$ dont la partie entière est b_1 et qui constitue le poids recherché pour 2^{-1}. Ensuite on retient seulement la partie décimale du résultat, c'est-à-dire $0.b_2b_3b_4$, et l'algorithme se poursuit si cette nouvelle valeur est différente de 0. Le second passage fournit b_2 et ainsi de suite.

[10] Ce cas existe aussi en base dix ; il suffit de penser à l'écriture décimale de 1/3.

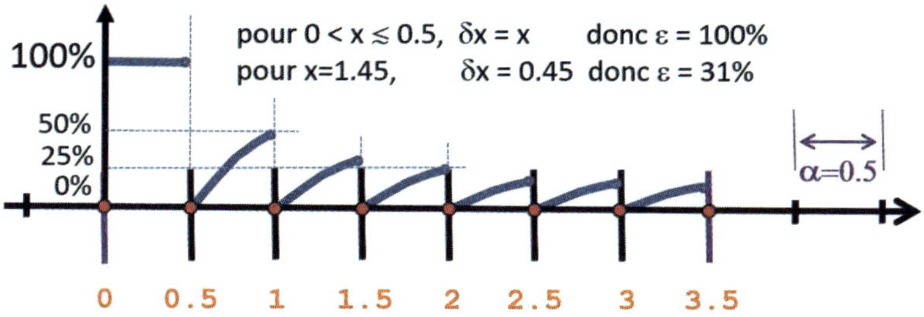

Figure 4.10 Distribution inégale de l'erreur relative sur le domaine couvert avec 2 bits de partie entière et un bit de partie fractionnaire. Cet exemple effectue un arrondi par troncation à la valeur représentée immédiatement inférieure. Les points rouges sont les nombres exactement représentés pour lesquels l'erreur relative est nulle.

4.4.2 Nombres réels : représentation à virgule flottante

L'objectif premier de la représentation à virgule flottante des nombres réels est de garantir une erreur relative ε plus homogène sur le domaine couvert. Cette représentation est construite sur le modèle de la *notation scientifique* avec un nombre constant de chiffres significatifs (voir encadré de la page 94).

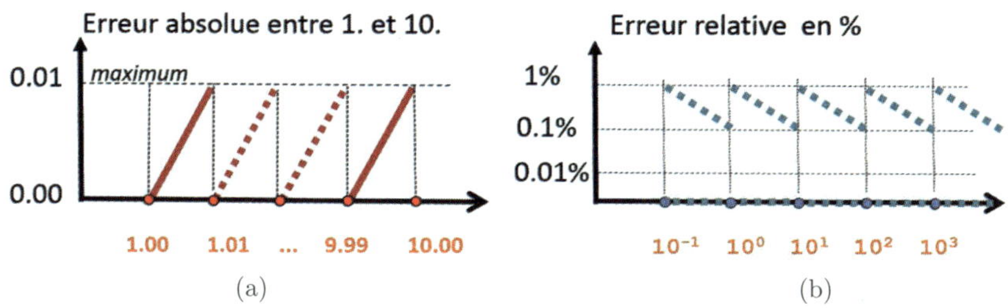

Figure 4.11 (a) Erreur absolue entre 1 et 10 ; les points sur l'axe des abscisses sont les nombres représentés sur 3 chiffres significatifs. (b) Erreur relative maximum sur différentes puissances de 10.

Transposée dans notre contexte binaire, la notation scientifique en base deux est appelée la représentation à ***virgule flottante***. Elle possède une particularité intéressante : la forme normalisée doit commencer par un bit ayant la valeur 1 car c'est le seul chiffre significatif en binaire. Dans ce cas, on peut considérer la partie entière comme implicite et utiliser ce bit pour les autres informations. En effet, il faut garder à l'esprit que nous disposons d'un budget fixe de bits qu'il faut répartir essentiellement entre la partie fractionnaire de la forme normalisée, appelée la *mantisse*, et la puissance de la base 2. Nous avons donc $X = 1.\text{mantisse} \cdot 2^{\text{puissance}}$.

Notation scientifique décimale

Tout nombre réel X peut se mettre sous une *forme normalisée* avec deux termes : un nombre dont la partie entière contient un seul chiffre significatif[11], multiplié par une puissance de la base dix.

Exemples avec 3 chiffres significatifs en base dix

- 3.1415 s'écrit $3.14\ 10^0$
- 0.0125 s'écrit $1.25\ 10^{-2}$
- 7354 s'écrit $7.35\ 10^3$

L'unique exception est zéro puisqu'il ne contient pas de chiffre significatif.

Erreurs absolues et relatives par troncation (fig. 4.11a) :

- $x_1 = 1.00999\ldots$ donne 1.00
  donc $\delta x_1 = 0.00999\ldots \approx 0.01$
  et $\varepsilon_1 \approx 0.01/1.00999\ldots \approx 1\%$
- $x_2 = 9.99999\ldots$ donne 9.99
  donc $\delta x_2 = 0.00999\ldots \approx 0.01$
  et $\varepsilon_2 \approx 0.01/9.99999\ldots \approx 0.1\%$

Les deux exemples x_1 et x_2 produisent une même erreur absolue maximum de 0.01 (fig. 4.11a). L'erreur relative ε_1 sur x_1 vaut 1% ; c'est le pire des cas que l'on puisse obtenir avec la forme normalisée lorsque la puissance est 10^0 (fig. 4.11b). Examinons ce même cas pour une puissance quelconque 10^k. On a $\varepsilon_k = (0.01 \cdot 10^k)/(1.0099\ldots \cdot 10^k) \approx 1\%$. Cela explique que l'erreur relative maximum se comporte de la même manière sur toutes les plages des puissances de dix (fig. 4.11b) et qu'elle soit donnée par le chiffre significatif le plus faible. Ainsi, dans ces exemples d'une notation scientifique avec trois chiffres significatifs dont deux à droite de la virgule, l'erreur relative est donnée par la puissance de 10 du plus petit chiffre significatif, c'est-à-dire 10^{-2} qui s'écrit aussi 0.1%.

Tout comme pour la notation scientifique en décimal, l'erreur relative maximum, encore appelée la *précision*, est donnée par le chiffre significatif le plus faible. Les bits associés à la puissance de la base vont eux déterminer l'étendue du domaine couvert. C'est le second avantage de la représentation à virgule flottante : pouvoir couvrir un plus grand domaine qu'il n'est possible avec la virgule fixe.

Dans un souci de clarté les exemples suivants sont illustrés seulement avec des nombres positifs. Dans le cas général, il va sans dire qu'il faut réserver un bit de signe pour le nombre normalisé et un autre pour la puissance. La figure 4.12 détaille la représentation de tous les nombres lorsqu'on utilise deux bits pour la mantisse et deux bits pour la puissance de 2. On remarque plusieurs choses dans cet exemple. Tout d'abord, l'écart entre les nombres représentés (= l'erreur absolue) double à chaque passage d'une puissance de 2. Cependant malgré cela, l'erreur relative reste constante entre les différentes plages de puissance de 2 (au plus égale au chiffre significatif le plus faible de la mantisse, c'est-à-dire 2^{-2}, soit 25%).

(11) Par définition, le chiffre significatif doit être différent de zéro.

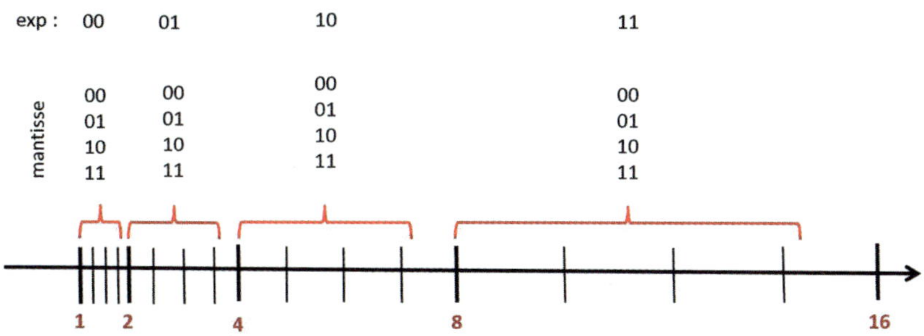

Figure 4.12 Ensemble des nombres représentés avec la forme normalisée 1.mantisse $\cdot$ $2^{\text{puissance}}$; chaque terme dispose de 2 bits. Lorsque les 2 bits de la puissance sont 0, les nombres binaires représentés sont : 1.00, 1.01, 1.10 et 1.11, ce qui correspond respectivement aux valeurs décimales 1, 1.25, 1.5, 1.75. Ces 4 nombres sont multipliés par 2 à chaque incrément de la puissance de 2. Pour 2^1 les nombres décimaux repésentés sont : 2, 2.5, 3, 3.5.

La figure 4.13 traite du cas de zéro qui n'est pas représentable avec la forme normalisée car on obtient le nombre 1 lorsque mantisse et exposant sont 00. C'est pourquoi l'on interprète différemment le cas exposant=00 avec la forme *dénormalisée* suivante. Si l'on note Min la plus petite puissance de la base, la forme dénormalisée s'écrit : 0.mantisse$\cdot 2^{(\text{Min}+1)}$. Le prix à payer en termes de comportement de l'erreur relative est un doublement de celle-ci sur la plage $[2^{\text{Min}}, 2^{\text{Min}+1}[$, et un profil de type « virgule fixe » (fig. 4.10) sur le très petit intervalle $[0, 2^{\text{Min}}[$.

Plusieurs standards ont été proposés par IEEE pour représenter les nombres à virgule flottante, en particulier sur 32 et 64 bits ; ils garantissent une erreur relative maximum respectivement de 10^{-6} et de 10^{-15} sur un domaine couvert incluant les nombres négatifs. La moitié des puissances de deux est réservée pour les puissances négatives pour pouvoir représenter les très petits nombres.

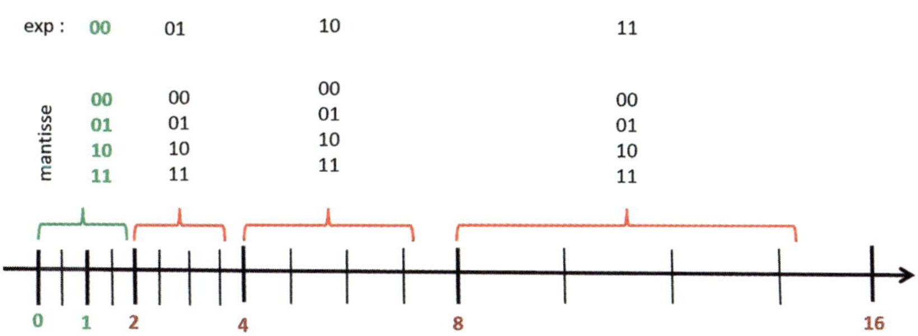

Figure 4.13 Les valeurs représentées pour la plus petite puissance de la base changent avec la forme dénormalisée : 0.mantisse $\cdot$ $2^{\text{Min}+1}$ c'est-à-dire 0.mantisse $\cdot$ 2^1. Les quatre premiers nombres binaires représentés sont : 0, 0.1, 1 et 1.1 qui correspondent respectivement en décimal à 0, 0.5, 1 et 1.5.

Un bug tragique : une accumulation d'erreurs d'arrondi a coûté la vie à 28 soldats en 1991 [(12)]

Le système de défense Patriot a été déployé pendant la guerre du Golfe Persique (1991) pour protéger les bases américaines en Arabie Saoudite. La batterie anti missile installée à Dharan n'a pas pu intercepter un missile irakien SCUD à cause de l'accumulation de l'erreur d'arrondi faite sur la quantité « un dixième ». En effet cette quantité n'a pas une représentation exacte en binaire avec un nombre fini de bits comme on peut le vérifier en utilisant l'algorithme de l'encadré en page 92. Le système utilisait 24 bits, ce qui introduisait une erreur d'environ 0.000000095 sur cette quantité en décimal.

Or, la quantité un dixième était utilisée pour mesurer le temps et donc l'erreur augmentait régulièrement avec le temps écoulé depuis la mise en marche de la batterie. Dans le cas présent, l'erreur a faussé un calcul de prédiction de la position du SCUD qui aurait dû permettre son suivi par le radar et, lorsqu'il est à portée de tir, son interception. Celui-ci volant à 1676 m/s, une faible erreur sur la durée se traduit par un décalage dans l'espace suffisant pour échouer à l'intercepter. Le SCUD a atteint la base militaire tuant 28 soldats et blessant 100 autres personnes.

4.4.3 Avantages et limitations de la virgule flottante

Nous pouvons maintenant répondre à la question de savoir si nous pouvons construire une repésentation exacte du monde réel : il faudrait pour cela une infinité de bits...

A contrario pour un problème donné nous pouvons garantir une précision désirée dans la représentation de l'information en choisissant correctement le nombre de bits réservés à la mantisse. Il serait naïf de croire que c'est le seul problème, car il faut aussi prendre en compte la nature des calculs effectués. En effet, il ne suffit plus de résoudre les problèmes du seul point de vue mathématique, il faut aussi prendre en compte leur mise en oeuvre numérique. L'exemple de la résolution d'une équation du second degré (encadré p. 97) permet de constater cette différence fondamentale. Par exemple, il est nécessaire d'élargir le concept de test d'égalité pour prendre en compte une tolérance qui dépend de la précision initiale sur les données et des incertitudes introduites par les calculs (fig. 4.14).

Un nombre fixe de bits entraîne également la perte de la propriété de l'associativité des opérateurs arithmétiques comme le montre la figure 4.15. En conséquence, l'algorithme choisi pour un problème donné peut avoir une influence énorme dans la propagation, et donc l'accroissement, de l'erreur relative. Par exemple, lorsque l'on veut additionner plusieurs valeurs, il faut d'abord additionner les valeurs de même amplitude plutôt que d'additionner des valeurs d'amplitudes très différentes (fig. 4.15).

(12) Rapport GAO/IMTEC-92-26, `http://fas.org/spp/starwars/gao/im92026.htm`

Equation du second degré

Considérons l'équation $ax^2 + bx + c = 0$ de discriminant $\Delta = b^2 - 4ac$.
En théorie la valeur du discriminant est nulle avec les valeurs décimales suivantes : $a = 0.25$, $b = 0.1$ (un dixième), $c = 0.01$ (un centième).

Cependant on obtient une valeur non nulle, $\Delta = 9.02\ 10^{-19}$, lorsque l'on effectue le calcul en utilisant une représentation en virgule flottante sur 64 bits qui garantit une précision de 10^{-15} sur chacun des nombres a, b et c[13].

Examinons la cause de cette différence entre théorie et calcul numérique de l'expression du discriminant :

- 4 et 0.25 sont représentés exactement, leur produit donne 1.
- Par contre, une approximation est faite sur la représentation des nombres décimaux 0,1 et 0,01 car ces nombres n'ont pas une représentation binaire exacte avec un nombre fini de bits (encadré, p. 92).
- La conséquence est que l'approximation de $b^2 = 0.1 \cdot 0.1$ est différente de celle de $4ac = 0.01$.

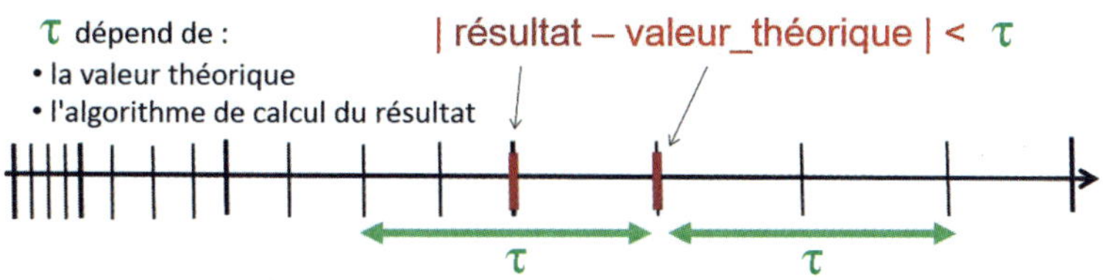

Figure 4.14 Le résultat d'un calcul ne donne pas forcément la valeur théorique attendue du fait de la precision limitée sur les données et de la possible introduction d'erreur supplémentaire par le calcul. C'est pourquoi il faut plutôt tester si la différence entre le résultat et la valeur théorique est inférieure à une tolérance τ qui dépend de la nature du problème.

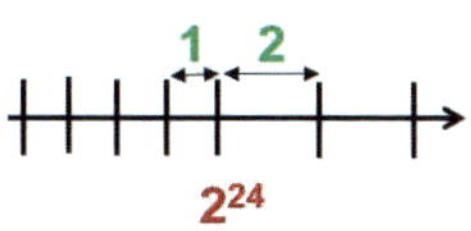

Figure 4.15 Le standard IEEE simple précision sur 32 bits réserve 23 bits pour la mantisse, d'où une précision de $\varepsilon = 2^{-23}$; l'erreur absolue maximum sur un nombre x étant donnée par $\delta x = \varepsilon^* x$, nous voyons ici la région où l'erreur absolue passe de 1 à 2, ce qui fait que 2^{24} constitue le plus grand entier consécutif représentable[14]. On remarque que l'associativité est perdue pour l'opération $2^{24} + 1 + 1$ car $(2^{24} + 1) + 1$ donne $(2^{24}) + 1$ qui donne 2^{24}. Par contre $2^{24} + (1 + 1)$ donne $2^{24} + 2$ qui lui est un nombre différent de 2^{24}, représentable en simple précision sur 32 bits.

(13) Une représentation à virgule fixe a le même type de problème.

(14) L'erreur absolue δx est de 1 sur tout l'intervalle $[2^{23}, 2^{24}[$, car elle est constante sur toute la plage séparant deux puissances successives de 2 et qu'elle vaut $\delta x = \varepsilon \cdot x = 2^{-23} . 2^{23} = 2^0$ au début de cet intervalle. On obtient une erreur absolue de 2 sur tout l'intervalle $[2^{24}, 2^{25}[$, car $\delta x = \varepsilon \cdot x = 2^{-23} . 2^{24} = 2^1$.

4.5 Représentation des symboles

Le début de ce chapitre a souligné que toute information pouvait être représentée par une suite de 0 et de 1. L'important est de se mettre d'accord sur une représentation pour que celle-ci ait une valeur d'usage. La représentation positionnelle binaire pour les nombres étant une simple reformulation du standard mondial en base dix, son adoption n'a posé que peu de problèmes [15]. A contrario, le choix d'un code pour représenter les lettres de l'alphabet est beaucoup plus arbitraire. De nombreux codes incompatibles ont co-existé dans les premières années de l'informatique. En 1963 les Américains ont défini le code ASCII [16] de 128 valeurs qui est devenu un standard *de facto* pour l'alphabet anglo-saxon, les chiffres, les signes typographiques et un certain nombre de codes de contrôle de mise en page (fig. 4.16). On remarquera que les codes ASCII des chiffres sont différents de leur valeur décimale mais que l'on peut retrouver leur valeur dans les quatre bits de poids faibles (visible dans la valeur hexadécimale des codes).

Le code ASCII est insuffisant pour représenter les caractères accentués des langues latines, germaniques, scandinaves, etc. C'est pourquoi plusieurs variantes exploitent un huitième bit pour définir les signes diacritiques propres aux langues européennes (ISO 8859 Latin1 convient pour le français). A terme, un effort sans précédent de normalisation appelé UNICODE va permettre de disposer d'une représentation unifié de l'ensemble des systèmes de signes mondiaux, y compris le chinois. Les 256 codes d'ISO 8859 sont au début de l'UNICODE. Au sein de cette approche, UTF-8 désigne un codage des caractères UNICODE comprenant de 1 à 4 octets. Le codage UTF-8 est recommandé mais son usage n'est pas encore généralisé (la tendance est très nette cependant). Cela explique qu'il reste encore des situations pour lesquelles nos emails apparaissent avec des symboles incorrectement interprétés ; cela se corrige en choisissant l'encodage correct dans votre outil de gestion d'emails…

4.6 Une image vaut mille mots

L'adage populaire dit qu'une image vaut mille mots pour signifier qu'une image offre un moyen de description directement accessible à notre compréhension sans nécessiter une longue explication. Cela étant dit, lorsque l'on s'intéresse à la représentation informatique d'une image, on se rend compte très vite que même une modeste image demande souvent bien plus que mille mots de mémoire informatique pour représenter son contenu.

---

[15] On trouvera cependant un compromis entre décimal et binaire dans la représentation des nombres avec le Décimal-Codé-Binaire ou DCB, mais son heure de gloire est maintenant passée.

[16] American Standard Code for Information Interchange.

Decimal	Hex	Char	Decimal	Hex	Char	Decimal	Hex	Char	Decimal	Hex	Char
0	0	[NULL]	32	20	[SPACE]	64	40	@	96	60	`
1	1	[START OF HEADING]	33	21	!	65	41	A	97	61	a
2	2	[START OF TEXT]	34	22	"	66	42	B	98	62	b
3	3	[END OF TEXT]	35	23	#	67	43	C	99	63	c
4	4	[END OF TRANSMISSION]	36	24	$	68	44	D	100	64	d
5	5	[ENQUIRY]	37	25	%	69	45	E	101	65	e
6	6	[ACKNOWLEDGE]	38	26	&	70	46	F	102	66	f
7	7	[BELL]	39	27	'	71	47	G	103	67	g
8	8	[BACKSPACE]	40	28	(	72	48	H	104	68	h
9	9	[HORIZONTAL TAB]	41	29	)	73	49	I	105	69	i
10	A	[LINE FEED]	42	2A	*	74	4A	J	106	6A	j
11	B	[VERTICAL TAB]	43	2B	+	75	4B	K	107	6B	k
12	C	[FORM FEED]	44	2C	,	76	4C	L	108	6C	l
13	D	[CARRIAGE RETURN]	45	2D	-	77	4D	M	109	6D	m
14	E	[SHIFT OUT]	46	2E	.	78	4E	N	110	6E	n
15	F	[SHIFT IN]	47	2F	/	79	4F	O	111	6F	o
16	10	[DATA LINK ESCAPE]	48	30	0	80	50	P	112	70	p
17	11	[DEVICE CONTROL 1]	49	31	1	81	51	Q	113	71	q
18	12	[DEVICE CONTROL 2]	50	32	2	82	52	R	114	72	r
19	13	[DEVICE CONTROL 3]	51	33	3	83	53	S	115	73	s
20	14	[DEVICE CONTROL 4]	52	34	4	84	54	T	116	74	t
21	15	[NEGATIVE ACKNOWLEDGE]	53	35	5	85	55	U	117	75	u
22	16	[SYNCHRONOUS IDLE]	54	36	6	86	56	V	118	76	v
23	17	[ENG OF TRANS. BLOCK]	55	37	7	87	57	W	119	77	w
24	18	[CANCEL]	56	38	8	88	58	X	120	78	x
25	19	[END OF MEDIUM]	57	39	9	89	59	Y	121	79	y
26	1A	[SUBSTITUTE]	58	3A	:	90	5A	Z	122	7A	z
27	1B	[ESCAPE]	59	3B	;	91	5B	[	123	7B	{
28	1C	[FILE SEPARATOR]	60	3C	<	92	5C	\	124	7C	|
29	1D	[GROUP SEPARATOR]	61	3D	=	93	5D	]	125	7D	}
30	1E	[RECORD SEPARATOR]	62	3E	>	94	5E	^	126	7E	~
31	1F	[UNIT SEPARATOR]	63	3F	?	95	5F	_	127	7F	[DEL]

Figure 4.16 Table du code ASCII (source : Wikimedia commons). « Hex » correspond à la base 16 (hexadécimal). On utilise les lettres A à F pour les quantités de dix à quinze, car elles doivent être représentées par un seul symbole.

4.6.1 Représentation par une grille de pixels

Dans la représentation par une grille de pixels l'image est décomposée, on dit aussi discrétisée, en une grille de cellules élémentaires appelées *pixels*. Chaque pixel mémorise une seule intensité lumineuse s'il s'agit d'une image en noir et blanc, ou une combinaison de plusieurs intensités s'il s'agit d'une image couleur. La figure 4.17 illustre le principe du codage additif d'une couleur à l'aide de 3 intensités Rouge-Vert-Bleu.

Figure 4.17 Synthèse des couleurs obtenue par l'addition de l'intensité de 3 composantes Rouge-Vert-Bleu. Ce diagramme montre les 8 couleurs que l'on peut coder avec 1 bit par composante : (0,0,0) = noir, (1,1,1) = blanc, les 3 mélanges par paire de rouge, vert et bleu produisant le jaune, le magenta et le cyan.

Selon les besoins en matière de sensibilité, l'intensité est elle-même codée par un nombre entier sur un nombre fixe de bits. Avec un seul bit d'intensité, on obtient une ombre chinoise comme dans la figure 4.18 (a), tandis qu'avec un octet on dispose de 256 niveaux d'intensités (fig. 4.18b). La décomposition en pixels est l'approche retenue pour mémoriser les photos numériques et pour afficher des images sur la plupart des écrans modernes.

Nous pouvons maintenant évaluer la taille requise pour l'image d'un symbole représenté avec environ 25×40 pixels, c'est-à-dire 1000 pixels, à multiplier par le nombre de bits pour l'intensité de chaque pixel. Avec un seul bit par pixel, notre œil perçoit les défauts de l'approximation des contours, appelé crénelage (fig. 4.18a). Il faut donc envisager de préférence un octet par pixel pour adoucir la forme du symbole (fig. 4.18b) ce qui revient à mille octets pour un simple symbole ! A l'échelle d'une photo numérique ou d'un écran couleur d'ordinateur de taille 1600×1200 pixels, avec 3 octets par pixel, on atteint la quantité de 5 700 000 octets !

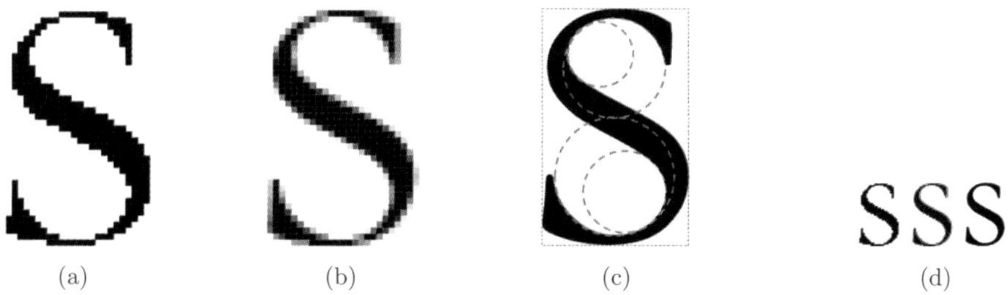

Figure 4.18 (a) Représentation de l'image de la lettre S de la police Garamond décomposée en une grille de 25×40 pixels avec 1 bit d'intensité ; (b) 8 bits de niveau de gris ; (c) ou par un ensemble (ici très incomplet) de segments de courbes définies mathématiquement. (d) Comparaison des trois images du S affichées à une échelle plus faible.

On voit à travers ces exemples que la manipulation d'images numériques implique d'énormes quantités d'informations élémentaires. La représentation d'une vidéo multiplie ces quantités par un nombre suffisant d'images par seconde pour que la perception d'un mouvement continu soit préservé (selon les standards : 24 pour le cinéma, 25 ou plus pour la vidéo). Un important effort de standardisation a permis de réduire le volume d'information en tirant parti de la redondance à l'intérieur d'une image (JPEG) ou entre images successives (MPEG). Les chapitres 5 et 6 approfondissent les notions relatives à la représentation selon l'axe temporel (échantillonnage) et à la compression d'information en général.

4.6.2 Représentation vectorielle par un ensemble de courbes

La faiblesse de la repésentation par une décomposition en pixels se manifeste clairement lorsque l'affichage des symboles d'un texte sur un écran d'ordinateur fait apparaitre le phénomène du crénelage. L'alternative qui a été retenue pour la représentation des polices de caractères dans les éditeurs de texte est de délimiter le contour de chaque symbole par un ensemble de courbes définies mathématiquement (fig. 4.18c). Cette représentation de haut niveau est indépendante du facteur d'agrandissement de l'affichage. Elle n'est convertie en un ensemble de pixels sur l'écran qu'à la dernière étape pour toujours garantir des contours qui sont perçus comme lisses par l'œil humain. Outre son usage pour les polices de caractères, cette approche est utilisée pour de nombreux outils de conception de mise en page et de dessin industriel.

4.7 Conclusion

Ce chapitre clôt la partie de cet ouvrage dédiée aux algorithmes, en s'intéressant à la représentation des données qu'ils manipulent. Dans un premier temps nous avons vu qu'une représentation est avant tout une convention humaine d'interprétation d'un ensemble de signes. Sa force est directement liée au nombre de personnes qui la partage, d'où l'importance des standards (p. ex. code ASCII, UTF). Le choix de la représentation binaire s'est imposé pour des raisons technologiques, comme expliqué dans le chapitre 8.

Nous avons ensuite vu les principales représentations exploitées pour les nombres entiers positifs et négatifs et les nombres à virgule. A cette occasion nous avons mis le doigt sur quelques aspects fondamentaux tels que le domaine couvert par une représentation ou encore sa précision. Dans ce contexte, il convient de distinguer la résolution mathématique d'un problème de sa mise en œuvre par le calcul numérique, du fait de l'erreur d'arrondi que ce dernier introduit dans les résultats. D'une manière générale, Il faut privilégier l'utilisation des nombres entiers dans les algorithmes autant que possible, pour éviter les erreurs d'arrondis liées à l'utilisation des nombres réels. Si cela n'est pas possible, Il faut adapter la précision de la représentation pour garantir une précision désirée pour un problème donné.

La dernière partie du chapitre a rapidement présenté les principales tendances en ce qui concerne la représentation des symboles alphanumériques ainsi que la manière de représenter des entités plus complexes telles que des images. Le chapitre suivant va définir des méthodes de codages encore plus efficaces que celles présentées ici, du point de vue du nombre d'éléments binaires requis pour mémoriser des données sans perte d'information.

4.8 Exercices

4.8.1 *Représentation d'ensembles*

Combien de bits sont-ils nécessaires pour disposer d'une représentation distincte pour chacun des éléments des ensembles suivants ?

a) Les mois d'une année.

b) Les jours d'un mois.

c) L'ensemble des symboles utilisés pour les nombres romains jusqu'à mille.

d) Un ensemble de 8 000 étudiants.

e) Chaque habitant de la planète selon le nombre estimé sur Worldometers [17].

---

(17) Source : `http://www.worldometers.info/world-population/`

4.8.2 *Représentation des entiers naturels et décimaux positifs*

a) Convertir en décimal les nombres exprimés dans la représentation positionnelle en base 2 : 101, 10.1, 1.01, 0.101. Que remarque-t-on ?

b) Convertir le nombre $CAFE_{16}$ de l'hexadécimal (cf. légende fig. 4.16) vers le binaire.

c) Déterminer la représention binaire des nombres suivants : 12.5, 6.25, 0.375, 0.0625.

d) Déterminer la représention binaire d'un dixième. Que remarque-t-on ?

4.8.3 *Domaine couvert des entiers positifs et négatifs avec la représentation en complément à deux*

Pour simplifier, on suppose que l'on travaille avec des entiers représentés avec 8 bits seulement.

a) Quelle valeur est représentée par les motifs binaires suivants : 00000110, 11111001, 10000110 ?

b) Quel est le motif binaire des nombres suivants : 0, -12_{10}, -1_{10}, 127_{10}, -128_{10} ?

c) Donner le motif binaire de leur opposé. Que remarque-t-on pour l'opposé de -128_{10} ?

d) Toujours avec des entiers sur 8 bits, quel est le résultat en binaire de 64 + 64 ?

e) Comment appelle-t-on le phénomène observé ?

f) Le fait d'ignorer la retenue pose-t-il toujours un problème avec la représentation des nombres négatifs en complément à deux ? Donner des exemples.

4.8.4 *Représentation des nombres flottants, erreurs absolue et relative*

Soit une représentation simplifiée des nombres flottants positifs à l'aide de 5 bits de la manière suivante : 2 bits pour l'exposant de la base 2, 3 bits pour la mantisse.

a) Indiquer le minimum et le maximum représentables, ainsi que les valeurs exactement représentées pour chaque puissance de 2.

b) L'erreur absolue maximum est-elle constante sur l'intervalle [min,max] ?

c) Si ce n'est pas le cas, préciser les différentes valeurs observées pour l'erreur absolue maximum. Sur quels intervalles ces valeurs restent-elles constantes ?

d) Quelle est l'erreur relative maximum ?

Chapitre 5

Echantillonnage et reconstruction de signaux

5.1 Introduction

Ce chapitre, qui jette un pont entre le monde analogique et le monde numérique, constitue une brève introduction à la théorie du traitement des signaux. Les bases de cette théorie ont été posées dans la première moitié du 20e siècle [(1)], c'est-à-dire avant même l'apparition des ordinateurs et des communications numériques. Ce sont pourtant ces bases théoriques, entre autres, qui ont permis l'avènement de notre ère digitale, qui a vu le déclin du traitement *analogique* des signaux s'effectuer au profit du traitement *numérique* de ceux-ci. Un exemple notoire est celui de l'enregistrement de la musique, avec la disparition progressive des disques en vinyle accompagnée de l'émergence des disques compacts (CD), puis des supports numériques modernes. Un autre exemple est celui de la téléphonie, où la transmission analogique de la voix a été supplantée par des techniques numériques. Dans les dernières années, la théorie a suivi de plus un développement vertigineux et continue d'évoluer à grande vitesse, trouvant de nombreux domaines d'application, allant du secteur médical à l'astronomie.

Dans le chapitre précédent a été abordée la question de la représentation des nombres réels à l'aide de 0 et de 1. Dans le présent chapitre, nous abordons une question plus ambitieuse : comment représenter la réalité physique à l'aide de 0 et de 1, de manière à pouvoir la « sauvegarder » sur un support numérique ? Comme fil rouge dans ce chapitre, nous considérerons le problème de l'enregistrement d'un morceau de musique (ou plus généralement d'un signal sonore) sur un CD ou sur tout autre type de support numérique [(2)].

On dispose a priori de beaucoup de possibilités pour transformer un signal sonore en une suite de 0 et de 1 ; la question centrale est de savoir sous quelle(s) condition(s) il est possible, à partir de cette suite de 0 et de 1, de reconstituer un signal aussi fidèle que possible à l'original. Pour tenter de mieux cerner le

(1) Et même bien avant si l'on pense au travaux fondateurs de Joseph Fourier (1786-1830) !

(2) Remarquons cependant que nous ne donnerons ici qu'une version extrêmement simplifiée et idéalisée du processus d'enregistrement, de façon à nous concentrer sur l'essentiel.

problème, précisons tout d'abord ce que l'on entend par « signal sonore » : un tel signal est le résultat des variations au cours du temps de la pression en un point donné de l'espace (par exemple proche de notre oreille ou d'un microphone). Il peut donc être vu comme une fonction X de $\mathbb{R}$ dans $\mathbb{R}$ qui à un instant t fait correspondre une pression $X(t)$.

Comment enregistrer un tel signal sous forme de 0 et de 1 sur un CD ? Deux problèmes se posent. Premièrement, il est impossible d'enregistrer des valeurs en continu : il est donc nécessaire d'*échantillonner* le signal. Puis, chaque échantillon donne une valeur de pression qui n'est rien d'autre qu'un nombre réel : il faut donc encore *quantifier* cette valeur, comme on l'a vu au chapitre précédent. Vient ensuite la question de la restitution du signal à partir de cette suite de 0 et de 1, que l'on désire aussi fidèle que possible à l'original : un processus de *reconstruction* doit donc être mis en place, qui est bien sûr fortement couplé à la manière dont le signal d'origine est échantillonné et quantifié. Finalement, la question se pose de savoir comment effectuer toutes ces opérations de la manière la plus efficace possible, c'est-à-dire en enregistrant le moins de données possibles pour épargner de l'espace mémoire. Cette question nous maintiendra en haleine tout au long du présent chapitre, ainsi que dans le chapitre suivant sur la compression de données.

5.2 Signaux

Du point de vue mathématique, un signal n'est rien d'autre qu'une fonction $X : \mathbb{R}^d \to \mathbb{R}^k$, avec d et k des dimensions fixées. Voici quelques exemples.

- *Une onde sonore.* Si l'on enregistre les variations de la pression en un point de l'espace au cours du temps, on obtient un signal $X : \mathbb{R} \to \mathbb{R}$, où $X(t)$ représente la pression à l'instant t.
- *Une onde électromagnétique.* Si l'on enregistre les variations du champ électrique (ou magnétique) en un point de l'espace au cours du temps, on obtient un signal $X : \mathbb{R} \to \mathbb{R}^3$.
- *Une photo noir-blanc.* Dans ce cas, le signal est une fonction $X : \mathbb{R}^2 \to \mathbb{R}$ qui associe à chaque point du plan (à l'intérieur de la photo) un niveau de gris (donc un nombre entre 0 et 1).
- *Une photo couleur.* Même chose, mais le signal est maintenant une fonction $X : \mathbb{R}^2 \to \mathbb{R}^3$ qui associe à chaque point du plan un niveau de rouge, un niveau de vert et un niveau de bleu (donc un vecteur dans $\mathbb{R}^3$).
- *Une vidéo.* Une vidéo est une série de photos (couleur, disons) qui se succèdent dans le temps, donc une fonction $X : \mathbb{R}^3 \to \mathbb{R}^3$, où l'ensemble de départ est composé de la dimension du temps et des deux dimensions du plan.

Par souci de clarté, nous nous restreindrons essentiellement dans ce chapitre aux signaux unidimensionnels $X : \mathbb{R} \to \mathbb{R}$ (en particulier aux ondes sonores, que nous utiliserons pour illustrer les concepts exposés).

5.2.1 Signaux de base

Dans ce qui suit, nous décrivons, après un bref rappel, deux familles a priori particulières de signaux que sont les sinusoïdes pures et les sommes de sinusoïdes, puis nous mentionnons un fait important à propos des signaux en général.

RAPPEL PRÉLIMINAIRE. La fonction sinus : $t \mapsto \sin(t)$ satisfait les propriétés suivantes (fig. 5.1) :

- elle oscille régulièrement entre les bornes -1 (lorsque $t = 2k\pi - \frac{\pi}{2}$, pour $k \in \mathbb{Z}$) et $+1$ (lorsque $t = 2k\pi + \frac{\pi}{2}$, pour $k \in \mathbb{Z}$) et prend la valeur 0 pour $t = k\pi$, $k \in \mathbb{Z}$;
- elle est périodique de période 2π : $\sin(t + 2\pi) = \sin(t)$ pour tout $t \in \mathbb{R}$, ce qui veut dire que le motif principal de cette fonction se répète tous les intervalles de longueur 2π.

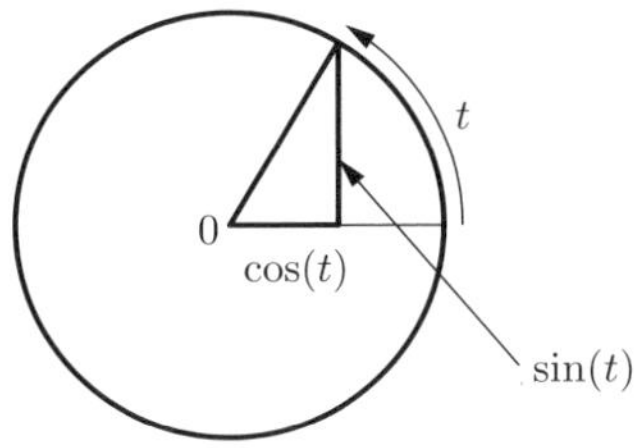

Figure 5.1 Le cercle trigonométrique (de rayon 1) et les fonctions sinus et cosinus.

Sinusoïde pure

Une sinusoïde pure est un signal de la forme :

$$X(t) = a \sin(2\pi ft + \delta), \quad t \in \mathbb{R}, \tag{5.1}$$

où les trois paramètres apparaissant dans cette formule jouent les rôles suivants (fig. 5.2) :

- *l'amplitude* $a > 0$ détermine les bornes $-a$ et $+a$ entre lesquelles la sinusoïde oscille au cours du temps ;

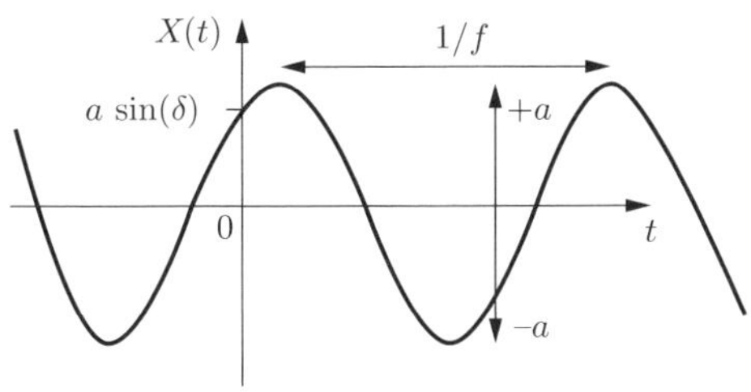

Figure 5.2 Représentation d'une sinusoïde pure en fonction du temps t et rôle des paramètres a, f et δ.

- *la fréquence* $f > 0$ détermine le nombre de fois que la sinusoïde se répète (autrement dit, le nombre de tours effectués autour du cercle trigonométrique) pendant un intervalle d'une unité de temps ; on dit aussi que la sinusoïde est périodique de période $T = 1/f$;
- *le déphasage* $\delta \in \mathbb{R}$ apparaît dans l'expression de la condition initiale de la sinusoïde : $X(0) = a \sin(\delta)$. Lorsque la valeur du déphasage augmente, la sinusoïde se décale vers la *gauche*, mais ne change pas d'allure générale.

Somme (finie) de sinusoïdes

Comme son nom l'indique, c'est un signal de la forme :

$$X_n(t) = a_1 \sin(2\pi f_1 t + \delta_1) + \ldots + a_n \sin(2\pi f_n t + \delta_n), \quad t \in \mathbb{R}. \tag{5.2}$$

Additionner des sinusoïdes avec des paramètres différents permet de créer une grande variété de signaux ! Une première remarque importante est que la somme de deux sinusoïdes n'est pas forcément un signal périodique, alors que chacune des sinusoïdes prise individuellement est périodique. On peut s'essayer à créer toutes sortes de signaux, comme dans l'exemple 5.1 ci-dessous. On se rend compte sur cet exemple que plus le nombre de sinusoïdes contenues dans le signal est grand, plus le signal prend une forme éloignée d'une sinusoïde.

EXEMPLE 5.1 Choisissons les paramètres suivants dans l'expression (5.2) : $a_j = \frac{1}{j}$, $f_j = 2j$, $\delta_j = 0$ pour $1 \leq j \leq n$, et représentons sur la figure 5.3 le signal $X_n(t)$ pour différentes valeurs de n, à savoir $n = 1, 2, 3, 4$.

De là, on peut raisonnablement imaginer que lorsque n devient grand, le signal $X_n(t)$ s'approche de la fonction en dents de scie de la figure 5.4, qui a priori ne ressemble ni de près ni de loin à une somme de sinusoïdes. ■

Signaux généraux

Le phénomène observé ci-dessus s'avère bien plus général que l'on ne pourrait s'y attendre. Il se trouve qu'il est possible d'approcher pratiquement *toute* fonction $X : \mathbb{R} \to \mathbb{R}$ par une somme de sinusoïdes ! Cette affirmation mérite d'être étayée mathématiquement, mais cela dépasserait le cadre de ce chapitre [(3)]. Par la suite, nous nous restreindrons à étudier des signaux qui sont des sommes *finies* de sinusoïdes, mais il est bon de garder à l'esprit que ce qui est présenté ici reste vrai pour des signaux plus généraux.

5.2.2 Fréquences, spectre et bande passante

Des trois paramètres a, f et δ qui définissent une sinusoïde pure dans l'expression (5.1), la fréquence f est clairement le plus important pour la suite. Voici quelques notions importantes directement reliées au concept de fréquence.

---

(3) Pour les lecteurs intéressés d'en apprendre plus, la théorie mathématique qui se cache derrière cette affirmation est celle des séries de Fourier et de la transformée de Fourier. Les liens suivants fournissent une bonne introduction au sujet : `http://en.wikipedia.org/wiki/Fourier_series`, `http://en.wikipedia.org/wiki/Fourier_transform`, `http://www.thefouriertransform.com`.

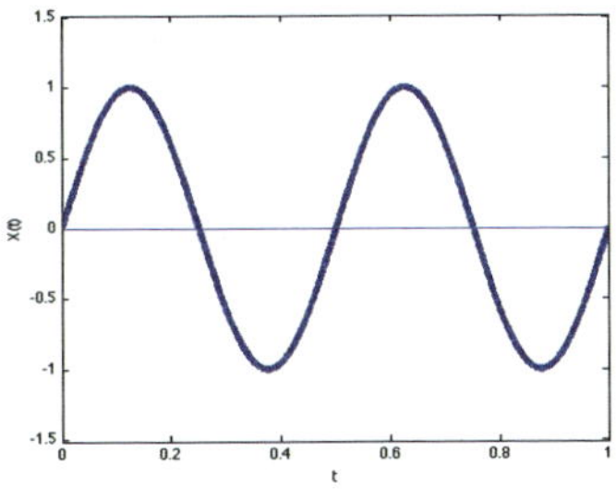

une sinusoïde

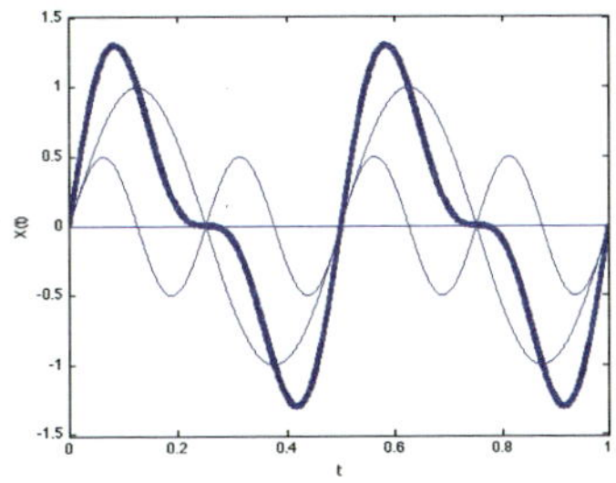

deux sinusoïdes

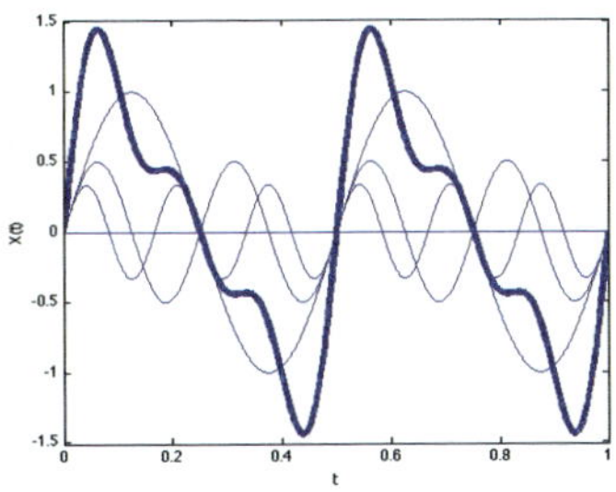

trois sinusoïdes

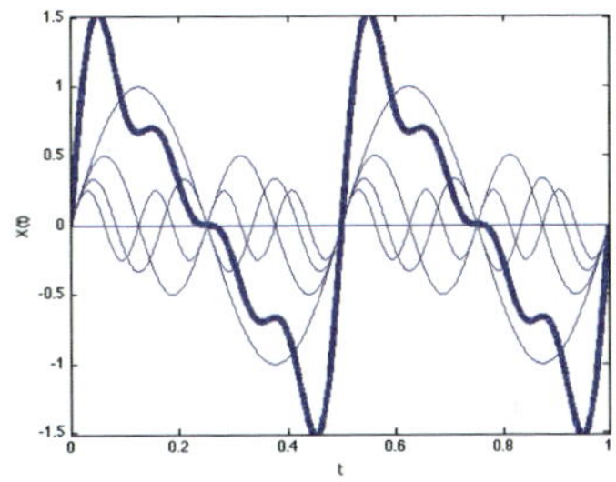

quatre sinusoïdes

Figure 5.3 Sommes de sinusoïdes (représentées sur l'intervalle [0, 1]).

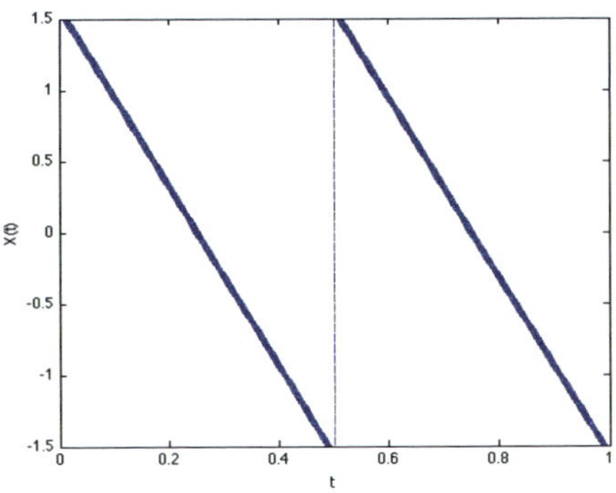

Figure 5.4 $X_n(t)$ pour « $n = \infty$ » (notons que cette fonction est également périodique).

→ Addition de signaux : modification de l'amplitude si f1 = f2
Multiplication : modification

Unités de mesure

Si l'on pense à une onde sonore ou électromagnétique $X(t)$, alors la variable t désigne le temps qui s'écoule, que l'on mesure généralement en secondes. Quelle est alors l'unité de mesure de la fréquence f ? Pour que notre formule ait un sens du point de vue physique, la quantité ft doit être un nombre sans dimension, et donc l'unité de mesure pour f est le hertz = Hz = $\frac{1}{\text{sec}}$. Cette unité de mesure a été attribuée en l'honneur d'Heinrich Rudolf Hertz (1857-1894), qui fut l'inventeur du premier système de transmission et réception par ondes radio, et également la première personne à confirmer par l'expérience la théorie de Maxwell affirmant que la lumière est une onde élctromagnétique.

Ordres de grandeur

Voici quelques ordres de grandeur (mesurés en Hz) pour des fréquences de catégories bien connues d'ondes sonores et électromagnétiques[(4)] :

- *Ondes sonores* :
  20 Hz - 20 kHz : sons audibles
  20 kHz + : ultrasons
- *Ondes électromagnétiques* :
  150 kHz - 3 GHz : ondes radio (AM, FM, aviation, téléphonie mobile)
  3 GHz - 300 GHz : micro-ondes, radar
  300 GHz - 4.3 x 10^{14} Hz : infrarouge
  $4.3 \cdot 10^{14}$ Hz - $7.5 \cdot 10^{14}$ Hz : lumière visible
  $7.5 \cdot 10^{14}$ Hz - $3 \cdot 10^{17}$ Hz : ultraviolet
  $3 \cdot 10^{17}$ Hz + : rayons X, rayons γ...

Tous les « La à 440Hz » ne sont pas les mêmes !

Lorque l'on joue une note avec un instrument de musique, on dit que l'on joue par exemple un « La à 440Hz ». Il importe cependant de remarquer que le signal produit dépend fortement de l'instrument joué ! Sur la figure 5.5, on voit les ondes générées par un diapason électronique (c.-à-d. une sinusoïde pure), une guitare et un piano.

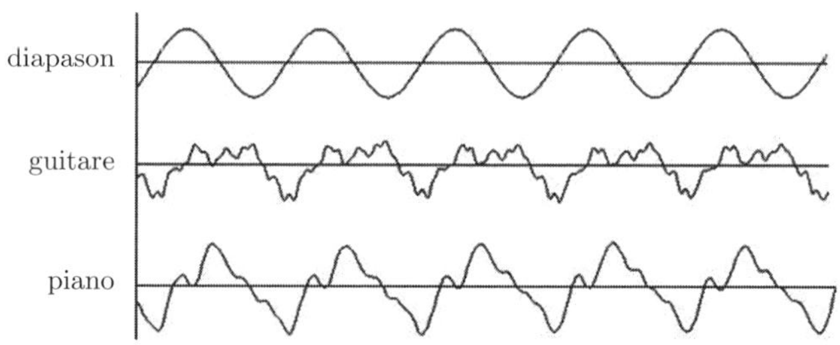

Figure 5.5 Le « La à 440Hz » produit par différents instruments.

Le point commun de ces trois signaux est que leur *motif principal* se répète à la fréquence commune de 440Hz. Mais tandis que le premier n'est composé que d'une seule sinusoïde, les deux autres sont composés de sommes de sinusoïdes (exemple 5.1), l'une d'entre elles ayant la fréquence de base (440Hz), et les autres des fréquences qui se trouvent être des multiples de la fréquence de base (les *harmoniques*). Pour un instrument donné, l'ensemble des amplitudes de ces sinusoïdes avec des fréquences supérieures détermine la forme du signal ci-dessus, que l'on appelle communément le *timbre* de l'instrument. De manière plus formelle, on appelle l'ensemble de ces amplitudes le *spectre* du signal.

(4) On remarquera que les ordres de grandeur sont nettement plus élevés pour les ondes électromagnétiques que pour les ondes sonores.

Spectre et bande passante

Le *spectre* d'un signal, et en particulier d'une somme de sinusoïdes comme décrite par la formule (5.2), peut être représenté de la manière suivante : sur l'axe des abscisses (horizontal), on représente les différentes fréquences f_i présentes dans le signal, puis sur l'axe des ordonnées (vertical), on représente les amplitudes a_i correspondantes. Ainsi, si une des composantes du signal est $a\sin(2\pi ft)$, on trace un point en position (f, a), comme illustré dans la figure 5.6.

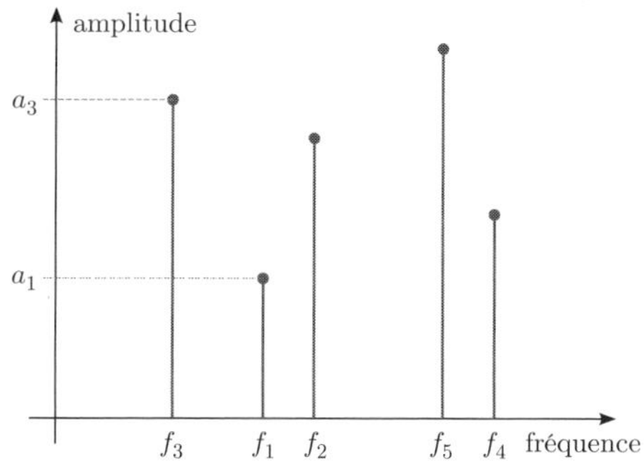

Figure 5.6 Représentation du spectre d'un signal.

Si cette représentation d'un signal peut paraître a priori un peu abstraite, elle s'avère en réalité très utile dans bien des cas, comme nous le verrons par la suite. Notons qu'une telle représentation ne prend pas en compte les déphasages δ_i de chacune des composantes du signal.

La *bande passante* d'un signal est quant à elle définie comme étant la plus grande fréquence f présente dans le signal, c'est-à-dire :

$$B = f_{\max} = \max\{f_1, \ldots, f_n\}$$

(donc $B = f_4$ dans l'exemple ci-dessus). Nous verrons également par la suite l'importance de cette notion.

5.3 Traitement des signaux

Il existe de nombreuses techniques de traitement des signaux. Dans ce qui suit, nous détaillons trois d'entres elles, à savoir le filtrage, l'échantillonnage et la reconstruction de signaux, qui ont toutes joué un rôle clé dans le développement de la discipline.

5.3.1 Filtrage de signaux

De manière très générale, on peut dire que filtrer un signal revient à le transformer. Ainsi, si un signal $(X(t),\ t \in \mathbb{R})$ passe au travers d'un filtre, il en ressort une version déformée $(\widehat{X}(t),\ t \in \mathbb{R})$. Dans ce chapitre, nous nous concentrerons sur les filtres dits *passe-bas*, dont la principale fonction est, comme leur nom l'indique, d'atténuer (idéalement, supprimer) les hautes fréquences d'un signal pour ne laisser passer que les plus basses. Pourquoi donc atténuer les hautes fréquences d'un signal ? La raison principale est que les sources de bruit indésirables dans un signal sont généralement des composantes à hautes fréquences du signal, et sont ainsi supprimées ou du moins réduites après passage à travers un filtre passe-bas. Vers la fin de ce chapitre, nous verrons une autre application des filtres passe-bas.

Filtre passe-bas idéal

Le principe d'un filtre passe-pas idéal avec *fréquence de coupure* f_c est simple : lorsqu'un signal passe à travers ce filtre, toute composante du signal dont la fréquence est supérieure à la fréquence f_c disparaît du signal, tandis que toutes les autres composantes ressortent inaltérées.

Remarquons que ce filtre porte bien son nom de filtre « idéal », car il est dans la pratique impossible de réaliser un tel filtre[5], mais on peut néanmoins s'en approcher grandement.

EXEMPLE 5.2 Considérons le signal

$$X(t) = \sin(2\pi t) + \frac{1}{2}\sin(8\pi t) + \frac{1}{10}\sin(64\pi t).$$

Ce signal est composé de trois sinusoïdes de fréquences 1, 4 et 32Hz, respectivement. Lorsqu'un tel signal passe à travers un filtre passe-bas idéal dont la fréquence de coupure $f_c = 30\text{Hz}$, seule la composante à 32Hz disparaît et le signal filtré résultant est

$$\widehat{X}(t) = \sin(2\pi t) + \frac{1}{2}\sin(8\pi t).$$

Ceci est illustré sur la figure 5.7. ■

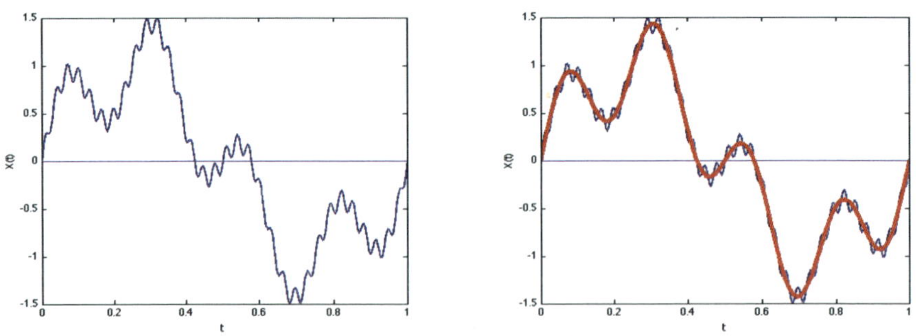

Figure 5.7 Signal d'origine (bleu) et signal filtré avec une fréquence de coupure de 30Hz (rouge).

[5] Pour plus de détails, voir « Signal Processing for Communications », P. Prandoni, M. Vetterli, `http://www.sp4comm.org/`

Filtre à moyenne mobile

Un filtre à moyenne mobile est un autre type de filtre passe-bas. Lorsqu'un signal $(X(t),\ t \in \mathbb{R})$ passe à travers un filtre à moyenne mobile de *période d'intégration* T_c, le signal ressortant du filtre est par définition

$$\widehat{X}(t) = \frac{1}{T_c} \int_{t-T_c}^{t} X(s)\, ds$$

Pour calculer la valeur du signal sortant $\widehat{X}$ au temps t, il s'agit donc de *moyenner* le signal entrant X sur la période T_c précédant l'instant t, comme illustré sur la figure 5.8.

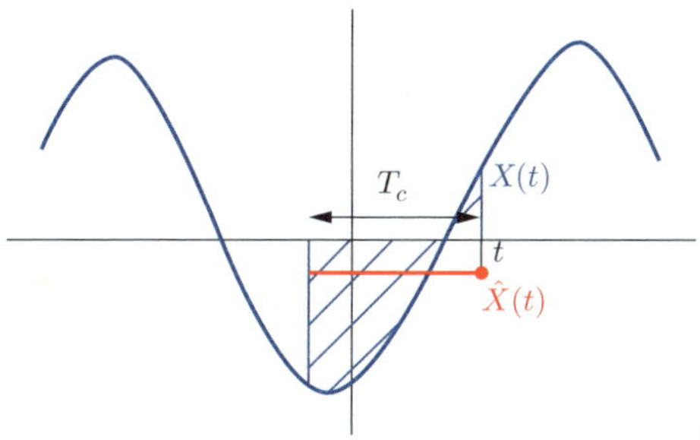

⚠ : Ne donne que le pt en x = t pour avoir la fct filtrée sur tt l'intervalle il faut prendre d'autres x et bouger en conséquence la période.

Figure 5.8 Calcul de la sortie d'un filtre à moyenne mobile.

EXEMPLE 5.3 Pour essayer de mieux comprendre la formule ci-dessus, analysons ce qui se passe lorsque le signal entrant est une sinusoïde pure $X(t) = \sin(2\pi f t)$. Dans ce cas, nous obtenons, en utilisant le fait que $\cos(x)' = -\sin(x)$:

$$\widehat{X}(t) = \frac{1}{T_c} \int_{t-T_c}^{t} \sin(2\pi f s)\, ds = \frac{1}{2\pi f T_c} \left(\cos(2\pi f(t - T_c)) - \cos(2\pi f t)\right)$$

qui peut encore être transformée en utilisant la formule trigonométrique $\cos(b) - \cos(a) = 2\sin\left(\frac{a-b}{2}\right)\sin\left(\frac{a+b}{2}\right)$ pour finalement arriver à :

$$\widehat{X}(t) = \frac{\sin(\pi f T_c)}{\pi f T_c} \cdot \sin(2\pi f t - \pi f T_c) \tag{5.3}$$

Que remarque-t-on ? Le signal sortant est également une sinusoïde pure *dont la fréquence f n'a pas changé*, mais dont l'amplitude a diminué : alors que le signal d'origine $X(t)$ a une amplitude égale à 1, le signal $\widehat{X}(t)$ a une amplitude égale à

$$\left|\frac{\sin(\pi f T_c)}{\pi f T_c}\right| \tag{5.4}$$

qui diminue lorsque f augmente, et prend même la valeur 0 lorsque fT_c est un multiple d'un nombre entier. Les hautes fréquences sont donc bien atténuées. D'autre part, on déduit de la formule (5.3) qu'un déphasage $\delta = -\pi f T_c$ apparaît dans le signal $\widehat{X}(t)$, le décalant vers la *droite*. Ces phénomènes sont illustrés sur la figure 5.9. ■

↳ Si Tc est un multiple de T (période du signal) → moyenne nulle du signal filtré nul.

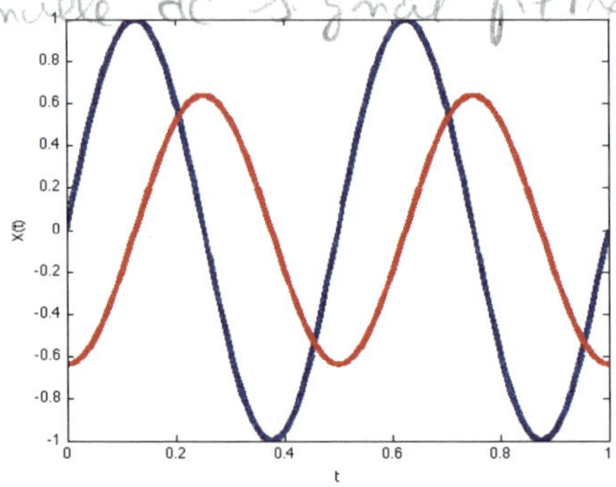

Figure 5.9 Sinusoïde pure de fréquence $f = 2$Hz (en bleu), après passage à travers un filtre à moyenne mobile de période d'intégration $T_c = 0.25$s (en rouge).

Les phénomènes décrits ci-dessus (atténuation des hautes fréquences et décalage vers la droite) sont observés pour tous types de signaux passant à travers un filtre à moyenne mobile, comme le montre également la figure 5.10.

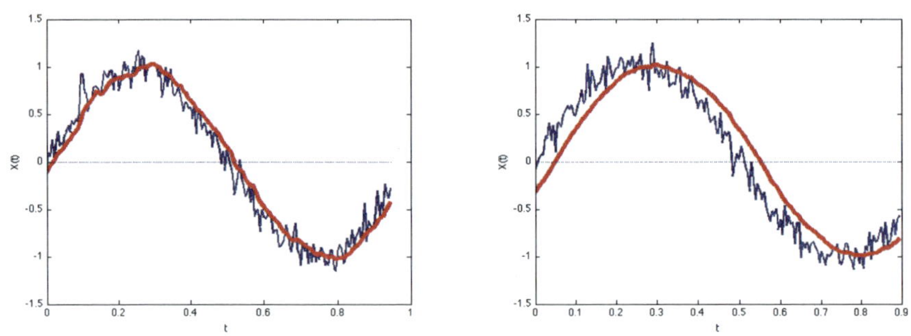

Figure 5.10 Signal bruité (en bleu) passant à travers un filtre à moyenne mobile de période d'intégration $T_c = 0.05$s (à gauche) et $T_c = 0.1$s (à droite). On observe que plus la période T_c est longue, plus le signal sortant est lisse, mais plus il est également décalé vers la droite.

Comparaison du filtre passe-bas idéal et du filtre à moyenne mobile

Pour comparer l'effet du filtre passe-bas idéal et celui du filtre à moyenne mobile sur un signal, il est utile de considérer l'impact sur le *spectre* du signal (fig. 5.6).

Voici comment lire le graphe de la figure 5.11 : après passage à travers le filtre, une composante d'amplitude a et de fréquence f présente dans le signal ressort multipliée par un facteur entre 0 et 1 :

- Pour le filtre passe-bas idéal, ce facteur multiplicatif vaut 1 si la fréquence f est plus petite ou égale à la fréquence de coupure f_c, et vaut 0 sinon ; c'est la fonction représentée en noir sur le graphe (avec une fréquence de coupure $f_c = 2$Hz).
- Pour le filtre à moyenne mobile, ce facteur multiplicatif est un nombre compris entre 0 et 1, représenté par la courbe bleue et donné par la formule (5.4) ; il dépend de la fréquence f et de la période T_c. Si $fT_c = 0$, ce facteur vaut 1 ; si fT_c est un nombre entier positif (c.-à-d. si f est un multiple de 2Hz ici), alors il vaut 0 ; dans tous les autres cas, c'est un nombre compris strictement entre 0 et 1.

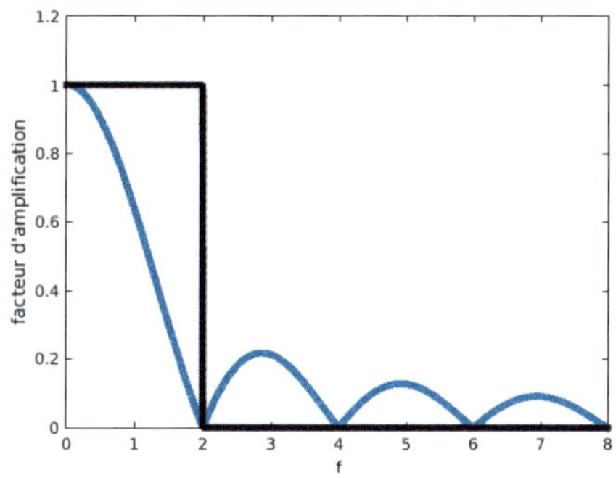

Figure 5.11 Filtre passe-bas idéal avec fréquence de coupure $f_c = 2$Hz (en noir) et filtre à moyenne mobile avec période d'intégration $T_c = 0.5$s (en bleu) : effet sur le spectre du signal.

5.3.2 Echantillonnage de signaux

Nous arrivons maintenant au cœur du sujet, à savoir comment transformer un signal analogique (encore une fois, pensez à une onde sonore) en une suite de 0 et de 1, de façon à pouvoir : 1) l'enregistrer dans un ordinateur et éventuellement le modifier (le « traiter »), ou encore le transmettre plus loin, et 2) le restituer de manière à ce que la restitution soit aussi proche que possible du signal original.

Dans ce qui suit, nous répondons à la première question. La première étape consiste à *échantillonner* le signal $(X(t),\ t \in \mathbb{R})$ à intervalles constants de longueur T_e. Ainsi, on transforme le signal en une suite de nombres réels $(X(nT_e),\ n \in \mathbb{Z})$. On appelle T_e la *période d'échantillonnage*, et de manière équivalente, on définit $f_e = 1/T_e$ la *fréquence d'échantillonnage*, à savoir le nombre de fois que l'on échantillonne le signal dans un intervalle d'une unité de temps.

Cette première étape transforme le signal en une suite de nombres réels. Or nous avons vu dans le chapitre précédent qu'il n'est pas possible de représenter tous les nombres réels sur un ordinateur : une seconde étape est nécessaire pour *quantifier* ces nombres, en utilisant soit une représentation en virgule fixe (comme illustré sur la figure 5.12), soit une représentation en virgule flottante.

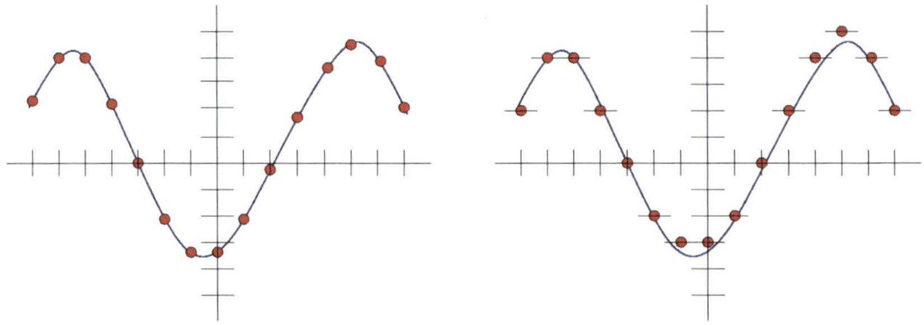

Figure 5.12 Echantillonnage d'un signal (gauche) / échantillonnage *et* quantification d'un signal (droite).

Dans ce chapitre, nous désirons nous focaliser sur la partie concernant l'échantillonnage et ne pas tenir compte de la *distorsion* additionnelle du signal induite par sa quantification. Cette simplification revient à supposer que l'on dispose d'ordinateurs capables de travailler directement avec des nombres réels, plutôt que des 0 et des 1.

La question qui vient alors à l'esprit est la suivante : quelle est la « bonne » fréquence d'échantillonage f_e pour un signal donné ? Deux observations s'imposent :

- si, d'une part, nous échantillonnons le signal à une fréquence *trop grande*, alors il faut beaucoup d'espace mémoire pour enregistrer le signal échantillonné. Suivant le traitement que nous désirons appliquer par la suite au signal, ceci peut s'avérer également très coûteux en temps ;
- si d'autre part nous échantillonnons trop peu souvent le signal, alors nous risquons de perdre de l'information présente dans le signal.

Il semblerait donc que plusieurs solutions médianes s'offrent à nous, dépendant d'une part de la capacité de notre ordinateur à traiter beaucoup d'informations à la fois et à les stocker en mémoire, et d'autre part de notre tolérance à la perte de certaines informations présentes dans le signal.

Le *théorème d'échantillonnage* présenté à la section 5.4 montre de façon surprenante qu'un tel compromis n'existe pas ! Ce qui ressort du théorème est qu'il existe un *seuil*, égal à deux fois la bande passante du signal, en dessous duquel la fréquence d'échantillonnage n'est pas suffisante pour pouvoir espérer reconstruire après coup le signal de manière satisfaisante. Par contre, dès que la fréquence d'échantillonnage utilisée est légèrement supérieure à ce seuil, alors le signal peut être reconstruit fidèlement.

Exemple 5.4 (Echantillonnage d'une sinusoïde pure) Avant de plonger dans le problème de la reconstruction d'un signal, essayons de comprendre quelle limite il n'est pas bon de franchir lorsque l'on échantillonne un signal simple : la sinusoïde pure. Sur la figure 5.13, on voit une sinusoïde pure de fréquence $f = 1\text{Hz}$ (dont la bande passante vaut également 1Hz) échantillonnée à diverses fréquences f_e : si dans les trois premiers cas, on peut oser espérer reconstruire la sinusoïde à partir des points d'échantillonnage, ceci est par contre exclu dans le dernier cas, où la sinusoïde ne prend que la valeur zéro aux points d'échantillonnage. Il est en particulier impossible d'avoir la moindre idée de l'amplitude de la sinusoïde d'origine dans ce cas ; en particulier, la fonction nulle $X(t) \equiv 0$ mène aux mêmes valeurs échantillonnées. Le cas $f_e = 2f$ apparaît donc clairement comme un seuil dans cet exemple.

On voit d'autre part sur la figure 5.14 que le cas $f_e < 2f$ est tout aussi problématique : il apparaît clairement sur cette figure que le signal que l'on aurait envie de reconstruire à partir des points rouges n'est pas la sinusoïde bleue, mais une sinusoïde qui oscille beaucoup plus lentement que celle-ci. ■

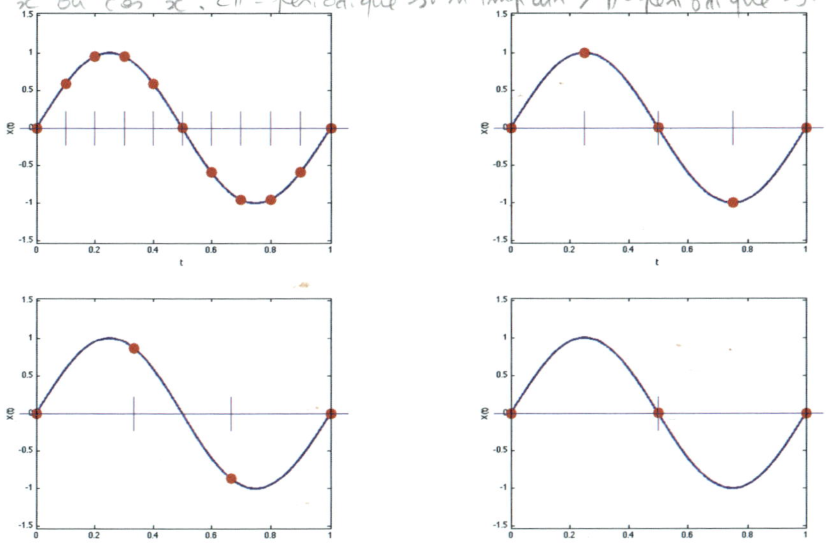

Figure 5.13 Sinusoïde pure de fréquence $f = 1$Hz échantillonnée avec $f_e = 10$Hz (en haut à gauche), $f_e = 4$Hz (en haut à droite), $f_e = 3$Hz (en bas à gauche), $f_e = 2$Hz (en bas à droite).

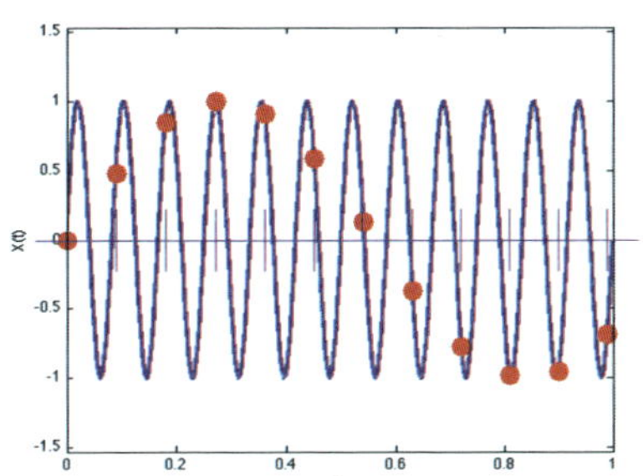

Figure 5.14 Sinusoïde pure de fréquence $f = 12$Hz échantillonnée avec $f_e = 11.11...$Hz.

5.3.3 Reconstruction de signaux

Comment reconstruire un signal à partir de sa version échantillonnée ? A priori, de nombreux choix s'offrent à nous, mais il n'est pas clair du tout qu'il existe une façon de faire permettant une reconstruction *parfaite* du signal. C'est pourtant l'énoncé du théorème d'échantillonnage que nous verrons à la section 5.4.

Une formule générale permettant de décrire la reconstruction d'un signal $(X(t),\, t \in \mathbb{R})$ à partir de sa version échantillonnée $(X(nT_e),\, n \in \mathbb{Z})$ est la suivante. On se donne tout d'abord une fonction $F : \mathbb{R} \to \mathbb{R}$ qui satisfait les propriétés suivantes :

$$F(0) = 1 \quad \text{et} \quad F(k) = 0 \quad \text{pour tout nombre entier } k \neq 0 \tag{5.5}$$

La formule d'interpolation correspondante est donnée par

$$X_I(t) = \sum_{m \in \mathbb{Z}} X(mT_e)\, F\left(\frac{t - mT_e}{T_e}\right) \qquad t \in \mathbb{R}$$

où le « I » dans X_I rappelle que c'est un signal interpolé. L'hypothèse (5.5) garantit une chose simple, à savoir que la fonction X_I passe bien par les points d'interpolation. On vérifie en effet que pour tout $n \in \mathbb{Z}$:

$$X_I(nT_e) = \sum_{m \in \mathbb{Z}} X(mT_e)\, F\left(\frac{nT_e - mT_e}{T_e}\right) = \sum_{m \in \mathbb{Z}} X(mT_e)\, F(n - m) = X(nT_e)$$

car seul le terme $m = n$ est non-nul dans la somme ci-dessus.

Il existe bien sûr beaucoup de fonctions F qui satisfont aux conditions (5.5), mais toutes ne sont pas appropriées pour la reconstruction de signaux, comme nous allons le voir. Quelle fonction F choisir ?

Exemple 5.5 Un premier exemple est la fonction F représentée à la figure 5.15 (qui vérifie bien la condition (5.5)). Dans ce cas, la formule d'interpolation donne le résultat de la figure 5.16, sur laquelle on voit que le signal interpolé n'est rien d'autre que la ligne brisée passant par tous les points d'interpolation. Cette méthode de reconstruction a l'avantage d'être simple, mais elle souffre d'un grave défaut, à savoir que la courbe reconstruite n'est pas régulière (c.-à-d. pas dérivable) aux points d'interpolation. Si l'on utilise cette méthode pour reconstruire une onde sonore, on entend un son très désagréable, car le signal reconstruit n'est pas lisse. ■

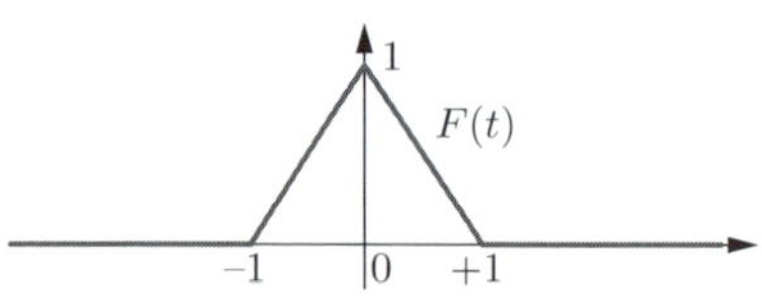

$$F(t) = \begin{cases} 1 - |t| & \text{si } |t| \leq 1 \\ 0 & \text{sinon} \end{cases}$$

Figure 5.15 Exemple de fonction F pouvant être utilisée pour interpoler.

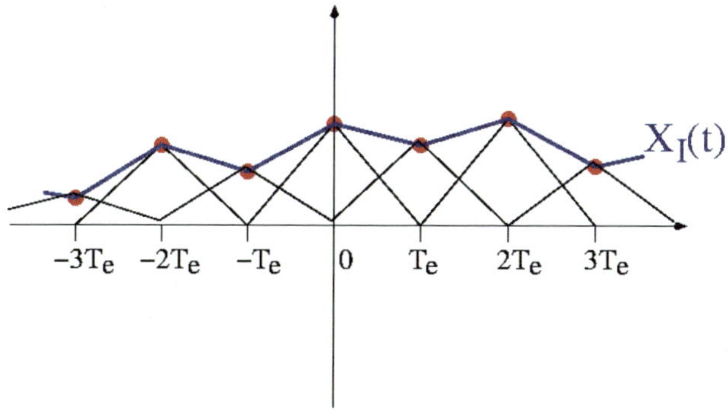

Figure 5.16 Interpolation avec la fonction F de la figure 5.15.

On aimerait donc bien remplacer la fonction F ci-dessus par une fonction plus lisse qui respecte également la condition (5.5). La fonction F suivante se trouve être la bonne :

$$F(t) = (1-t)(1+t)\left(1-\frac{t}{2}\right)\left(1+\frac{t}{2}\right)\left(1-\frac{t}{3}\right)\left(1+\frac{t}{3}\right)\cdots$$

On vérifie que cette fonction satisfait bien $F(0) = 1$ et $F(k) = 0$ pour tout nombre entier k non nul. Elle a l'avantage d'être beaucoup plus lisse que la précédente : elle est en fait infiniment dérivable en tout point ! Une analyse plus poussée de cette fonction nous révèle qu'elle peut se réécrire sous la forme simple suivante :

$$F(t) = \operatorname{sinc}(t) = \begin{cases} \dfrac{\sin(\pi t)}{\pi t} & \text{si } t \neq 0 \\ 1 & \text{si } t = 0 \end{cases}$$

↳ fort meilleur que la précédente

(« sinc » veut dire « sinus cardinal » et est une abréviation communément utilisée pour cette fonction.) On peut vérifier encore une fois avec cette nouvelle formule que la condition (5.5) est satisfaite. Cette fonction F est représentée sur la figure 5.17.

La formule d'interpolation devient alors dans ce cas :

$$X_I(t) = \sum_{m\in\mathbb{Z}} X(mT_e)\operatorname{sinc}\left(\frac{t-mT_e}{T_e}\right) \quad t \in \mathbb{R}$$

et le signal reconstitué est lisse. Cette formule d'interpolation a été proposée pour la première fois en 1915 par le mathématicien anglais Edmund Whittaker. Nous allons voir dans le paragraphe suivant pourquoi elle est très intéressante pour la reconstruction de signaux.

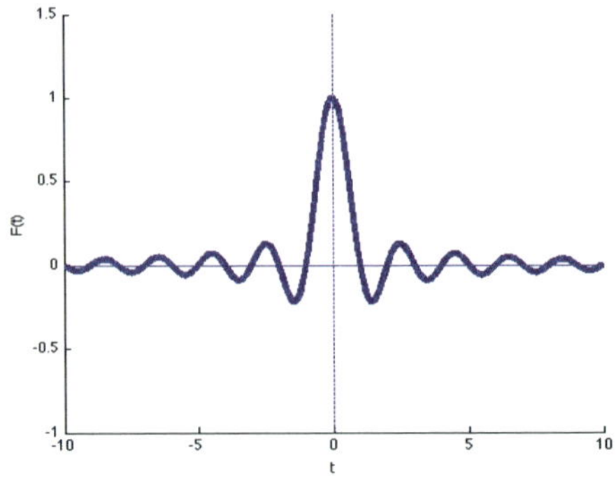

Figure 5.17 Fonction $F(t) = \text{sinc}(t)$.

5.4 Théorème d'échantillonnage

Nous disposons maintenant de tous les outils mathématiques pour énoncer ce théorème important, dont la paternité est attribuée traditionnellement à Harry Nyquist et Claude Shannon pour leur travaux effectués aux Laboratoires Bell en 1928 et 1949, respectivement. Mentionnons toutefois que plusieurs autres personnes ont publié des travaux sur le même sujet de manière indépendante, en particulier Vladimir Kotelnikov en 1933 et Herbert Raabe en 1939.

Théorème 5.6 (Nyquist-Shannon)

Soit $(X(t),\, t \in \mathbb{R})$ un signal dont la plus haute fréquence (ou bande passante) est égale à $f_{\max}$ et $(X(nT_e),\, n \in \mathbb{Z})$ ce même signal échantillonné à une fréquence $f_e = 1/T_e$. Soit également

$$X_I(t) = \sum_{m \in \mathbb{Z}} X(mT_e) \,\text{sinc}\left(\frac{t - mT_e}{T_e}\right) \qquad t \in \mathbb{R} \tag{5.6}$$

la formule d'interpolation de Whittaker. Les deux implications suivantes sont vraies :

(a) Si $f_e > 2f_{\max}$, alors $X_I(t) = X(t)$ pour tout $t \in \mathbb{R}$.
(b) Si $X_I(t) = X(t)$ pour tout $t \in \mathbb{R}$, alors $f_e \geq 2f_{\max}$. ◀

La démonstration de ce théorème est différée à la section 5.7 à la fin du chapitre. Avant cela, plusieurs *remarques* importantes concernant ce théorème s'imposent.

- La première ligne (a) dit que la condition $f_e > 2_{\max}$ est *suffisante* pour que la formule d'interpolation reproduise fidèlement le signal d'origine, tandis que la seconde ligne (b) dit que cette condition est également (presque !) *nécessaire*. En effet, la *contraposée* de (b) s'écrit :

$$\text{Si } f_e < 2f_{\max}, \text{ alors il existe } t \in \mathbb{R} \text{ tel que } X_I(t) \neq X(t).$$

En d'autres termes, si $f_e < 2f_{\max}$, alors la reconstruction n'est pas bonne. Le seul cas où il reste une incertitude est le cas où il y a égalité : $f_e = 2f_{\max}$; une analyse plus fine montre que dans ce cas limite, il se peut que le signal reconstruit soit le bon, mais que la plupart du temps, ça n'est pas le cas.

- Ce que dit le théorème ci-dessus est en fait très surprenant ! A priori, reconstruire un signal entier (c.-à-d. une fonction de $\mathbb{R}$ dans $\mathbb{R}$) à partir de ses points échantillonnés à une fréquence donnée f_e peut sembler une tâche insurmontable. Il se trouve qu'il existe une très grande classe de signaux (plus précisément tous les signaux dont la bande passante est plus petite que le seuil $f_e/2$) pour lesquels une telle reconstruction parfaite s'avère possible.
- Une autre surprise est l'existence de ce seuil ($f_e > 2f_{\max}$). On aurait en effet pu penser, a priori, que plus on échantillonne un signal, plus on obtient une reconstruction fidèle du signal (au prix de devoir enregistrer beaucoup de données), tandis que plus on économise sur l'échantillonnage, plus on perd de l'information à propos du signal. Il n'en est rien : la transition entre un « bon » et un « mauvais » échantillonnage est abrupte[(6)] !
- Pourquoi la bande passante $f_{\max}$ du signal est-elle déterminante ici, et comment se fait-il que les autres fréquences présentes dans le signal ne jouent pas de rôle ? Une explication rapide est la suivante : considérons un signal composé de deux sinusoïdes pures : $X(t) = \sin(2\pi f_1 t) + \sin(2\pi f_2 t)$. Si l'on en croit la figure 5.13 représentant l'échantillonnage d'une sinusoïde pure, pour reconstruire une sinusoïde de fréquence f à partir de sa version échantillonnée, il est nécessaire que $f_e > 2f$. Pour reconstruire le signal $X(t)$ composé de deux sinusoïdes, il est donc nécessaire que $f_e > 2f_1$ *et* $f_e > 2f_2$ pour que les deux composantes soient bien reconstruites. Ceci n'est le cas que si $f_e > 2\max\{f_1, f_2\} = 2f_{\max}$. On voit donc bien que seule la plus haute fréquence présente dans le signal joue un rôle. Notons que cet argument se géneralise aisément au cas d'un signal comprenant n composantes de fréquences différentes.

Application

Une des applications majeures de ce théorème est la digitalisation de signaux sonores tels que la voix et la musique. Ceux-ci sont généralement échantillonnés à la fréquence de 44.1 kHz, qui dépasse 2 fois 22 kHz, la limite (approximative) du domaine audible. Cette digitalisation a mené à la suprématie des supports numériques (disques compacts, disques durs) sur nos vieux disques en vinyle et bandes magnétiques, de même qu'elle a permis l'avènement de la téléphonie mobile.

Illustration

Pour clore cette section, voyons ce que donne le théorème d'échantillonnage sur un exemple très concret : la sinusoïde pure $X(t) = \sin(2\pi f t)$, avec f représentant

---

(6) Il faut cependant relativiser cette dernière affirmation, car en pratique, les choses ne sont souvent pas si simples...

également la bande passante du signal dans ce cas. Echantillonné à une fréquence f_e, puis reconstruit avec la formule d'interpolation, le signal devient :

$$X_I(t) = \sum_{m \in \mathbb{Z}} \sin(2\pi f m T_e) \operatorname{sinc}\left(\frac{t - mT_e}{T_e}\right) \quad t \in \mathbb{R}$$

Pour représenter graphiquement cette somme, limitons-nous à quelques termes allant de $m = -N$ à $m = +N$:

$$X_I(t) \simeq \sum_{m=-N}^{+N} \sin(2\pi f m T_e) \operatorname{sinc}\left(\frac{t - mT_e}{T_e}\right) \quad t \in \mathbb{R} \tag{5.7}$$

Si la condition du théorème d'échantillonnage $f_e > 2f$ est satisfaite, nous nous attendons à ce que la reconstruction soit bonne lorsque N grandit. C'est effectivement ce que nous constatons sur les graphiques de la figure 5.18 lorsque $f = 2\text{Hz}$ et $f_e = 5\text{Hz}$.

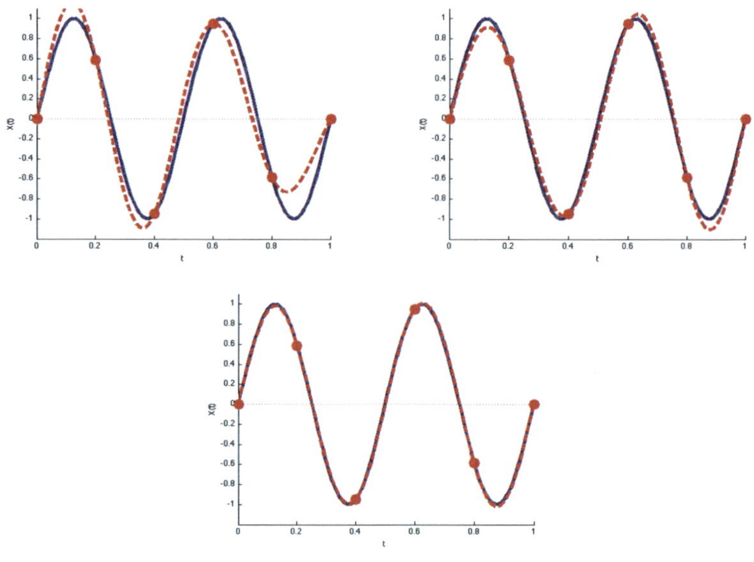

Figure 5.18 Reconstruction (en rouge) d'une sinusoïde pure (en bleu) de fréquence $f = 2\text{Hz}$ échantillonnée à $f_e = 5\text{Hz}$, à l'aide de la formule (5.7), avec (de gauche à droite et de haut en bas) $N = 5$, $N = 10$ et $N = 50$.

Par contre, lorsque $f = 3\text{Hz}$ et $f_e = 5\text{Hz}$, la condition du théorème d'échantillonnage $f_e > 2f$ n'est plus satisfaite et nous obtenons le résultat sur la figure 5.19. On remarque dans ce dernier cas que le signal interpolé converge non vers la sinusoïde d'origine dont la fréquence vaut 3Hz, mais vers une autre sinusoïde dont le fréquence vaut 2Hz. Dans ce cas, la formule d'interpolation « choisit » en effet de reconstruire une sinusoïde dont la fréquence vaut $\tilde{f} = f_e - f = 2\text{Hz}$, qui n'est pas celle de la sinusoïde d'origine (fig. 5.14 également). C'est l'effet stroboscopique, dont nous reparlerons dans la section suivante.

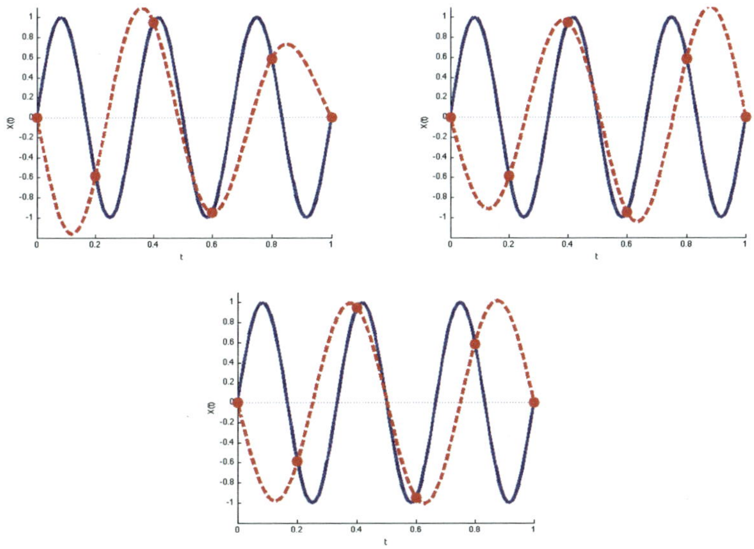

Figure 5.19 Reconstruction (en rouge) d'une sinusoïde pure (en bleu) de fréquence $f = 3$Hz échantillonnée à $f_e = 5$Hz, à l'aide de la formule (5.7), avec (de gauche à droite et de haut en bas) $N = 5$, $N = 10$ et $N = 50$.

Pour terminer cette illustration, examinons encore ce qui se passe lorsque $f_e = 2f$ exactement. Ce cas est illustré sur la figure 5.20 lorsque $f = 2.5$Hz et $f_e = 5$Hz. On voit ici que pour toute valeur de N, le signal reconstruit est la fonction identiquement nulle! Ceci montre qu'il importe que la fréquence d'échantillonnage f_e soit *strictement* plus grande que deux fois la bande passante du signal pour assurer que la recontruction soit bonne[7].

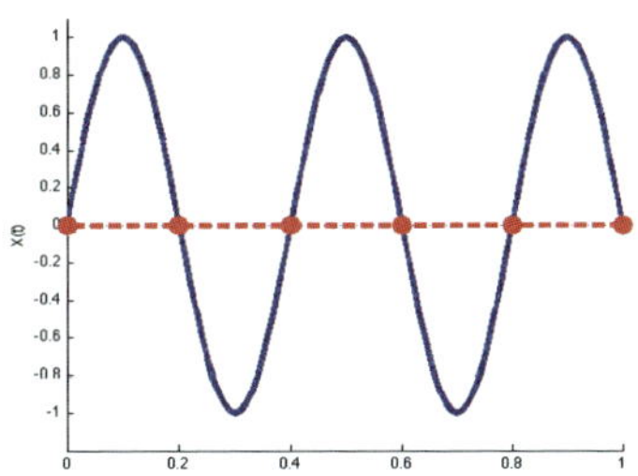

Figure 5.20 Reconstruction (en rouge) d'une sinusoïde pure (en bleu) de fréquence $f = 2.5$Hz échantillonnée à $f_e = 5$Hz, à l'aide de la formule (5.7), pour toute valeur de N.

---

(7) Il se peut, comme mentionné plus haut, que pour $f_e = 2f$, la reconstruction soit bonne, mais ces cas restent exceptionnels.

5.5 Sous-échantillonnage

Nous désirons explorer ici ce qui se passe lorsque l'on *sous-échantillonne* un signal, c.-à-d. qu'on l'échantillonne à une fréquence f_e plus petite que deux fois sa bande passante $f_{\max}$.

Comme déjà illustré plus haut, on reconstitue dans ce cas une sinusoïde dont la fréquence n'est pas la fréquence du signal original. Une illustration classique de ce phénomène est la suivante : lorsque l'on filme une voiture en mouvement à 24 images par secondes et que l'on regarde le film, on observe une vitesse de rotation des roues qui ne correspond pas du tout à la vitesse de rotation réelle. C'est parce que notre cerveau s'évertue, à partir du signal échantillonné, à reconstituer le signal qui lui semble le plus « naturel », mais qui n'est pas le bon (comme lorsque l'on observe les seuls points rouges sur la figure 5.14).

Pour un signal plus général, un sous-échantillonnage mène à l'apparition de fréquences qui ne sont pas présentes dans le spectre du signal d'origine. Ceci s'appelle l'*effet stroboscopique* ou *repliement du spectre*. Si cet effet n'est pas forcément dérangeant lorsque l'on regarde une poursuite de voitures dans un film, il peut le devenir beaucoup plus lorsque l'on écoute un morceau de musique sous-échantillonné, car l'apparition de nouvelles fréquences artificielles dans le signal reconstitué peut créer un effet de *distorsion* et/ou de *dissonance*, comme lorsqu'un instrument est désaccordé. En général, on essaye à tout prix d'éviter cet effet stroboscopique et de toujours respecter la condition du théorème d'échantillonnage $f_e > 2f_{\max}$.

Il existe cependant des situations où il est impossible de respecter la condition $f_e > 2f_{\max}$, et ceci pour différentes raisons :

- il n'est pas possible de régler la fréquence d'échantillonnage f_e de l'appareil dont on dispose ;
- ou alors il est possible de régler celle-ci, mais le traitement des données qui suit ne peut être supporté par l'ordinateur que l'on a à disposition, car le nombre de valeurs échantillonnées à traiter serait trop grand ;
- une troisième possibilité : le signal que l'on désire échantillonner contient des très hautes fréquences, pouvant aller « jusqu'à l'infini » en théorie (c'est en fait très souvent le cas en pratique également).

Que faire alors dans ces cas-là pour éviter l'effet stroboscopique ?

La solution consiste à filtrer le signal avant de l'échantillonner !

Plus précisément, soient $f_{\max}$ la bande passante du signal et f_e la fréquence d'échantillonnage que l'on suppose à la fois plus petite que $2f_{\max}$ et non modifiable. On applique alors un filtre passe-bas idéal au signal à une fréquence de coupure f_c légèrement plus petite que $\frac{f_e}{2}$, comme illustré sur la figure 5.21. Après filtrage, la nouvelle bande passante du signal est ainsi plus petite ou égale à f_c (on a « coupé » toutes les fréquences du signal situées au-delà de celle-ci avec le filtre).

En échantillonnant le signal filtré à la fréquence $f_e > 2f_c$, on respecte alors la condition du théorème d'échantillonnage, et la formule d'interpolation permet de reconstruire parfaitement le signal *filtré*. Le prix à payer est bien sûr que l'on perd certaines hautes fréquences du signal d'origine, mais on gagne en ce

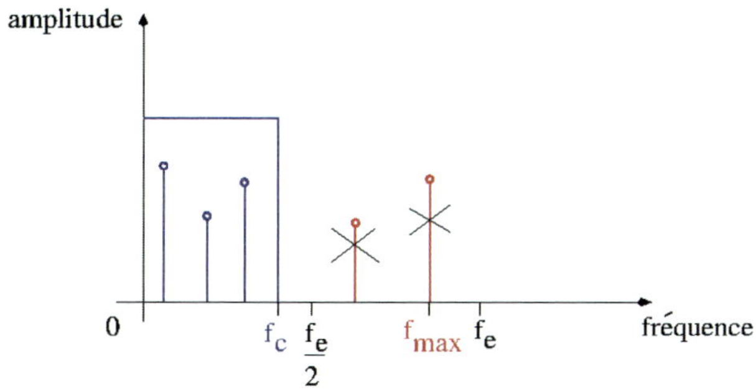

Figure 5.21 Filtrage préliminaire d'un signal (à la fréquence de coupure f_c) avant échantillonnage à la fréquence f_e.

que ces hautes fréquences ne se « replient » pas en faisant apparaître des basses fréquences artificielles qui ne sont pas présentes dans le signal d'origine (comme ce serait le cas si l'on ne filtrait pas le signal au préalable).

REMARQUE. Lorsque nous parlions plus haut de l'échantillonnage du son à 44.1kHz pour des disques compacts ou autres supports numériques, il est intéressant de noter que là également, on filtre le signal autour de 22kHz avant l'échantillonnage, pour éviter ce repliement des hautes fréquences vers la partie audible du spectre. De plus, dans ce cas-là, les seules fréquences perdues avec le filtrage préalable sont celles que l'on n'entend de toute façon pas, donc cela n'est absolument pas grave !

5.6 Conclusion

Mentionnons que l'histoire ne s'arrête pas là : en effet, il a été découvert relativement récemment que si l'on a affaire à des signaux dont on sait a priori qu'ils sont « épars » (*sparse* en anglais), c'est-à-dire qu'ils ont un faible nombre de composantes non nulles, il est alors possible d'échantillonner de tels signaux bien en deçà de la limite du théorème de Nyquist-Shannon, tout en recouvrant l'intégralité du signal d'origine. Or, il se trouve que de nombreux signaux provenant de phénomènes physiques naturels possèdent effectivement cette propriété d'être épars, ce qui a mené à de nombreuses applications. Cette découverte récente a permis par exemple de décupler les vitesses des scanners en imagerie médicale.

5.7 Idée de la démonstration du théorème d'échantillonnage

Nous ne disposons pas ici des outils mathématiques suffisants pour donner une démonstration complète du théorème 5.6 ; cependant, nous donnons dans ce qui suit les idées principales de celle-ci. Le lemme suivant constitue un élément clé de la démonstration.

Lemme 5.7

La bande passante du signal interpolé $X_I(t)$ donné par la formule (5.6) est plus petite ou égale à $\frac{f_e}{2}$. ◊

Nous ne donnerons pas une démonstration formelle de ce lemme, mais plutôt la justification suivante : observons tout d'abord que la fonction $\text{sinc}(t)$, si elle n'est pas elle-même une sinusoïde, peut s'écrire comme une somme de sinusoïdes (du fait que c'est une fonction !). En effet, pour tout $t \in \mathbb{R}$, on peut montrer que

$$\text{sinc}(t) = \lim_{N \to \infty} \frac{1}{N} \sum_{j=1}^{N} \sin\left(2\pi f_j^{(N)} t + \frac{\pi}{2}\right) \tag{5.8}$$

où $f_j^{(N)} = \frac{j}{2N}$ pour $1 \leq j \leq N$. La figure 5.22 illustre cette formule pour différentes valeurs de N.

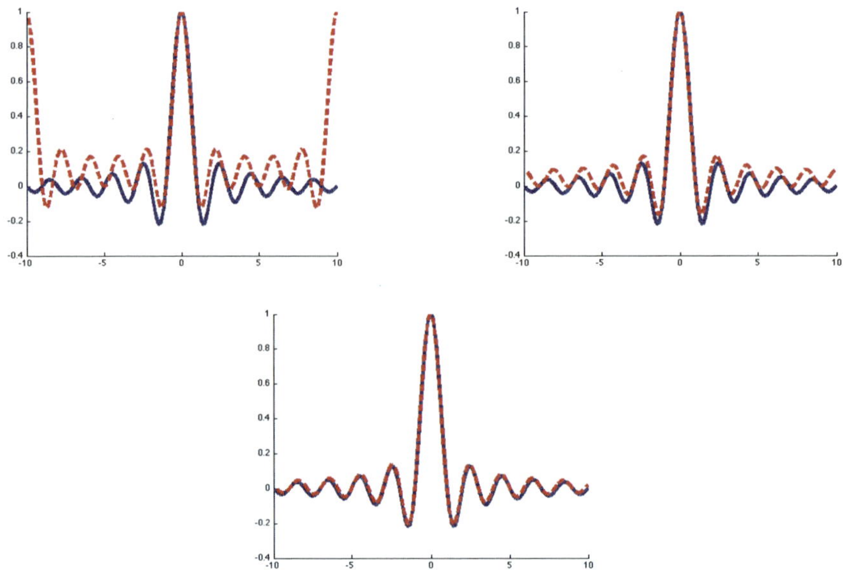

Figure 5.22 Approximation de la fonction $\text{sinc}(t)$ à l'aide de la formule (5.8) pour $N = 5$, $N = 10$ et $N = 50$.

Ce qu'il faut retenir de la formule (5.8), c'est que les fréquences des sinusoïdes composant le signal $\text{sinc}(t)$ sont toutes comprises entre 0 et $\frac{1}{2}$. En effet, pour tout N et pour tout $1 \leq j \leq N$, on a

$$0 \leq \frac{1}{2N} = f_1^{(N)} \leq f_j^{(N)} \leq f_N^{(N)} = \frac{N}{2N} = \frac{1}{2}$$

En conséquence, la bande passante de $\text{sinc}(t)$ est égale à $\frac{1}{2}$. Par une simple multiplication des fréquences, la bande passante du signal $\text{sinc}(f_e t)$ est donc égale à $\frac{f_e}{2}$. En remarquant que la formule (5.6) peut se réécrire sous la forme

$$X_I(t) = \sum_{m\in\mathbb{Z}} X(mT_e)\,\text{sinc}(f_e t - m)$$

nous voyons que le signal $X_I(t)$ n'est rien d'autre qu'une somme de signaux dont la bande passante est invariablement égale à $\frac{f_e}{2}$. La bande passante du signal $X_I(t)$ lui-même ne peut donc être supérieure à cette valeur $\frac{f_e}{2}$. Elle pourrait par contre être inférieure s'il se trouve que certaines composantes de ce signal s'annulent entre elles. Nous en déduisons que la bande passante du signal $X_I(t)$ est plus petite ou égale à $\frac{f_e}{2}$. □

Revenons maintenant à la démonstration du théorème 5.6 en lui-même.

a) La première affirmation : « si $f_e > 2f_{\max}$, alors $X_I(t) = X(t)$ pour tout $t \in \mathbb{R}$ » s'avère la plus difficile à démontrer. Etant donnés l'hypothèse et le lemme 5.7, nous remarquons :
   - que la bande passante $f_{\max}$ du signal d'origine $X(t)$ est strictement inférieure à $\frac{f_e}{2}$;
   - que la bande passante du signal reconstitué $X_I(t)$ est inférieure ou égale à $\frac{f_e}{2}$.

   Dans ce cas, $X_I(t)$ est donc un « bon candidat » pour la reconstruction du signal $X(t)$. Maintenant, rien ne nous assure que ce soit le bon, car il existe beaucoup de signaux dont la bande passante est plus petite ou égale à $\frac{f_e}{2}$! Pour conclure, le résultat suivant est nécessaire, que nous donnons ici sans démonstration[8] :

Si deux signaux $Y(t)$ et $Z(t)$ de bande passante $\leq \frac{f_e}{2}$ sont tels que $Y(nT_e) = Z(nT_e)$, $\forall n \in \mathbb{Z}$, et si au moins un des deux signaux a une bande passante strictement inférieure à $\frac{f_e}{2}$, alors $Y(t) = Z(t)$ pour tout $t \in \mathbb{R}$.

   Comme il a été démontré plus haut qu'il est *toujours vrai* que $X_I(nT_e) = X(nT_e)$ pour tout $n \in \mathbb{Z}$, nous pouvons conclure, en remplaçant $Y(t)$ par $X_I(t)$ et $Z(t)$ par $X(t)$ dans l'énoncé ci-dessus, que si $f_e > 2f_{\max}$ alors $X_I(t) = X(t)$ pour tout $t \in \mathbb{R}$.

---

[8] Une justification intuitive de ce résultat est la suivante : le fait que les signaux $Y(t)$ et $Z(t)$ aient une bande passante plus petite ou égale à $\frac{f_e}{2}$ donnée impose une limite à la vitesse à laquelle ils peuvent varier ; or comme ils doivent également se rejoindre à tous les points d'interpolation nT_e, $n \in \mathbb{Z}$, ils n'ont « pas le temps » de s'écarter l'un de l'autre entre deux points d'interpolation. Notons que dans le cas limite où les deux signaux ont tous deux une bande passante *égale* à $\frac{f_e}{2}$, cette affirmation ne tient plus.

b) La seconde affirmation : « si $X_I(t) = X(t)$ pour tout $t \in \mathbb{R}$, alors $f_e \geq 2f_{\max}$ » est plus simple à démontrer. A nouveau, par le lemme 5.7 et l'hypothèse, nous obtenons :
   - que la bande passante du signal reconstitué $X_I(t)$ est inférieure ou égale à $\frac{f_e}{2}$;
   - et que donc il en va de même pour le signal $X(t)$, car il est par hypothèse identique au signal $X_I(t)$ (il ne peut donc avoir une bande passante différente de celui-ci).

   Or nous avons posé comme hypothèse de départ que la bande passante du signal $X(t)$ est égale à $f_{\max}$. On obtient donc que $f_{\max} \leq \frac{f_e}{2}$, ce qui conclut la « démonstration » du théorème d'échantillonnage. □

5.8 Exercices

Rappel de trigonométrie

Soient a, b, u, v des nombres réels. Alors on a les relations suivantes :
- $\cos(b) - \cos(a) = 2\sin\left(\frac{a+b}{2}\right)\sin\left(\frac{a-b}{2}\right)$
- $\sin(b) - \sin(a) = 2\cos\left(\frac{a+b}{2}\right)\sin\left(\frac{b-a}{2}\right)$

ou de manière équivalente :
- $2\sin(u)\sin(v) = \cos(u-v) - \cos(u+v)$
- $2\cos(u)\sin(v) = \sin(u+v) - \sin(u-v)$

On rappelle également que $\cos(-a) = \cos(a)$ et $\sin(-a) = -\sin(a)$.

5.8.1 *Signaux périodiques et apériodiques*

Un signal $X(t)$ est dit *périodique de période* $T > 0$ si $X(t) = X(t+T)$ pour tout $t \in \mathbb{R}$ (exemple : une sinusoïde pure de fréquence $f = 1/T$ est périodique de période T). Remarquer que l'on a alors également $X(t+kT) = X(t)$ pour tous $k \in \mathbb{Z}$ et $t \in \mathbb{R}$.

a) Soient $X_1(t)$ et $X_2(t)$ deux signaux périodiques de même période T. Est-ce que le signal $X_1(t) + X_2(t)$ est périodique ? Si oui, avec quelle est période ?

b) Soient encore $X_1(t)$ et $X_2(t)$ deux signaux périodiques, mais cette fois avec deux périodes différentes T_1 et T_2, respectivement. Est-il toujours vrai que la somme $X_1(t) + X_2(t)$ est périodique ? (Une justification formelle ne vous est pas demandée ici.)

Indication. Pour avoir une meilleure idée de ce qui peut se passer, on peut chercher la réponse de manière numérique en représentant différents signaux graphiquement. Essayer par exemple de représenter les deux signaux suivants pour voir :

$$\sin(2\pi t) + \cos(4\pi t) \quad \text{et} \quad \sin(2\pi t) + \cos(4t)$$

NB. Cette indication est également valable pour les deux questions suivantes !

c) Un cas particulier : si T_1 et T_2 sont des nombres entiers, est-ce que le signal $X_1(t) + X_2(t)$ est périodique ? Si oui, avec quelle période ?

d) Un autre cas particulier : une note produite par un instrument de musique est composée d'une sinusoïde avec une fréquence fondamentale f_0 et d'autres sinusoïdes, appelées les *harmoniques*, dont les fréquences sont des multiples de f_0. La note est donc un signal de la forme :

$$N(t) = \sum_{n \geq 1} a_n \, \sin(2\pi n f_0 t),$$

où le coefficient $a_n > 0$ est l'amplitude de la n^e harmonique (ce sont ces coefficients qui déterminent le *timbre* de l'instrument). Est-ce que ce signal est périodique ? Si oui, avec quelle période ?

5.8.2 *Fréquence d'échantillonnage*
Soient $f_1 > f_2 > 0$ deux fréquences données. Pour chacun des signaux suivants, à quelle fréquence f_e minimale doit-on échantillonner le signal de manière à garantir une reconstruction parfaite au moyen de la formule d'interpolation ?

a) $X_1(t) = \sin(2\pi f_1 t) + \sin(2\pi f_2 t)$
b) $X_2(t) = 2\,\cos(2\pi f_1 t) - \sin(2\pi f_2 t + \pi/4)$
c) $X_3(t) = \sin(4\pi f_1 t) + \sin(2\pi (f_1 + f_2)\, t)$
d) $X_4(t) = \sin(2\pi f_1 t) \cdot \sin(2\pi f_2 t)$

5.8.3 *Interlude musical*
Durant une heure, on enregistre un concert de musique à l'aide d'un micro qui échantillonne le son à une fréquence de 44 kHz, et chaque échantillon est quantifié sur 32 bits. Quelle est la taille du fichier audio résultant (si l'on ignore ici toute autre forme de compression) ?

5.8.4 *Filtre à moyenne mobile*

a) Comment les signaux suivants sont-ils transformés après un passage à travers un filtre à moyenne mobile de période d'intégration $T_c = T$?

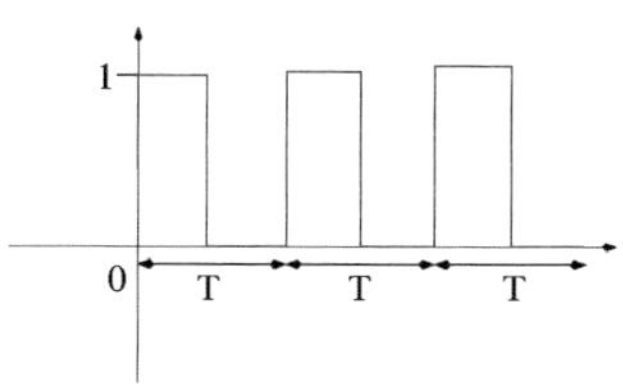

$X_1(t)$

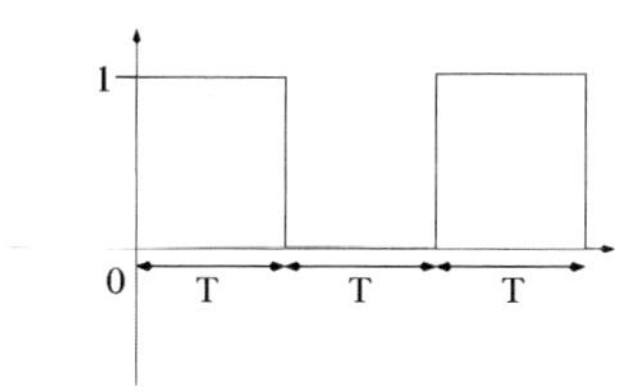

$X_2(t)$

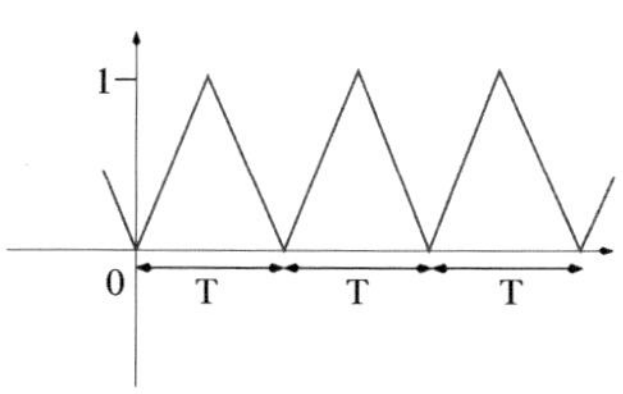

$X_3(t)$

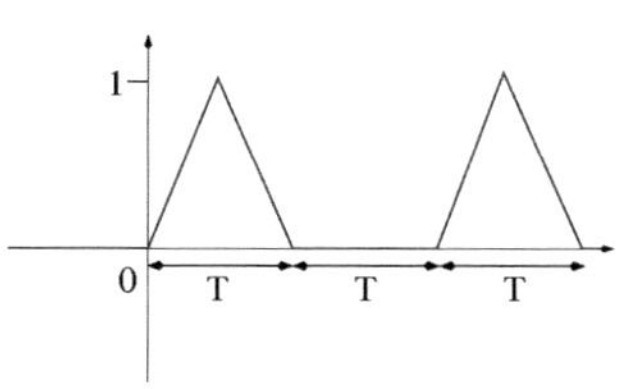

$X_4(t)$

b) Qu'arrive-t-il à un signal périodique de période T (cf. exercice 5.8.1) après un passage à travers un filtre à moyenne mobile de même période d'intégration $T_c = T$?

c) Soit $X(t) = \sin(2\pi f\, t)$, une sinusoïde pure de fréquence f. Montrer qu'après un passage à travers un filtre à moyenne mobile de période d'intégration $T_c = T$, l'amplitude du signal sortant $\widehat{X}(t)$ satisfait l'inégalité

$$|\widehat{X}(t)| \leq |\text{sinc}(f\, T_c)| \quad \text{pour tout } t \in \mathbb{R},$$

où l'on rappelle que $\text{sinc}(x) = \dfrac{\sin(\pi x)}{\pi x}$ par définition.

5.8.5 *Accordage d'une guitare et phénomène dit de « battement »*

Pour accorder une guitare, on joue en même temps sur deux cordes voisines deux notes qui sont censées être identiques en théorie. Si la guitare est mal accordée, on entend une vibration caractéristique (un « battement »), qui disparaît lorsque la guitare est bien accordée. Dans cet exercice, on se propose de comprendre ce phénomène du point de vue mathématique. Supposons pour simplifier que les notes qui sortent d'une guitare soient des sinusoïdes pures. L'onde émise par la première corde est donc $X_1(t) = \sin(2\pi f_1 t)$, tandis que celle émise par la deuxième est $X_2(t) = \sin(2\pi f_2 t)$, avec f_1 et f_2 proches l'une de l'autre (9). Quelle est la forme de l'onde résultante $X_1(t) + X_2(t)$

a) lorsque f_1 et f_2 sont proches, mais pas égales ?

b) lorsque $f_1 = f_2$?

5.8.6 *Un peu de radio*

Dans ce problème, on s'intéresse à la modulation en amplitude (AM). Un signal modulé en amplitude est formé de deux signaux distincts : le signal que l'on désire transmettre $S(t)$ (du son en général) et l'onde porteuse $P(t)$. Dans cet exercice, on désire transmettre une sinusoïde à 1 kHz en utilisant une onde radio porteuse à 300 kHz.

$$\begin{aligned} S(t) &= \sin(2\pi f_s t) & \qquad P(t) &= \sin(2\pi f_p t) \\ f_s &= 1 \text{ kHz} & f_p &= 300 \text{ kHz} \end{aligned}$$

Le signal émis par l'émetteur radio est finalement donné par

$$A(t) = S(t)\, P(t).$$

a) Justifier l'utilisation de cette technique. Pourquoi n'est-il pas possible de simplement transmettre le signal $S(t)$ directement en émettant une onde radio à 1 kHz ?

Indication. En pratique, la longueur d'une antenne pour un récepteur radio doit au moins être de l'ordre du quart de la longueur d'onde du signal à recevoir. La relation entre la fréquence f et la longueur d'onde λ d'une onde électromagnétique est $c = \lambda f$, où $c = 3 \times 10^8$ m/s est la vitesse de la lumière.

(9) En pratique, il se peut bien sûr qu'il y ait un déphasage entre les deux ondes, et aussi que les amplitudes ne soient pas rigoureusement les mêmes, mais là aussi, on simplifie.

b) Expliquer en détail comment il est possible de récupérer le signal $S(t)$ à partir de $A(t)$. On suppose pour ça que l'on connaît la fréquence f_p, mais pas forcément la fréquence f_s (seulement qu'elle est bien plus petite que f_p).

   Indication. On admet que l'on peut additionner et multiplier des signaux ainsi qu'utiliser un filtre passe-bas afin de supprimer certaines fréquences indésirables.

Chapitre 6

Compression de données

6.1 Introduction

Coder signifie transformer un message digital en une nouvelle représentation. Il y a plusieurs raisons possibles pour lesquelles on peut préférer une nouvelle représentation du message d'origine : dans la *compression de données* (aussi appelée *codage de source*, le sujet de ce chapitre), l'avantage est d'utiliser moins d'espace (de mémoire) que la représentation originale ; dans le *codage de canal*, la nouvelle représentation atténue le bruit suite à un passage dans un canal ; en *cryptographie*, la nouvelle représentation est sûre contre les accès et/ou interférences par une tierce personne. Dans ce chapitre, nous allons nous concentrer sur la compression, qui revient à supprimer la redondance inhérente à de nombreuses formes de représentations de l'information numérique.

Le concept de l'encodage est illustré à la figure 6.1. Nous voulons transmettre un message $\boldsymbol{X}$, qui peut être n'importe quel type d'information digitale comme du texte, une image, ou le contenu d'une base de données. Pour cela, un encodeur va transformer ce message en une nouvelle représentation $\boldsymbol{Y}$. Cette transformation repose sur un code C, qui est en fait un dictionnaire qui spécifie comment traduire $\boldsymbol{X}$ en $\boldsymbol{Y}$.

La représentation $\boldsymbol{Y}$ est ensuite reçue par un décodeur. Le décodeur peut être, par exemple, un serveur sur internet qui reçoit une image compressée venant d'un smartphone. Cependant, le décodeur et l'encodeur ne doivent pas forcement être deux ordinateurs différents : dans un autre exemple, l'encodeur peut compresser une photo que vous venez de prendre avec votre téléphone, et l'enregistrer dans sa mémoire ; lorsque vous voudrez ensuite regarder cette photo, le téléphone devra prendre la photo compressée de la mémoire et la décoder pour l'afficher.

Dans ce chapitre, nous allons aborder les questions suivantes :

1) Comment pouvons-nous caractériser la source d'information $\boldsymbol{X}$? Nous allons nous reposer sur une description probabiliste qui donne un poids (une fréquence relative) à tous les messages $\boldsymbol{X}$ possibles.

2) Existe-t-il une façon générique pour capturer la notion d'« information » dans un message $\boldsymbol{X}$? Nous allons définir l'entropie d'une source d'information $\boldsymbol{X}$, qui caractérise le degré d'incertitude du message $\boldsymbol{X}$.

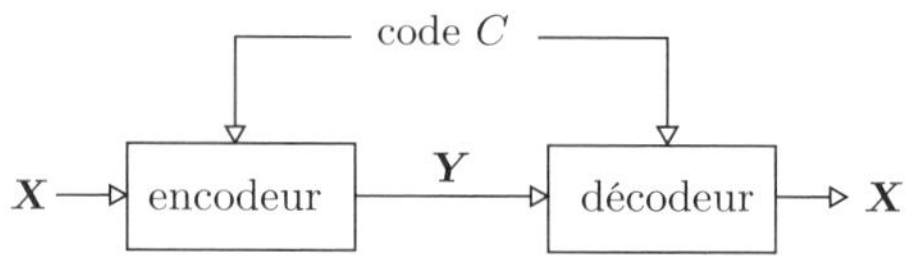

Figure 6.1 Un encodeur transforme un message $\boldsymbol{X}$ en une nouvelle représentation $\boldsymbol{Y}$, qui (normalement) demande moins de place que $\boldsymbol{X}$. Le décodeur fait l'opération inverse, et retrouve $\boldsymbol{X}$ à partir de sa valeur compressée $\boldsymbol{Y}$. Pour cela, l'encodeur et le décodeur doivent se mettre d'accord sur les règles du jeu, ce qu'ils font grâce au *codebook* (dictionnaire), qui est en fait un dictionnaire de traduction utilisé dans un sens par l'encodeur et dans l'autre par le décodeur.

3) Existe-t-il une façon générique de décrire ce que l'encodeur et le décodeur font ? Nous définissons l'arbre de codage comme un modèle intuitif et compact pour décrire les opérations que font l'encodeur et le décodeur.
4) Pouvons-nous trouver une relation entre la quantité d'information dans un message et le taux de compression possible ? Nous allons trouver un lien fascinant entre l'entropie de la source d'information et ce taux de compression. En fait, il n'existe pas d'algorithme de compression pouvant compresser en dessous de l'entropie sans perdre d'information.
5) Existe-t-il une recette simple pour construire un code ? Nous allons voir un exemple important de code concret, appelé le code de Shannon-Fano. Sa construction est très intuitive : nous voulons trouver le plus petit ensemble de questions à poser (en moyenne) pour déterminer le symbole à coder.

6.2 La source d'information et son entropie

Nous avons tout d'abord besoin de quelques notions de base de théorie des probabilités.

Définition 6.1 Une *variable aléatoire discrète* X est donnée par un alphabet $A = \{a_1, \ldots, a_n\}$ et les probabilités associées $\{p_1, \ldots, p_n\}$. Intuitivement, p_i est la fréquence relative d'apparition du résultat a_i si nous puisons dans X fréquemment et indépendamment. Une variable aléatoire discrète est dite *uniforme* si toutes les probabilités p_i sont égales. ∎

EXEMPLE 6.2 Lancer un dé équilibré peut être modélisé par la variable aléatoire uniforme X avec $A = \{1, 2, 3, 4, 5, 6\}$ et $p_1 = p_2 = \cdots = p_6 = 1/6$. ∎

Considérons une variable aléatoire pour laquelle on nous donne une séquence de symboles (ici des lettres) $\boldsymbol{S}$ de longueur $m = |S|$, tel que $\boldsymbol{S}$ =« IL FAIT BEAU A IBIZA » [1]. Dénotons par X une lettre choisie aléatoirement dans cette

[1] Dans cet exemple, nous allons ignorer les espaces.

séquence[2]. Il devrait ainsi être clair que la probabilité p_i pour une lettre a_i est égale au nombre de fois f_i que la lettre a_i apparaît dans $\boldsymbol{S}$, divisé par m : $p_i = f_i/m$. Dans notre exemple, la probabilité de sélectionner la lettre « I » est $p_I = 4/16 = 1/4$.

Définition 6.3 L'*entropie* $H(X)$ d'une variable aléatoire X est définie par[3]

$$H(X) = \sum_{i \in A} p_i \log\left(\frac{1}{p_i}\right) = -\sum_{i \in A} p_i \log p_i. \tag{6.1}$$

■

EXEMPLE 6.4 Une pièce équilibrée a une entropie $H(X) = 1$ [bit], alors que le dé équilibré de l'exemple 6.2 a une entropie $H(X) \approx 2.6$ [bit]. ■

-> Nb moyen de question qu'on doit poser pour trouver un nb.

L'entropie peut être vue comme la mesure d'information d'une variable aléatoire, ou, de façon équivalente, comme le degré d'incertitude que nous avons sur une sortie X spécifique. Nous allons montrer que l'entropie est la plus petite lorsqu'il n'y a pas d'incertitude sur X, parce que X ne peut prendre qu'une valeur (c'est-à-dire que c'est une constante) ; et que l'incertitude est la plus grande (pour un n donné) pour une variable aléatoire uniforme, où tous les résultats ont la même probabilité.

Proposition 6.5

Pour une variable aléatoire X, l'entropie est $0 \leq H(X) \leq \log(n)$. De plus, $H(X) = 0$ si, et seulement si, $p_i = 1$ pour un i (et par conséquent tous les autres $p_j = 0$). $H(X) = \log(n)$ si, et seulement si, X est uniforme. ◀

Avant de prouver cette proposition, nous avons besoin des résultats suivants sur les fonctions concaves.

Définition 6.6 Une fonction f est *concave* si pour tout x_1, x_2 et pour tout $0 \leq p \leq 1$,

$$pf(x_1) + (1-p)f(x_2) \leq f(px_1 + (1-p)x_2). \tag{6.2}$$

Notons que si f est concave, alors $-f$ est convexe. Si l'inégalité est stricte pour tout $x_1 \neq x_2$, alors f est strictement concave (respectivement convexe). ■

Informellement, la courbe dessinant une fonction concave reste au-dessus de la ligne droite reliant n'importe quelle paire de points de cette courbe.

(2) Un peu plus formellement, si nous générons une position I comme étant une variable aléatoire sur $\{1, \ldots, m\}$, alors $X = \boldsymbol{S}(I)$.

(3) Dans ce chapitre, tous les logarithmes sont en base 2.

Nous pouvons prouver le résultat suivant sur les fonctions concaves :

Proposition 6.7 (Inégalité de Jensen)

Pour une fonction concave f, avec $0 \leq p_i \leq 1$ et $\sum_{i=1}^{n} p_i = 1$, et un ensemble de valeurs $\{x_i\}$

$$\sum_{i=1}^{n} p_i f(x_i) \leq f\left(\sum_{i=1}^{n} p_i x_i\right). \tag{6.3}$$

Avec cette inégalité, nous pouvons maintenant prouver la proposition 6.5.

Démonstration. Nous avons $p_i \leq 1$, $\log(1/p_i) \geq 1$, et tous les termes $p_i \log(1/p_i) \geq 0$. Ainsi, pour que leur somme soit égale à zéro, chaque terme doit être égal à zéro. Cela nécessite, pour chaque terme, soit $p_i = 0$, soit $1/p_i = 1$. De plus, il ne peut y avoir qu'un seul $p_i = 1$, puisque nous avons la condition $\sum_{i=1}^{n} p_i = 1$.

Considérons maintenant n'importe quelle variable aléatoire X, nous pouvons montrer que $H(X) \leq \log(n)$ en utilisant l'inégalité de Jensen.

$$\begin{aligned} H(X) &= \sum_{i=1}^{n} p_i \log(1/p_i) \\ &\leq \log\left(\sum_{i=1}^{n} (p_i \cdot 1/p_i)\right) = \log(n). \end{aligned} \tag{6.4}$$

Il est ensuite simple de vérifier que si X est uniforme ($p_i = 1/n$), alors $H(X) = \log n$. Pour montrer que $H(X) = \log n$ n'est possible que si la distribution est uniforme, nous devons utiliser le fait que la fonction log(.) est strictement concave. Soit X' une variable aléatoire non uniforme avec comme probabilités $\{p'_i\}$. Nous pouvons alors construire une nouvelle variable aléatoire X avec $p_i = \frac{p'_i + 1/n}{2}$. En utilisant la concavité stricte de la fonction, l'inégalité de Jensen, et l'hypothèse que $p'_i \neq 1/n$ (pour au moins un i), nous avons que $H(X) > H(X')$. Comme $H(X) \leq \log n$, l'entropie $H(X')$ ne peut pas être égale à $\log n$. □

6.3 Compression de données

Définition 6.8 Un *code* (binaire) est une application C de l'alphabet A vers l'espace de toutes les séquences binaires possibles $\{0, 1, 00, 01, 10, 11, 000, 001, \ldots\}$. Par exemple, $c(I) = 01$ signifie que la représentation dans le code de la lettre « I » est (01). Nous appelons $c(I)$ le *mot de code* pour « I ». ■

Nous décrivons maintenant deux propriétés désirables pour un code. La première est d'être *non singulier*, ce qui signifie qu'il est non ambigu pour un *symbole simple*. Supposons que le message envoyé à l'origine est un symbole simple X. Le message encodé $c(X)$ est envoyé au décodeur. Evidemment, le décodeur va essayer de retrouver le message d'origine X. Un code qui s'assure que le décodeur peut toujours retrouver le message d'origine est appelé *non ambigu*. La condition permettant de s'assurer que cette propriété est vraie est très simple : deux symboles ne doivent pas générer le même mot de code.

Définition 6.9 Un *code non singulier* c est tel que $c(X) \neq c(Y)$ pour tout $X \neq Y$, avec $X, Y \in A$. ■

Dans pratiquement toutes les applications, le message n'est pas un symbole simple X, mais une séquence de symboles $\boldsymbol{X} = (X_1, X_2, \dots)$. Un code non singulier n'est pas forcement non ambigu pour des messages de ce type composés de plusieurs symboles. Cela vient du fait que dans une représentation comme $(c(x_1)c(x_2), \dots)$, il n'y a pas de marqueurs explicites entre les mots de codes pour les distinguer.

Exemple 6.10 Pour voir ce qui peut se passer lorsque nous composons une séquence de mots sans marqueur explicite, considérons la phrase « MISSOURIDEAL » : cela peut signifier « MISSOURI DEAL », ou alors « MISS, OUR IDEAL ». Il n'y a aucune façon de distinguer entre les deux, et nous avons ainsi perdu de l'information.

Un autre exemple est la phrase « MISSOURICONFERENCE ». Cette phrase ne peut être décodée qu'avec le sens « MISSOURI CONFERENCE », parce qu'il n'existe pas d'autre séquence de mots valides en anglais donnant « MISSOURICONFERENCE ». Cependant, lorsque nous lisons cette phrase lettre par lettre, nous avons parfois besoin de lire tout le mot avant de pouvoir le décoder : « MISSOURICON... » pourrait être « MISS, OUR ICON... » ou « MISSOURI CON... ». C'est seulement après avoir lu plus loin que nous pouvons écarter la première hypothèse et décoder correctement. C'est une charge difficile pour le décodeur, et c'est pour cette raison que nous préférons les codes qui permettent aux décodeurs d'identifier chaque mot dès que toutes ses lettres sont lues. Un tel code est appelé sans préfixe, notion que nous allons maintenant introduire formellement. ■

Nous avons supposé que l'alphabet pour le message compressé $\boldsymbol{Y}$ est binaire. Par analogie avec l'exemple que nous venons de voir, $\boldsymbol{Y} = 001$ pourrait venir d'un mot de code 0 suivi de 01, ou de $00 + 1$ [4]. Un code évitant ce type d'ambiguïté doit non seulement être non singulier, mais aussi sans préfixe.

Définition 6.11 Un *code sans préfixe* est un code C tel qu'il n'existe pas de mot de code $c(i)$ qui soit le préfixe d'un autre mot de code $c(j)$, $j \neq i$. ■

Un code sans préfixe est très utile du point de vue du décodeur. Supposons que le décodeur reçoive une séquence de bits $\boldsymbol{Y}$ venant du codeur, et qu'il commence à reconstruire le $\boldsymbol{X}$ correspondant. Comment va-t-il procéder ? Il peut

(4) Si nous avions un marqueur comme celui-ci (+), alors la non-singularité serait suffisante pour que le code soit non ambigu, mais bien sûr ce marqueur utiliserait de la place dans la représentation encodée, ce qui rendrait le code moins efficace.

lire le premier bit de $\boldsymbol{Y}$, disons un 0. Il vérifie alors s'il existe un mot de code $c(i) = 0$. Si ce n'est pas le cas, il peut alors lire un autre bit de $\boldsymbol{Y}$, disons un 1, et vérifier une nouvelle fois dans le dictionnaire, cette fois-ci pour 01. Une fois que le décodeur a trouvé un mot de code $c(i)$, il est certain que i est le bon symbole de X, puisqu'il n'existe pas de mot de code plus long dans le dictionnaire ayant 01 comme préfixe. Dans l'exemple précédent, le code n'est pas sans préfixe : le dictionnaire anglais contient le mot « MISS », qui est un préfixe de « MISSOURI » ; par conséquent, après avoir lu les quatre premières lettres « MISS » il n'est pas possible d'être sûr du mot que nous sommes en train de lire.

Un code sans préfixe peut être commodément représenté par un arbre (fig. 6.2). Nous nommons chaque arête par un ensemble de symboles de A, et chaque nœud avec un code binaire.

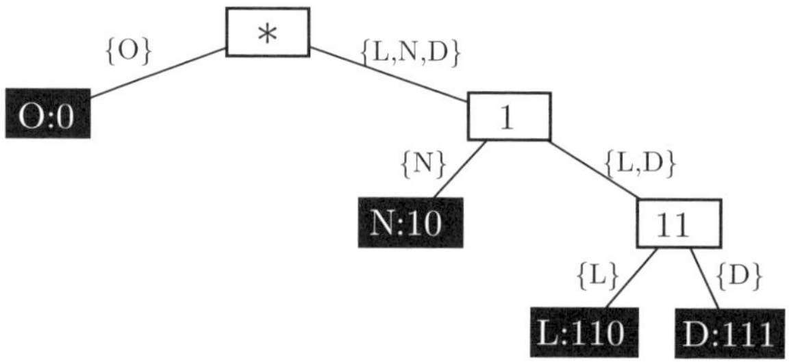

Figure 6.2 Cet exemple montre l'arbre pour un code binaire avec $n = 4$ et $A = \{O, L, N, D\}$. Chaque mot de code (correspondant aux feuilles de l'arbre) peut être lu dans l'arbre en suivant le chemin de la racine à la feuille. Par exemple, le mot de code pour « L » est obtenu en parcourant l'arbre deux fois à droite, puis une fois à gauche, ce qui donne $c(L) = 110$ dans cet exemple.

Le fait que chaque mot de code corresponde à une feuille de l'arbre garantit que le code est sans préfixe, puisque l'étiquette d'un nœud est un préfixe uniquement pour ses descendants.

Notons que l'arbre a une autre interprétation possible : nous pouvons voir chaque nœud interne avec ses deux descendants (correspondant à un 0 ou un 1) comme une question OUI/NON. Par exemple, la racine de l'arbre correspondrait à la question « est-ce un 'O' ? », avec la branche de gauche correspondant à la réponse OUI, et celle de droite à NON. Supposez qu'un ami pense à la lettre X, et qu'il est seulement prêt à répondre OUI ou NON à des questions concernant X. Votre tache est de trouver X en posant ces questions. C'est équivalent à construire un arbre binaire pour X.

6.4 Inégalité de Kraft

L'inégalité de Kraft donne une contrainte importante sur la longueur des mots de code dans un code sans préfixe. Cette relation nous permettra d'établir la quasi-optimalité du code de Shannon-Fano dans la section suivante.

Théorème 6.12 (Inégalité de Kraft)

Pour un code sans préfixe C, la longueur des mots l_i satisfait

$$\sum_{i=1}^{n} 2^{-l_i} \leq 1. \tag{6.5}$$

◀

Démonstration. Considérons l'arbre étendu jusqu'à une profondeur $l_{\max} = \max_i l_i$ (fig. 6.3). Il y a $2^{l_{\max}}$ feuilles au niveau $l_{\max}$. Pour chaque mot de code c_i, il y a $2^{l_{\max}-l_i}$ feuilles au niveau $l_{\max}$ qui sont des descendants de i et qui ont ainsi c_i comme préfixe. Par conséquent, $\sum_i 2^{l_{\max}-l_i} \leq 2^{l_{\max}}$. □

L'inégalité de Kraft permet d'établir la relation entre le nombre de mots de code et leur longueur. Il n'est pas possible d'avoir beaucoup de mots de codes si ceux-ci sont trop courts. Cela limite clairement l'efficacité du code comme nous le verrons par la suite.

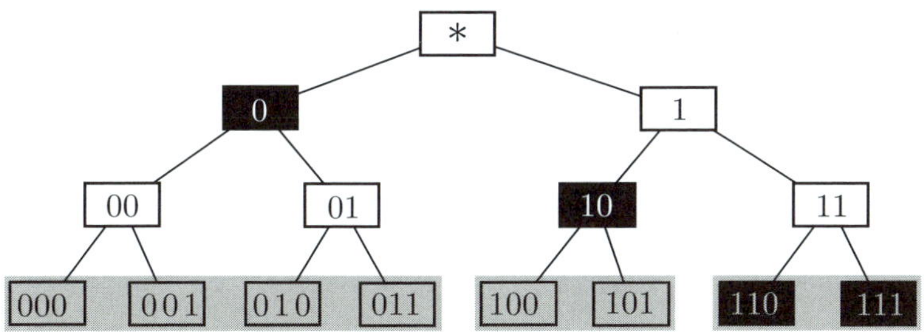

Figure 6.3 Cet exemple montre l'arbre, étendu à $l_{\max}$ niveaux, pour un code binaire avec $l_{\max} = 3$, et $n = 4$. Les mots de code correspondent aux nœuds en noir. Le mot de code 0 interdit $2^{l_{\max}-l_0} = 2^2 = 4$ mots de code de longueur $l_{\max}$, qui sont représentés dans une boîte grise du niveau le plus bas. La somme des tailles des boîtes grises sur tous les mots de codes peut être au maximum $2^{l_{\max}}$.

6.5 Premier théorème de Shannon

Le but d'un code utilisé pour la compression de données est de transformer le message d'origine $\boldsymbol{X}$ en une représentation $\boldsymbol{Y}$ la plus compacte possible. Ainsi, le stockage et la transmission de données sont plus efficaces, plus rapides ou moins coûteux. Mais il est évident que la longueur de $\boldsymbol{Y}$ va dépendre de $\boldsymbol{X}$. Par exemple, étant donné le code de la figure 6.2, le message $\boldsymbol{X}$ =« OOOO » est encodé par $\boldsymbol{Y}$ =« 0000 », alors que $\boldsymbol{X}$ =« LLDD » est encodé par le bien plus long $\boldsymbol{Y}$ =« 110110111111 ». Par conséquent, pour comparer l'efficacité de deux codes C_1 et C_2, nous devons considérer la longueur moyenne par symbole d'entrée, définie par :

$$L(C) = \sum_{i \in A} p_i l_i. \tag{6.6}$$

Notons que la quantité $L(C)$ ne dépend pas seulement du code C, mais aussi de la fréquence des lettres dans $\boldsymbol{X}$, c'est-à-dire de la distribution de X. Si nous interprétons l'arbre binaire comme l'ensemble de questions à poser pour trouver le symbole X, alors $L(C)$ est le nombre de questions qu'il faut poser en moyenne.

Le célèbre théorème qui suit montre que l'entropie de X est une limite fondamentale à l'efficacité de tout code sans préfixe.

Théorème 6.13 (Théorème du codage de source - Shannon)

La longueur moyenne $L(C)$ de tout code sans préfixe C satisfait $H(X) \leq L(C)$, où $H(X)$ est l'entropie de la source. ◀

Démonstration. Calculons $H(X) - L(C)$:

$$\begin{aligned} H(X) - L(C) &= \sum p_i \log(1/p_i) - \sum p_i l_i \\ &= \sum p_i \left(\log(1/p_i) - l_i\right) \\ &= \sum p_i \left(\log(1/p_i) + \log(2^{-l_i})\right) \\ &= \sum p_i \log\left(\frac{2^{-l_i}}{p_i}\right) \\ &\overset{(a)}{\leq} \log\left(\sum p_i \left(\frac{2^{-l_i}}{p_i}\right)\right) \\ &= \log\left(\sum 2^{-l_i}\right) \overset{(b)}{\leq} \log(1) = 0, \end{aligned} \tag{6.7}$$

où (a) vient de l'inégalité de Jensen (proposition 6.7) et de la concavité de la fonction log, et (b) vient de l'inégalité de Kraft (théorème 6.12). □

Le premier théorème de Shannon est vrai pour tout code sans préfixe. Naturellement, nous aimerions trouver des codes les plus proches possibles de cette borne fondamentale sur leur efficacité. Dans la section suivante, nous allons décrire un code spécifique dont la construction est plutôt intuitive, puis montrer que son efficacité est presque optimale.

6.6 Code de Shannon-Fano

Le code de Shannon-Fano est une procédure permettant de dériver un code efficace C étant donné une source d'information caractérisée par un alphabet d'entrée A et les probabilités correspondantes $\{p_1, p_2, \ldots, p_n\}$.

La procédure peut être décrite comme ceci (cf. exemple 6.14).

1) Réordonner les symboles de A dans l'ordre décroissant de leur probabilité, c'est-à-dire $p_1 \geq p_2 \geq \cdots \geq p_n$.

2) Séparer A en deux ensembles, l'ensemble de gauche $\{a_1, a_2, \ldots, a_k\}$ et celui de droite $\{a_{k+1}, a_{k+2}, \ldots, a_n\}$, tels que les deux sommes $\sum_{i=1}^{k} p_i$ et $\sum_{i=k+1}^{n} p_i$ soient aussi proches que possible l'une de l'autre. En d'autres mots, séparer A aussi régulièrement que possible par rapport aux poids de probabilités.
3) Répéter la deuxième étape récursivement pour les ensembles de droite et de gauche, jusqu'à ce qu'il ne reste qu'un seul symbole.
4) Le code $c(a)$ pour un symbole a est donné en interprétant la gauche et la droite comme étant 0 ou 1 (ou vice-versa) dans la récursion, et en concaténant ces bits.

Notons que dans le ré-ordonnancement de la première étape, l'ordre entre deux symboles de probabilités identiques p_i est arbitraire[5]. Il peut parfois y avoir deux solutions possibles pour la séparation lors de la deuxième étape.

EXEMPLE 6.14 Si nous avons la séquence $S =$« LONDON », alors X est caractérisé comme ceci :

a_i	O	N	L	D
p_i	1/3	1/3	1/6	1/6

Un code possible généré par l'algorithme de Shannon-Fano est celui donné dans la figure 6.2. Sa longueur moyenne pour un mot de code est

$$L(C) = \sum_{i=1}^{4} p_i l_i = \frac{1}{3} \times 1 + \frac{1}{3} \times 2 + \frac{1}{6} \times 3 + \frac{1}{6} \times 3 = 2[\text{bit}], \qquad (6.8)$$

et son entropie est $H(X) = -\sum_{i=1}^{4} p_i \log p_i \approx 1.92[\text{bit}]$. ■

Nous pouvons voir avec cet exemple que le code de Shannon-Fano a une longueur moyenne pour un mot de code $L(C)$ un tout petit peu plus grande que l'entropie $H(X)$ de la source. Malheureusement, un code tel que $L(C) = H(X)$ n'existe pas toujours. Cela est vrai même pour le code de Huffman, qui est prouvé optimal.

Cependant, il existe un résultat rassurant (dont nous ne donnerons pas la preuve ici) disant que la compression de Shannon-Fano est presque optimale :

Théorème 6.15

Pour les codes de Shannon-Fano et Huffman, $L(C) \leq H(X) + 1$. ◀

En d'autres termes, nous perdons au plus 1 [bit] par symbole par rapport à la borne inférieure théorique donnée par le premier théorème de Shannon. En pratique, $H(X)$ est beaucoup plus grand que dans nos exemples, et l'écart entre les bornes inférieure et supérieure devient sans importance.

(5) Ce choix donnera des codes différents, mais leur performance est garantie par le théorème 6.15 dans tous les cas.

Remarquons que dans l'exemple 6.14, il n'est pas réaliste de supposer que pour construire le code, nous connaissions la séquence S a priori. L'objectif d'un code est de permettre de transmettre n'importe quel message, et donc nous ne pouvons pas supposer connaître le S exact qui sera transmis. Que pouvons-nous faire si nous devons construire un code C sans connaitre S ?

Supposons que nous sachions que S est écrit en français. La fréquence relative des lettres en français est bien connue et possible à prédire dans un texte suffisamment long. Pour construire le code C de notre exemple, tout ce qui comptait c'était la fréquence des 4 différentes lettres. Ainsi, pour construire un bon code pour *tout* message écrit en français, nous pouvons utiliser des fréquences relatives (« e » : 14.7%, « s » : 8%, « a » : 7.6%, etc.) et procéder ensuite exactement comme dans l'exemple 6.14 pour générer le code C. Ainsi construit, ce code compressera très bien le français. Par contre, la moyenne de la longueur des mots de code sera sous-optimale si dans le texte transmis la fréquence des lettres est fausse, par exemple si le code est utilisé pour transmettre un message en anglais.

Enfin, vous vous demandez peut-être pourquoi les symboles sont réordonnés dans la première étape de la procédure de Shannon-Fano. Considérons par exemple X avec les probabilités suivantes :

a_i	O	N	L	D
p_i	0.48	0.47	0.03	0.02

Ici, le code de Shannon-Fano C correspondant a comme longueurs de mots de code $(1, 2, 3, 3)$, pour une moyenne $L(C) = 1.57$ [bit]. Il est tentant d'essayer d'améliorer le code en réarrangeant les symboles pour obtenir une séparation plus régulière :

a_i	O	D	N	L
p_i	0.48	0.02	0.47	0.03

Toutefois, cela produit un code C' avec comme longueurs de mots $(2, 2, 2, 2)$, ce qui donne $L(C') = 2 > L(C)$.

6.7 Sources d'informations avec des symboles corrélés

Tous nos résultats jusqu'à maintenant supposent que les symboles individuels $X_1, X_2, \ldots$ sont statistiquement indépendants, c'est-à-dire que les symboles ne s'influencent pas les uns les autres. Autrement dit, si nous connaissons un sous-ensemble des symboles de X, cela ne nous aidera pas à deviner les symboles manquants.

Cette hypothèse n'est en fait pas réaliste pour beaucoup de sources d'informations. Par exemple, supposons que le message $\boldsymbol{X}$ soit écrit en français. Si nous savions que $\boldsymbol{X}$ =« PA_IS », nous compléterions probablement le symbole manquant pour obtenir « PARIS ». Cela montre donc que les symboles de $\boldsymbol{X}$ ne sont pas indépendants, et une question intéressante est de savoir si cela rend la compression de données plus simple ou plus compliquée.

Un résultat fascinant et rassurant (qui est au-delà de la portée de ce chapitre) montre qu'il est possible d'exploiter la corrélation pour réduire la moyenne de la longueur des mots de code $L(C)$, souvent bien en dessous de l'entropie $H(X)$

calculée sous l'hypothèse que tous les symboles sont indépendants. Toutefois, ceci nécessite des codes plus sophistiqués qui n'encodent pas juste chaque symbole individuellement (comme nous l'avons fait précédemment), mais où chaque symbole de sortie est une fonction de plusieurs symboles d'entrée.

EXEMPLE 6.16 Comme exemple (un peu extrême) d'un code venant d'une source de données corrélées, supposons que nous générions la séquence $\boldsymbol{X}$ de la façon suivante : nous sélectionnons aléatoirement une lettre de $S =$« LONDON », et nous répétons simplement cette lettre 100 fois. Grâce à cela, la personne qui envoie et celle qui reçoit peuvent se mettre d'accord sur un dictionnaire pour toute la séquence $\boldsymbol{X}$ plutôt que pour une simple lettre ; ce dictionnaire ne contient que les mots possibles :« LLL....L », « OOO....O », « NNN....N », et « DDD....D ».

Si nous considérons n'importe quelle lettre simple X dans cette séquence, son entropie est $H(X) = 2$ [bit] – la même que celle calculée plus tôt pour une lettre simple dans une séquence de lettres indépendantes. Cependant, $\boldsymbol{X}$ peut être encodé de façon bien plus compacte qu'en utilisant une séquence de 100 symboles statistiquement indépendants : en fait, il suffit de transmettre X_1. Puisque le décodeur connaît le dictionnaire, qui ne contient que des mots de 100 lettres identiques, X_1 déterminera le mot de code sans ambiguïté. ■

Cet exemple illustre le principe suivant : si les lettres d'une séquence ne sont pas statistiquement indépendantes, il est possible de réduire le nombre moyen de bits par lettre qu'un code doit transmettre. Toutefois, pour obtenir ce gain, le dictionnaire doit associer plusieurs lettres à un mot de code, et non plus une seule.

6.8 Compression avec pertes

Nous avons fait une autre hypothèse très importante dans ce chapitre : le code doit être *non ambigu*, c'est-à-dire non singulier. Ceci garantit que le décodeur peut toujours décoder correctement, *quel que soit le message* $\boldsymbol{X}$. Néanmoins, il y a de nombreuses situations où nous pouvons assouplir cette hypothèse, dans le but de rendre $\boldsymbol{Y}$ plus petit et donc de compresser plus.

Cette idée peut fonctionner pour la raison suivante : supposons que $\boldsymbol{X}$ représente une photo, que nous voulons compresser pour gagner de l'espace de stockage (par exemple sur un téléphone mobile). Ensuite, le décodeur reconstruira la photo, mais renverra une photo modifiée $\boldsymbol{X}' \neq \boldsymbol{X}$: le message original $\boldsymbol{X}$ est perdu et ne peut pas être reconstitué étant donné $\boldsymbol{Y}$. Tandis qu'une erreur de décodage comme celle-ci serait intolérable pour un texte ou pour un logiciel, elle est souvent acceptable pour des contenus multimédia comme des images, vidéos ou musiques. C'est parce que la personne qui utilise l'information, typiquement un humain, n'est pas capable de faire la différence entre $\boldsymbol{X}$ et $\boldsymbol{X}'$ (voir aussi sect. 5.5), ou alors la différence n'est pas importante et peut être justifiée par le gain de place.

La compression avec pertes est significativement plus complexe que la compression non ambiguë, parce qu'un bon code avec pertes (*lossy code*) ne dépend pas que de la source d'information $\boldsymbol{X}$, il dépend aussi de la tolérance à la *distorsion* de l'utilisateur final. Autrement dit, le code avec perte doit savoir s'il est possible de remplacer $\boldsymbol{X}$ par $\boldsymbol{X}'$. Par conséquent, la compression avec perte est un domaine très spécifique, parce que la distorsion entre $\boldsymbol{X}$ et $\boldsymbol{X}'$ dépend de la sensibilité de chacun et des limites de nos différents sens. Vous êtes familiers avec beaucoup de ces standards de compression, comme MPEG pour les vidéos, JPEG pour les images, et MP3 pour des fichiers audio. Ces standards sont actuellement le sujet de beaucoup d'efforts de recherches afin d'essayer de trouver de meilleurs compromis entre la compression et la distorsion.

6.9 Conclusion

Les données que nous générons et utilisons contiennent souvent beaucoup de redondance. Grâce à cette redondance, ces données peuvent sans dommage être altérées ou en partie supprimées : vous serez toujours capable de lire un texte historique si, disons, 10 % des lettres ont été endommagées dans le manuscrit.

Lorsque nous voulons transmettre ou stocker des données, cette redondance est souvent un problème, puisqu'elle demande une plus grande capacité pour le stockage ou la transmission. Nous voudrions pouvoir supprimer cette redondance, en transformant (c.-à-d. en encodant) les données de manière à ce qu'elles utilisent le moins d'espace possible. Dans ce chapitre, nous avons vu comment formuler ce problème mathématiquement. Nous avons introduit la notion de source d'information, dans laquelle nous associons une probabilité à chaque séquence possible de symboles. Nous avons ensuite défini la notion d'entropie d'une source d'information, qui est, dans un sens, la quantité d'information réelle générée par cette source. Un bon code permet de supprimer la redondance dans les données d'origine et de ne transmettre que l'information réelle.

Nous avons vu que pour un code sans préfixe et non ambigu, la longueur moyenne des mots du code ne peut pas être inférieure à l'entropie de la source. Cela signifie qu'il est possible de supprimer la redondance des données, mais pas de faire plus : aucun code ne peut faire mieux que cela.

Mais certains codes peuvent être très proches de cette limite fondamentale. Nous avons analysé le code de Shannon-Faro, et montré qu'il peut se rapprocher d'un bit par symbole de l'entropie. Ce résultat a néanmoins des limites : nous avons supposé que les symboles $X_1, X_2, \ldots$ sont indépendants et que leur distribution est connue avant la construction du code. En pratique, ces hypothèses ne sont pas toujours vraies, et nous les avons faites pour simplifier l'étude théorique. De nombreuses recherches effectuées depuis les résultats pionniers de Shannon ont permis d'assouplir ces hypothèses, et il existe en fait des codes très puissants pouvant compresser pratiquement toutes les séquences de manière efficace. Ces codes jouent un rôle très important à beaucoup de niveaux dans l'infrastructure numérique ; sans eux, de nombreux services que nous utilisons tous les jours seraient impossibles ou beaucoup trop coûteux à faire fonctionner.

6.10 Exercices

6.10.1 *Variables aléatoires et entropie*
Pour chaque paire de mots ci-dessous, comparer leur entropie ($<, =, >$) :

1) AAAAAAHH et HAHAHAHA
2) ABBA et BEBE
3) CALC et CALCUL
4) MEDITERRANNEE et MEDETERRENNEE
5) EPFL et EEPPFFLL

6.10.2 *Codage et décodage*
On considère le code C suivant : $c(1) = 0, c(2) = 10, c(3) = 1100, c(4) = 1111$. Répondre aux questions suivantes :

1) Ce code est-il optimal ?
2) Vérifier si l'inégalité de Kraft est satisfaite.
3) Ce code est-il sans préfixe ?
4) L'algorithme de Shannon-Fano pourrait-il générer ce code ? Si oui, trouver une séquence S qui correspond.

6.10.3 *Codes sans préfixe*
On considère le code C suivant :

Y	E	S	N	O
0	1	00	01	10

1) Ce code est-il non singulier ?
2) Ce code est-il sans préfixe ?
3) Nous encodons la phrase « NO » avec ce code, et envoyons la séquence de bits qui en résulte au décodeur.
   Le décodeur essaie de trouver toutes les phrases qui correspondent à cette séquence de bits. Combien de phrases trouve-t-il ? Que conclure ?

6.10.4 *Longueur moyenne du mot de code et code de Shannon-Fano*
On veut comprimer la phrase $\boldsymbol{S}$ =« ABRACADABRAA » à l'aide d'un code binaire sans préfixe C.

1) Trouver la plus grande borne inférieure de la longueur moyenne par lettre pour ce code (sans construire de code spécifique).
2) Quel est le code de Shannon-Fano C pour la phrase $\boldsymbol{S}$? Dessiner l'arbre de code correspondant.
3) Quelle est la longueur moyenne par lettre $L(C)$ de votre code pour la phrase $\boldsymbol{S}$?
4) Si nous nous restreignons à utiliser un code qui ne tient pas compte des probabilités d'apparition et qui utilise exactement le même nombre de bits pour chaque lettre, de combien de bits aurons-nous besoin pour représenter la séquence ?

5) Quelle est l'entropie $H(X')$ d'un symbole aléatoire dans $\boldsymbol{S'}$ =« CDCDCDCD » ?

6) Si nous encodons cette phrase avec notre code C ci-dessus, quelle est la longueur moyenne $L(C)$? La borne $L(C) < H(X')+1$ tient-elle ici ? Donner une brève explication.

6.10.5 *Jeu de devinette*

Je choisis au hasard une case sur un échiquier standard, où les pièces (tour, cavalier, fou, dame et roi) et les pions sont placés dans leur position de départ :

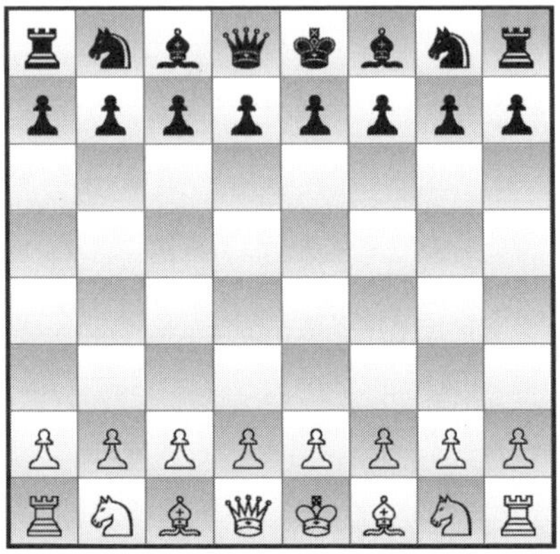

Votre but est de deviner si la case choisie au hasard :

- est vide,
- contient un pion noir,
- contient une autre pièce noire,
- contient un pion blanc,
- contient une autre pièce blanche.

Pour trouver la réponse, il est possible me poser des questions auxquelles je ne peux répondre que par oui ou par non. Si on utilise une stratégie optimale, de combien de questions *en moyenne* a-t-on besoin pour obtenir la réponse ?

Chapitre 7

Correction d'erreurs

7.1 Introduction

Dans le chapitre précédent sur la compression de données, nous avons étudié comment représenter des données à l'aide de 0 et de 1 en utilisant le moins d'espace possible, ceci grâce à la redondance présente dans les données.

Dans le présent chapitre [(1)], nous allons faire en quelque sorte le contraire ! Plus précisément, on se pose ici la question de savoir comment *ajouter* de la redondance à un message, de manière à protéger celui-ci d'erreurs qui surviendraient lors d'un enregistrement ou d'une lecture sur disque, ou lors d'une transmission sans fil ou sur internet. Pour de multiples raisons, de telles erreurs se produisent très souvent ; elles sont même omniprésentes dans tous les systèmes informatiques actuels. Il est donc capital de disposer d'un mécanisme fiable de correction d'erreurs.

Le scénario que nous considérerons tout au long de ce chapitre est le suivant (voir la figure 7.1 pour illustration) :

- Pour protéger un message « brut » $\mathbf{x}$ (consistant par exemple en une suite de 0 et de 1), on lui ajoute de la redondance en le transformant en un *mot de code* $\mathbf{c}$, plus long que le message d'origine $\mathbf{x}$; c'est ce que l'on appelle l'*encodage* du message.
- Ce mot de code est ensuite lu/enregistré/transmis (choisissez votre scénario favori) et c'est lors de ce processus que des erreurs surviennent, transformant le mot de code $\mathbf{c}$ en une version altérée $\widetilde{\mathbf{c}}$. On dit alors que le mot de code passe à travers un *canal bruité*.
- Puis, à partir du mot de code bruité $\widetilde{\mathbf{c}}$ reçu, on tente de retrouver le message d'origine $\mathbf{x}$. C'est la procédure de *décodage*. Si la protection du message est effectuée correctement et de manière adaptée au bruit du canal de communication, on espère alors retrouver le message d'origine $\mathbf{x}$ avec une probabilité aussi petite que possible de faire une erreur.

(1) Le présent chapitre est en partie inspiré du cours de Venkatesan Guruswami sur la théorie du codage (Carnegie Mellon University).

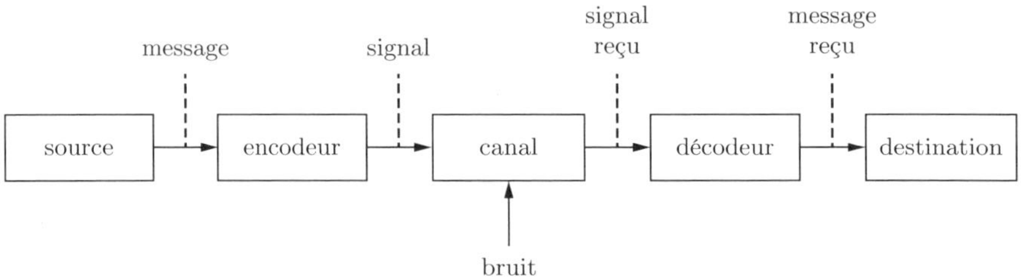

Figure 7.1 Canal de communication.

Remarque. Etant donné ce qui précède, vous êtes en droit de vous poser la question suivante : n'a-t-on pas dit au chapitre précédent que la plupart des données contiennent de la redondance de manière naturelle ? Pourquoi dès lors supprimer cette redondance dans un premier temps (=compression), pour devoir en rajouter après (=codage) ? Il y a plusieurs réponses intéressantes à cette question, mais la plus importante est que l'on désire contrôler le type de redondance que l'on ajoute aux données, de manière à pouvoir effectuer le décodage de manière systématique, et ne pas devoir adapter celui-ci aux différents types de données qui sont transmises.

Dans ce qui suit, nous effectuerons une distinction entre une *erreur*, qui survient lorsqu'un 1 est interprété comme un 0 ou vice-versa, et un *effacement*, qui survient lorsqu'un bit n'est simplement pas lu. Dans ce dernier cas, nous noterons X la valeur du bit, pour signifier que celle-ci est effacée. Il se trouve qu'il est généralement plus difficile de corriger des erreurs que des effacements ; nous nous concentrerons principalement sur les seconds dans ce chapitre. Les deux exemples suivants illustrent deux façons différentes de protéger un message contre des erreurs ou des effacements.

7.1.1 Codage par répétition

La façon la plus simple de protéger un message d'erreurs de lecture éventuelles est de répéter celui-ci. La façon la plus simple de protéger un message d'erreurs de lecture éventuelles est de répéter celui-ci, comme vous pouvez le constater ! Le *codage par répétition* s'effectue de la manière suivante : lorsque l'on désire envoyer un message consistant en une suite de 0 et de 1, comme par exemple 001010, on envoie à la place un message où chaque bit est répété plusieurs fois, soit

000011001100 si l'on double chaque bit, ou
000000111000111000 si l'on triple chaque bit, etc.

La première séquence protège le message d'origine, en ce sens que même si un bit est malencontreusement effacé à la lecture (c.-à-d. si l'on lit par exemple : 0000X1001100), il est encore possible de retrouver le message d'origine (en l'occurrence 001010). La seconde séquence fait encore mieux, en ce sens que même si deux bits consécutifs sont effacés (par exemple : 00000001110XX111000), il est encore possible de retrouver le message d'origine.

On voit bien qu'en répétant encore plus de fois chaque bit, on peut encore mieux protéger le message des erreurs de lecture. Le prix à payer réside cependant dans la longueur du message avec répétitions : si chaque bit est répété r fois, la longueur du message est multipliée par le même facteur. Cette méthode de protection n'est donc pas optimale de ce point de vue.

7.1.2 Bit(s) de parité

Nous avons vu ci-dessus que le codage par répétition permet de corriger un effacement si l'on répète deux fois chaque bit à envoyer, ce qui double la longueur du message. Il est en fait possible de faire beaucoup mieux pour corriger un seul effacement ! Voici une autre proposition : envoyer le message tel quel et rajouter à la fin un *bit de parité*, qui vaut 0 si la somme des bits qui composent le message est paire, ou 1 si elle est impaire.

EXEMPLE 7.1 Pour le message 001010 ci-dessus, le bit de parité à ajouter vaut 0, car 0+0+1+0+1+0=2 est pair. On envoie donc dans ce cas le message

$$0010100$$

Supposons maintenant qu'un de ces bits soit malencontreusement effacé à la lecture. Si le bit effacé est le bit de parité final, le message d'origine n'en est pas affecté. Si par contre c'est un bit du message qui est effacé (c.-à-d., si l'on lit par ex. 000X0100), alors en regardant le message d'une part et le bit de parité final d'autre part, on déduit ici qu'il manque un 1 dans la séquence, et donc que le bit effacé doit être un 1.

Ce nouveau procédé permet donc de corriger un effacement en ne rajoutant qu'un bit au message d'origine. Par rapport au code de répétition ci-dessus, on économise beaucoup de place ! En généralisant cette idée, on peut ajouter non pas un mais plusieurs bits de parité à un message. Tout l'art du codage consiste à savoir quels bits de parité rajouter avec parcimonie à un message, de manière à protéger celui-ci d'un maximum d'effacements/d'erreurs. ■

7.2 Codes binaires : définitions générales

De manière générale, un *code binaire*[2] *de longueur* n est un sous-ensemble $\mathcal{C}$ de $\{0,1\}^n$. Les élements de ce sous-ensemble sont appelés des *mots de code*. Chaque mot de code $c \in \mathcal{C}$ est donc une suite de 0 et de 1 de longueur n. On note $M = |\mathcal{C}|$ le nombre d'éléments de $\mathcal{C}$, que l'on appelle également la *taille* du code : celle-ci correspond au nombre de messages différents que l'on peut transmettre avec un tel code.

EXEMPLE 7.2 Pour $n = 3$, considérons

$$\mathcal{C} = \{000, 011, 101, 110\} \tag{7.1}$$

[2] Nous verrons plus loin des exemples de codes non binaires définis sur des ensembles plus grands que $\{0,1\}$.

On a ici $M = 4$ mots de code. Ce code pourrait donc servir, par exemple, à transmettre l'un des quatre messages suivants : « il fait beau » (mot de code 000), « le ciel est couvert » (mot de code 011), « il pleut » (mot de code 101) ou encore « il neige » (mot de code 110). ■

Avant d'aller plus loin, examinons les qualités que l'on attend d'un « bon » code.

1) On aimerait bien pouvoir transmettre le plus de messages différents possibles avec le code. On aimerait donc bien que la taille M du code soit la plus grande possible. Pour cela, on a besoin bien sûr de choisir la longueur n suffisamment grande. Remarquer cependant qu'avec un code de longueur n, on a a priori de la place pour beaucoup de mots de codes dans l'ensemble $\{0, 1\}^n$ (au plus, $M = 2^n$ mots de code [3]). Dans tous les exemples de codes à venir, nous verrons que M grandit toujours exponentiellement avec n.
2) Ceci dit, on aimerait aussi que tous les mots de code de $\mathcal{C}$ soient aussi différents que possible les uns des autres, de telle manière à pouvoir corriger le plus d'erreurs possibles survenues lors d'une écriture sur disque ou lors d'une transmission. Ceci induit une contrainte qui limite le nombre de mots de code que l'on peut « empaqueter » dans l'ensemble $\{0, 1\}^n$. En effet, si l'on décidait par exemple d'utiliser tous les éléments de $\{0, 1\}^n$ comme mots de code (auquel cas on aurait le nombre maximum possible de mots de code $M = 2^n$), il y aurait alors beaucoup de mots de code très proches les uns des autres, comme 00000 et 00001 dans le cas $n = 5$: si seulement une erreur (ou un effacement) survient en dernière position, il est alors impossible de savoir lequel des deux messages a été envoyé.

Un compromis entre « pouvoir transmettre beaucoup de messages différents » et « pouvoir corriger beaucoup d'erreurs » se dessine donc. Rechercher la meilleure façon de gérer ce compromis est au cœur de la théorie du codage. Voici des définitions plus précises.

Rendement

Le *rendement* d'un code binaire $\mathcal{C}$ de longueur n et de taille M est défini comme

$$R = \frac{\log_2(M)}{n}$$

Etant donné que $1 \leq M \leq 2^n$, on a toujours $0 \leq R \leq 1$.

Pour une longueur n donnée, on voit que plus R est grand, plus il est possible de transmettre de nombreux messages avec le code $\mathcal{C}$. En inversant la relation ci-dessus, on voit plus précisément que $M = 2^{nR}$.

Exemple 7.3 Pour le code (7.1) ci-dessus (p. 147), $n = 3$ et $M = 4$, donc $R = \frac{\log_2(4)}{3} = \frac{2}{3}$. ■

[3] Comme déjà observé aux chapitres 4 et 6.

Distance minimale

On mesure la *distance de Hamming* entre deux mots de code $\mathbf{c}$ et $\mathbf{c}'$ dans $\mathcal{C}$ de la manière suivante :

$$d(\mathbf{c},\mathbf{c}') = \text{ nombre de positions } i \in \{1,\ldots,n\} \text{ telles que } c_i \neq c'_i$$

Autrement dit, $d(\mathbf{c},\mathbf{c}')$ compte le nombre de positions où les mots de code $\mathbf{c}$ et $\mathbf{c}'$ diffèrent. En particulier, $d(\mathbf{c},\mathbf{c}') = 0$ si et seulement si $\mathbf{c} = \mathbf{c}'$. La *distance minimale* d'un code binaire $\mathcal{C}$ est définie comme suit :

$$d = \min_{\substack{\mathbf{c},\mathbf{c}' \in \mathcal{C} \\ \mathbf{c} \neq \mathbf{c}'}} d(\mathbf{c},\mathbf{c}')$$

Si la distance minimale d'un code est grande, cela veut dire que tous les mots de code sont éloignés les uns des autres et qu'il est donc possible théoriquement de corriger beaucoup d'erreurs.

EXEMPLE 7.4 Pour le code (7.1) ci-dessus, on voit que la distance de Hamming entre n'importe quelle paire de mots de code vaut toujours 2, et donc que la distance minimale $d = 2$. ■

La distance minimale d'un code est directement reliée au nombre d'effacements/d'erreurs que l'on peut corriger avec ce code :

- Il est facile de voir qu'un code dont la distance minimale est d permet toujours de corriger jusqu'à $d-1$ effacements. Par exemple, le code (7.1) ci-dessus permet de corriger jusqu'à $d-1 = 1$ effacement ; si on lit en effet le message 0X1, alors le seul mot de code qui corresponde est 011. Par contre, si 2 effacements surviennent, par exemple si l'on lit X0X, alors on a le choix entre 000 et 101 ; on n'est alors plus capable de savoir s'il fait beau ou s'il pleut !
- Avec la même distance minimale d, un code ne corrige que jusqu'à $\lfloor \frac{d-1}{2} \rfloor$ erreurs[(4)]. Par exemple, pour le code (7.1) ci-dessus, $\lfloor \frac{d-1}{2} \rfloor = 0$: il ne permet donc pas de corriger même une seule erreur : si on lit en effet le message 001, il est impossible de savoir où l'erreur s'est produite et donc si le message d'origine est 101 (erreur sur le 1er bit), 011 (erreur sur le 2e bit) ou encore 000 (erreur sur le 3e bit). Un code avec distance minimale 3 permet par contre de corriger une erreur : un exemple d'un code avec une telle distance minimale est le code de Hamming (voir § 7.3.5).

REMARQUE. Il est bon de noter à la fin de cette section que les deux caractéristiques mentionnées ci-dessus (rendement et distance minimale) ne sont de loin pas les seuls critères de qualité pour un code. Un autre paramètre important est, par exemple, celui de l'existence (ou non) d'un algorithme efficace pour effectuer la correction d'erreurs avec un code particulier. Pour de nombreux codes existants, on ne connaît effectivement que des algorithmes de décodage dont le temps d'exécution est exponentiel dans la longueur n du code, ce qui s'avère prohibitif pour des codes de longueur raisonnable. Il a été montré cependant que

---

(4) $\lfloor a \rfloor$ dénote la partie entière inférieure du nombre réel a.

pour certaines familles particulières de codes, il existe des algorithmes de décodage dont le temps d'exécution est seulement linéaire en n, ce qui est beaucoup plus intéressant d'un point de vue pratique. De nombreux travaux de recherche se penchent sur ces questions à l'heure actuelle.

7.3 Codes linéaires

Comment choisir un bon code $\mathcal{C} \subset \{0,1\}^n$? Un grand nombre de possibilités s'offrent à nous... Il se trouve qu'il est souvent utile d'imposer une certaine *structure* à un code, notamment pour faciliter la procédure de décodage. Une famille importante de codes partageant une structure commune est celle des *codes linéaires* : de tels codes sont, par définition, des sous-espaces vectoriels de $\{0,1\}^n$. Voyons ce que ceci veut dire de manière concrète.

Sur l'ensemble $\{0,1\}$, on définit l'addition et la multiplication comme suit :

+	0	1
0	0	1
1	1	0

·	0	1
0	0	0
1	0	1

Muni de ces deux opérations, l'ensemble $\{0,1\}$ constitue ce que l'on appelle un *corps fini.* On peut voir d'autre part l'ensemble $\{0,1\}^n$ comme un espace vectoriel sur $\{0,1\}$, muni de l'addition vectorielle[5]

$$\mathbf{c} + \mathbf{c}' = (c_1 + c'_1, c_2 + c'_2, \ldots, c_n + c'_n), \quad \text{pour } \mathbf{c}, \mathbf{c}' \in \{0,1\}^n$$

et de la multiplication scalaire

$$\lambda \cdot \mathbf{c} = (\lambda \cdot c_1, \lambda \cdot c_2, \ldots, \lambda \cdot c_n), \quad \text{pour } \lambda \in \{0,1\} \text{ et } \mathbf{c} \in \{0,1\}^n$$

Demander maintenant que $\mathcal{C}$ soit un sous-espace vectoriel de $\{0,1\}^n$ revient concrètement à demander que :

1) Si $\mathbf{c}, \mathbf{c}' \in \mathcal{C}$, alors $\mathbf{c} + \mathbf{c}' \in \mathcal{C}$.
2) Si $\lambda \in \{0,1\}$ et $\mathbf{c} \in \mathcal{C}$, alors $\lambda \cdot \mathbf{c} \in \mathcal{C}$.

Dans le cas des codes binaires, il se trouve que la deuxième condition est une conséquence de la première : en effet, la première condition implique en particulier que pour un $\mathbf{c} \in \mathcal{C}$ quelconque, $\mathbf{c} + \mathbf{c} = \mathbf{0} \in \mathcal{C}$, où $\mathbf{0}$ est le vecteur nul à n composantes[6]. Un code linéaire a donc toujours $\mathbf{0}$ pour mot de code. De là, on déduit que si $\lambda = 0$ et $\mathbf{c} \in \mathcal{C}$, alors $\lambda \cdot \mathbf{c} = \mathbf{0} \in \mathcal{C}$, tandis que si $\lambda = 1$ et $\mathbf{c} \in \mathcal{C}$, alors on a aussi $\lambda \cdot \mathbf{c} = \mathbf{c} \in \mathcal{C}$. Ceci reste cependant un cas très particulier. Si l'on remplace $\{0,1\}$ par un autre corps fini (voir à ce sujet la section 7.5 sur les codes de Reed-Solomon), alors la deuxième condition s'avère nécessaire pour garantir que $\mathcal{C}$ soit un sous-espace vectoriel.

---

(5) Attention : cette règle d'addition n'a rien à voir avec celle définie au chapitre 4. Ici, le vecteur $\mathbf{c}$ n'est pas censé représenter un nombre entier et l'on effectue l'addition bit par bit ; il n'y a donc pas de retenues, ni d'*overflow* ou de dépassement de capacité !

(6) Petite remarque en passant : sur $\{0,1\}^n$, $\mathbf{c} + \mathbf{c}' = \mathbf{c} - \mathbf{c}'$, c'est-à-dire que l'addition et la soustraction sont une seule et même opération !

EXEMPLE 7.5 Le code défini en (7.1) est un code linéaire. En effet, $\mathbf{0} = 000$ fait bien partie du code, et l'on vérifie par exemple (en utilisant la règle d'addition ci-dessus) que

$$011 + 101 = 110 \tag{7.2}$$

est également un mot de code. Les autres relations s'obtiennent de manière similaire et montrent que la première condition ci-dessus est vérifiée (et la deuxième découle de la première).
Le code $\mathcal{C} = \{000, 001, 011, 111\}$ n'est par contre pas un code linéaire, car 001+011=010, qui ne fait pas partie du code. ■

Distance minimale

La distance minimale d'un code linéaire se calcule plus facilement que dans le cas général. En effet, on voit d'une part que

$$d = \min_{\substack{\mathbf{c},\mathbf{c}' \in \mathcal{C} \\ \mathbf{c} \neq \mathbf{c}'}} d(\mathbf{c}, \mathbf{c}') = \min_{\substack{\mathbf{c},\mathbf{c}' \in \mathcal{C} \\ \mathbf{c} \neq \mathbf{c}'}} d(\mathbf{c} - \mathbf{c}', 0)$$

D'autre part, comme le code est linéaire, $\mathbf{c} - \mathbf{c}' \in \mathcal{C}$ pour tous $\mathbf{c}, \mathbf{c}' \in \mathcal{C}$. On obtient donc que

$$d = \min_{\mathbf{c} \in \mathcal{C}, \mathbf{c} \neq \mathbf{0}} d(\mathbf{c}, 0) = \min_{\mathbf{c} \in \mathcal{C}, \mathbf{c} \neq \mathbf{0}} |\mathbf{c}|$$

où $|\mathbf{c}|$ est le nombre de 1 apparaissant dans le mot de code $\mathbf{c}$, que l'on appelle également le *poids de Hamming* $\mathbf{c}$. La distance minimale d'un code linéaire $\mathcal{C}$ est donc égale au poids du « plus léger » de ses mots de code (si l'on exclut le mot de code $\mathbf{0}$, qui rappelons-le fait toujours partie de $\mathcal{C}$).

Dimension et rendement

Un code linéaire $\mathcal{C}$ étant un sous-espace vectoriel de $\{0,1\}^n$, il a une *dimension* $k \in \{1, \ldots, n\}$ (on rappelle ici que la dimension d'un sous-espace vectoriel est le nombre maximum de vecteurs linéairement indépendants que l'on peut trouver dans ce sous-espace vectoriel). Dans l'espace vectoriel $\{0,1\}^n$, il se trouve qu'un sous-espace vectoriel $\mathcal{C}$ de dimension k a $M = 2^k$ éléments, ce qui correspond à la taille du code $\mathcal{C}$. Le rendement d'un code linéaire $\mathcal{C}$ est donc donné par

$$R = \frac{\log_2(M)}{n} = \frac{k}{n}$$

EXEMPLE 7.6 La dimension du code $\mathcal{C} = \{00000, 11111\}$ est égale à $\log_2(2) = 1$. Celle du code $\mathcal{C} = \{0,1\}^n$ est égale à $\log_2(2^n) = n$. Celle du code défini en (7.1) est égale à $\log_2(4) = 2$ (et de manière correspondante, son rendement est égal à $2/3$, vu que $n = 3$ dans ce cas). Une manière équivalente de voir que la dimension de ce dernier code vaut 2 est de constater qu'au maximum 2 des 4 vecteurs composant le code sont linéairement indépendants. La relation (7.2) montre en effet que les 3 vecteurs 011, 101 et 110 sont linéairement dépendants. ■

Remarquons que, de manière quelque peu insatisfaisante, on note par convention « k » la dimension d'un code linéaire, pour ne pas confondre avec « d », sa distance minimale.

7.3.1 Où va-t-on ?

Le but du jeu est maintenant de trouver de « bons » codes linéaires qui possèdent à la fois une grande distance minimale d (de manière à pouvoir corriger un nombre maximum d'erreurs) et une grande dimension k (de manière à pouvoir encoder le plus d'information possible). De plus, comme mentionné plus haut, un bon code devrait également avoir un algorithme de décodage efficace. Comme nous allons le voir, la tâche n'est pas facile...

7.3.2 Code de répétition (bis)

Le code de répétition défini plus haut fait bien partie de la classe des codes linéaires. En effet, supposons que l'on veuille transmettre un message $\mathbf{x} = (x_1, \ldots, x_k)$ de longueur k et que l'on répète chaque symbole r fois. Pour cela, on aura besoin de $n = kr$ symboles au total. Le code $\mathcal{C} \subset \{0,1\}^n$ sera donné dans ce cas par l'ensemble des vecteurs $\mathbf{c} \in \{0,1\}^n$ de la forme

$$\mathbf{c} = (\underbrace{x_1, \ldots, x_1}_{r \text{ fois}}, \underbrace{x_2, \ldots, x_2}_{r \text{ fois}}, \ldots, \underbrace{x_k, \ldots, x_k}_{r \text{ fois}})$$

avec $x_i \in \{0,1\}$. On vérifie aisément que l'ensemble $\mathcal{C}$ est un sous-espace vectoriel de $\{0,1\}^n$ formé de 2^k éléments, et donc de dimension k. Le rendement de ce code est égal à $R = \frac{k}{n} = \frac{1}{r}$, tandis que sa distance minimale est égale à $d = r$.

On voit ici que l'on ne peut accroître la capacité du code à corriger des erreurs qu'au prix d'une baisse inversément proportionnelle du rendement de celui-ci. Le seul avantage présenté par un tel code réside dans sa simplicité d'implémentation, qu'il s'agisse de l'encodage des messages ou du décodage de ceux-ci.

7.3.3 Code avec un bit de parité (bis)

Rappellons ici qu'un tel code ajoute à un message $\mathbf{x} = (x_1, \ldots, x_k)$ de longueur k un unique bit de parité $b = \sum_{i=1}^k x_i$. Le mot de code correspondant est donc $\mathbf{c} = (\mathbf{x}, b) = (x_1, \ldots, x_k, b)$. Ce code est clairement linéaire (vu que b est une combinaison linéaire des x_i), de dimension k et de longueur $n = k + 1$. Son rendement vaut donc

$$R = \frac{k}{n} = \frac{n-1}{n} = 1 - \frac{1}{n}$$

R s'approche donc de 1 lorsque n grandit, ce qui est le mieux que l'on puisse faire. Par contre, sa distance minimale d vaut seulement 2, et ceci pour toute valeur de n : en effet, si l'on considère deux vecteurs $\mathbf{x}$ et $\mathbf{x}'$ ne différant qu'en une seule position, alors nécessairement, les bits de parité b et b' correspondants sont différents, donc la distance entre les mots de code $\mathbf{c}$ et $\mathbf{c}'$ correspondants vaut 2 ; et pour des vecteurs $\mathbf{x}$ et $\mathbf{x}'$ différant en plus d'une position, la distance entre $\mathbf{c}$ et $\mathbf{c}'$ est forcément supérieure ou égale à 2.

Le code ci-dessus a donc un très bon rendement, mais ne permet pas de corriger plus d'un d'effacement, et ne corrige aucune erreur !

7.3.4 Codes avec plusieurs bits de parité

Une généralisation du code ci-dessus est la suivante : au lieu d'ajouter un seul bit de parité $b = \sum_{i=1}^k x_i$ au message $\mathbf{x} = (x_1, \ldots, x_k)$, on ajoute plusieurs bits de parité $(b_1, \ldots, b_{n-k})$, où chaque bit b_j est la somme de *certains* des x_i. Les mots du code $\mathcal{C}$ sont alors de la forme $\mathbf{c} = (c_1, \ldots, c_n) = (x_1, \ldots, x_k, b_1, \ldots, b_{n-k})$. Voici un exemple avec $k = 4$ et $n - k = 2$ (donc $n = 6$) :

$$b_1 = x_1 + x_2, \quad b_2 = x_2 + x_3 + x_4$$

qui se réécrit $c_5 = c_1 + c_2$, $c_6 = c_2 + c_3 + c_4$, ou encore :

$$c_1 + c_2 + c_5 = 0, \quad c_2 + c_3 + c_4 + c_6 = 0 \tag{7.3}$$

en se rappelant que dans l'ensemble $\{0, 1\}$, $a + b = a - b$ pour tout a et b. Des mots du code $\mathcal{C}$ sont donc : 000000, 100010, 010011, 110001, etc. ($2^4 = 16$ mots de code en tout).

Une manière agréable de décrire un tel code est de définir la *matrice de parité* H du code, qui dans l'exemple ci-dessus s'écrit (à partir de (7.3)) :

$$H = \begin{pmatrix} 1 & 1 & 0 & 0 & 1 & 0 \\ 0 & 1 & 1 & 1 & 0 & 1 \end{pmatrix}$$

Par ce qui précède, nous observons que $\mathbf{c}$ est un mot du code $\mathcal{C}$ si et seulement si $H\mathbf{c} = \mathbf{0}$ (où $\mathbf{c}$ est écrit ici en vecteur colonne).

Il se trouve que pour *tout* code linéaire $\mathcal{C}$ de longeur n et de dimension $k \leq n$, il existe une matrice de parité H de dimensions $(n-k) \times n$ et de rang maximal [7] $n - k$ telle qu'un mot de code $\mathbf{c} \in \mathcal{C}$ si et seulement si $H\mathbf{c} = \mathbf{0}$ (autrement dit, le sous-espace vectoriel $\mathcal{C}$ est le noyau de la matrice H). Donner la matrice H revient donc à caractériser entièrement le code $\mathcal{C}$. On peut remarquer cependant que plusieurs matrices de parité différentes peuvent correspondre à un même code.

Proposition 7.7

La distance minimale d d'un code $\mathcal{C}$ avec matrice de parité H est égale au nombre minimum de colonnes *linéairement dépendantes* de H. ◀

Démonstration. (pour les amateurs d'algèbre linéaire !)
Appelons D le nombre minimum de colonnes linéairement dépendantes de H et $j_1, \ldots, j_D$ les indices des colonnes correspondantes ; nous allons démontrer que la distance minimale du code $d = D$.

Le code $\mathcal{C}$ étant linéaire, sa distance minimale d est égale au poids du mot de code le plus « léger ». Considérons $\mathbf{c}$ le vecteur qui vaut 1 aux positions $j_1, \ldots, j_D$ et 0 ailleurs. Le poids de $\mathbf{c}$ est égal à D. Comme les colonnes $j_1, \ldots, j_D$ de H sont linéairement dépendantes, on a par définition $H\mathbf{c} = \mathbf{0}$, donc le vecteur $\mathbf{c}$ est un mot de code faisant partie de $\mathcal{C}$, ce qui prouve que $D \geq d$.

---

(7) Pour rappel, le rang d'une matrice H de dimensions $m \times n$ est égal au nombre maximum de colonnes de H qui sont linéairement indépendantes. Ce nombre se trouve être égal au nombre maximum de lignes de H qui sont linéairement indépendantes et ne peut donc excéder la valeur $\min(m, n)$. Lorsque le rang de H est égal à $\min(m, n)$, on dit que H est de rang maximal.

Si maintenant il existait un autre mot de code $\mathbf{c} \in \mathcal{C}$ avec un poids $d < D$, comme par définition, $H\mathbf{c} = \mathbf{0}$, ceci impliquerait que moins de D colonnes de H soient linéairement dépendantes, ce qui contredirait l'hypothèse. Donc $d \geq D$ et la proposition est démontrée. □

EXEMPLE 7.8 Dans l'exemple ci-dessus, la matrice H a deux colonnes identiques (notamment la 1re et la 5e), donc linéairement dépendantes, et donc $d = 2$ (pour s'en convaincre, on peut également écrire la liste complète des mots de code et vérifier qu'ils sont toujours à distance 2 au moins l'un de l'autre). ■

On peut faire de plus les remarques suivantes :

- Dans quel cas un code $\mathcal{C}$ peut-il avoir une distance minimale $d = 1$? Pour cela, il faut (et il suffit) que la matrice de parité ait une colonne formée entièrement de zéros.
- Tout code dont la matrice de parité n'a aucune colonne de zéros et dont toutes les colonnes sont différentes a une distance minimale $d \geq 3$ (car 2 colonnes différentes ne peuvent être linéairement dépendantes).

7.3.5 Code de Hamming

Un exemple de code de Hamming est le code linéaire dont la matrice de parité (ou plus précisément *une* matrice de parité possible) est la matrice 3×7 suivante :

$$H = \begin{pmatrix} 0 & 0 & 0 & 1 & 1 & 1 & 1 \\ 0 & 1 & 1 & 0 & 0 & 1 & 1 \\ 1 & 0 & 1 & 0 & 1 & 0 & 1 \end{pmatrix}$$

C'est donc un code de longueur $n = 7$, de dimension $k = n - 3 = 4$ (du fait que sa matrice de parité a 3 lignes linéairement indépendantes), défini ainsi :

$$\mathcal{C} = \{\mathbf{c} \in \{0, 1\}^7 \; : \; H\mathbf{c} = \mathbf{0}\}$$

ce qui en clair veut dire que $\forall \mathbf{c} \in \mathcal{C}$,

$$c_4 + c_5 + c_6 + c_7 = 0, \quad c_2 + c_3 + c_6 + c_7 = 0, \quad c_1 + c_3 + c_5 + c_7 = 0$$

Notre propos ici n'est pas d'établir la liste des $2^4 = 16$ mots de code $\mathbf{c} \in \mathcal{C}$ satisfaisant ces 3 équations (celle-ci contient par exemple $0000000, 1110000, 1000011$, etc.), mais plutôt de mettre l'accent sur quelques propriétés remarquables de ce code.

- Première observation : les colonnes de la matrice de parité ci-dessus sont toutes différentes, et la $i^{\text{ème}}$ colonne (lue de haut en bas) n'est rien d'autre que la représentation binaire sur 3 bits du nombre entier i.
- La distance minimale de ce code vaut $d = 3$. En effet, par l'observation faite ci-dessus et par la dernière remarque du paragraphe 7.3.4, on voit que $d \geq 3$. Mais on voit aussi que les 3 premières colonnes de la matrice H sont linéairement dépendantes, donc $d = 3$.
- Le code de Hamming corrige donc jusqu'à 2 ($= d - 1$) effacements ou 1 ($= \lfloor \frac{d-1}{2} \rfloor$) erreur. Voyons comment ces corrections s'effectuent en pratique.

Correction de deux effacements

Supposons pour l'exemple que le mot de code 1000011 soit envoyé et que les bits 3 et 7 soient effacés lors de la transmission. On reçoit donc le mot de code partiellement effacé 10X001X, avec deux inconnues que sont c_3 et c_7. En recopiant les trois équations ci-dessus, on trouve :

$$0+0+1+c_7=0, \quad 0+c_3+1+c_7=0, \quad 1+c_3+0+c_7=0$$

De la première équation, on déduit que $c_7=1$, puis que $c_3=0$ de la deuxième ou de la troisième, retrouvant bien ainsi le mot de code envoyé. Notons au passage que si par exemple c_4 avait également été effacé, la résolution des équations

$$c_4+0+1+c_7=0, \quad 0+c_3+1+c_7=0, \quad 1+c_3+0+c_7=0$$

n'aurait pas mené à une solution unique (en l'occurence, $c_3=0$, $c_4=0$, $c_7=1$ et $c_3=1$, $c_4=1$, $c_7=0$ sont deux solutions). Le décodage n'est donc pas possible dans ce cas-là, car le nombre d'effacements est (plus grand ou) égal à la distance minimale du code (ceci dit, suivant l'emplacement des 3 effacements, il se peut que par chance, le décodage soit malgré tout possible ; vous pouvez vérifier dans l'exemple ci-dessus que c'est le cas si c_3, c_6 et c_7 sont effacés).

Correction d'une erreur

Supposons que le bit i du mot de code $\mathbf{c}$ soit corrompu lors de la transmission, c'est-à-dire que le mot de code reçu soit $\widetilde{\mathbf{c}}=\mathbf{c}+\mathbf{e}_i$, où $\mathbf{e}_i$ est le vecteur ne contenant que des 0, excepté un 1 en position i. En multipliant ce mot de code reçu par H, on trouve

$$H\,\widetilde{\mathbf{c}}=H\,(\mathbf{c}+\mathbf{e}_i)=H\,\mathbf{c}+H\,\mathbf{e}_i=\mathbf{0}+\mathbf{h}_i=\mathbf{h}_i$$

où $\mathbf{h}_i$ désigne la $i^{\text{ème}}$ colonne de H. En se rappelant que la i^e colonne de H (lue de haut en bas) n'est rien d'autre que la représentation binaire du nombre entier i, on peut par cette opération identifier l'endroit exact où le mot de code initial $\mathbf{c}$ a été modifié lors de la transmission, et donc ainsi facilement corriger l'erreur. Pour cette raison, le vecteur $H\,\widetilde{\mathbf{c}}$ est appelé le *syndrome* qui permet la correction d'erreur.

Généralisation

Le code de Hamming se généralise pour de plus grandes dimensions de la manière suivante. Soit $r \geq 1$; on définit H la matrice de parité de dimensions $r \times (2^r-1)$, dont chaque colonne $\mathbf{h}_i$ (lue de haut en bas) est la représentation binaire sur r bits du nombre entier i. Cette matrice est de rang r ; la longueur du code vaut $n=2^r-1$ et sa dimension $k=2^r-1-r$. Le rendement de ce code vaut dès lors

$$R=\frac{2^r-1-r}{2^r}$$

qui approche la valeur 1 lorsque r devient grand (et du coup, lorsque $n=2^r-1$ devient très grand). D'un autre côté, la distance minimale de ce code reste égale à 3 pour toute valeur de r, pour les mêmes raisons que celles évoquées ci-dessus dans le cas $r=3$. Augmenter la valeur de r ne permet donc pas de corriger plus d'effacements ou d'erreurs, mais d'augmenter le rendement du code.

7.3.6 Code de Hadamard

Jusqu'à présent, nous n'avons recontré que des codes dont la distance minimale d est plus petite ou égale à 3 (si l'on excepte le code de répétition, pour lequel on a vu que l'extension de la distance minimale a un coût prohibitif en termes de rendement). Le code de Hadamard va nous aider à nous extirper de ce mauvais pas.

Pour décrire ce code, on utilise sa *matrice génératrice* plutôt que sa matrice de parité. De manière générale, la matrice génératrice d'un code linéaire $\mathcal{C}$ de longueur n et de dimension $k \leq n$ est une matrice G de dimensions $n \times k$ dont les colonnes, linéairement indépendantes, forment une base du sous-espace vectoriel $\mathcal{C}$. Plus précisément, le mot de code $\mathbf{c} = (c_1, \ldots, c_n) \in \{0,1\}^n$ correspondant au message $\mathbf{x} \in \{0,1\}^k$ est donné par

$$c_i = \mathbf{g}_i \cdot \mathbf{x}, \quad i = 1, \ldots, n$$

où $\mathbf{g}_i$ est la $i^{\text{ème}}$ ligne de la matrice génératrice G (et $\mathbf{a} \cdot \mathbf{b}$ désigne le produit scalaire entre deux vecteurs $\mathbf{a}$ et $\mathbf{b}$). L'égalité ci-dessus se réécrit de manière plus compacte :

$$\mathbf{c} = G\mathbf{x}$$

où $\mathbf{c}$ et $\mathbf{x}$ sont représentés comme des vecteurs colonnes (de dimensions n et k, respectivement). A nouveau, il est bon de noter que *tout* code linéaire peut être représenté à l'aide de sa matrice génératrice G. Notons également que, comme pour la matrice de parité H, plusieurs matrices G différentes peuvent générer un même code $\mathcal{C}$ (comme plusieurs bases différentes peuvent générer un même sous-espace vectoriel).

La matrice génératrice (ou plus précisément *une* matrice génératrice possible) du code de Hadamard de dimension $k = 3$ et de longueur $n = 8$ est donnée par

$$G = \begin{pmatrix} 0 & 0 & 0 \\ 0 & 0 & 1 \\ 0 & 1 & 0 \\ 0 & 1 & 1 \\ 1 & 0 & 0 \\ 1 & 0 & 1 \\ 1 & 1 & 0 \\ 1 & 1 & 1 \end{pmatrix}$$

Remarquons ici que la matrice G est la transposée de la matrice de parité H du code de Hamming, à laquelle on a rajouté une ligne de 0. Ainsi, la $i^{\text{ème}}$ ligne $\mathbf{g}_i$ de G est la représentation binaire du nombre entier $i - 1$. On dit aussi que le code de Hadamard est le *code dual* du code de Hamming.

Les mots qui forment le code de Hadamard sont donnés par les 3 colonnes $\mathbf{c}_1, \mathbf{c}_2, \mathbf{c}_3$ de la matrice G ci-dessus, ainsi que leurs combinaisons linéaires (en l'occurrence : $\mathbf{0}, \mathbf{c}_1 + \mathbf{c}_2, \mathbf{c}_1 + \mathbf{c}_3, \mathbf{c}_2 + \mathbf{c}_3, \mathbf{c}_1 + \mathbf{c}_2 + \mathbf{c}_3$). On trouve donc bien $8 = 2^3$ mots de code en tout.

On peut aussi observer que le poids de chaque mot de code (à part le mot de code $\mathbf{0}$) est égal à 4 exactement, donc que la distance minimale du code $d = 4$.

Vérifions ceci de manière quelque peu formelle : soit $\mathbf{c}$ un mot de code différent de $\mathbf{0}$. Celui-ci correspond donc à un message $\mathbf{x} \neq 0$; on peut supposer sans restriction de généralité que $\mathbf{e}_1 \cdot \mathbf{x} = x_1 = 1$. En remarquant que pour tout $1 \leq i \leq 4$, $\mathbf{g}_{4+i} = \mathbf{e}_1 + \mathbf{g}_i$ (penser par exemple à $\mathbf{g}_8 = 111 = 100 + 011 = \mathbf{e}_1 + \mathbf{g}_4$), on obtient

$$c_i + c_{4+i} = \mathbf{g}_i \cdot \mathbf{x} + \mathbf{g}_{4+i} \cdot \mathbf{x} = \mathbf{g}_i \cdot \mathbf{x} + (\mathbf{e}_1 + \mathbf{g}_i) \cdot \mathbf{x} = \mathbf{e}_1 \cdot \mathbf{x} + 0 = x_1 = 1$$

Ainsi, pour tout $1 \leq i \leq 4$, on a soit $c_i = 1$ et $c_{4+i} = 0$, soit l'inverse, c'est-à-dire $c_i = 0$ et $c_{4+i} = 1$. Le nombre de bits non nuls de $\mathbf{c}$ vaut donc exactement 4, d'où l'on tire $|\mathbf{c}| = 4$.

Généralisation

Comme pour le code de Hamming, on peut définir le code de Hadamard pour des dimensions plus grandes. Soit $r \geq 1$; on définit la matrice génératrice G de dimensions $r \times 2^r$ dont chaque ligne $\mathbf{g}_i$ est la représentation binaire sur r bits du nombre entier $i - 1$. La longueur du code vaut $n = 2^r$ et sa dimension $k = r$. En suivant point par point le raisonnement effectué ci-dessus pour le cas $r = 3$, on montre que tous les mots de code non nuls de $\mathcal{C}$ ont un poids égal à 2^{r-1}, et donc que la distance minimale du code vaut $d = 2^{r-1} = n/2$, ce qui permet de corriger jusqu'à $(n/2) - 1 = (n-2)/2$ effacements ou encore $\lfloor (n-2)/4 \rfloor$ erreurs : une très bonne performance ! Le prix à payer réside dans le rendement de ce code : on peut remarquer en effet que $k = \log_2(n)$, et donc que

$$R = \frac{\log_2(n)}{n}$$

tend vite vers 0 lorsque n devient grand.

7.3.7 Résumé

Sur le tableau suivant, nous résumons les caractéristiques principales des codes rencontrés jusqu'à présent :

	longueur	dimension	distance minimale
code de répétition ($2 \leq r \leq \frac{n}{2}$)	n	$k = n/r$	$d = r$
code avec un bit de parité	n	$k = n - 1$	$d = 2$
code de Hamming	$n = 2^r - 1$	$k = 2^r - 1 - r$	$d = 3$
code de Hadamard	$n = 2^r$	$k = r$	$d = 2^{r-1}$

En représentant sur un graphe la dimension k d'un code en abscisse et sa distance minimale d en ordonnée, nous obtenons le graphique de la figure 7.2 (n étant ici la longueur du code).

On voit donc que les codes rencontrés jusqu'à présent ont soit une grande dimension (Hamming), soit une grande distance minimale (Hadamard), mais pas les deux en même temps. Une question importante est de savoir s'il existe des codes présentant ces deux qualités simultanément. Le prochain paragraphe donne une première réponse légèrement négative, montrant que la somme de la dimension k d'un code et de sa distance minimale d ne peut en aucun cas excéder $n + 1$.

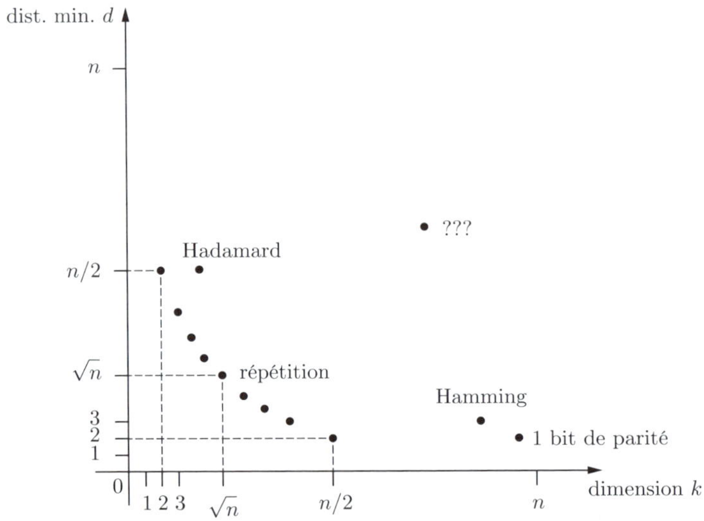

Figure 7.2 Codes présentés (? ? ? = peut-on avoir un code avec grande dimension et grande distance minimale ?).

7.4 Borne de Singleton

Cette borne donne une limite au nombre d'éléments pouvant appartenir à un code. Nous l'énonçons ici pour des codes binaires généraux (c.-à-d. pas forcément linéaires).

Proposition 7.9 (Singleton)

Soit $\mathcal{C}$ un code binaire de longueur n avec distance minimale d. Alors le nombre d'éléments M du code $\mathcal{C}$ est borné par $M \leq 2^{n-d+1}$.

En particulier, si $\mathcal{C}$ est un code linéaire de dimension k, alors $k \leq n - d + 1$. ◀

Une autre manière d'écrire la dernière inégalité est : $k + d \leq n + 1$. On voit donc bien apparaître encore une fois le compromis entre dimension et distance minimale. La borne ci-dessus nous impose une limite infranchissable ! Pour démontrer la proposition, nous avons besoin du lemme suivant :

Lemme 7.10

Soit $l \geq 1$. Si $M > 2^l$, alors nécessairement, il existe $\mathbf{c} \neq \mathbf{c}' \in \mathcal{C}$ tels que $c_i = c'_i$ pour tout $i \in \{1, \ldots, l\}$. En mots : si un code binaire contient plus de 2^l mots de code, alors nécessairement, au moins deux de ces mots de code doivent être égaux sur les l premières positions. ◊

Démonstration. (lemme 7.10) La *contraposée* de ce lemme est : si pour tout $\mathbf{c} \neq \mathbf{c}' \in \mathcal{C}$, il existe toujours $i \in \{1, \ldots, l\}$ tel que $c_i \neq c'_i$, alors $M \leq 2^l$. En mots, ceci veut dire : si c'est toujours le cas que deux mots de codes différents de $\mathcal{C}$ sont différents dans l'une des l premières positions, alors $\mathcal{C}$ n'a pas plus de 2^l mots de code différents. On vérifie aisément que c'est bien le cas. □

Démonstration. (proposition 7.9) Supposons que $M > 2^{n-d+1}$: nous allons voir que cette hypothèse mène à une contradiction et donc que l'opposé doit être vrai, ce qui prouve la proposition. Si $M > 2^{n-d+1}$, alors par le lemme, il existe forcément deux mots de code différents $\mathbf{c}$ et $\mathbf{c}'$ dans $\mathcal{C}$ tels que $c_i = c'_i$ pour tout $i \in \{1, \ldots, n-d+1\}$. Mais alors la distance de Hamming entre ces deux mots de codes est bornée par :

$$d(\mathbf{c}, \mathbf{c}') \leq n - (n - d + 1) = d - 1$$

ce qui contredit la définition de la distance minimale d.

La seconde assertion concernant les codes linéaires est une conséquence directe du fait que $M = 2^k$. □

Le graphique de la figure 7.2 se précise (fig. 7.3).

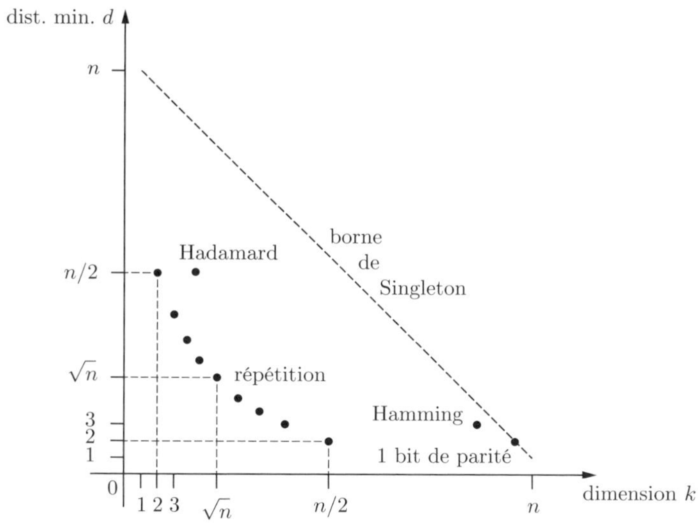

Figure 7.3 Codes présentés et borne de Singleton.

Il est intéressant de noter qu'aucun des codes vus précédemment (excepté le code avec un seul bit de parité) n'atteint la borne de Singleton. A la section suivante, nous présentons des codes qui permettent d'atteindre cette borne.

7.5 Codes de Reed-Solomon

Pour trouver des bons codes atteignant la borne de Singleton, une solution possible consiste à augmenter l'alphabet, c'est-à-dire à passer de l'ensemble $\{0, 1\}$ à un *corps fini* $\mathbb{F}_q$ *à* q *éléments*. Mais qu'est-ce qu'un corps fini à q éléments ?

- Si q est un nombre premier, alors $\mathbb{F}_q$ est simplement l'ensemble $\{0, 1, \ldots, q-1\}$ muni de l'addition et de la multiplication modulo q (le cas $q = 2$ étant celui considéré jusqu'à présent). Dire que $\mathbb{F}_q$ est un *corps* signifie que toutes propriétés de l'addition et de la multiplication usuelles dans $\mathbb{R}$ restent vraies dans ce cadre. En particulier, tout élément non nul de $\mathbb{F}_q$ admet un inverse (p. ex. dans $\mathbb{F}_{13}$, l'inverse de 8 est 5, car $8 \cdot 5 \,(\mathrm{mod}\, 13) = 40 \,(\mathrm{mod}\, 13) = 1$).
- Si q est une puissance d'un nombre premier (c.-à-d. $q = p^m$ pour p un nombre premier et $m \geq 2$ un nombre entier ; p. ex. $q = 256 = 2^8$), alors $\mathbb{F}_q$ est un corps fini avec des lois d'addition et de multiplication un peu plus compliquées que précédemment.
- Si q n'est rien de tout cela (p. ex. si $q = 6 = 2 \cdot 3$), alors on peut montrer qu'il n'existe pas de corps fini à q éléments.

Un code sur un corps fini $\mathbb{F}_q$ se définit comme un code binaire, avec pour seule différence que les mots de code sont des éléments de $\mathbb{F}_q^n$ au lieu d'être des éléments de $\{0, 1\}^n$. Un code linéaire sur $\mathbb{F}_q$ est un code vérifiant les conditions 1 et 2 de la section 7.3 (avec pour différence que la condition 2 n'est pas inutile ici, car un scalaire $\lambda \in \mathbb{F}_q$ peut maintenant être autre chose que 0 ou 1). Les notions de dimension k et de distance minimale d ne changent pas. En suivant point par point la démonstration effectuée plus haut de la borne de Singleton, on trouve dans ce cas que tout code sur $\mathbb{F}_q$ doit satisfaire l'inégalité :

$$M \leq q^{n-d+1}$$

où l'on rappelle que M est le nombre d'éléments du code, qui vaut q^k dans le cas d'un code linéaire. Ainsi, pour un code linéaire sur un corps fini, la borne de Singleton reste la même : $k \leq n - d + 1$.

Codes de Reed-Solomon

Voici maintenant comment sont définis ces codes. Soit $n \geq k \geq 1$ et $\mathbb{F}_q$ un corps fini à q éléments tel que $q \geq n$. Pour envoyer un message $\mathbf{x} \in \mathbb{F}_q^k$, on encode celui-ci en un mot de code $\mathbf{c} \in \mathbb{F}_q^n$ de la manière suivante : on définit tout d'abord un *polynôme de degré plus petit ou égal à* $k-1$ sur $\mathbb{F}_q$ de la manière suivante :

$$p(t) = \sum_{j=1}^{k} x_j \, t^{j-1}, \quad t \in \mathbb{F}_q$$

Remarquons que les coefficients du polynôme p sont les composantes du vecteur $\mathbf{x}$. Puis on choisit n points *distincts* $t_1, \ldots, t_n$ dans $\mathbb{F}_q$ (d'où la nécessité que $q \geq n$) et on pose

$$c_i = p(t_i) = \sum_{j=1}^{k} x_j \, t_i^{j-1} \quad \text{pour } i = 1, \ldots, n$$

Comme on l'a vu pour le code de Hadamard, on peut représenter cette relation entre un message $\mathbf{x}$ et son mot de code $\mathbf{c}$ de manière plus compacte :

$$\mathbf{c} = G\,\mathbf{x}$$

où les entrées de la matrice génératrice G de dimensions $n \times k$ sont données par $G_{ij} = t_i^{j-1}$ pour $1 \le i \le n$ et $1 \le j \le k$ (on peut vérifier que les colonnes de G sont linéairement indépendantes si les points $t_1, \ldots, t_n$ sont distincts dand $\mathbb{F}_q$).

Distance minimale

Le lemme 7.11 montre que la distance minimale d d'un code de Reed-Solomon est plus grande ou égale à $n - k + 1$. Etant donné que $d \le n - k + 1$ par la borne de Singleton, on en déduit que la distance minimale d'un code de Reed-Solomon vaut *exactement* $n - k + 1$, et donc que ces codes sont optimaux de ce point de vue. Cette propriété, alliée à la facilité avec laquelle de tels codes peuvent être implémentés en pratique, est à l'origine du succès phénoménal des codes de Reed-Solomon dans l'industrie des télécommunications.

Lemme 7.11

Si $\mathbf{x} \neq \mathbf{0}$, alors le mot de code $\mathbf{c}$ correspondant a un poids $|\mathbf{c}| \ge n-k+1$. ◊

Démonstration. La démonstration fait appel au théorème fondamental de l'algèbre (théorème 7.12), que l'on rappelle ici.

Théorème 7.12

Si un polynôme $p : \mathbb{F}_q \to \mathbb{F}_q$ de degré plus petit ou égal à $k - 1$ est égal à 0 en k points distincts $t_1, \ldots, t_k \in \mathbb{F}_q$, alors p est le polynôme identiquement nul (c.-à-d. $p(t) = 0$ pour tout $t \in \mathbb{F}_q$). ◄

On connaît généralement mieux ce théorème pour les polynômes de $\mathbb{R}$ dans $\mathbb{R}$ (dont l'énoncé est en tout point identique). Rappelons son interprétation dans des cas simples : pour $k = 2$, ceci veut dire qu'une droite qui passe par 0 en 2 points distincts est nulle partout ; pour $k = 3$, ceci veut dire qu'une parabole qui passe par 0 en 3 points distincts est nulle partout.

Nous allons utiliser ce théorème pour démontrer le lemme 7.11, démontrant du même coup que des résultats apparemment un peu abstraits et théoriques peuvent parfois avoir des implications pratiques ! Considérons donc $\mathbf{x} \neq \mathbf{0}$, $p(t) = \sum_{j=1}^{k} x_j\, t^{j-1}$ et $c_i = p(t_i)$. Il nous reste à montrer que $|\mathbf{c}| \ge n - k + 1$.

Supposons par l'absurde que le contraire soit vrai, à savoir que $|\mathbf{c}| \le n - k$, et vérifions que ceci mène à une contradiction.

Si $|\mathbf{c}| \le n - k$, alors par définition, $c_i = 0$ sur k positions distinctes au moins, ce qui veut dire que $p(t_i) = 0$ pour ces mêmes k positions au moins. Du fait que p est de degré plus petit ou égal à $k - 1$, le théorème 7.12 implique que $p(t) = 0$ pour tout $t \in \mathbb{F}_q$ mais alors $c_i = p(t_i) = 0$ pour *toutes* les valeurs de t_i, i allant de 1 à n, et donc $\mathbf{c} = \mathbf{0}$, d'où l'on tire $\mathbf{x} = 0$, ce qui contredit l'hypothèse. On a donc bien $|\mathbf{c}| \ge n - k + 1$. □

Les codes de Reed-Solomon atteignent donc la borne de Singleton. Le prix à payer réside cependant dans la taille q de l'alphabet à utiliser, qui doit être plus grande ou égale à la longueur n du code. Plusieurs questions restent en suspens :

- Existe-t-il des codes binaires qui atteignent la borne de Singleton ? Il se trouve que la réponse est non. Cependant, ceci n'empêche pas qu'il existe de « bons » codes binaires, dont la dimension k *et* la distance minimale d restent proportionnelles à la longueur n du code, pour de grandes valeurs de n.
- Existe-t-il des algorithmes de décodage efficaces pour les codes de Reed-Solomon ? Etant donné leur succès, la réponse est clairement oui... Ceci dit, on peut toujours faire mieux, et des percées récentes dans le domaine ont montré que d'autres types de codes linéaires (citons en particulier les turbo-codes, les codes LDPC, les codes spatialement couplés, ainsi que les codes polaires) permettent un décodage plus efficace, tout en maintenant des rendements performants.

Considérations pratiques

- Il est tout d'abord bon de noter que le choix de la dimension k et de la distance minimale d (du moment que la somme de ces deux nombres est égale à $n + 1$) n'est pas imposé par la construction des codes de Reed-Solomon. En pratique, on peut donc vouloir préférer tel ou tel code, suivant que l'on a besoin d'une grande capacité de correction d'erreurs (c.-à-d. d'une grande distance minimale d) ou d'un grand rendement (c.-à-d. d'une grande dimension k).
- Notons également que les points $t_1, \ldots, t_n \in \mathbb{F}_q$ sont arbitraires dans la construction ci-dessus (du moment qu'ils sont distincts). Ceci laisse a priori une autre liberté pour la construction d'un code de Reed-Solomon. En pratique cependant, on choisit souvent $n = q$, auquel cas on n'a pas d'autre choix pour les points $t_1, \ldots, t_n$ que de prendre *tous* les éléments distincts de $\mathbb{F}_q$, ou encore $n = q + 1$, auquel cas on prend pour $t_1, \ldots, t_n$ l'ensemble des éléments non nuls de $\mathbb{F}_q$.
- En pratique, on choisit souvent un corps fini $\mathbb{F}_q$ dont la taille q est une puissance de 2, en particulier, $q = 256 = 2^8$. La raison est que tout élément de $\mathbb{F}_{256}$ peut être représenté comme une suite de 8 bits (= 1 octet), ce qui permet de convertir un code de Reed-Solomon en un code binaire ! L'addition sur $\mathbb{F}_{256}$ est alors exactement l'addition binaire vue au chapitre 4, ce qui permet une implémentation aisée. La multiplication est quant à elle un peu plus compliquée à décrire (nous ne le ferons pas ici), mais s'effectue aussi aisément en pratique.
- Au vu de la remarque précédente, on est en droit de se demander quelle est la performance d'un code de Reed-solomon sur $\mathbb{F}_{256}$, lorsque celui-ci est vu comme un code binaire. Il est assez facile de voir dans ce cas que :

  1) la longueur du code n est multipliée par 8 ;
  2) sa dimension k est également multipliée par 8 ;
  3) par contre, sa distance minimale reste égale à d : pour que deux éléments de $\mathbb{F}_{256}$ (c.-à-d. deux octets) soient différents, il suffit en effet que ceux-ci ne diffèrent qu'en 1 bit donné. Il existera donc des paires de mots de code

à distance d dans $\mathbb{F}_{256}$ qui resteront à distance d, une fois vus comme des mots de code binaires.

En conclusion, si $d = n - k + 1$, il n'est certainement pas vrai que $d = 8n - 8k + 1$, d'où l'on déduit que le code de Reed-Solomon vu comme un code binaire n'atteint pas la borne de Singleton. Cependant, il reste vrai en pratique que les erreurs (et en particulier les effacements) surviennent souvent par paquets ; il n'est donc pas rare que des suites *consécutives* de bits (c.-à-d. des octets entiers) soient effacés lors d'une erreur de transmission ou de lecture. Les codes de Reed-Solomon atteignent une bonne performance dans ce cas. De plus, il existe des moyens d'*entrelacer* deux codes de Reed-Solomon pour encore mieux protéger l'information d'effacements consécutifs. Ainsi, les codes implémentés sur un CD permettent de corriger jusqu'à 2000 bits effacés de suite. Ceci correspond à un trou d'une longueur d'environ 1 mm sur le CD !

7.6 Canal de communication, probabilité d'erreur et capacité

Jusqu'à présent, nous avons parlé de plusieurs codes correcteurs d'erreurs[(8)], mais nous n'avons pas spécifié de modèle pour le canal bruité de la figure 7.1. Or, en pratique, il est important de choisir un code correcteur bien adapté au bruit présent sur le canal de communication. Une description de celui-ci s'avère donc nécessaire.

Il existe bien sûr de nombreuses façons de modéliser le bruit présent sur un canal. Nous nous restreindrons dans la suite à l'un des modèles les plus simples, à savoir le *canal à effacements*. Le modèle est le suivant : chaque bit qui passe à travers le canal est effacé avec une probabilité ε comprise entre 0 et 1, et les effacements surviennent de manière indépendante d'un bit au suivant. Une manière simple de voir ce canal est d'imagnier que pour chaque bit qui entre dans le canal, une pièce de monnaie est lancée en l'air : si la pièce tombe sur pile, le bit passe, tandis que si la pièce tombe sur face, le bit est effacé. A ce détail près que notre pièce de monnaie est une pièce étrange qui tombe sur pile avec une probabilité de $1 - \varepsilon$, et sur face avec une probabilité de ε, et que ε ne vaut pas forcément 1/2. Le paramètre ε est une indication de la qualité du canal : si ε est proche de 0, la probabilité d'effacement est faible, donc très peu d'effacements se produisent en moyenne : le canal est bon. Tandis que si ε est proche de 1, la probabilité d'effacement est grande, donc beaucoup d'effacements se produisent en moyenne : le canal est mauvais. On peut montrer plus précisément que si n bits tentent de passer l'un après l'autre à travers ce canal, alors εn d'entre eux sont effacés *en moyenne*. Cette estimation est importante pour ce qui va suivre.

Probabilité d'erreur

On voit clairement que si l'on essaie de transmettre un message $\mathbf{x}$ tel quel à travers un canal à effacements, certains des bits de $\mathbf{x}$ seront très probablement effacés, et donc le message ne sera pas reçu correctement. Pour éviter ça, on a

(8) Notons que dans cette section, nous nous restreignons à nouveau aux codes binaires.

recours au codage décrit dans les paragraphes précédents : au lieu d'envoyer directement le message $\mathbf{x}$ (de longueur k), on envoie le mot de code correspondant $\mathbf{c} \in \mathcal{C}$ de longueur $n > k$. Celui-ci se déforme en $\widetilde{\mathbf{c}}$ à la sortie du canal bruité (en l'occurrence, il s'agit du mot de code $\mathbf{c}$ dont certains bits ont été effacés). A ce stade, la tâche du décodeur est d'identifier parmi tous les mots de code appartenant à $\mathcal{C}$ lequel a effectivement été envoyé, de manière à retrouver le message d'origine $\mathbf{x}$. La sortie de l'algorithme de décodage est donc une estimation $\widehat{\mathbf{x}}$ du message envoyé. On définit alors la *probabilité d'erreur* de ce système de codage/décodage comme étant simplement

$$P_e = \Pr(\widehat{\mathbf{x}} \neq \mathbf{x})$$

On aimerait idéalement trouver des codes dont la probabilité d'erreur est aussi petite que possible sur un canal donné. Une des contributions majeures de Claude Shannon est d'avoir montré que ceci n'est possible que pour des codes dont le rendement est plus petit qu'une quantité appelée la *capacité* du canal.

Capacité

La capacité C d'un canal bruité est par définition le supremum de toutes les valeurs de R telles [9] qu'il existe un code $\mathcal{C}$ de rendement R, et un algorithme de décodage correspondant, dont la probabilité d'erreur P_e sur ce canal soit aussi petite que l'on veut.

7.6.1 Second théorème de Shannon (pour le canal à effacements)

Dans ce qui suit, nous allons montrer le résultat suivant, connu sous le nom de second théorème de Shannon (le premier étant celui vu au chapitre 6).

Théorème 7.13

La capacité du canal à effacements (avec probabilité d'effacement ε) vaut $C = 1 - \varepsilon$. ◀

Ceci veut dire deux choses, concrètement :

- Pour toute valeur de $R < 1 - \varepsilon$, il existe un code $\mathcal{C}$ de rendement R qui permet de communiquer sur le canal à effacements avec une probabilité d'erreur aussi petite que l'on veut.
- Pour toute valeur de $R > 1-\varepsilon$, il *n'existe pas* de code $\mathcal{C}$ de rendement R qui permette de communiquer sur le canal à effacements avec une probabilité d'erreur aussi petite que l'on veut. Autrement dit : *quel que soit* le code $\mathcal{C}$ de rendement $R > 1 - \varepsilon$ utilisé, aussi sophistiqué soit-il, celui-ci ne pemettra pas de protéger le message d'erreurs éventuelles.

La contribution fondamentale de Shannon n'est pas seulement d'avoir identifié la valeur exacte de la capacité C pour le canal à effacements ; il a également

[9] De manière plus prosaïque, ceci veut (presque) dire : « la plus grande valeur de R telle que ... ».

trouvé une méthode pour calculer la capacité d'un très grand nombre de canaux bruités. Mais de manière plus importante encore, il a démontré qu'une telle limite fondamentale existe et peut être atteinte en théorie, alors que les systèmes de communication utilisés dans les années 1950 atteignaient des rendements bien plus faibles. Il a fallu en fait attendre les années 2000 (donc 50 ans...) pour que l'on trouve enfin des codes correcteurs capables d'atteindre la capacité de Shannon et qui soient en même temps implémentables en pratique ! Peu de scientifiques peuvent se targuer d'avoir été autant en avance sur leur temps !

Une autre conséquence importante du théorème ci-dessus, qui rejoint ce que nous avons déjà dit sur le théorème d'échantillonnage (cf. chap. 5), est d'avoir contribué à la suprématie du digital sur l'analogique. La plupart des communications de l'époque (téléphone, radar, etc.) fonctionnaient en effet sur le mode analogique. Ce que Shannon démontre avec ce théorème, c'est qu'en travaillant un peu (c.-à-d. en développant des sytèmes de codage efficaces), on peut transmettre beaucoup plus d'information par seconde avec des signaux numériques qu'avec des signaux analogiques.

Préliminaire : un peu de probabilités

La démonstration du théorème fait appel à 2-3 notions de base de probabilités, que nous exposons ici.

- De manière générale, la probabilité d'un événement aléatoire est un nombre entre 0 et 1. Un exemple typique d'événement aléatoire est le suivant : « une pièce de monnaie jetée en l'air retombe sur pile » ; sa probabilité vaut 1/2 si la pièce est équilibrée.
- Un des axiomes de base des probabilités est le suivant : si A, B sont deux événements, alors
$$\Pr(A \cup B) \leq \Pr(A) + \Pr(B)$$
où il faut lire l'événement $A \cup B$ comme « A se produit ou B se produit ».

Exemple 7.14 On jette deux pièces de monnaie. On appelle A l'événement « la première pièce tombe sur pile » et B l'événement « la deuxième pièce tombe sur pile ». L'événement $A \cup B$ correspond alors à l'événement « au moins une des deux pièces tombe sur pile ». On vérifie dans ce cas que l'inégalité ci-dessus est bien satisfaite. En effet, comme on l'a vu ci-dessus, pour chaque pièce prise indépendamment, $\Pr(A) = \frac{1}{2}$ et $\Pr(B) = \frac{1}{2}$, donc $\Pr(A) + \Pr(B) = 1$. Que vaut maintenant $\Pr(A \cup B)$? On a 4 résultats possibles pour nos deux pièces de monnaie : pile-pile, pile-face, face-pile et face-face, c'est-à-dire au moins une des deux pièces tombe sur pile 3 fois sur 4. On a donc $\Pr(A \cup B) = \frac{3}{4}$, une probabilité qui est bien plus petite ou égale à $\Pr(A) + \Pr(B) = 1$. ■

- L'inégalité ci-dessus se généralise à plus d'événements : si $A_1, \ldots, A_M$ sont plusieurs événements, alors
$$\Pr(A_1 \cup A_2 \cup \ldots \cup A_M) \leq \sum_{m=1}^{M} \Pr(A_m) \tag{7.4}$$
où il faut lire l'événement $A_1 \cup \ldots \cup A_M$ comme « l'un des événements $A_1, \ldots, A_M$ se produit ».

- On dit d'autre part que deux événements A et B sont *indépendants* si

$$\Pr(A \cap B) = \Pr(A) \cdot \Pr(B)$$

où il faut lire l'événement $A \cap B$ comme « les deux événements A et B se produisent simultanément ».

Exemple 7.15 Reprenons l'exemple des deux pièces de monnaies, avec A et B définis comme ci-dessus. Nous allons voir que ces deux événements sont indépendants. En effet, $\Pr(A) = \frac{1}{2}$ et $\Pr(B) = \frac{1}{2}$, donc $\Pr(A) \cdot \Pr(B) = \frac{1}{4}$. Par ailleurs, l'événement $A \cap B$ correspond ici à l'événement où les deux pièces tombent sur pile, qui se produit 1 fois sur 4. On a donc bien $\Pr(A \cap B) = \frac{1}{4} = \Pr(A) \cdot \Pr(B)$, ce qui montre que les événements A et B sont indépendants. ■

- Cette notion se généralise également à plus d'événements : si $A_1, \ldots, A_n$ sont n événements indépendants, alors

$$\Pr(A_1 \cap A_2 \cap \ldots \cap A_n) = \prod_{i=1}^{n} \Pr(A_i) \tag{7.5}$$

où il faut lire l'événement $A_1 \cap \ldots \cap A_n$ comme « tous les événements $A_1, \ldots, A_n$ se produisent simultanément ».

Les relations (7.4) et (7.5) sont les deux ingrédients dont nous aurons besoin pour la démonstration du théorème.

7.6.2 Démonstration du second théorème de Shannon

Commençons par rappeler que :

1) Le rendement R d'un code de taille M et de longueur n vaut par définition $R = \frac{\log_2(M)}{n}$, donc $M = 2^{Rn}$.
2) Sur n bits traversant un canal à effacements avec probabilité d'effacement ε, εn d'entre eux sont effacés en moyenne.

A ce sujet, il convient également de faire une remarque avant de commencer : vu l'expression simple $C = 1 - \varepsilon$ obtenue pour la capacité du canal à effacement, on pourrait être tenté de croire que le résultat est facile. Avant de vous lancer dans la lecture de ce qui suit, voici un bon exercice : essayez d'imaginer une code de rendement proche de $1 - \varepsilon$ qui permette d'obtenir une probabilité d'erreur aussi petite que l'on veut sur le canal à effacements, et vous verrez que ce n'est pas si facile ! Il faut en effet s'assurer que, *sans savoir à l'avance lesquels des εn bits seront effacés*, la probabilité de retrouver le mot de code envoyé soit proche de 1.

Démontrons tout d'abord que si $R > 1 - \varepsilon$, alors il n'existe pas de code $\mathcal{C}$ de rendement R permettant d'atteindre une probabilité d'erreur aussi petite que l'on veut sur le canal à effacements. Rappelons qu'en moyenne, εn bits sont effacés. Soyons très optimistes et supposons que l'on sache *à l'avance* lesquels de ces bits seront effacés. Nous allons voir que même dans ce cas idéal, il n'est pas possible d'obtenir un rendement $R > 1 - \varepsilon$. En effet, si l'on utilise au mieux les

$n(1-\varepsilon)$ bits restants (qui passent sans être affectés par le canal), on ne pourra faire passer que $M \leq 2^{n(1-\varepsilon)}$ mots de code différents par ce canal parfait. Le rendement du code sera donc $R = \frac{\log_2(M)}{n} \leq 1-\varepsilon$. Toute tentative de faire passer plus d'information à travers ce canal (c.-à-d. d'avoir un rendement $R > 1-\varepsilon$) se soldera par un échec, car certains bits seront effacés. Ceci conclut la première partie de la démonstration.

La seconde partie de la démonstration repose sur une idée complètement folle a priori... Rappelons qu'il s'agit de montrer que si $R < 1-\varepsilon$, alors il existe un code $\mathcal{C}$ de rendement R qui permet de réduire autant que l'on veut la probabilité de faire une erreur en communiquant sur ce canal. Un premier réflexe serait d'aller chercher parmi les codes correcteurs les plus sophistiqués pour tenter de réaliser ce challenge. Mais Shannon a une idée plus simple : pourquoi ne pas simplement tirer au hasard un code $\mathcal{C}$? Ceci peut paraître bizarre, car on imagine mal comment obtenir un bon code en tirant ses mots au hasard. C'est pourtant possible, et Shannon le démontre. Suivons son raisonnement.

Pour encoder un message $m \in \{1, \ldots, M\}$, on utilise un mot de code $\mathbf{c}(m) = (c_1(m), \ldots, c_n(m))$ tiré au hasard de la manière suivante : chaque composante $c_i(m)$ vaut 0 ou 1 avec probabilité 1/2, et les composantes sont tirées au hasard de manière indépendante (encore une fois, imaginez que l'on lance une pièce pour chaque composante, avec cette fois une probabilité 1/2 pour pile aussi bien que pour face). De plus, on répète la même procédure de manière indépendendante pour chaque mot de code $\mathbf{c}(m)$, avec $m \in \{1, \ldots, M\}$. On obtient ainsi un code complètement aléatoire $\mathcal{C}$. Remarquons au passage que ce code est tout sauf linéaire (pour preuve, on n'est même pas sûr que le mot de code $\mathbf{0}$ en fasse partie).

Supposons maintenant que l'on veuille transmettre le message $m = 1$ à la destination : on envoie alors le mot de code $\mathbf{c}(1)$ à travers le canal ; par l'hypothèse effectuée, on sait qu'un certain nombre proche de εn des bits de ce mot de code sont effacés. A partir du mot de code $\widetilde{\mathbf{c}}$ reçu, le destinataire désire retrouver le message envoyé. Quand se peut-il qu'il fasse une erreur ?

Première remarque : les bits qui ont passé avec succès à travers un canal à effacements ne mentent jamais ! Si donc on a reçu le bit c_i en position i et que celui-ci n'est pas effacé, on sait que le mot de code original contient c_i en position i. Le problème ne peut donc venir que des bits effacés. Si ceux-ci sont trop nombreux, il se pourrait qu'un mot de code $\mathbf{c}(m)$ associé à un autre message m que le message 1 envoyé corresponde également au message reçu.

Exemple : Si $\mathbf{c}(1) = 001001001$, $\mathbf{c}(m) = 011000100$ et que l'on reçoit le message $\widetilde{\mathbf{c}} = 0X100XX0X$, il est alors impossible de décider si c'est le message 1 ou le message m qui a été envoyé.

Supposons donc que les bits appartenant à l'ensemble $J = \{j_1, \ldots, j_k\}$ soient effacés, avec k proche de εn. La probabilité de faire une erreur est donnée ici par

$$P_e = \Pr(\text{il existe } m \in \{2, \ldots, M\} \text{ tel que } c_j(m) = c_j(1)\ \forall j \notin J)$$

En utilisant l'inégalité (7.4), on trouve

$$P_e \leq \sum_{m=2}^{M} \Pr(c_j(m) = c_j(1)\ \forall j \notin J)$$

Or du fait que toutes les composantes des vecteurs $\mathbf{c}(1)$ et $\mathbf{c}(m)$ sont tirées au hasard de manière indépendante avec probabilité $1/2 - 1/2$, on obtient en utilisant l'égalité (7.5) :

$$\Pr(c_j(m) = c_j(1)\ \forall j \notin J) = \left(\frac{1}{2}\right)^{n-k} \simeq \left(\frac{1}{2}\right)^{(1-\varepsilon)n} = 2^{-(1-\varepsilon)n}$$

et ceci pour chaque valeur de m. Finalement, on obtient l'inégalité suivante :

$$P_e \leq \sum_{m=2}^{M} 2^{-(1-\varepsilon)n} = (M-1)\, 2^{-(1-\varepsilon)n} \leq M\, 2^{-(1-\varepsilon)n}$$

Rappelons maintenant l'hypothèse de cette seconde partie du théorème : $R < 1 - \varepsilon$. Ceci veut dire que $R = 1 - \varepsilon_1$ pour un $\varepsilon_1 > \varepsilon$, autrement dit que $M = 2^{(1-\varepsilon_1)n}$. De là, on trouve

$$P_e \leq 2^{(1-\varepsilon_1)n-(1-\varepsilon)n} = 2^{(\varepsilon-\varepsilon_1)n}$$

Du fait que $\varepsilon_1 > \varepsilon$, on a $\varepsilon - \varepsilon_1 < 0$. En choisissant n grand, on peut donc rendre la probabilité d'erreur P_e aussi petite que l'on veut. Ce que l'on voulait démontrer. □

Remarques

- Attention ! Le comportement obtenu ci-dessus pour la probabilité d'erreur n'est qu'un comportement *moyen*. Il n'est donc pas du tout garanti que tout va bien marcher si l'on tire une seule fois un code $\mathcal{C}$ au hasard ! Cependant, le fait que la probabilité d'erreur soit *en moyenne* aussi petite que l'on veut garantit l'existence d'*au moins un* code $\mathcal{C}$ avec cette probabilité d'erreur. Seul petit problème : on ne sait pas comment construire $\mathcal{C}$ concrètement : la seule possibilité que l'on ait est de tirer de (très) nombreux codes au hasard jusqu'à tomber sur le bon ; certainement pas une solution envisageable en pratique...
- Un autre problème qu'il est bon de relever avant de conclure : en supposant même que l'on tombe sur un bon code $\mathcal{C}$, rien n'est dit ci-dessus sur l'algorithme de décodage. Vu que le code $\mathcal{C}$ tiré au hasard n'a aucune structure particulière, on n'a a priori pas d'autre choix pour trouver le bon mot de code que d'effectuer une recherche exhaustive parmi tous les mots de code de $\mathcal{C}$. La complexité de cette procédure est exponentielle dans la longueur n du code et n'est donc pas implémentable en pratique.
- Ceci dit, c'est ce résultat clé sur l'existence théorique de codes atteignant la capacité d'un canal qui a motivé par la suite (et qui motive encore aujourd'hui !) des centaines de chercheurs à développer des algorithmes de codage plus performants...

7.7 Conclusion

Si l'idée d'ajouter de la redondance à un message pour le protéger d'erreurs éventuelles paraît assez naturelle, nous avons vu dans ce chapitre que la mise en œuvre d'une telle idée n'est pas si aisée. Deux critères concurrents priment pour identifier la performance d'un code correcteur d'erreur : son *rendement*, qui détermine le taux de transmission du message, et sa *distance minimale*, qui donne une indication de la facilité avec laquelle on peut décoder le message. Il faut toutefois relativiser l'importance de ce second critère, car une grande distance minimale ne signifie pas pour autant qu'il existe un algorithme de décodage dont le temps d'exécution soit raisonnable ; un exemple est le système d'encodage aléatoire proposé par Shannon et décrit dans la section 7.6, dont le temps de décodage est exponentiel dans la longueur du code. C'est pourquoi la théorie du codage reste encore aujourd'hui un domaine de recherche très ouvert avec de nombreuses pistes à explorer.

7.8 Exercices

7.8.1 *Deux exemples de codes binaires*
On dit que la matrice génératrice G (de dimensions $n \times k$) d'un code (binaire) linéaire $\mathcal{C}$ est sous une *forme systématique* si

$$G = \begin{pmatrix} I_k \\ A \end{pmatrix}$$

où I_k est la matrice identité de dimensions $k \times k$ (c'est-à-dire la matrice avec des 1 dans la diagonale et des 0 partout ailleurs) et A est une matrice de dimensions $(n-k) \times k$.

a) Montrer que la matrice H de dimensions $(n-k) \times n$ définie par

$$H = \begin{pmatrix} A & I_{n-k} \end{pmatrix}$$

(avec I_{n-k} la matrice identité de dimensions $(n-k) \times (n-k)$) est alors une matrice de parité pour le même code $\mathcal{C}$.

Indication. Se rappeler que par définition, les trois conditions suivantes sont équivalentes :
- $\mathbf{c} \in \mathcal{C}$;
- il existe $\mathbf{x} \in \{0,1\}^k$ tel que $\mathbf{c} = G\mathbf{x}$;
- $H\mathbf{c} = 0$.

b) Vérifier que, quelle que soit la matrice A, le code est toujours bien un code de dimension k.

Exemple 1. Considérons le cas $k = 4$ et $n = 8$, avec comme matrice A (de dimensions 4×4 dans ce cas) :

$$A = \begin{pmatrix} 1 & 1 & 0 & 0 \\ 0 & 1 & 1 & 0 \\ 0 & 0 & 1 & 1 \\ 1 & 0 & 0 & 1 \end{pmatrix}$$

c) Quelle est la distance minimale d de ce code ? La borne de Singleton est-elle atteinte ?

Exemple 2. Toujours dans le cas $k = 4$ et $n = 8$, considérons :

$$A = \begin{pmatrix} 1 & 1 & 1 & 0 \\ 0 & 1 & 1 & 1 \\ 1 & 0 & 1 & 1 \\ 1 & 1 & 0 & 1 \end{pmatrix}$$

d) A nouveau, quelle est la distance minimale d de ce code ? La borne de Singleton est-elle atteinte ?

7.8.2 *De la matrice de parité à la matrice génératrice*
Pour les codes des paragraphes 7.3.4 (2 bits de parité) et 7.3.5 (Hamming, $r = 3$) :

a) Décrire l'ensemble des mots de code de chacun de ces codes. Vérifier à chaque fois que la distance minimale obtenue est la bonne.

b) Proposer une matrice génératrice G pour chaque code. (Question préliminaire : quelles sont les dimensions de cette matrice ?)

Indication. Il suffit ici de trouver une nombre suffisant de mots de code linéairement indépendants pour créer la matrice génératrice.

7.8.3 *De la matrice génératrice à la matrice de parité*
Proposer une matrice de parité H pour le code du paragraphe 7.3.6 (Hadamard, $r = 3$) (Question préliminaire : quelles sont les dimensions de cette matrice ?)

Indication. Chercher les relations de parité satisfaites par tous les mots de code.

Chapitre 8

Comment fonctionne un ordinateur

8.1 Introduction

Dans les chapitres précédents, nous avons étudié de manière abstraite comment l'information peut être recueillie et efficacement traitée. Dans ce chapitre et les suivants, nous allons nous concentrer sur la possibilité de créer des machines pour exécuter les algorithmes abstraits que nous avons conçus jusqu'à présent. La figure 8.1 représente le chemin que nous allons suivre.

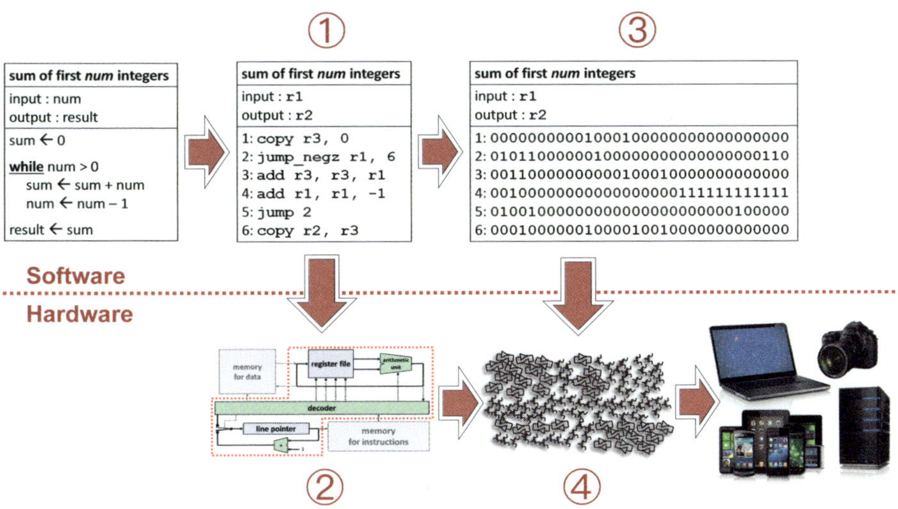

Figure 8.1 Plan du chapitre.

Notre travail dans ce chapitre va tourner autour de quatre étapes.

1) Nous allons écrire les algorithmes développés dans les chapitres précédents d'une manière plus formelle, et ainsi les transformer en *programmes*.

2) Nous allons ensuite concevoir une machine abstraite capable de suivre mécaniquement les programmes ainsi écrits.
3) Nous allons nous assurer que ces programmes peuvent être stockés en format binaire, comme ce que nous avions fait dans le chapitre 4 pour les nombres et les lettres.
4) Nous allons finalement voir comment implémenter cette machine avec de vrais composants électroniques.

Nous allons particulièrement nous concentrer sur un élément crucial, qui est au cœur de tout ordinateur : le processeur qui exécute une succession d'instructions composant un algorithme. C'est seulement une pièce parmi ce dont nous avons besoin en pratique pour avoir un système utilisable. Les chapitres suivants expliqueront le fonctionnement d'autres composants importants : le chapitre 9 décrira le système de mémoire, où le processeur trouve les données et stocke les résultats ; nous discuterons les difficultés fondamentales rencontrées pour construire un tel système. Le chapitre 10 abordera le problème du stockage, comme le disque dur où toutes les informations de votre ordinateurs sont gardées, ou les cartes mémoires dans lesquelles les smartphones ou les appareils de photos numériques conservent l'information de façon permanente. Le chapitre abordera aussi le problème de l'organisation des données stockées pour permettre de retrouver facilement ce dont nous avons besoin. Enfin, le chapitre 11 ira au-delà des frontières d'un seul ordinateur et décrira comment les ordinateurs sont interconnectés et comment ils échangent des données.

Le domaine de l'informatique que nous sommes sur le point d'explorer est celui de la construction de systèmes réels utilisant une variété de dispositifs physiques, venant tous avec un ensemble de caractéristiques attirantes et sujets à de nombreuses limitations pratiques. Il s'agit de l'art de combiner de manière créative des composants pour construire des systèmes utiles avec le meilleur rapport entre hautes performances, faible coût, et consommation énergétique modérée. C'est la branche de l'ingénierie responsable des progrès incroyables des systèmes informatiques du dernier demi-siècle. C'est le domaine appelé *ingénierie des ordinateurs* (*Computer Engineering* en anglais).

8.2 Un langage simple

Revenons à la notion d'*algorithme*, introduite dans le chapitre 1. Un algorithme est une description précise et sans ambiguïté d'une succession d'opérations nécessaires pour calculer un résultat particulier ou pour trouver une solution à un problème. D'une part, l'absence d'ambiguïté les rend parfaitement adaptés à donner des instructions à un ordinateur pour un calcul particulier que l'utilisateur veut faire : les ordinateurs ne sont que des machines, qui répètent mécaniquement des étapes simples, et un algorithme est naturellement une telle succession d'étapes. D'autre part, les algorithmes de ce livre sont décrits pour expliquer aux lecteurs des méthodes de calcul spécifiques : ainsi, bien que sans ambiguïté, les algorithmes décrits dans les chapitres précédents contiennent une variété de notations et d'explications écrites sous la forme d'expressions en langage courant. Pour utiliser nos algorithmes afin d'exécuter un calcul dans une machine, nous aurons besoin de beaucoup simplifier la diversité du langage utilisé et de mettre en place un langage très élémentaire.

8.2.1 Un algorithme élémentaire

Tout au long de ce chapitre, nous allons utiliser cet algorithme comme exemple :

somme des num **premiers entiers**
entrée : num sortie : $résultat$

$somme \leftarrow 0$
Tant que $num > 0$
    $somme \leftarrow somme + num$
    $num \leftarrow num - 1$
$résultat \leftarrow somme$

Bien que très simple, cet exemple est conceptuellement similaire à ceux introduits dans le chapitre 1 et il stipule les opérations nécessaires pour calculer la somme des *num* premiers entiers. Cet exemple va nous aider à décider quels éléments doivent être ajoutés à notre nouveau langage, et nous permettra de le traduire progressivement de sa forme actuelle dans un nouveau langage que nous appellerons *assembleur*.

8.2.2 Stocker des valeurs

La première observation élémentaire est que tous nos algorithmes, pour traiter les objets qu'ils manipulent (p. ex. nombres ou caractères), ont besoin d'identifier des valeurs intermédiaires. Dans notre algorithme, par exemple, le plus grand entier que nous voulons ajouter est identifié par le symbole *num*. De manière similaire, la somme qui se calcule pendant l'exécution de l'algorithme est appelée *somme*. Au lieu d'utiliser des noms arbitraires de notre langage, nous allons uniquement utiliser un nombre limité de noms réguliers. Par exemple, nous allons utiliser `r1`, `r2`, `r3`, `r4`, etc. et nous allons les appeler les *registres*.

Voici le résultat de notre premier changement dans la manière d'écrire un algorithme :

somme des num **premiers entiers**
entrée : num sortie : $résultat$

$somme \leftarrow 0$
Tant que $num > 0$
    $somme \leftarrow somme + num$
    $num \leftarrow num - 1$
$résultat \leftarrow somme$

somme des num **premiers entiers**
entrée : **`r1`** sortie : **`r2`**

`r3` ← 0
Tant que **`r1`** > 0
    `r3` ← **`r3`** + **`r1`**
    `r1` ← **`r1`** - 1
`r2` ← **`r3`**

Le changement n'est pas si grand, mais nous savons maintenant exactement quels noms sont utilisés pour identifier les différentes valeurs calculées pendant l'exécution de n'importe lequel de nos algorithmes : pour tous les algorithmes nous allons utiliser exactement les mêmes `r1`, `r2`, `r3`, `r4`, etc. Nous verrons plus tard *pourquoi* ceci est utile pour construire notre ordinateur, mais nous pouvons déjà remarquer quelque chose qui sera vrai pour toutes nos transformations : l'algorithme est exactement aussi rigoureux qu'avant que le changement soit fait, mais il devient un petit peu moins facile à lire pour un humain (la même variable *somme* signifie beaucoup plus que `r3`). En effet, nous ne faisons pas ces transformations pour un lecteur humain, mais pour permettre à une machine de comprendre ce que nous voulons lui faire faire.

8.2.3 Calculer

La deuxième transformation concerne la plupart des lignes de notre algorithme. La plupart de ces lignes sont similaires à celle-ci : $somme \leftarrow somme + num$ (ou `r3` ← `r3` + `r1`, après la première transformation). Ces lignes énoncent (1) quelle opération doit être effectuée, (2) de quels opérandes nous avons besoin, et (3) à quel registre assigner le résultat. Sans perte de généralité, et en prenant en compte le fait que toutes les opérations sont soit unaires (p. ex. pour passer de 5 à -5), soit binaires (comme l'addition, la soustraction, etc.), nous allons écrire chaque opération comme un tuple (ou un groupe) de trois ou quatre éléments dans l'ordre suivant : (i) un nom conventionnel pour l'opération (p. ex. `add` pour $+$, `subtract` pour $-$, etc.), (ii) le nom du registre auquel le résultat doit être assigné, et, (iii) le nom du ou des deux registres représentant les opérandes (ou l'opérande numérique elle-même). Ainsi, par exemple `r3` ← `r3` + `r1` sera réécrit `add r3, r3, r1`.

Si nous appliquons cette transformation à notre algorithme, nous obtenons :

somme des *num* premiers entiers	**somme des *num* premiers entiers**
entrée : **r1** sortie : **r2**	entrée : **r1** sortie : **r2**
r3 ← 0	`copy r3, 0`
Tant que r1 > 0	**Tant que r1** > 0
r3 ← **r3** + **r1**	`add r3, r3, r1`
r1 ← **r1** - 1	`add r1, r1, -1`
r2 ← **r3**	`copy r2, r3`

Une fois de plus, cette transformation ne change pas énormement l'algorithme et ne le rend certainement pas plus facile à lire pour nous. Pourtant, elle rend les choses beaucoup plus régulières, avec les lignes transformées qui commencent toujours par le nom de l'opération (`add` pour ajouter deux nombres, `copy` pour copier un nombre, et beaucoup d'autres que nous n'avons pas utilisés ici) suivi par des noms de registres ou des valeurs numériques selon une organisation bien précise. La liste de toutes les opérations possibles peut être relativement importante, mais est bien évidemment limitée : cette liste va nous aider à définir les capacités de la machine que nous voulons construire.

La régularité du résultat de cette transformation est d'autant plus évidente si nous essayons de transformer des affectations moins faciles. Considérons par exemple que notre algorithme ait la ligne suivante : `r1` $\leftarrow$ `r1` + `r2` · `r3`. Cette affectation n'est plus une fonction mathématique avec seulement deux variables, mais, individuellement, chaque opération en est une. Nous avons besoin ici de procéder étape par étape et de nous souvenir des conventions en arithmétique : d'abord il faut calculer le produit, puis la somme. Voici une transformation possible dans notre nouveau format :

```
multiply r14, r2, r3
add r1, r1, r14
```

Notons que, puisque nous avons dû décomposer l'affectation originale (qui contenait deux opérations) en deux lignes (qui effectuent chacune uniquement une des opérations), nous devons affecter le résultat de la multiplication à un registre temporaire `r14` – qui est un registre qui n'avait jamais été utilisé avant dans notre algorithme et dont la valeur ne servira plus à rien une fois l'algorithme terminé. Bien sûr, si l'algorithme contenait à la place `r1` $\leftarrow$ (`r1` + `r2`) · `r3` nous l'aurions traduit par :

```
add r14, r1, r2
multiply r1, r14, r3
```

Notre nouveau langage est clairement moins facile à lire pour nous, mais il est significativement plus concis : il ne nécessite pas de connaître les règles de priorité en arithmétique, ou la signification des parenthèses, etc. Si quelqu'un effectue les opérations ligne par ligne, il obtiendra tout simplement le bon résultat. Autrement dit, nous avons divisé le fardeau entre un traducteur, qui doit spécifier précisément l'ensemble des étapes, et un exécuteur stupide qui ne sait rien des détails essentiels. Cette économie d'expression sera extrêmement utile plus tard, quand nous essayerons de créer notre ordinateur.

8.2.4 Prendre des décisions

Notre algorithme est en grande partie réécrit, mais il manque une partie importante : cet élément *tant que* qui spécifie que les lignes qui suivent (les deux lignes `add`) doivent être répétées encore et encore tant que la condition est vraie. Ce *tant que* est un exemple d'une large classe de spécifications algorithmiques qui disent essentiellement, d'une façon ou d'une autre, « ne continuez pas directement à l'étape suivante, mais, continuez (peut-être) l'algorithme à un endroit différent ». Nous pouvons facilement voir qu'il est possible de réécrire chacune de ces spécifications en disant explicitement *où* continuer (sans dépendre de l'indentation ou d'une autre forme de regroupement). Dans notre cas :

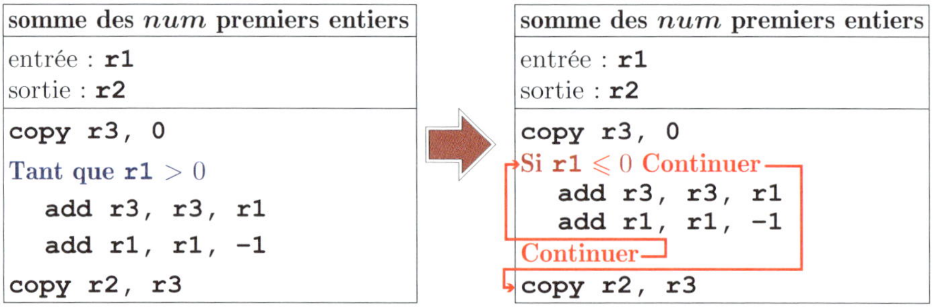

où nous avons utilisé la spécification *continuer* suivie d'une flèche pour indiquer la suite de l'exécution (qui n'est plus l'étape qui suit immédiatement). Nous avons aussi ajouté la spécification *si* pour indiquer que la suite de l'exécution dépend d'une décision de l'algorithme.

Il est clair que dans notre quête pour une notation simple et concise, il n'y a lieu d'utiliser de telles flèches. Plus raisonnablement, nous pouvons décider de numéroter chaque étape ou ligne de cet algorithme pour que chacune de ses étapes ait un identifiant unique. Cela aide en effet, puisque nous pouvons utiliser ces numéros de ligne pour indiquer où continuer et se débarrasser ainsi des flèches :

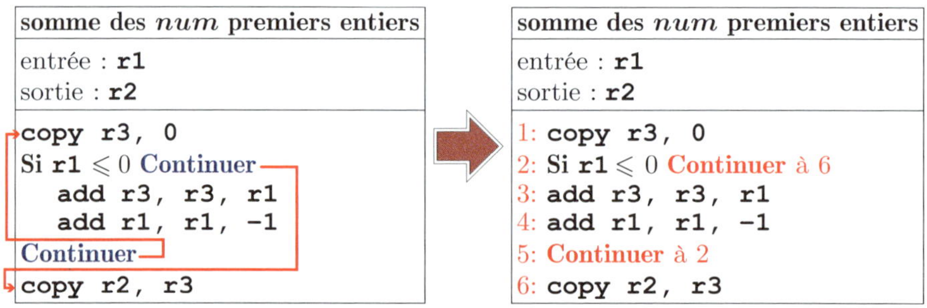

Nous avons presque fini : nous devons encore transformer ceci en quelque chose d'un tantinet plus régulier, qui ressemble plus aux transformations que nous avons déjà faites sur les calculs. Pour cela, nous transformons toutes les lignes restantes en tuples, commençant ici aussi avec le nom de l'opération à exécuter. Par exemple, dans le cas le plus simple, si l'opération est de continuer à la ligne 2, nous pouvons simplement écrire `jump` 2. Si l'opération ne consiste pas seulement à *sauter* (`jump`) inconditionnellement, mais de prendre une décision basée sur une comparaison, nous utilisons une opération plus complexe, comme `jump_negz` pour sauter seulement si une valeur particulière est plus petite ou égale à zéro. Dans ce cas, le tuple décrivant l'opération doit aussi contenir le nom du (ou des) registre(s) à tester : `jump_negz` nécessitera un nom de registre à comparer à zéro, mais `jump_equal` nécessite deux registres à comparer pour tester l'égalité (p. ex. `jump_equal r10, r11, 356` signifie que si `r10` et `r11` sont égaux, alors il faut continuer à la ligne 356). En appliquant ces transformations, notre algorithme devient finalement :

somme des num premiers entiers
entrée : **`r1`** sortie : **`r2`**
1: **`copy r3, 0`** 2: **Si `r1`** $\leqslant 0$ **Continuer** à 6 3: **`add r3, r3, r1`** 4: **`add r1, r1, -1`** 5: **Continuer** à 2 6: **`copy r2, r3`**

somme des num premiers entiers
entrée : **`r1`** sortie : **`r2`**
1: **`copy r3, 0`** 2: **`jump_negz r1, 6`** 3: **`add r3, r3, r1`** 4: **`add r1, r1, -1`** 5: **`jump 2`** 6: **`copy r2, r3`**

Toutes les lignes sont maintenant traduites dans notre nouveau format.

8.2.5 Langage assembleur

La première partie de notre objectif pour créer un ordinateur est atteint : nous avons transformé un algorithme abstrait, dont la description était formelle mais complexe et ciblait des lecteurs humains, en un *programme* dans un nouveau langage que nous appelons *langage assembleur* ou simplement *assembleur*. Voici la transformation que notre algorithme a subi :

somme des num premiers entiers
entrée : num sortie : $résultat$

$somme \leftarrow 0$
Tant que $num > 0$
    $somme \leftarrow somme + num$
    $num \leftarrow num - 1$
$résultat \leftarrow somme$

somme des num premiers entiers
entrée : **`r1`** sortie : **`r2`**
1: **`copy r3, 0`** 2: **`jump_negz r1, 6`** 3: **`add r3, r3, r1`** 4: **`add r1, r1, -1`** 5: **`jump 2`** 6: **`copy r2, r3`**

Ce langage régulier et concis a les caractéristiques suivantes :

- Un programme est une séquence de lignes numérotées, exprimant chacune une opération simple sur un nombre précis d'opérandes. Ces lignes composent notre programme et sont appelées des *instructions*.
- L'opération exacte effectuée par chaque instruction est décrite par un nom, comme `copy` ou `jump`, qui est toujours le premier élément d'une instruction en assembleur.
- Après l'exécution de la plupart des instructions, l'algorithme doit continuer par l'instruction de la ligne suivante. Certaines instructions ne respectent pas cette règle, comme `jump` et `jump_negz` dans notre exemple. Ces instructions spécifient explicitement l'instruction qui doit être exécutée ensuite. Elles sont appelées *sauts* ou *branchements*.
- Les valeurs et les données que notre algorithme manipule sont identifiés par un ensemble de noms standards (`r1`, `r2`, `r3`) que nous appelons des *registres*.
- Les opérandes d'une instruction suivent le nom de l'instruction dans un ordre prédéfini pour chaque opération. Par exemple, `copy` a toujours deux opérandes, un registre de destination et une source (un registre ou une valeur numérique), dans cet ordre précis ; `jump_negz` a deux opérandes, le

premier est le registre à comparer à zéro, le second est le numéro de ligne de la destination du saut (si la comparaison est vraie).

Nous allons maintenant essayer de concevoir une machine simple et abstraite qui peut suivre mécaniquement ces *instructions* et exécuter notre programme.

8.3 Un processeur abstrait pour exécuter l'assembleur

La première étape de notre feuille de route étant atteinte, et le programme ayant une forme très régulière, il est temps de penser à la manière de donner ce programme à une machine pour qu'elle l'exécute. Nous allons développer dans cette section une machine abstraite, ce qui signifie que nous allons nous intéresser à l'*architecture* de l'ordinateur : nous allons nous concentrer sur le fait d'interconnecter des composants ayant des fonctionnalités très précises pour que l'ensemble agisse comme un exécuteur de notre programme, qui obéit simplement et de façon fiable aux instructions du programme. Pour l'instant, nous ne nous intéresserons pas à *si* et *comment* ces composants peuvent être réalisés en pratique (p. ex., avec des transistors électroniques) : nous allons nous contenter de savoir exactement ce que chacun de ces composants *doit* faire.

8.3.1 Calculer ce que l'assembleur nous dicte

Quelles sont ces composants que nous voulons interconnecter ? Nous avons besoin d'éléments pour déterminer le résultat de tout calcul que notre langage peut formuler. Par exemple, puisqu'une des instructions est `add`, nous avons besoin d'un composant comme celui présenté dans la figure 8.2.

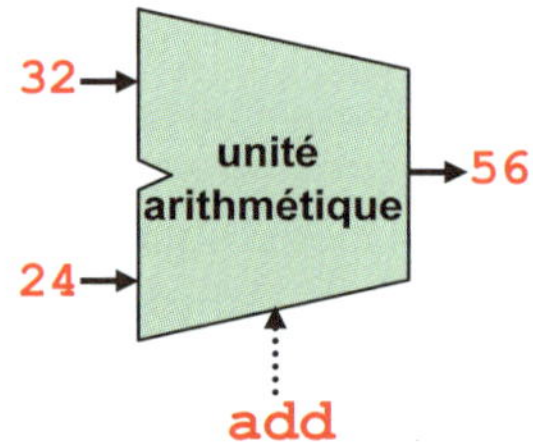

Figure 8.2 Unité arithmétique.

Ce composant prend deux nombres et en produit un troisième. La valeur du troisième dépend de l'opération arithmétique demandée, parmi un nombre limité de possibilités (p. ex. addition, soustraction, multiplication, division, exponentiation). Nous voyons dans la figure 8.2 quelques-unes des caractéristiques générales du composant que nous allons utiliser : il a un nombre d'entrées (ici les deux nombres et la sélection de l'opération désirée) et un nombre de sorties (ici un résultat numérique unique) ; la (les) valeur(s) produite(s) en sortie doit(doivent) être parfaitement claire(s) et sans ambiguïté.

Pour exécuter les instructions de notre langage assembleur, il est aussi clair que nous devons nous souvenir des valeurs assignées à chaque registre. Un composant comme celui de la figure 8.3 peut s'en occuper.

Figure 8.3 Banc de registres.

Nous appelons ce composant un *banc de registres*. Celui-ci a trois *ports* qui opèrent de façon indépendante : deux ports identiques utilisés pour lire les valeurs des registres et un troisième pour écrire. Nous verrons bientôt pourquoi nous avons choisi d'avoir deux ports de lecture et un d'écriture, mais intuitivement cela vient du fait que nos instructions ont au moins deux opérandes à lire et produisent au plus un résultat. La fonctionnalité de ce composant est relativement simple à décrire : si l'on présente le nom d'un registre (parmi `r1`, `r2`, `r3`, etc.) sur le port d'écriture avec un nombre, le banc de registres devra se souvenir que nous avons assigné ce nombre à ce registre (1972 à `r2`, dans la figure). Si l'on présente le nom d'un registre à l'un des ports de lecture, le registre doit « répondre » en montrant dans la sortie correspondante la dernière valeur à avoir été assignée à ce registre (dans l'exemple de la figure, `r1` a eu comme dernière valeur assignée 372 et `r4` a eu 47). Une fois encore, ce composant est défini clairement et précisément.

Nous appelons les valeurs qui entrent et qui sortent du composant des *signaux*. Il est parfois utile de distinguer les signaux de *données*, qui représentent des valeurs numériques ou d'autres données que notre programme utilise, des signaux de *contrôle*, qui représentent autre chose (comme, dans notre exemple, les noms de registres auxquels nous voulons accéder ou les opérations que nous voulons effectuer).

Ces deux unités peuvent être interconnectées de façon naturelle dans le but d'exécuter des programmes (fig. 8.4).

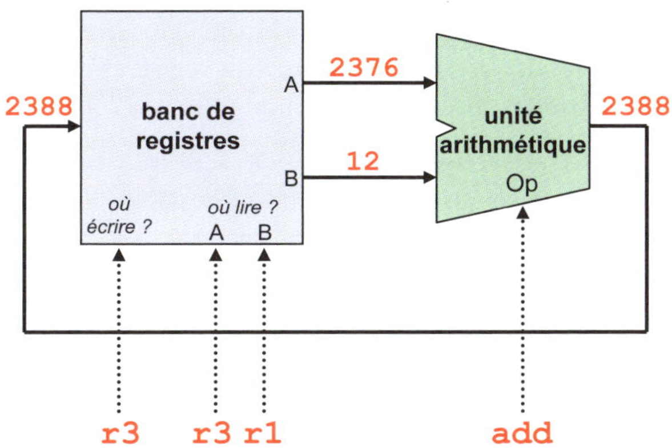

Figure 8.4 Circuit additionneur.

Si nous suivons le petit circuit de la figure 8.4 en partant du banc de registres jusqu'à l'unité arithmétique et retour au banc de registre, nous voyons que le circuit commence par obtenir les valeurs assignées en dernier aux registres `r3` et `r1`, qu'il les additionne, et qu'il assigne le résultat au registre `r3`. C'est exactement ce que nous voulons que notre machine fasse lorsqu'elle reçoit l'instruction

`add r3, r3, r1.`

Ainsi, ce circuit fera certainement partie de notre machine et nous allons appeler cette partie de notre processeur un *chemin de données*, puisque la principale boucle de signaux du circuit transporte les données. Mais d'où viennent les signaux de contrôle qui arrivent du bas ?

8.3.2 Contrôler les unités de calcul

Notre machine va clairement avoir besoin d'autres composants pour savoir ce que le programme fait. Ceci peut prendre la forme de la figure 8.5.

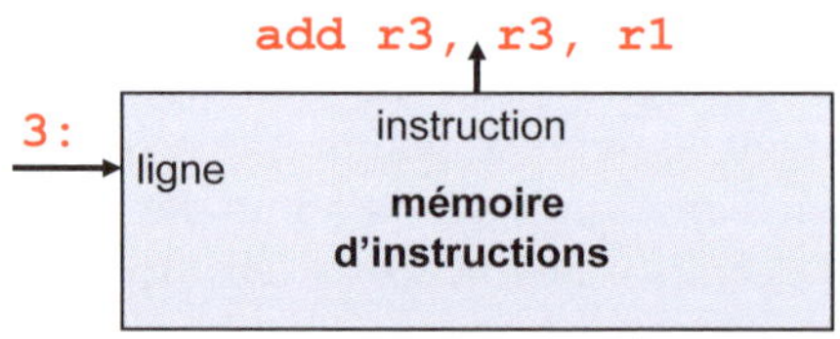

Figure 8.5 Mémoire d'instructions.

Ce composant prend en entrée un signal représentant le numéro d'une ligne du programme que nous voulons lire et répond en sortie l'instruction correspondante. C'est par conséquent une forme de mémoire qui ne peut qu'être lue : à partir du moment où quelqu'un « y a mis notre programme », nous pouvons le lire en demandant chacune de ses lignes. Puisque cette mémoire contient seulement les instructions du programme, nous pouvons l'appeler *mémoire d'instructions* ou *mémoire du programme.*

Bien entendu, pour lire les instructions depuis la mémoire, nous devons être capable de dire quelle ligne nous voulons lire. Une façon naturelle pour cela est d'avoir un composant qui se souvient d'une simple valeur numérique. Ce sera un autre registre (similaire aux registres du banc de registres) qui sera utilisé pour mémoriser la ligne suivante du programme que nous voulons exécuter (fig. 8.6).

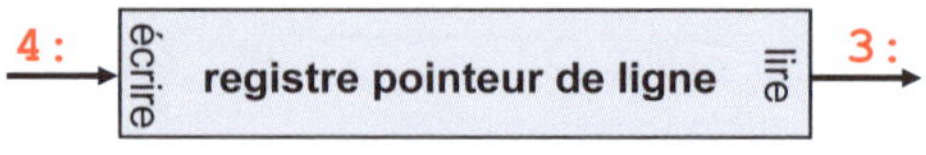

Figure 8.6 Registre pointeur de ligne.

Contrairement au banc de registres, ici nous n'avons pas besoin de dire quel registre nous voulons lire ou écrire puisqu'il n'y en a qu'un. La sortie indique la dernière valeur assignée au registre, et l'entrée indique la prochaine valeur à assigner au registre. Ce registre a différents noms : *pointeur de ligne*, *pointeur d'instruction* ou *compteur ordinal.* Dans la figure 8.6, le pointeur de ligne nous dit que l'instruction suivante à exécuter est à la ligne 3, et que celle à exécuter juste après est à la ligne 4.

Il est naturel de connecter la mémoire d'instruction et le pointeur de ligne tel qu'indiqué à la figure 8.7.

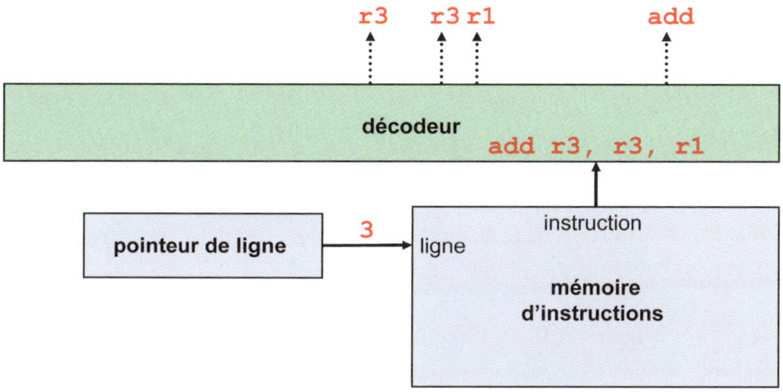

Figure 8.7 Exécution d'une instruction.

Ici nous avons ajouté un nouveau composant qui fait un travail plutôt simple : il divise les instructions en différentes parties (souvenez-vous que nous devons être sûr que chaque instruction est un tuple fait d'un nombre précis d'éléments) et donne chaque partie au composant qui en a besoin.

Il est ainsi clair que le signal qui sort de ce nouveau composant et qui part vers le haut se connecte au chemin de données que nous avons vu dans le paragraphe 8.3.1 : dans l'exemple, ils disent à l'unité arithmétique de faire une addition, et au banc de registres quels registres lire et écrire. Ce composant qui doit « expédier » des parties de l'instruction est souvent appelé un *décodeur* puisqu'il sait comment l'instruction est construite (« codée ») et qu'il la sépare.

Ce que nous avons jusqu'à maintenant est suffisant pour exécuter une instruction : (i) le pointeur de ligne dit quelle ligne doit être exécutée, (ii) la mémoire d'instructions donne l'instruction, (iii) le décodeur distribue au banc de registres les informations sur les registres à lire, (iv) le décodeur dit aussi à l'unité arithmétique ce qu'elle doit faire avec les valeurs venant du banc de registres, et finalement (v) le décodeur dit au banc de registres dans quel registre doit aller le résultat. Tout fonctionne bien, mais une fois ceci fait, nous devons aller à la ligne suivante. En principe, c'est simple.

Avec le circuit de la figure 8.8, nous pouvons incrémenter le pointeur de ligne, et ainsi lire les instructions de façon séquentielle. Le composant marqué d'un + est un *additionneur* et est similaire à l'unité arithmétique que nous avons déjà utilisée – à ceci près que celui-ci ne fait qu'un seul type d'opération (les additions) et par conséquent qu'il n'a pas besoin d'un signal de contrôle pour lui dire quoi faire. Cependant, ce circuit qui incrémente en continu le pointeur de ligne ne suffit pas : souvenez-vous que notre langage contient aussi des instructions comme `jump` qui dit à l'exécuteur du programme de ne *pas* exécuter l'instruction suivante mais de lire une ligne complètement différente du programme.

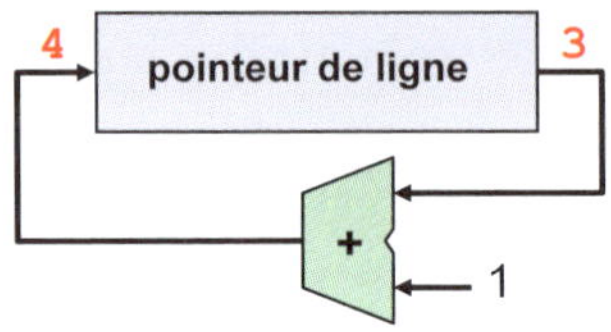

Figure 8.8 Incrémentation du pointeur de ligne.

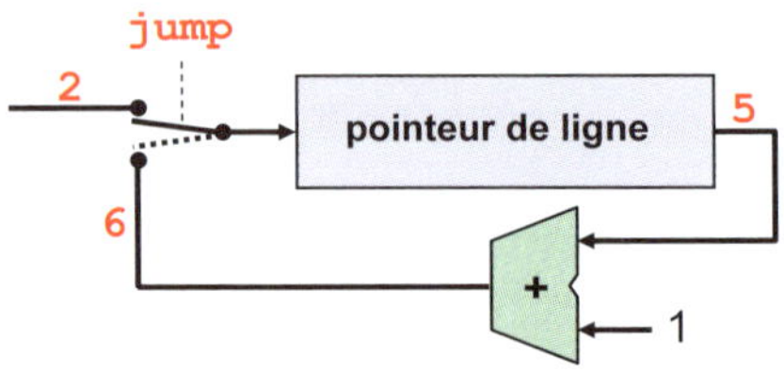

Figure 8.9 Pointeur de ligne avec interrupteur.

Nous avons besoin d'ajouter un interrupteur (fig. 8.9) qui décide si la prochaine valeur du pointeur de ligne (et donc la prochaine instruction exécutée) est (a) celle suivant l'instruction qui est actuellement exécutée, ou (b) une autre instruction. Comment contrôlons-nous la position de l'interrupteur ? L'interrupteur doit sélectionner une valeur qui n'est pas la suivante si l'opération est un saut ou un branchement (par opposition à une instruction comme `add` ou `multiply`) et que la condition (dans le cas d'une opération comme `jump_negz`) est vraie. Nous présentons dans la figure 8.10 comment assembler toutes ces pièces.

Notons que le décodeur doit maintenant distribuer un peu plus d'éléments que précédemment. Premièrement, la prochaine ligne à lire, si ce n'est pas la suivante, doit venir de l'instruction. Deuxièmement, le décodeur doit contrôler l'interrupteur selon l'instruction (« est-ce une sorte de saut ? ») et selon l'évaluation de la condition (« est-ce vrai ? »). L'évaluation de la condition est normalement le travail de l'unité arithmétique qui considère ces tests comme des opérations spéciales (« est-ce que cette valeur est négative ou nulle ? ») et envoie le résultat au décodeur au lieu de le sauvegarder dans le banc de registres. Dans la figure 8.10, l'instruction

```
jump_negz r1, 6
```

est exécutée et le décodeur demande au banc de registres de lire seulement le registre `r1` et à l'unité arithmétique de vérifier si la valeur est négative ou nulle. Si l'unité arithmétique répond que la valeur est bien négative ou nulle, alors le décodeur demande à l'interrupteur d'assigner au pointeur de ligne la valeur 6 au lieu de 3. Notons que le décodeur donne aussi comme instruction au banc de registres de ne pas assigner le résultat à un registre (représenté par le signal de contrôle le plus à gauche envoyé au banc de registres qui prend la valeur `-` pour indiquer que le port d'écriture doit être ignoré dans ce cas). Le décodeur devient un peu plus compliqué mais sa fonction est toujours assez simple. Nous avons maintenant tout ce dont nous avons besoin pour lire un programme et l'exécuter, une instruction à la fois.

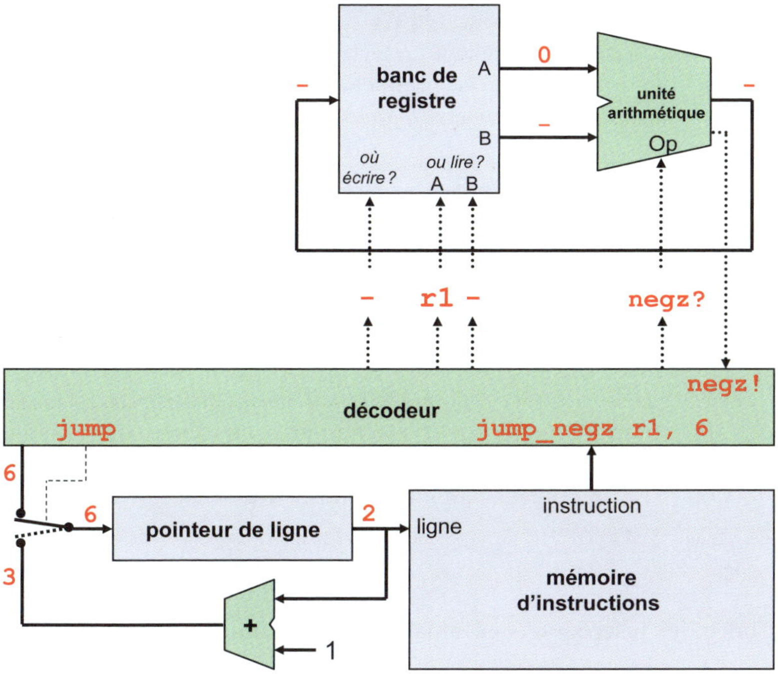

Figure 8.10 Saut conditionnel.

Un processeur 3 GHz ?

Notre processeur répète les opérations simples que nous avons décrites encore et encore : il lit une instruction, la « comprend », l'exécute, puis va à la suivante. D'une certaine manière, le tic-tac d'une horloge interne est utilisé pour marquer l'avancée dans cette séquence : par exemple, à chaque impulsion de l'horloge, une nouvelle instruction est lue dans la mémoire du programme et, avant l'impulsion suivante, le resultat de l'instruction est calculé et stocké dans le banc de registres pendant que le pointeur de ligne est mis à jour ; puis, à l'impulsion suivante, le processus se répète. L'horloge des vrais processeurs avance très vite : typiquement pour les ordinateurs de bureau ou les portables, l'horloge a jusqu'à 3 millions d'impulsions par seconde (ou 3 GHz) et c'est à cette vitesse qu'arrivent les instructions de la mémoire.

C'est probablement le bon moment de faire une pause, pour revenir sur la raison qui nous a conduits, dans la section 8.2, à réécrire un algorithme dans notre peu sympathique langage assembleur. Nous avions besoin d'être absolument sûr que le décodeur ait une définition simple et claire ! Les quelques exemples de cette section montrent que c'est en effet le cas si nous utilisons notre langage assembleur. Mais imaginons que nous ayons laissé quelque chose comme

$$\textit{circonférence} \leftarrow 2 \cdot \textit{pi} \cdot \textit{rayon}$$

sortir de la mémoire d'instruction : Qu'est-ce que *pi* ? Où est cet élément dans le banc de registres ? `r3` est le troisième registre, mais *pi* ? Et laquelle de ces deux multiplications devrait être faite en premier ? Est-ce que cela a de l'importance ? Des problèmes similaires et peut-être même pires sont aussi créés par une ligne comme

Tant que $num > 0$,

comme celle que nous avions dans l'algorithme d'origine. Que doit faire la machine si la condition n'est pas vraie ? A quelle ligne devons-nous continuer, puisque ce n'est pas écrit explicitement ? Pour un lecteur humain, avec une vue complète de l'algorithme (et pas simplement en le lisant ligne par ligne) et avec beaucoup de connaissances (p. ex. des règles de priorité de l'arithmétique), aucune de ces questions n'est vraiment un problème et les réponses ne sont pas ambiguës. Mais pour un « décodeur mécanique », les chose doivent être très simples et pré-définies. C'est pour cette raison que nous nous sommes restreints dans la section 8.2 à ce langage assembleur un peu moche, mais très pratique et concis.

8.3.3 Coder des instructions en binaire : le code machine

Dans le chapitre 4, nous avons vu comment représenter tout type d'information dans un système binaire, c'est-à-dire en n'utilisant que deux symboles (usuellement 0 et 1). Nous reviendrons dans la section 8.4 sur la justification de la représentation avec seulement deux symboles, mais pour l'instant nous nous en tenons à ce que nous avions commencé dans le chapitre 4 et nous utiliserons ce principe aussi pour nos instructions.

Puisque nous voulons stocker le programme dans la mémoire d'instructions, et que nous supposons qu'un ordinateur ne peut représenter que deux symboles (une fois de plus, nous en discuterons à la section 8.4), nous souhaitons réécrire toutes nos instructions en langage assembleur comme des séquences de 0 et de 1. Nous n'allons pas développer la solution complète à ce problème, mais nous allons nous limiter à montrer que c'est tout à fait possible si le langage assembleur est suffisamment restreint.

Premièrement, nous pouvons constater que tous les éléments que nous avons besoin de réécrire appartiennent à des ensembles finis et donc qu'ils peuvent être représentés par des nombres entiers : nous pouvons limiter les registres à une ou deux douzaines et si notre machine n'a que les registres de `r1` à `r16`, nous pouvons les représenter avec quatre bits (`0000` est pour `r1`, `0001` pour `r2`, jusqu'à `1111` qui représente `r16`). De façon similaire, nous utilisons les noms des opérations dans notre langage assembleur, mais il existe seulement un petit nombre d'opérations possibles (`add`, `subtract`, `jump`, `jump_negz`, `jump_equal`, etc.). Supposons que nous autorisons seulement 256 opérations distinctes, nous pouvons alors utiliser `00000000` pour `add`, `00000001` pour `subtract`, `00000010` pour `copy`, `10000000` pour `jump`, etc. De plus, nous avons des numéros de ligne dans notre langage assembleur (p. ex. dans `jump 6`) ou des constantes, mais les deux sont faciles à encoder, par exemple avec un entier de 16 bits avec ou sans signe comme expliqué dans le chapitre 4.

Deuxièmement, nous avons construit nos instructions sous forme de tuples qui suivent un nombre limité de modèles, avec chacun un nombre (ou un type) différent de paramètres selon le nom de l'opération. Par exemple, nous avons six modèles dans notre programme :

Modèle 1	`operation registre, constante`	(`copy r3, 0`)
Modèle 2	`operation registre, registre`	(`copy r2, r3`)
Modèle 3	`operation registre, registre, constante`	(`add r1, r1, -1`)
Modèle 4	`operation registre, registre, registre`	(`add r3, r3, r1`)
Modèle 5	`operation ligne`	(`jump 2`)
Modèle 6	`operation registre, ligne`	(`jump_negz r1, 6`)

où, sur la droite, nous voyons des exemples de chaque modèle pris dans notre exemple de programme. En supposant qu'un programme réel ne nécessite pas plus de seize modèles distincts, nous pouvons identifier le premier modèle par `0000`, le deuxième par `0001`, celui de `jump` par `0100`, etc.

Finalement, nous pouvons encoder chaque instruction en assemblant toutes ces pièces : nous pouvons toujours utiliser quatre bits pour identifier le modèle, huit bits pour identifier l'opération, et ensuite autant de bits que nécessaires pour identifier tous les éléments dont le modèle a besoin, les uns après les autres, en binaire, dans le même ordre que celui défini par le modèle. Par exemple, pour `copy r3, 0`, nous pouvons écrire :

`0000`	`00000010`	`0010`	`0000000000000000`
Modèle 1	`copy`	`r3`	`0`

,

et pour `jump 2`

`0100`	`10000000`	`0000000000000010`
Modèle 5	`jump`	`2`

.

Si nous trouvons pratique d'avoir toutes les instructions encodées avec le même nombre de bits, nous pouvons compléter les plus courtes de 0 pour les rendre toutes égales. Par exemple, si tous les modèles d'instructions ont moins de 32 chiffres binaires, nous pouvons ajouter des 0 à chacun d'entre eux pour qu'ils fassent 32 bits. Notre exemple devient

`0000`	`00000010`	`0010`	`0000000000000000`	
Modèle 1	`copy`	`r3`	`0`	(remplissage) ,
4 chiffres	8 chiffres	4 chiffres	16 chiffres	0 chiffres

et

`0100`	`10000000`	`0000000000000010`	`0000`
Modèle 5	`jump`	`2`	(remplissage) .
4 chiffres	8 chiffres	16 chiffres	4 chiffres

Nous avons fait une transformation de plus à notre programme (fig. 8.11). Le résultat est appelé *code machine* : le nom reflète le fait que ce code est parfaitement obscur pour un humain (à moins qu'il ou elle passe du temps à le décoder pour revenir à de l'assembleur, ce qui est toujours possible bien qu'ennuyeux). Nous avons maintenant terminé la troisième étape de l'objectif présenté au début du chapitre et nous sommes pratiquement prêts à charger le programme dans la mémoire d'instructions.

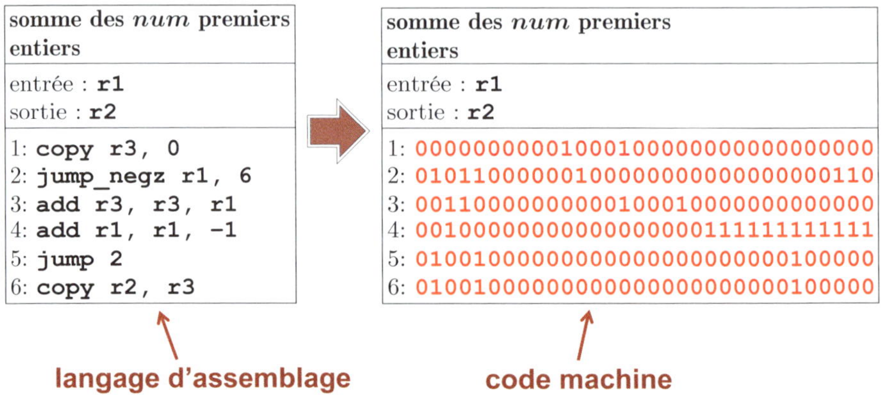

Figure 8.11 Dernière étape logicielle : le code machine.

8.3.4 Compléter notre processeur

La deuxième étape de notre objectif est aussi presque terminée, puisque nous avons maintenant une machine abstraite faite de composants simples et bien définis qui peut exécuter toutes nos instructions.

Nous pouvons encore faire une amélioration conceptuellement petite, mais significative d'un point de vue pratique. Notre machine a un nombre très limité de registres, ceci pour un certain nombre de raisons. Une d'entre elles, par exemple, est que le nombre de registres disponibles détermine le nombre de bits dont nous avons besoin dans les instructions pour déterminer celui que nous voulons lire – et nous voulons garder ce nombre de bits relativement petit. En pratique, nous pourrions vouloir manipuler des données bien plus grandes que ce que nous pouvons nous permettre avec le nombre de registres : des images faites de millions de pixels, des bases de données avec des milliards d'entrées, etc. Pour cela, nous pouvons tout simplement enrichir notre chemin de données avec un composant de plus, une large mémoire pour stocker les grosses quantités de données (fig. 8.12).

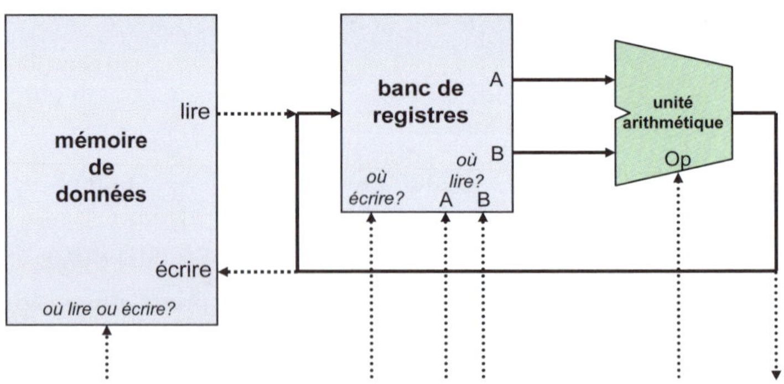

Figure 8.12 Ajout de la mémoire de données.

Pour utiliser cette mémoire, nous allons avoir besoin de nouvelles instructions, qui sont souvent appelées *load* (pour *charger*) et *store* (pour *stocker*). Par exemple

```
load r5, 2763
```

et

```
store 39287, r7.
```

La première instruction signifie que la valeur enregistrée en dernier dans la *mémoire de données* à l'emplacement `2763` doit être assignée au registre `r5`. La seconde que la valeur placée dans le registre `r7` doit être assignée à l'emplacement mémoire `39287`. Il est clair que ces deux instructions permettent de traiter de grands ensembles de données en les transférant par petits bouts dans les registres, calculant des résultats partiels, puis sauvegardant ces résultats en mémoire. Nous discuterons plus en détail dans le chapitre 9 des difficultés à créer une mémoire de données efficace et capable de mémoriser de larges ensembles de données.

Notre processeur abstrait élémentaire est finalement complet (fig. 8.13).

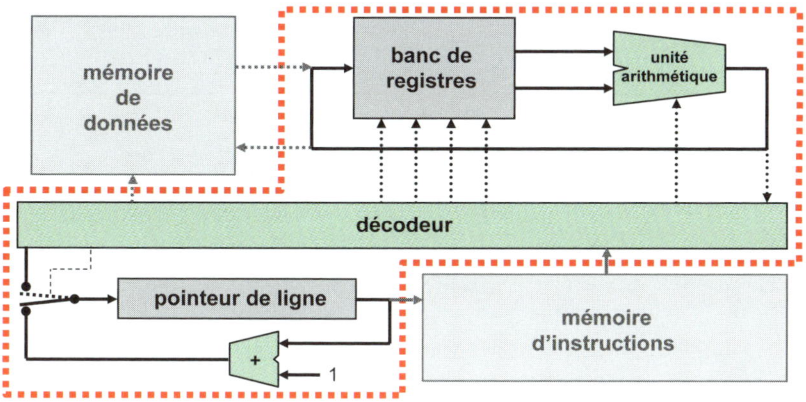

Figure 8.13 Processeur complet.

Les lignes pointillées en rouge délimitent le processeur : des mémoires lui sont toujours connectées. Malheureusement, ce n'est pour l'instant qu'un tigre en papier : bien que ce soit un mécanisme puissant pour exécuter nos algorithmes, l'exercice est parfaitement inutile tant que nous ne prouvons pas que nous pouvons créer une machine physique, réelle, qui agit exactement comme notre modèle abstrait. C'est notre dernier objectif dans ce chapitre.

Intel et ARM

Dans la section 8.3, nous avons montré comment définir une machine pouvant exécuter un langage assembleur particulier que nous avons défini dans la section 8.2. Cette machine est ce que l'on appelle un *jeu d'instruction* (ou *ISA* pour *Instruction Set Architecture*). Il y a clairement différentes façons d'en construire un, et il est possible de construire plein d'ISA équivalents, mais avec des avantages ou des désavantages différents. En effet, depuis un demi-siècle plusieurs milliers d'ISA ont été conçus et quelques dizaines ou centaines sont utilisés dans l'industrie aujourd'hui. Même si en tant qu'utilisateurs d'équipements électroniques nous ignorons complètement les ISA utilisés, deux cas font exception : il s'agit des processeurs conçus ou fabriqués par Intel Corporation et ARM Limited. Ces dernières années, pratiquement tous les ordinateurs utilisés (de bureau, portables, quelques tablettes tactiles) et une grande partie des ordinateurs professionnels ont évolué pour utiliser essentiellement un seul ISA développé à la fin des années 1970 par la compagnie Intel et qui depuis a été révisé et amélioré de nombreuses fois. Cet ISA est souvent appelé le *x86* ou simplement l'*architecture Intel*. Plus récemment, et ce depuis l'introduction des téléphones portables dans les années 1990, un autre ISA est devenu très populaire, en particulier pour les appareils sur batterie, c'est l'*architecture ARM*. On estime qu'au début de notre décade (les années 2010), le nombre de processeurs ARM était environ 25 fois plus élevé que le nombre de processeurs Intel. Pourtant, les produits construits avec ARM ont usuellement des coûts plus bas et des marges de profits plus serrées, et le revenu d'Intel est encore 70 fois plus important que celui d'ARM. Les différents ISA sont apparu et disparu de la scène informatique, et il est très difficile de prédire lequel sera le plus populaire dans le futur, même si ARM et Intel sont certainement encore là pour longtemps.

8.4 Construire un véritable processeur avec des transistors

Nous l'avons déjà mentionné, la machine que nous avons créée et appelée *processeur* est en soi une simple machine abstraite faite de composants simples à décrire. Pour l'instant rien ne va dans la direction, par exemple, de l'électronique : nous sommes intéressés par toute solution permettant de créer une véritable machine capable d'exécuter les fonctionnalités décrites dans la section précédente. Des appareils mécaniques et électroniques ont déjà été utilisés dans le passé, et l'ont continue de chercher activement comment utiliser l'optique ou d'autres phénomènes physiques pour construire des ordinateurs efficaces. Il est important de réaliser que ce que nous avons fait jusqu'à présent est complètement indépendant d'une construction technologique spécifique, et c'est un accident de l'histoire si aujourd'hui l'humanité utilise l'électronique comme meilleur moyen de construire un ordinateur – il est tout à fait possible que dans 20 ou 30 ans d'autres technologies soient plus intéressantes. Mais, puisque aujourd'hui tout ordinateur est un ordinateur électronique, nous allons nous concentrer sur cette manière de construire notre processeur avec des composants réels.

Utiliser l'électronique pour construire un ordinateur dépend d'un appareil important, développé au début du 19e siècle : la pile électrique (fig. 8.14).

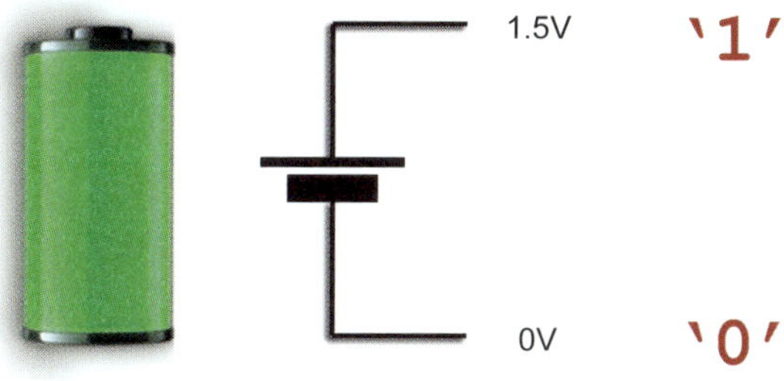

Figure 8.14 Pile électrique.

Grâce à un processus électrochimique (ou à d'autres phénomènes selon la source d'électricité), une pile présente deux bornes avec des potentiels électriques différents. Les piles classiques et pas chères que nous achetons en boutique ont typiquement une borne avec un potentiel de 1.5 volt supérieur à l'autre – nous disons alors qu'une borne a un potentiel de 0 volt et que l'autre a +1.5 volt. C'est ici un premier pas pour regarder le monde en termes binaires : nous ne nous intéressons pas vraiment à la différence de potentiel précise, en fait, nous nous intéressons seulement au fait qu'il y a deux potentiels distincts, et nous les assignons aux symboles que nous utilisons dans le système binaire : 0 et 1.

Les autres composants importants de tout circuit électrique sont les fils (faits de matériaux conducteurs comme le métal) et, assez naturellement, les interrupteurs qui sont, dans leur forme la plus simple, des fils que l'on peut interrompre (fig. 8.15).

Figure 8.15 Interrupteurs.

Le comportement d'un interrupteur *fermé* est plutôt trivial : il se comporte comme le matériau conducteur et propage le potentiel qui apparaît d'un côté vers l'autre côté. Ainsi, si nous appliquons le potentiel qui correspond à 0 du côté gauche, nous « aurons un 0 » du côté droit. Le comportement d'un interrupteur *ouvert* est peut-être moins évident : si un interrupteur est ouvert, il n'y a rien pour conduire l'électricité et le côté isolé de l'interrupteur a simplement un potentiel indéterminé. Il est bien entendu *faux* d'imaginer que, par exemple, si le côté gauche est connecté au potentiel correspondant à 0 et que l'interrupteur est ouvert, le côté droit est à 1 ! Ceci est un peu délicat : si nous voulons créer un monde de circuits binaires (des circuits où tout fil a soit un potentiel représentant 0, soit un potentiel représentant 1), le fait d'ouvrir les interrupteurs va créer des problèmes puisque nous aurons des fils dans une situation qui ne peut pas apparaître dans notre système. Nous allons voir comment gérer cela et éviter ces problèmes.

8.4.1 Interrupteurs contrôlables : les transistors

Dans les années 1940, un nouvel appareil a été inventé qui utlise certaines propriétés particulières de matériaux appelés les semi-conducteurs, tel que le silicium : c'est le transistor. Il est possible de créer deux types de transistors (fig. 8.16).

Figure 8.16 Transistors N et P.

Ils sont souvent appelés les transistors N et P. Mais plus précisement les transistors les plus utilisés en ce moment ont trois bornes et sont appelés transistors *n-mos* et *p-mos* en référence à leur nom complet : *metal-oxide-semiconductor field-effect transistors*, qui signifie transistor à effet de champ à structure métal-oxyde-semi-conducteur.

Nous ne nous intéressons pas vraiment au type exact de transistors que nous utilisons ou à leur nom exact. Par contre leur comportement nous intéresse : celui-ci est très simple et, nous allons le voir, puissant. Les transistors N ont le comportement décrit dans la figure 8.17.

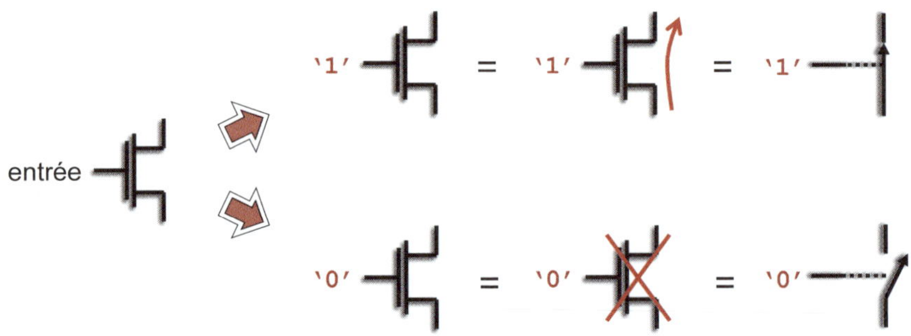

Figure 8.17 Comportement d'un transistor N.

Ils agissent essentiellement comme un interrupteur placé entre deux bornes. Leur particularité est que le potentiel appliqué à la troisième borne contrôle la position de l'interrupteur : si le potentiel de la borne de contrôle est ce que nous avons appelé 1, l'interrupteur est fermé, sinon il est ouvert. Notons que la borne de contrôle doit toujours être connectée à un 0 ou à un 1, sinon nous ne saurons pas si l'interrupteur est ouvert ou fermé. Les transistors P se comportent presque de la même manière, mais l'état de l'interrupteur est interverti (fig. 8.18). Cette fois-ci, l'interrupteur est ouvert avec un 1 en entrée et fermé avec un 0. Les transistors N et P sont dit *complémentaires*.

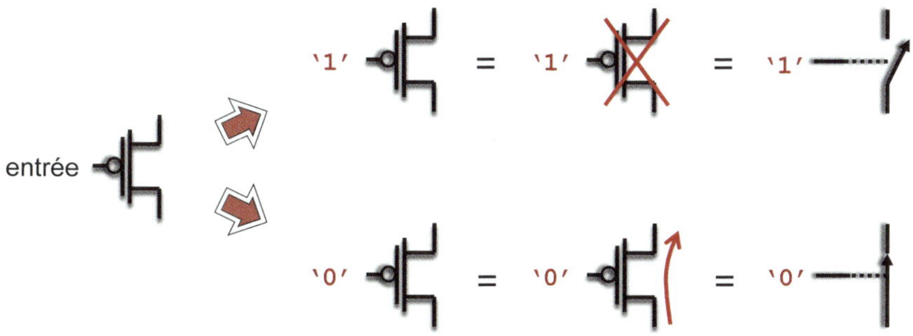

Figure 8.18 Comportement d'un transistor P.

Binaire ou pas binaire ?

Nous associons souvent le *calcul sur ordinateur* avec la représentation binaire, c'est-à-dire avec seulement deux chiffres pour tout représenter. Nous avons vu cela dans le chapitre 4, et dans le paragraphe 8.3.3 lorsque nous avons converti notre langage assembleur en nombres binaires. En fait, tout ce que nous avons décrit dans ce livre jusqu'à maintenant est indépendant du nombre de chiffres utilisés pour représenter l'information : avec quelques modifications, nous pourrions tout encoder en ternaire, quaternaire, ou toute autre représentation et cela ne changerait rien. La seule raison pour laquelle nous utilisons la représentation binaire est technologique et est reliée à la réalisation électronique de notre ordinateur : une pile a deux bornes à deux potentiels différents. Il y a aussi le fait que les interrupteurs ne peuvent être qu'ouverts ou fermés. Le choix de l'électronique pour construire les ordinateurs et l'utilisation de transistors comme blocs de constructions justifie donc l'utilisation de deux *états* ou *symboles* pour tout représenter dans un ordinateur. Dans le futur, pas forcément proche, il est tout à fait concevable que d'autres technologies offrant plus de symboles soient développées ; si cela arrive, les concepts de base développés jusqu'à maintenant dans ce livre seront toujours valides.

8.4.2 Le circuit logique le plus élémentaire : l'inverseur

Nous sommes prêts à créer notre premier circuit avec une paire de transistors (fig. 8.19).

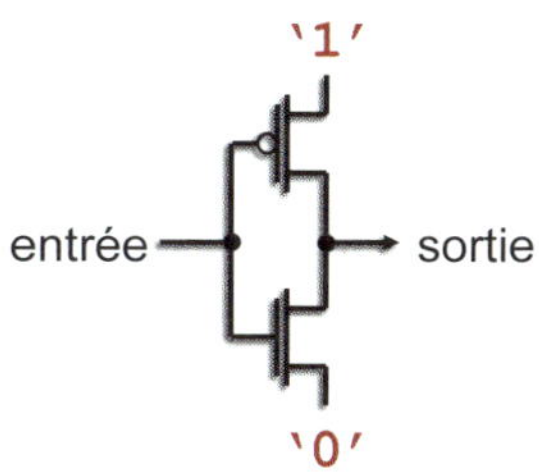

Figure 8.19 Circuit de deux transistors.

Notons qu'une des bornes du transistor P en haut est connectée à 1 et qu'une des bornes du transistor N en bas est connectée à 0 – dit autrement, les bornes en haut et en bas du circuit sont connectées à une pile, qui est la source primaire de 0 et de 1. Si nous connectons l'entrée à 0 ou 1, nous pouvons voir sur la figure 8.20 ce que ce circuit fait.

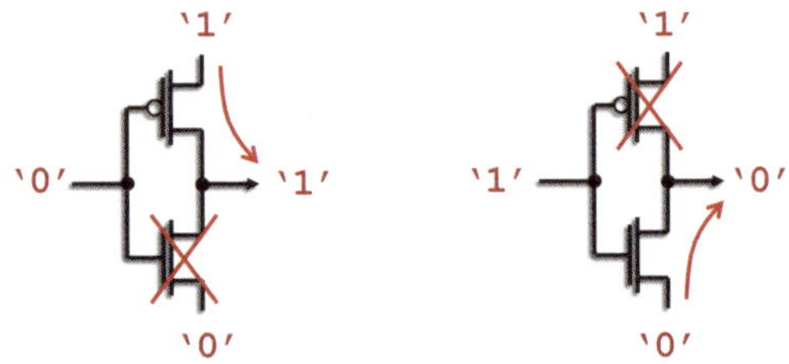

Figure 8.20 Inverseur.

Comme les deux transistors sont complémentaires et qu'ils ont la même entrée, un des deux sera toujours ouvert et l'autre toujours fermé, mais lequel dépend de l'entrée. Comme la figure le montre, si l'entrée est 0, la sortie est connectée au potentiel représentant 1, et vice-versa, si l'entrée est 1, la sortie est connectée au potentiel représentant 0 : cet élément est appelé un *inverseur* et il est suffisamment fondamental pour lui associer un symbole spécial (fig. 8.21).

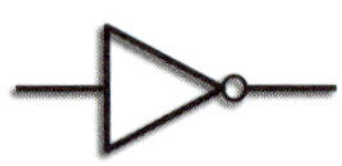

Figure 8.21 Symbole de l'inverseur.

Remarquons ici une habitude particulière que nous allons prendre dans beaucoup de cas : même si nos transistors sont clairement connectés à une pile avec les bornes du haut et du bas, nous n'allons pas le représenter dans nos symboles ; ceux-ci ne représentent que les bornes qui nous intéressent vraiment, l'entrée et la sortie. Tous nos composants faits à partir de transistors nécessiteront d'être connectés à la pile, mais nous ne le montrerons pas dans la plupart des cas.

8.4.3 Règles pour créer des circuits

Notre inverseur est un circuit très simple : peut-être qu'il n'est pas utile immédiatement, mais il a des caractéristiques importantes. Une d'entre elles est que le transistor du haut et celui du bas sont complémentaires : lorsque l'un est ouvert, l'autre se ferme et vice-versa. Cela résout un problème que nous avions avec les interrupteurs : le fait que si nous laissons un interrupteur ouvert nous avons quelque chose qui n'est ni 0 ni 1. Avec l'inverseur, l'entrée est reliée aux deux entrées de contrôle et nous utilisons le fait que les transistors sont de types opposés pour être sûr qu'il n'y aura pas deux interrupteurs ouverts en même temps – si cela arrivait, nous aurions une sortie indéterminée. Avec le même argument, les deux interrupteurs ne sont jamais fermés en même temps, ce qui impliquerait une connexion directe entre les deux pôles de la pile – c'est ce qu'on appelle un *court circuit*. Un court circuit est une autre forme de potentiel indéterminé (quel potentiel est le plus « fort », 0 ou 1 ? Lequel gagne s'ils sont connectés ?) ; cette situation, si elle est autorisée, serait très mauvaise puisqu'elle détruirait notre circuit (la physique nous dit qu'un courant très fort traverserait les transistors et les détruirait).

Cette jolie propriété de complémentarité du haut et du bas de notre inverseur peut être utilisée comme règle pour construire des circuits plus complexes, et nous l'utiliserons dans la section suivante. Mais nous avons besoin d'un peu plus avant d'en arriver là. Supposons que nous voulons construire un *tampon*, c'est-à-dire un circuit avec une seule entrée et sortie (fig. 8.22).

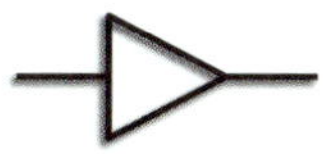

Figure 8.22 Symbole du circuit tampon.

Ce circuit élémentaire renvoie 0 si l'entrée est 0 ou 1 si l'entrée est 1. Cela peut ne pas sembler très utile (et pourtant même ce circuit tout simple a une utilité), mais ce qui nous intéresse ici est comment construire un tel circuit. Une idée naturelle est de connecter deux transistors comme dans la figure 8.23.

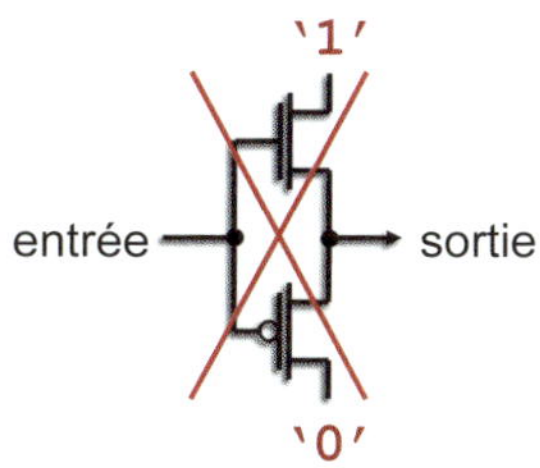

Figure 8.23 Tampon incorrect.

Malheureusement, bien que ce circuit soit tout à fait logique et qu'il respecte notre première règle de complémentarité, ce n'est pas un bon circuit pour des raisons électroniques qui sont au-delà du cadre de ce chapitre. Avant de pouvoir construire d'autres circuits en toute sécurité, nous avons besoin d'une autre règle : nous ne pouvons connecter une des deux bornes d'un transistor P que à un 1 ou à un autre transistor P. De façon analogue, une des deux bornes d'un transistor N ne peut être connectée qu'à un 0 ou à un autre transistor N. (Informellement, cela revient à dire qu'un transistor P ne peut être utilisé que dans la moitié supérieure d'un circuit et qu'un transistor N ne peut être utilisé que dans la moitié inférieure.) Clairement, le circuit de la figure 8.23 ne respecte pas cette règle, puisque le transistor P est connecté à un 0 et le transistor N à un 1. La façon la plus simple de créer un tampon en respectant ces règles est en fait de connecter deux inverseurs l'un après l'autre – une façon compliquée pour un circuit aussi simple, mais la seule façon simple de respecter nos deux règles (fig. 8.24).

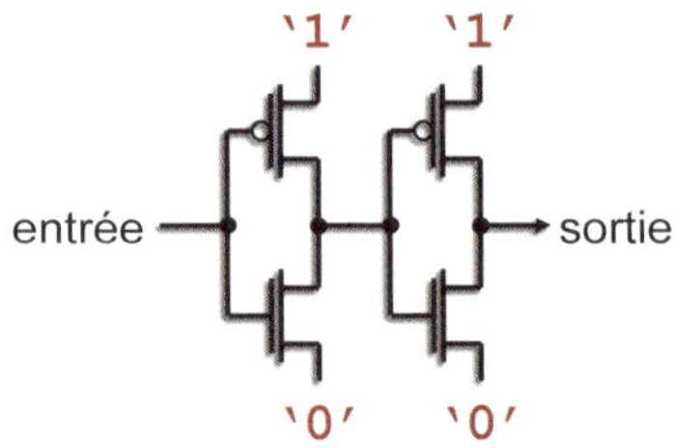

Figure 8.24 Circuit tampon.

Ces deux règles définissent comment créer des circuits *CMOS*, qui sont de loin la classe de circuits la plus utilisée aujourd'hui. CMOS signifie *Complementary Metal-Oxide-Semiconductor* (métal-oxyde-semi-conducteur complémentaire), où *complémentaire* est clairement relatif à notre première règle et où la seconde partie du nom vient du type de transistors utilisés pour créer les circuits.

8.4.4 Des circuits logiques plus complexes

Si nous comprenons bien la propriété de complémentarité de la moitié supérieure et de la moitié inférieure de notre inverseur, et que nous avons bien saisi la règle de n'utiliser que des transistors P dans la moitié supérieure et que des transistors N dans la moitié inférieure, nous pouvons maintenant essayer d'étendre cette idée à des circuits plus complexes, par exemple, celui de la figure 8.25.

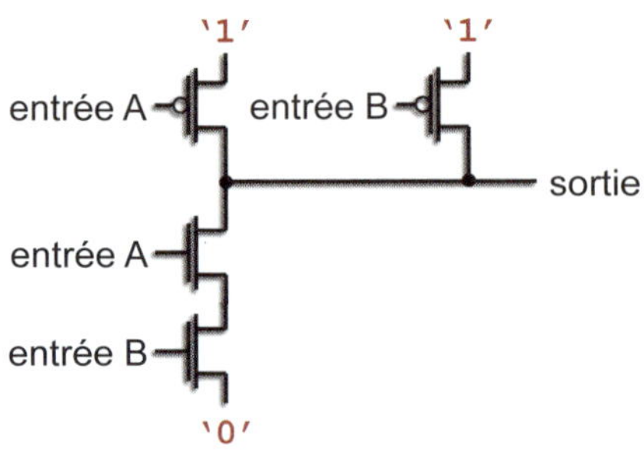

Figure 8.25 Circuit à deux entrées (A et B) et une sortie.

Ce circuit a deux entrées A et B et une sortie (les deux bornes appelées « entrée A » sont connectées électriquement et sont toujours au même potentiel, de même pour « entrée B » ; la seule raison pour laquelle la connexion filaire n'est pas représentée ici est pour rendre le schéma plus facile à lire). Comme nous l'avons fait précédemment, nous pouvons appliquer des entrées pour voir ce que nous obtenons en sortie (fig. 8.26). Clairement, si les entrées A et B sont 1, comme à gauche de la figure, les deux transistors d'en haut sont ouverts et aucun ne peut imposer un potentiel de 1 à la sortie. En même temps, si les entrées A et B sont 1, les deux transistors d'en bas sont fermés et cela crée un chemin entre 0 et la sortie. Une fois de plus, comme avec notre inverseur, le haut et le bas de

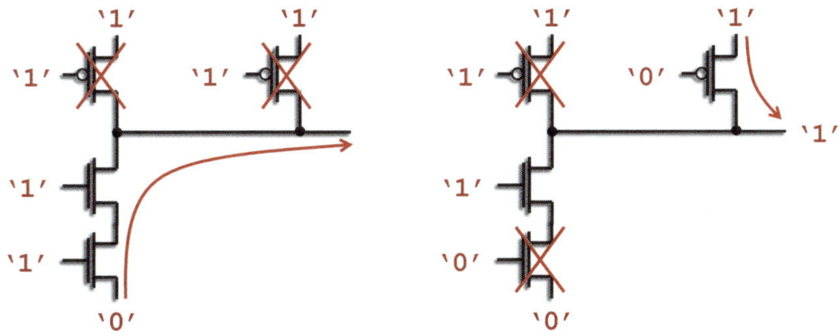

Figure 8.26 Comportement du circuit de la figure 8.25.

la figure sont complémentaires : si l'un des deux ferme le chemin du 0, l'autre est ouvert, et vice-versa. Le seul cas où la sortie est 0 est quand les deux entrées sont 1 ; dans toutes les autres situations, comme celle représentée à droite, un (ou les deux) des transistors d'en haut connectera la sortie à 1 et un (ou les deux du bas) déconnectera la sortie du 0, évitant ainsi un court circuit – c'est-à-dire, évitant la connexion du 0 et du 1. Si nous essayons toutes les combinaisons, nous obtenons les sorties de la figure 8.27.

A	B	AND inversé
0	0	1
0	1	1
1	0	1
1	1	0

Figure 8.27 Table de vérité du circuit de la figure 8.26.

Ce type de table, qui est une description très pratique du circuit, est appelée *table de vérité* : c'est la table qui spécifie quand la sortie est *vraie* (synonyme de 1, alors que *faux* est synonyme de 0). Le circuit décrit ici est un circuit *AND* avec inversion ou un circuit *NOT AND*, ou, plus simplement, un circuit *NAND* : la sortie n'est pas (*NOT*) vraie (donc 0) si et seulement si la première entrée est vraie (égale à 1) et (*AND*) la seconde entrée est aussi vraie (égale à 1). Ce n'est pas trop difficile d'inventer maintenant d'autres circuits, comme *NOT OR* (pas ou) ou *NOR*. Ils sont appelés *circuits logiques* puisqu'ils implémentent directement les opérations de la logique propositionnelle. Et ils sont faciles à composer : si nous mettons un inverseur (aussi appelé *NOT*) après un NAND, on obtient un AND.

Il est maintenant clair qu'une fois que nous avons compris le « truc », nous pouvons construire toutes sortes de circuits. Par exemple celui présenté en figure 8.28, avec trois entrées A, B et C, et deux sorties X et Y.

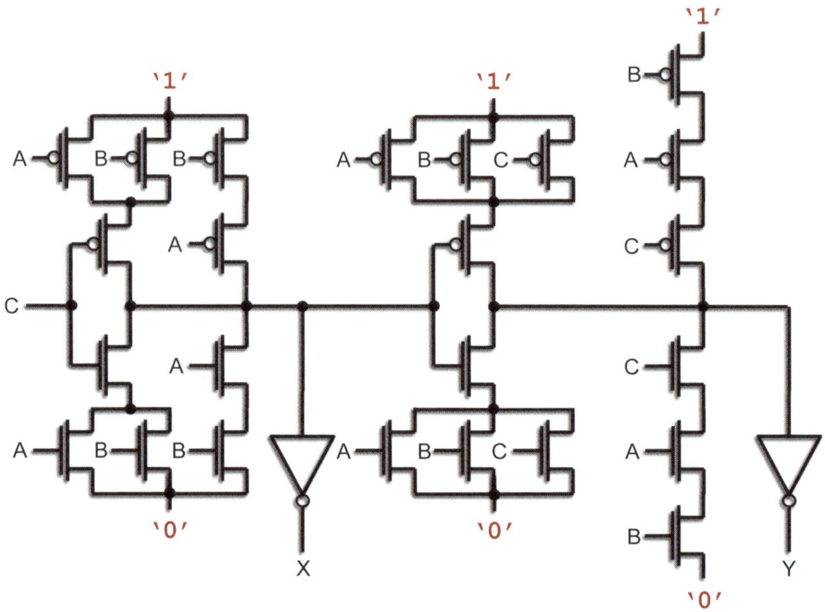

Figure 8.28 Circuit à trois entrées et deux sorties.

Il est assez difficile de déterminer ce que ce circuit fait et s'il a les mêmes caractéristiques de complémentarité que nous avons observés dans les circuits précédents entre la partie supérieure et inférieure. Mais, avec de la patience, nous pouvons vérifier ce circuit et décrire sa fonctionnalité dans une table de vérité (fig. 8.29).

A	B	C	XY
0	0	0	00
0	0	1	01
0	1	0	01
0	1	1	10
1	0	0	01
1	0	1	10
1	1	0	10
1	1	1	11

Figure 8.29 Table de vérité du circuit de la figure 8.28.

En regardant avec attention, nous voyons que les deux bits de sortie représentent, en tant que nombre binaire à deux bits, le nombre de 1 dans l'entrée. Dit autrement, si nous additionnons les trois bits des entrées, la sortie représente le résultat comme un nombre à deux bits. Par exemple $1+1+0 = 2_{10} = 10_2$. Ce circuit est appelé un *additionneur complet* et correspond à l'opération élémentaire que nous faisons pour chaque chiffre lorsque nous faisons une addition sur papier en binaire : nous additionnons deux chiffres et la retenue de la position précédente (donc au total trois chiffres) et nous produisons deux chiffres, un pour le résultat et l'autre qui est la retenue pour la position suivante si le résultat est plus grand que 1. En composant plusieurs circuits comme celui-là, nous pouvons construire un plus grand circuit pour additionner des nombres de 32 bits par exemple.

8.4.5 La partie combinatoire de notre processeur

Ce que nous avons vu dans le paragraphe précédent nous suggère qu'une grande variété de circuits complexes peuvent être construits à partir de circuits élémentaires plus petits, en connectant chaque fois la sortie d'un sous-circuit à l'entrée du suivant. En effet, en respectant quelques règles simples, il est possible de créer n'importe quel circuit *combinatoire* (fig. 8.30).

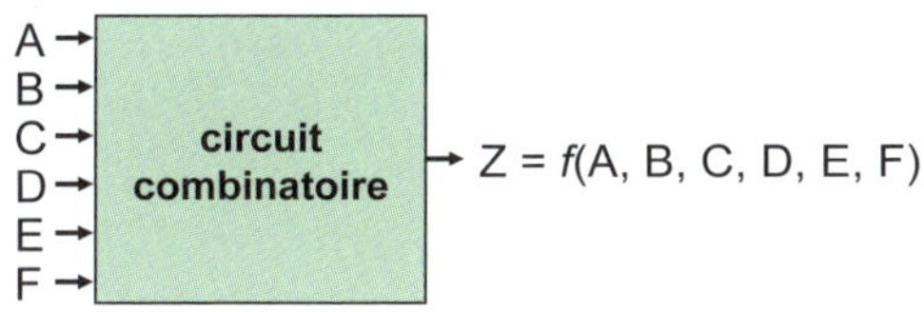

Figure 8.30 Circuit combinatoire.

Les circuits combinatoires sont une classe très importante des circuits utiles. Ils sont définis comme étant les circuits dont la sortie dépend *uniquement* de l'entrée : rien d'autre n'est nécessaire pour calculer la sortie. Notre unité arithmétique est un parfait exemple de circuit combinatoire (fig. 8.31).

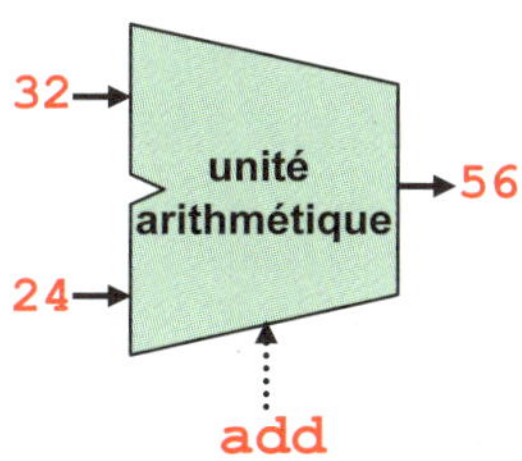

Figure 8.31 Unité arithmétique : exemple de circuit combinatoire.

Il est suffisant de savoir que les nombres 32 et 24 doivent être additionnés (les trois entrées) pour déterminer sans aucune ambiguïté que la sortie doit être 56.

Tous les composants en vert clair de notre processeur sont combinatoires : l'unité arithmétique, l'incrémenteur de ligne, et le décodeur qui distribue signal et information (fig. 8.32).

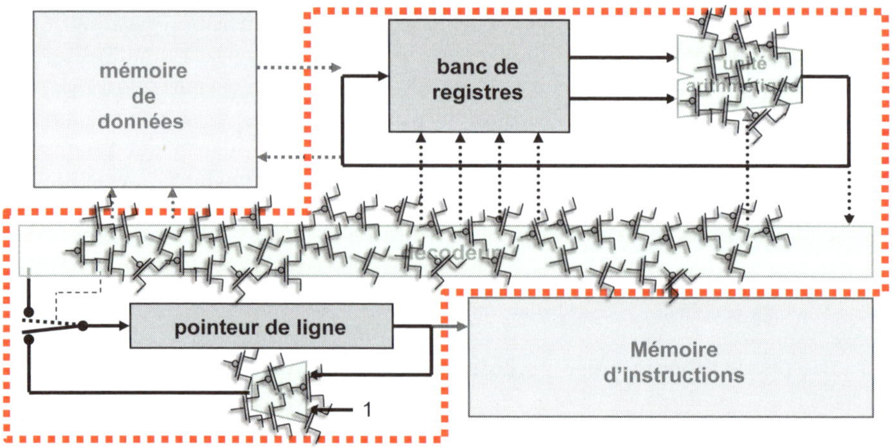

Figure 8.32 En vert cair : circuits combinatoires de notre processeur (fig. 8.13).

La discussion jusqu'à maintenant devrait vous avoir convaincu que, même si nous ne pouvons pas vraiment le faire nous-même avec ce que nous savons pour l'instant, nous pouvons construire n'importe quel circuit combinatoire avec des transistors. C'est un bon début, mais ce n'est pas suffisant pour créer complètement notre processeur avec une pile et un paquet de transistors.

8.4.6 La partie séquentielle de notre processeur

Le problème est que les composants dont nous avons besoin ne sont pas seulement combinatoires. Il y a une autre classe fondamentale de composants qui s'appelle les circuits *séquentiels* ou, de façon équivalente mais peut être plus significative, les circuits *avec état* (fig. 8.33).

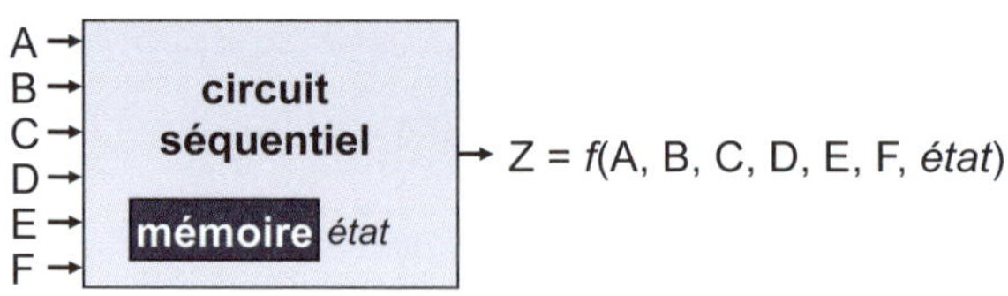

Figure 8.33 Circuit séquentiel (ou circuit avec état).

La définition est exactement l'opposée de celle des circuits combinatoires : la connaissance de toutes les entrées à un moment donné n'est pas suffisante pour déterminer la sortie. Un parfait exemple est notre banc de registres (fig. 8.34). Il ne suffit pas de savoir que nous voulons lire le registre `r1` : pour trouver que la sortie correcte est 372, nous devons savoir quelque chose qui s'est passé avant et, plus précisément, quelle valeur a été assignée à `r1` en dernier. La sortie du circuit n'est alors plus determinée uniquement par les entrées du circuits mais aussi par des états internes au circuit (d'où circuits avec « état ») ou, de façon

Figure 8.34 Banc de registres : exemple de circuit séquentiel.

équivalente, par des éléments de la mémoire qui se souviennent d'actions faites dans le passé. Un additionneur n'a pas de mémoire : 3 plus 5 égale 8, peu importe ce que le circuit a calculé avant. A l'opposé, un registre est presque uniquement de la mémoire : si la sortie est 14, cela implique que (1) à un moment dans le passé 14 a été écrit dans le registre, et (2) depuis ce moment là, rien de différent de 14 n'a été écrit dans le registre. En conclusion, nous avons maintenant besoin d'utiliser nos transistors pour créer des circuits qualitativement nouveaux qui *mémorisent* de l'information.

8.4.7 Un circuit logique étrange : la cellule de mémoire

Considérons le circuit simple de la figuure 8.35.

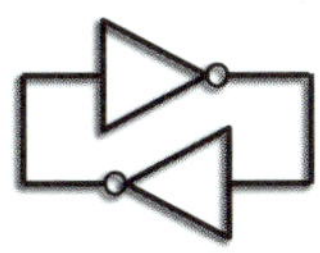

Figure 8.35 Un circuit étrange.

Une des règles que nous suivons quand nous assemblons nos composants pour créer un circuit combinatoire est de ne jamais créer de boucle. Ce circuit viole cette règle : deux inverseurs sont connectés l'un à l'autre. Ce circuit est-il dénué de sens ? Est-ce qu'il crée des problèmes électriques ? En fait non (fig. 8.36).

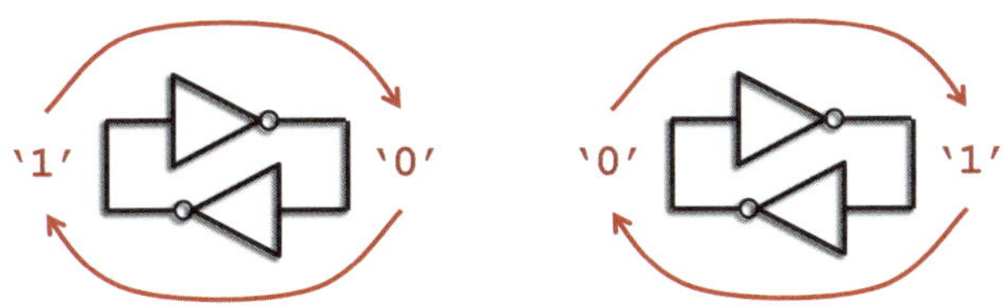

Figure 8.36 Bascule.

Il s'avère que si nous faisons l'hypothèse que le fil le plus à gauche est à 1, le premier inverseur produit un 0 sur le fil de droite, et le deuxième inverseur impose alors un 1 au fil de gauche – ce qui est parfaitement compatible avec l'hypothèse de départ. Si le fil de gauche est à 0, le résultat est tout aussi cohérent. Le point vraiment intéressant ici c'est qu'il n'existe que deux situations possibles et que les deux sont stables – on dit que c'est un élément *bistable*. Qualitativement, c'est exactement la même situation qu'un pendule inversé en mécanique (un pendule fixé avec une charnière en bas au lieu d'en haut) : le pendule peut tomber à gauche ou à droite et les deux points extrêmes sont des points d'équilibre et sont stables. Ce qui rend cette situation intéressante c'est que nous pouvons étiqueter ces deux points d'équilibre avec nos deux symboles : une position représente 0 et l'autre 1 ; lorsque notre nouveau circuit est dans un équilibre, il reste comme cela et se souvient d'un bit. Ce circuit fondamental est appelé une *bascule*.

C'est très bien d'avoir un circuit qui, une fois dans un état spécifique, reste dans cet état. Mais, pour être utile, nous devons être capable de le mettre dans un état donné. Pour cela nous devons compliquer un peu ce circuit (fig. 8.37).

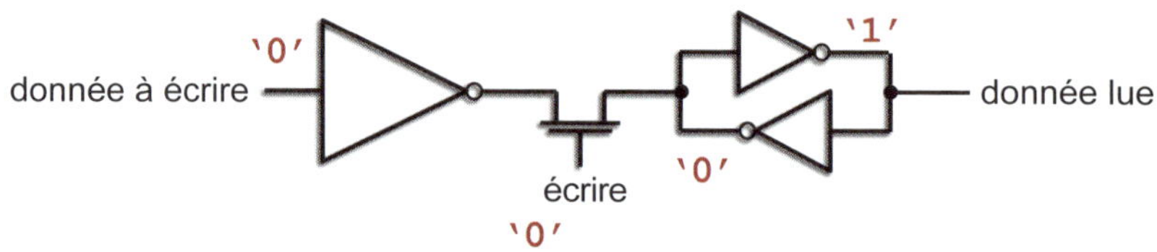

Figure 8.37 Bascule avec circuit d'écriture.

Sur ce nouveau circuit, il y a un signal qui indique que nous voulons écrire une nouvelle valeur dans la bascule : il est connecté à la borne de contrôle d'un transistor N qui, comme nous l'avons vu, est un interrupteur qui se ferme quand le contrôle est 1. Cela signifie que dans la situation de la figure 8.37, rien ne se passe et la bascule peut être dans n'importe lequel des deux états (nous lisons un 1 dans la figure 8.37). Maintenant considérons que nous voulons écrire un 0 : le premier inverseur (à gauche) convertit le 0 en 1, le signal d'écriture en bas à 1 ferme l'interrupteur et envoie le 1 de l'inverseur à la boucle. Ce qui rend ce circuit un peu particulier c'est la connexion de l'inverseur de gauche avec celui en bas à droite (fig. 8.38).

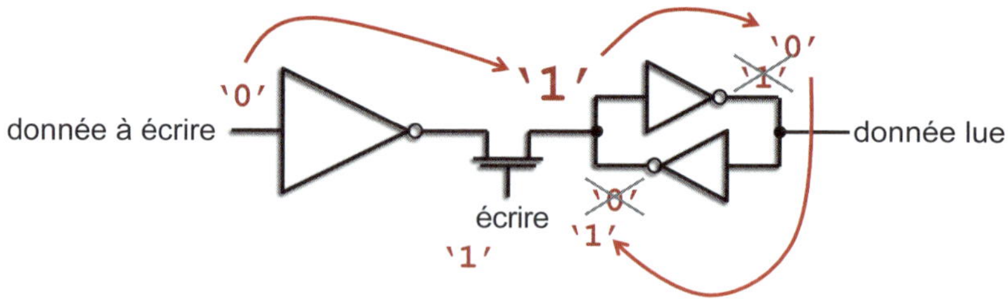

Figure 8.38 Bascule avec circuit d'écriture : 1 bit de mémoire.

Lorsque l'inverseur le plus à gauche essaye de mettre sa sortie à 1, l'inverseur en bas à droite essaye de mettre le *même* fil à 0. C'est un des court-circuits que nous essayons d'éviter à tout prix : le potentiel peut être indéterminé – une situation qui n'a pas de sens dans notre monde binaire où tout doit être à 0 ou à 1. Mais, en y repensant, c'est une forme un peu particulière de court-circuit. Supposons que l'inverseur à gauche est plus fort, c'est-à-dire, qu'il puisse, par force brute, imposer un 1 sur le fil pendant un bref moment ; alors, l'inverseur en haut à droite va changer sa sortie au complément de 1, qui est 0. A son tour, l'inverseur en bas à droite va prendre ce 0 et produire un 1. Ah ! C'est la valeur que l'inverseur de gauche vient d'imposer par force brute, et maintenant, juste après, celui en bas à droite est d'accord – et la sortie a changé. Par conséquent, ce circuit est ce dont nous avons besoin pour implémenter 1 bit de mémoire : c'est un élément bistable et nous pouvons le forcer dans un des deux états en créant un court-circuit extrêmement bref[1]. Nous pouvons maintenant construire toutes les parties de notre processeur que nous ne pouvions construire avec les circuits combinatoires (fig. 8.39).

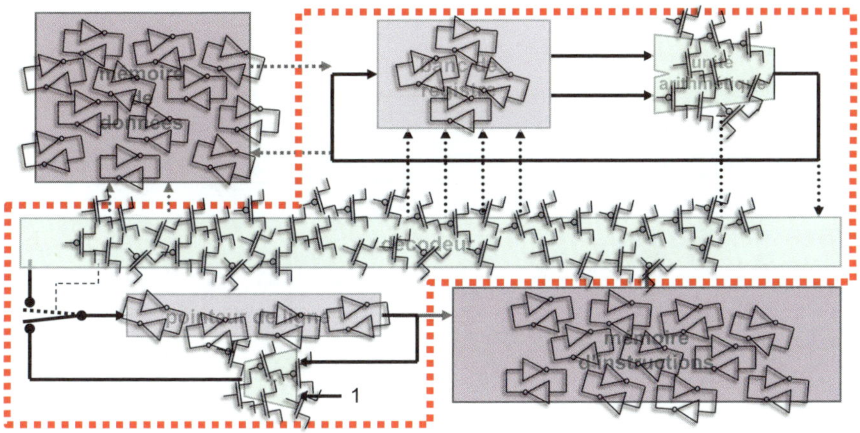

Figure 8.39 En violet : circuits séquentiels de notre processeur (fig. 8.13).

Le banc de registres et le pointeur de ligne sont clairement des mémoires de quelques dizaines ou centaines de bits que nous pouvons construire avec les bascules que nous venons de découvrir. Sans parler de nos deux mémoires de données et d'instructions qui vont nécessiter des milliers ou millions de bascules. Nous avons notre processeur électronique.

8.5 Un processeur complet

Notre quatrième et dernière étape est maintenant terminée et nous avons atteint notre objectif : nous avons transformé notre algorithme d'origine en un langage un peu artificiel que nous avons ensuite converti en séquences de 0 et de 1. En parallèle, nous avons eu l'idée d'une machine abstraite qui peut exécuter ce langage ; cette machine est composée de blocs de constructions simples et parfaitement spécifiés. Finalement, nous avons utilisé des transistors pour construire ces blocs. Si nous plaçons le programme dans la mémoire d'instruction de notre appareil

[1] En fait, il existe des bascules plus compliquées qui n'ont même pas besoin de créer ce bref court-circuit.

physique, notre processeur va exécuter le programme pas à pas et calculer n'importe quel résultat spécifié par l'algorithme d'origine. Nous avons construit un ordinateur électronique.

Ces dernières années, les transistors sont devenus ridiculement peu chers, c'est ce qui les rend si intéressants pour construire des ordinateurs : aujourd'hui, des milliards de transistors coûtent seulement quelques dizaines de francs, euros ou dollars. Des milliards ! Si le premier microprocesseur de notre histoire (l'Intel 4004 en 1971) avait environ 2300 transistors, des processeurs modernes comme celui de la figure 8.40 sont composés de plus de 4,3 milliards de transistors.

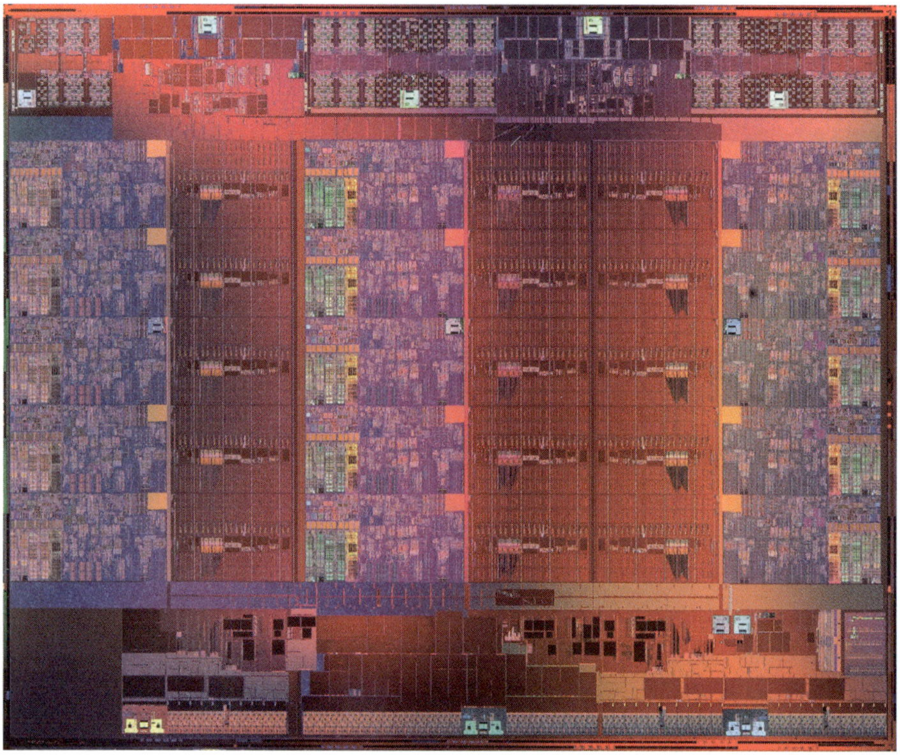

Figure 8.40 Le circuit intégré d'un processeur moderne (© Intel Corporation). La photo montre le circuit intégré en silicium (*die*) d'un processeur Intel récent appelé le Xeon E7-8895 V2 qui contient environ 4.3 milliards de transistors. Les quinze parties identiques sont les quinze cœurs du processeurs et la partie la plus régulière de chacun d'entre eux est la mémoire.

Le graphique de la figure 8.41 montre l'évolution du nombre de transistors contenu dans les circuits intégrés les plus complexes depuis le premier processeur Intel. Notons que l'axe vertical est logarithmique et que le graphe est une ligne droite – cela signifie que le nombre de transistors dans un circuit double avec une cadence régulière pour un prix fixe (voir l'encadré sur la loi de Moore, p. 204).

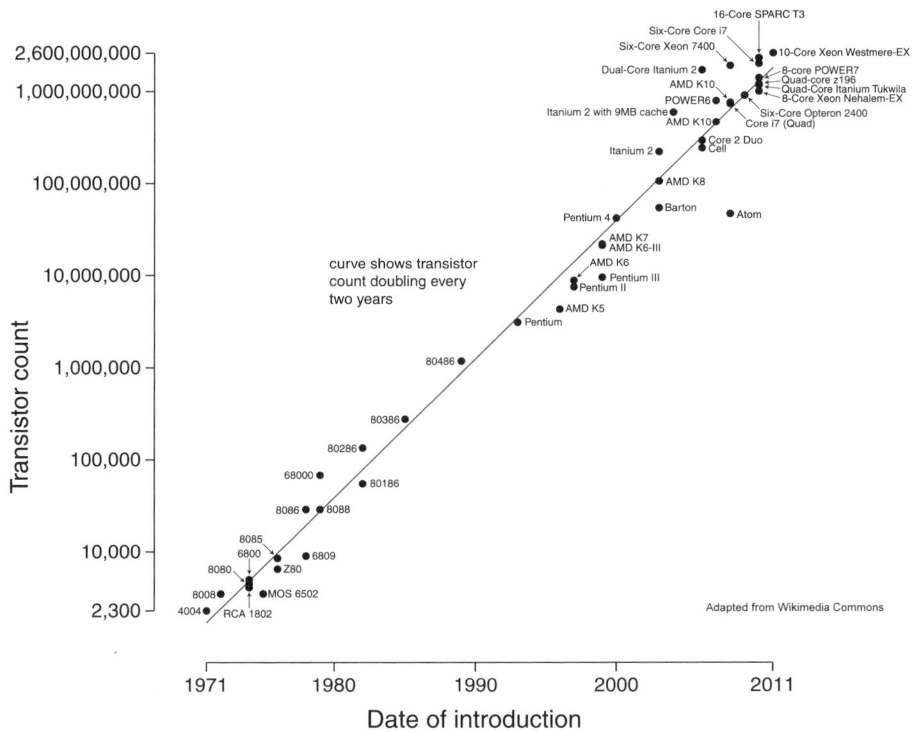

Figure 8.41 Processeurs : évolution du nombre de transistors.

8.6 Conclusion

Est-ce que cette abondance de transistors signifie que les processeurs modernes sont fondamentalement différents de ceux que nous avons vus dans ce chapitre ? Pas du tout. Les différences sont plus quantitatives que qualitatives : (1) un processeur comme celui de la figure 8.40 contient en fait 15 *cœurs* de processeur, qui correspondent chacun à notre processeur simple. Ensuite (2) ces processeurs sont bien plus complexes que le nôtre, ils peuvent en effet faire des opérations complexes sur un grand nombre de types de données (p. ex. des nombres flottants, des vecteurs, des pixels) ; des opérations qui prendraient des dizaines ou des centaines d'instructions sur notre processeur sont effectuées avec une ou quelques instructions en utilisant des circuits plus complexes. Aussi, (3) les constructeurs de processeurs ont fait des progrès incroyables pour utiliser l'abondance de transistors pour accélérer l'exécution — par exemple, en autorisant l'exécution d'instructions multiples en même temps au lieu d'attendre, comme nous le faisons, que l'instruction précédente soit finie avant de continuer. Et finalement, (4) ils ont ajouté beaucoup de mémoire autour du processeur, pour que de grands problèmes puissent être résolus efficacement. En fait, l'organisation de la mémoire autour d'un processeur est la prochaine question critique que nous allons aborder dans le chapitre 9.

La loi de Moore

En 1965, Gordon E. Moore, un des futurs fondateurs d'Intel Corporation, a fait l'observation que le nombre de transistors dans les circuits intégrés numériques haut de gamme (comme les processeurs) semblait approximativement doubler tous les deux ans. Ceci est resté remarquablement vrai depuis. La loi de Moore n'est pas du tout comme une loi naturelle (comme les lois de Newton sur le mouvement par exemple) mais une observation des effets des forces économiques et de l'habilité des ingénieurs dans l'industrie des semiconducteurs au cours des dernières décennies. Voilà approximativement ce qui se passe : dans un marché très compétitif, les compagnies qui construisent des nouveaux circuits intégrés misent sur des marges très faibles. Le coût des circuits est déterminé par le coût de l'ingénierie pour construire le nouveau produit (fixe, relativement élevé et partagé entre tous les circuits vendus) et par le coût de manufacture de chaque produit individuellement (plutôt bas selon le type de circuit vendu). Les marges étant faibles, la façon naturelle de les augmenter, une fois que le produit est vendu et a du succès, est de pousser à la création aussi rapidement que possible de nouveaux transistors plus petits (traditionnellement, qui prennent moitié moins de place que la génération précédente) et de *rétrécir* le circuit à cette nouvelle taille : moitié moins de silicone pour le même produit (et le même prix) donnent à la compagnie des revenus plus confortables. Mais, en construisant le produit suivant avec des transistors nouveaux et plus petits, pour éviter que les coûts fixent soient trop importants dans son prix, les compagnies essayent d'augmenter puissance et prix en augmentant le nombre de transistors ainsi que les fonctionnalités. Le résultat est un nouveau produit, significativement meilleur et attractif à un prix similaire au premier et avec des marges aussi basses (pour rester compétitif sur le marché). Et l'histoire se répète avec des produits plus petits, meilleurs et plus puissants. Ce phénomène unique dans notre histoire (c'est-à-dire une croissance exponentielle très rapide soutenue depuis plusieurs décennies) est derrière les progrès de l'informatique et son omniprésence actuelle dans notre société. Cela va-t-il continuer ? Certainement pas pendant longtemps, du moins dans la forme que nous connaissons aujourd'hui, puisqu'il existe des limites physiques fondamentales sur la taille des transistors (la dimension de certains transistors est déjà de l'ordre de quelques atomes et ne peut simplement pas devenir plus petite). Combien de temps cela va-t-il durer alors ? Personne ne sait : les prédictions d'un ralentissement apparaissent de façon répétée depuis les années 1970, mais l'ingéniosité des ingénieurs a évité l'écueil des difficultés apparues depuis. Les prédictions actuelles disent que ces progrès peuvent continuer au mieux jusqu'en 2020. Cela s'arrêtera-t-il vraiment ? Et que ce passera-t-il alors ? Difficile à dire...

8.7 Exercices

8.7.1 *Instructions équivalentes*
Considérer cette séquence d'instructions :

```
1: jump_smallerequal 0, r1, 3
2: subtract r1, 0, r1
```

L'instruction `jump_smallerequal` compare le premier opérande au second, où chaque opérande est soit un registre, soit une valeur. Si le premier opérande est plus petit ou égal au deuxième, alors le programme continue l'exécution à la ligne indiquée par le troisième opérande. L'opération `subtract` soustrait le troisième opérande au deuxième, et stocke le résultat dans le premier (très proche de `add`, introduit à la section 8.2).

Lesquelles des séquences suivantes sont exactement équivalentes (fonctionnellement) à celle ci-dessus ? Notons que `jump_smaller` a la même fonction que `jump_smallerequal` mais qu'elle n'effectue pas le saut en cas d'égalité.

a)
```
1: subtract r1, 0, r1
2: jump_smallerequal r1, 0, 4
3: subtract r1, 0, r1
```

b)
```
1: jump_smaller 1, r1, 3
2: subtract r1, 0, r1
```

c)
```
1: jump_smaller 0, r1, 3
2: subtract r1, 0, r1
```

d)
```
1: jump_smallerequal 0, r1, 2
2: subtract r1, 0, r1
```

e)
```
1: subtract r1, 0, r1
2: jump_smallerequal 0, r1, 4
3: subtract r1, 0, r1
```

8.7.2 *Que fait le programme ?*

Considérer la séquence d'instructions suivante :

```
1: copy r3, r1
2: jump_smallerequal r2, r1, 4
3: copy r3, r2
```

L'instruction `jump_smallerequal` est définie dans l'exercice 8.7.1.

Que fait ce programme ?

a) Il calcule la valeur absolue d'un nombre.
b) Il échange les valeurs stockées dans deux registres.
c) Il trouve le minimum entre deux valeurs.
d) Il trouve le minimum entre deux valeurs, mais il a un problème si les deux valeurs sont négatives.
e) Il trouve le maximum entre deux valeurs.
f) Il trouve le maximum entre deux valeurs, mais il a un problème si les deux valeurs sont égales.
g) Il ne fait rien que l'on puisse utiliser.

8.7.3 *Que fait ce programme ?*
Considérer le programme suivant :

```
1:  copy r5, 0
2:  jump_smallerequal r1, r2, 7
3:  copy r6, r1
4:  copy r1, r2
5:  copy r2, r6
6:  copy r5, 1
7:  jump_smallerequal r2, r3, 12
8:  copy r6, r2
9:  copy r2, r3
10: copy r3, r6
11: copy r5, 1
12: jump_smallerequal r3, r4, 17
13: copy r6, r3
14: copy r3, r4
15: copy r4, r6
16: copy r5, 1
17: jump_equal r5, 1, 1
18: stop
```

Les instructions `jump_smallerequal` et `jump_equal` sont définies dans l'exercice 8.7.1.

1) Supposer qu'avant d'exécuter le programme, les registres ont les contenus suivants :

`r1`	123
`r2`	473
`r3`	17
`r4`	365

Simuler l'exécution du programme jusqu'à l'instruction `stop`. Quelles sont les valeurs de ces quatre registres à la fin ?

2) Que fait ce programme ? Expliquer la réponse.

3) Que se passerait-il si toutes les instructions `jump_smallerequal` étaient remplacées par `jump_smaller` (qui ne fait le saut que si le premier opérande est strictement plus petit que le deuxième) ?

8.7.4 *Somme de valeurs absolues*
Ecrire un programme en assembleur pour calculer la somme des valeurs absolues de deux nombres. Utiliser les types d'instructions vues dans ce chapitre et dans les exercices précédents (`add`, `subtract`, `jump_smallerequal`, etc.). Utiliser les registres `r1` à `r9`. Les deux valeurs à additionner sont stockées au début dans les registres `r1` et `r2`, et à la fin le résultat doit être stocké dans le registre `r3`.

8.7.5 *Circuits et tables de vérité*
Considérer ce circuit :

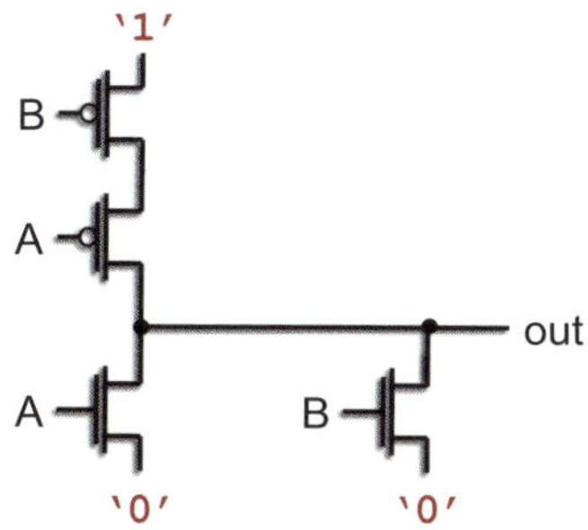

Quelle est la table de vérité de ce circuit ?

a)

A	B	out
0	0	1
0	1	0
1	0	0
1	1	1

b)

A	B	out
0	0	1
0	1	0
1	0	0
1	1	0

c)

A	B	out
0	0	0
0	1	0
1	0	0
1	1	1

d)

A	B	out
0	0	0
0	1	1
1	0	1
1	1	1

Chapitre 9

Mémoire et caches

9.1 Introduction

Dans le chapitre précédent, nous avons appris comment utiliser des transistors pour construire un processeur, c'est-à-dire une machine capable d'interpréter nos algorithmes et de les exécuter mécaniquement. Dans la figure que nous avons utilisée (fig. 9.1), le processeur est la partie entourée de pointillés rouges, le reste étant la mémoire pour stocker nos programmes et les données.

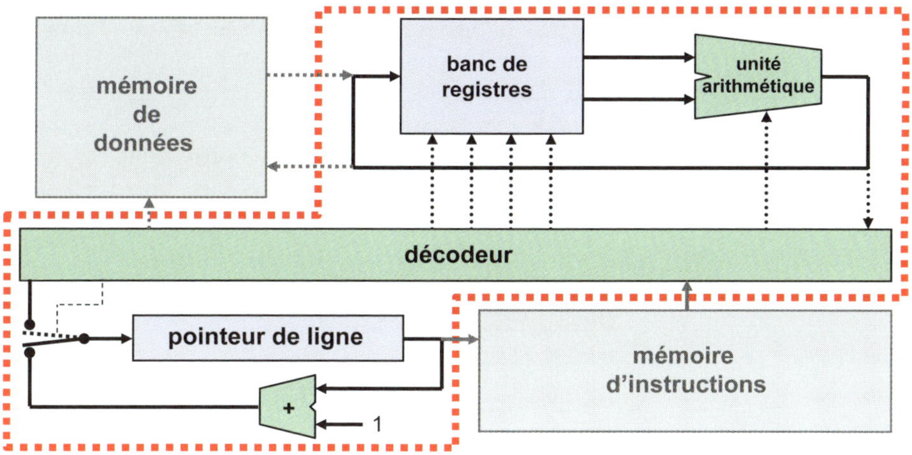

Figure 9.1 Processeur et mémoire.

Ensemble, le processeur et les mémoires constituent, en principe, un ordinateur. Ce qui leur manque pour être réellement utilisables en tant que tel, ce sont des *périphériques*. Les périphériques sont ces dispositifs permettant à l'ordinateur de communiquer avec un humain (clavier, souris, écran, imprimante, etc.), d'échanger des données avec d'autres ordinateurs (interfaces réseaux câblés, Wifi, adaptateurs Bluetooth, etc.), ou de stocker de grandes quantités d'informations pour une utilisation ultérieure (disques durs, CD et DVD, etc.). Nous étudierons cette dernière classe de périphériques dans le chapitre 10, mais ici nous allons nous intéresser à la partie grisée de la figure 9.1 : la mémoire.

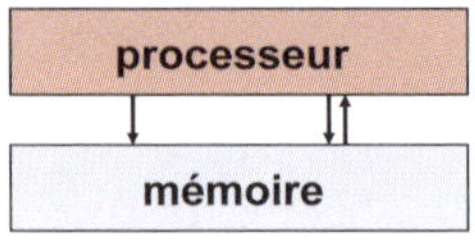

Figure 9.2 La figure 9.1 simplifiée.

Commençons par redessiner cette figure en omettant les détails qui ne nous intéressent plus. Dans la figure 9.2, nous avons unifié les deux mémoires introduites dans le chapitre 8 : la *mémoire d'instructions* et la *mémoire de données.* Nous avons appris dans le chapitre 4 à représenter toutes nos informations en nombres binaires, et nous avons appris dans le chapitre 8 à représenter également nos programmes en séquences de nombres binaires. Après tout, il n'y a pas vraiment de raison pour séparer ces différentes informations et nous pouvons toutes les placer dans une seule mémoire ; n'importe quelle partie du processeur ayant besoin d'une des deux pourra l'obtenir de celle-ci.

Faisons une petite pause sur cette figure. Premièrement, on pourrait penser que ce qui est vraiment important ici c'est le processeur : clairement, toute « l'intelligence » de notre construction se trouve là et la mémoire apparaît comme rien de plus que la partie la plus stupide du système. Bien qu'il y ait du vrai dans cette assertion, d'un point de vue économique les choses sont quelque peu différentes : de nos jours, nous sommes habitués à utiliser des ensembles de données très grands comportant typiquement des photos composées de millions de pixels ou des vidéos contenant des dizaines ou des centaines de milliers d'images, faisant chacune environ un million de pixels. Si nous devons traiter de telles photos ou vidéos, nous allons avoir besoin d'une très grande mémoire, peut-être composée de milliards de bits. Peut-être qu'une représentation bien plus réaliste de l'ordinateur dont nous avons besoin ressemblerait plus à la figure 9.3.

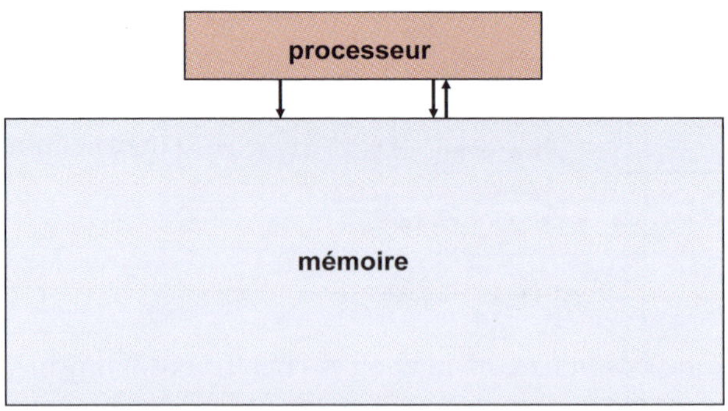

Figure 9.3 Taille processeur vs. taille mémoire.

Ce n'est pas un détail sans importance si l'on considère que plus de 99% des transistors d'un ordinateur moderne sont dans le système de mémoire : si nous voulons construire un ordinateur économiquement abordable, nous devons réfléchir sérieusement à l'organisation du système de mémoire.

Par conséquent, nous allons maintenant apprendre comment la mémoire peut être construite avec des transistors, puis nous essayerons d'exploiter les composants que nous pouvons construire en pratique de la façon la plus intelligente possible.

9.2 Technologie de la mémoire

Nous avons déjà vu dans le chapitre 8 que le circuit de la figure 9.4 est utile pour sauvegarder un bit d'information.

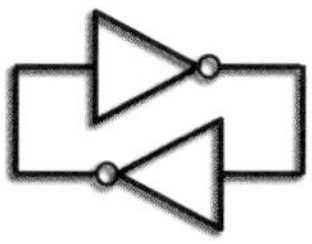

Figure 9.4 Bascule.

Ce circuit peut intrinsèquement être dans deux états stables et c'est donc naturel de l'utiliser pour stocker un bit d'information. Il permet de créer de très bons composants de mémoire qui se trouvent être très rapides : nous pouvons écrire ou lire un ensemble de bits de cette mémoire en moins d'un milliardième de seconde (1 ns). C'est excellent, puisque nous voulons exécuter nos algorithmes très rapidement et que nous devons lire au moins une instruction de la mémoire à chaque étape (plus parfois des données). Cette mémoire serait donc parfaite, avec comme seul bémol le fait qu'une cellule mémoire a besoin d'au moins six transistors pour stocker un bit d'information : deux pour chaque inverseur et deux de plus pour lire ou écrire l'information (nous avons vu le transistor dont nous avons besoin pour écrire l'information dans le chapitre précédent, fig. 8.38). Puisque nous avons vraiment besoin de beaucoup de mémoire, la question fondamentale est de savoir s'il est possible de se « souvenir » d'un bit d'information à un coût moindre.

L'ingéniosité humaine a exploré de nombreuses autres possibilités pour mémoriser de l'information de façon électronique, mais une idée extrêmement simple a dominé dans les ordinateurs depuis les années 1970 : utiliser des condensateurs pour stocker l'information. Considérez un condensateur composé de deux électrodes séparées par un isolant, avec un des deux terminaux connecté au potentiel qui représente notre 0 (fig. 9.5).

Figure 9.5 Condensateur.

Nous savons des lois de l'électromagnétisme que le potentiel du terminal libre sera proportionnel à la charge qui est stockée sur les électrodes du condensateur :

si nous supprimons toutes les charges, le second terminal sera à 0 aussi, mais si nous plaçons la charge appropriée sur les électrodes, nous pouvons avoir le potentiel du second terminal égal au potentiel représentant notre 1 (fig. 9.6).

Figure 9.6 Condensateur sans charge (a) et avec charge (b).

Comme dans le cas où notre cellule mémoire est composée de deux inverseurs, notre condensateur est un circuit simple qui peut être dans deux états différents et qui peut ainsi représenter un bit d'information : nous avons une nouvelle cellule mémoire. Nous avons maintenant deux très bonnes nouvelles. Premièrement, nous pouvons lire ou écrire cette cellule avec un simple transistor (en effet, nous avons besoin d'un seul transistor pour charger ou décharger les électrodes du condensateur). Lorsque le signal d'écriture est 1, le transistor est un interrupteur fermé et, peu importe le potentiel de l'entrée, ce potentiel est utilisé pour charger ou décharger le condensateur qui atteint le même potentiel (fig. 9.7).

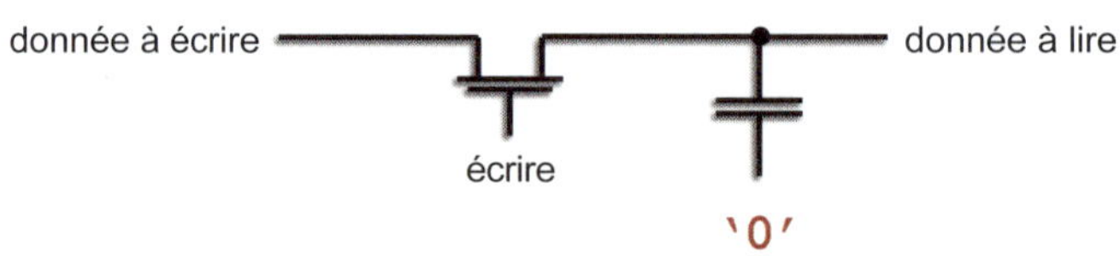

Figure 9.7 Condensateur avec transistor pour lire et écrire.

Lorsque le signal d'écriture est 0, l'entrée est déconnectée et le potentiel du condensateur nous rappelle la dernière valeur écrite. Deuxièmement, il est en fait possible physiquement de stocker ces transistors *d'accès* de façon très dense sur une puce électronique et de cacher les condensateurs en-dessous. Dit autrement, cette cellule mémoire est beaucoup moins coûteuse que la première parce qu'elle a besoin de beaucoup moins d'espace sur une puce.

Hélas, ce sont les seules bonnes nouvelles. La très mauvaise nouvelle est que, pour écrire ou lire cette cellule, nous avons besoin de beaucoup plus de temps (en effet, au lieu de moins d'une 1ns, nous avons besoin de l'ordre de 100ns pour lire un ensemble de bits de cette mémoire). La raison de cette lenteur est au-delà de ce que nous étudions dans ce chapitre, mais c'est un vrai problème pour nous. En effet, notre processeur doit pouvoir lire au moins un ensemble de bits par étape (l'instruction), mais avec cette nouvelle mémoire peu coûteuse, nous devrions ralentir notre processeur d'un facteur 100. Il nous reste donc un problème compliqué à résoudre et nous devons trouver une solution.

Rafraîchir une mémoire dynamique

Il y a en fait une autre très mauvaise nouvelle lorsque l'on veut stocker de l'information en chargeant les électrodes d'un condensateur : dans notre monde réel et imparfait, une charge stockée ne reste pas sur une électrode pour toujours comme elle le ferait sur un condensateur idéal ; à cause des limites physiques intrinsèques et inévitables de l'isolant entre les électrodes du condensateur, la charge se dissout lentement. C'est un problème catastrophique ; en effet, si l'on attend assez longtemps, une charge pourra être suffisamment réduite pour qu'un 1 ressemble à un 0 et nous aurons alors perdu notre bit d'information ! En pratique, et pour rendre les choses encore pires, cela arrive en fait assez rapidement : après environ une milliseconde l'information peut avoir disparu. La solution à ce problème dépasse ce que nous verrons dans ce chapitre, mais est plutôt triviale (bien que laborieuse à mettre en pratique) : nous n'avons pas d'autre choix que de lire chaque bit d'information stocké avant qu'il ne soit perdu (et donc de lire des milliards de cellules mémoires plus d'un millier de fois par seconde) et nous devons restaurer la charge originale sur la capacité en écrivant à nouveau la valeur lue – en d'autres termes, nous devons *rafraîchir* l'information très souvent. Cette nécessité comparée avec le fait que notre circuit composé de deux inverseurs stocke l'information pour toujours sans avoir besoin de quoi que ce soit, conduit souvent à appeler *mémoire dynamique* celle qui utilise condensateurs et cycles de rafraichissement, et *mémoire statique* celle qui utilise des cellules avec deux inverseurs.

9.3 Mémoire rapide ou mémoire bon marché ? Les deux, mon général !

Le graphique de la figure 9.8 illustre qualitativement où se situent les deux technologies de mémoire.

Les points verts et les points oranges représentent des systèmes de mémoire possibles économiquement et que nous pouvons construire avec les deux tech-

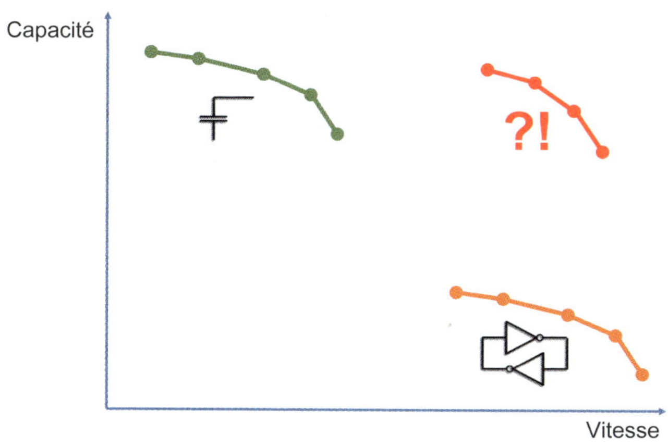

Figure 9.8 Les deux technologies de mémoire (vert et orange).

nologies que nous avons. Dans les deux cas, nous pouvons échanger un peu de capacité (en diminuant un peu la taille de notre mémoire) contre un peu de vitesse. Ou, du point de vue opposé, nous pouvons sacrifier un peu de vitesse pour avoir des mémoires plus grandes. Peu importe ce que nous ferons, les mémoires construites avec des condensateurs seront toutes bien plus lentes mais potentiellement plus grandes que celles construites avec nos circuits utilisant deux inverseurs.

D'un point de vue pratique, la technologie nous offre deux choix : soit nous construisons des ordinateurs rapides mais d'un coût prohibitif (ou inefficaces car de trop petite capacité), soit nous construisons des ordinateurs à prix raisonnables mais terriblement lents malgré une grande mémoire. Aucune de ces options ne semble satisfaisante et nous allons devoir trouver une troisième solution pour essayer d'atteindre approximativement ce que les points rouges du graphique représentent : un ordinateur presque aussi rapide que ce que la mémoire la plus rapide nous permet, et presque aussi bon marché que ce que nous pouvons construire avec la mémoire la moins coûteuse ! La situation présentée dans le graphe se représente aussi qualitativement à d'autres niveaux : par exemple, il existe de nombreux types d'appareils pour le stockage des données (disque dur, mémoire flash, etc.) qui deviennent de plus en plus lents à mesure que le coût par bit diminue (ou que la capacité augmente). Dans de nombreux cas la solution que nous allons développer dans ce chapitre s'appliquera, bien entendu en étant adaptée de façon appropriée.

Quelle « magie » allons-nous utiliser pour combiner capacités importantes et rapidité à coût raisonnable ? Pour avoir une idée de la solution, pensons à la manière dont nous chercherions une information sur un sujet particulier dans une très grande bibliothèque publique (un de ces vieux bâtiments remplis de livres). Nous commencerions naturellement par emprunter un livre que nous connaissons sur le sujet et nous le lirions pour chercher des citations et trouver ainsi d'autres livres potentiellement intéressants ; nous pourrions ensuite lire ces autres livres et y chercher d'autres références. Bien sûr, dans ce processus, il y aura des livres qui seront plus utiles et que nous lirons plus souvent, alors que d'autres se révéleront sans intérêt malgré un titre prometteur. Emprunter les livres prend beaucoup de temps (faire la queue pour être servi, attendre que le livre arrive depuis l'endroit où il est stocké, etc.) et la bibliothèque ressemble un peu à notre mémoire à bas coût : elle a une grande capacité mais l'accès en est très lent. Dans l'idéal, nous aimerions beaucoup garder tous les livres récupérés sur notre bureau pour y revenir facilement. D'un autre côté, l'espace sur notre bureau est très limité et la bibliothèque pourrait aussi imposer une règle sur le nombre de livres empruntés par visiteur. Notre bureau serait ainsi un peu comme notre mémoire rapide mais coûteuse : nous avons un accès instantané aux livres mais la capacité est limitée. Nous essayerions alors de choisir de garder sortis sur notre bureau seulement les livres les plus intéressants et de restituer les autres. Dans ce processus, il nous arrivera sûrement de commettre des erreurs, nous pourrions avoir à emprunter à nouveau des livres qui ne paraissaient pas intéressants à première vue ; ou au contraire, nous pourrions garder des livres sur le bureau et nous rendre compte plus tard que nous n'en avions plus besoin. C'est exactement ce genre de stratégie que nous allons exploiter dans notre ordinateur.

9.3.1 La mémoire cache

Si l'on néglige les détails de ce qui se passe dans le processeur, l'interaction entre le processeur et la mémoire est en fait assez simple : le processeur va identifier les endroits de la mémoire où il veut lire ou écrire, et il va ensuite soit attendre que la mémoire lui renvoie le contenu (dans le cas d'une opération de lecture) soit informer la mémoire de ce qu'il veut stocker (dans le cas d'une opération d'écriture). On utilise souvent le nom *adresse* pour le numéro de l'emplacement mémoire. Pour simplifier, nous allons maintenant nous concentrer sur les *opérations de lecture* comme celle déclenchée par l'instruction

```
load r5, 1002
```

qui demande la valeur stockée à l'adresse 1002 et la place dans le registre `r5` du processeur. Nous ne nous intéresserons pas dans ce chapitre aux *opérations d'écriture* telle que

```
store 1002, r5
```

qui font exactement l'opposé (prend la valeur du registre `r5` et la place dans la mémoire à l'adresse 1002). Etendre ce que nous allons voir aux opérations d'écriture ne pose aucun problème.

Pour utiliser notre idée de bureau dans une bibliothèque, nous allons modifier le système (fig. 9.9).

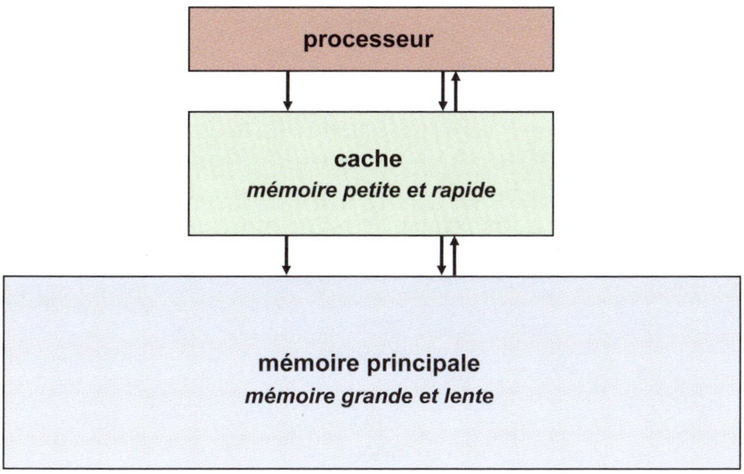

Figure 9.9 Mémoire principale et cache.

La mémoire la plus grande (appelée *mémoire principale*) est construite à partir de mémoire peu coûteuse et lente, mais entre le processeur et cette mémoire, il y a une petite quantité de mémoire rapide que nous appelons le *cache*. Pour revenir à notre métaphore, le cache est le bureau et la mémoire principale est la bibliothèque. Lorsque nous avons besoin d'une information, nous regardons d'abord si elle est dans le cache (de la même façon que lorsque nous cherchions un livre dans la bibliothèque : avant de le demander nous vérifions d'abord qu'il n'est pas déjà sur notre bureau). Bien entendu, lorsque nous arrivons le matin notre bureau est vide, tout comme le cache lorsque nous allumons l'ordinateur.

Supposons maintenant que nous venons d'allumer notre ordinateur et qu'il ressemble au schéma de la figure 9.10.

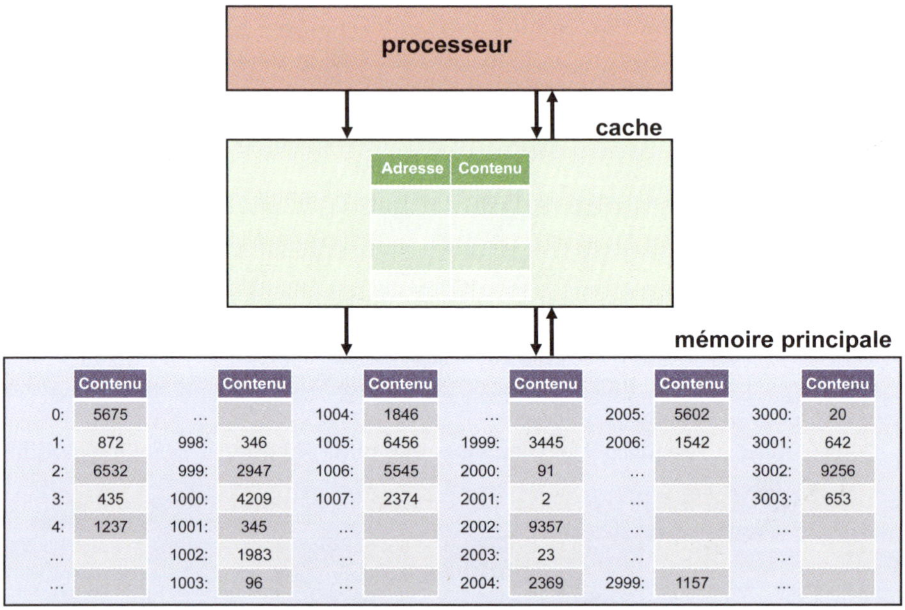

Figure 9.10 Etat initial : cache vide.

Dans cet exemple, le cache est une toute petite mémoire qui ne peut contenir que quatre valeurs ; la mémoire principale est en revanche très grande et contient des milliers de valeurs. Supposons que le processeur veuille lire ces adresses dans l'ordre suivant :

```
1000
2000
1000
1001
2000
```

Cette séquence d'instructions de lecture peut venir du processeur qui cherche des instructions dans la mémoire ou peut être le résultat de l'exécution d'une instruction `load` comme celle vue plus haut. Lorsque le processeur demande le contenu de l'adresse 1000, il va d'abord regarder dans le cache. Le système vient d'être mis en route et le cache est vide, donc il ne nous aidera pas dans ce cas. Nous appelons ce cas un *défaut de cache*, et le processeur doit alors demander la valeur à la mémoire principale. Lorsque la valeur 4209 est lue dans la mémoire, elle est aussi placée pour un possible usage ultérieur dans une des emplacements libres du cache, un peu comme un livre que nous avons emprunté restera sur notre bureau dans le cas où nous en aurions à nouveau besoin. Après le premier accès à l'adresse 1000, le système ressemble à la figure 9.11.

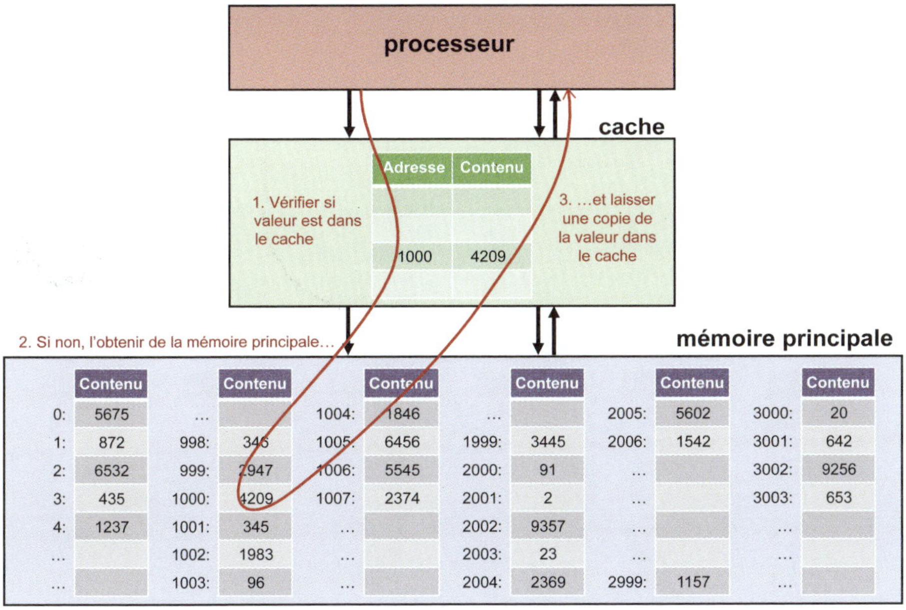

Figure 9.11 Cache après accès à l'adresse 1000.

Le processeur a ensuite besoin de la valeur à l'adresse 2000. Comme avec la première demande, il regarde d'abord dans le cache : c'est à nouveau un défaut de cache. La valeur 91, dans notre exemple, viendra de la mémoire principale et sera aussi stockée dans le cache. Quelque chose de plus intéressant se produit à l'accès suivant, lorsque le processeur demande à nouveau la valeur de l'adresse 1000 : cette fois, la valeur est trouvée dans le cache. C'est ce que nous appelons *succès de cache* et il n'y a alors aucune raison d'accéder à la mémoire principale (un des livres que nous avons laissés sur notre bureau nous a permis d'éviter de retourner à la bibliothèque). Continuant notre exemple, le processeur veut maintenant lire l'adresse 1001 ; une fois de plus il y a un défaut de cache qui conduit à accéder à la mémoire principale. Finalement, le processeur accède à l'adresse 2000 qui est dans le cache – un nouveau succès permettant d'éviter un accès à la mémoire principale. A la fin, notre système est dans l'état indiqué dans la figure 9.12. Notons que les valeurs que nous avons mémorisées dans le cache peuvent être dans n'importe quel ordre : elles ont simplement besoin d'être gardées, et nous les avons placées à n'importe quel emplacement disponible.

Pour les cinq accès de cet exemple, nous avons eu trois *défauts* nécessitant un accès à la mémoire principale, et deux *succès*. Nous avons alors un *taux de succès* de 2/5 ou 40%. Le taux de succès est le ratio du nombre d'accès avec succès par rapport au nombre total d'accès :

$$\text{Taux de succès} = \frac{\text{Nombre de succès}}{\text{Nombre d'accès}}.$$

Bien entendu, nous espérons maximiser le taux de succès de notre cache.

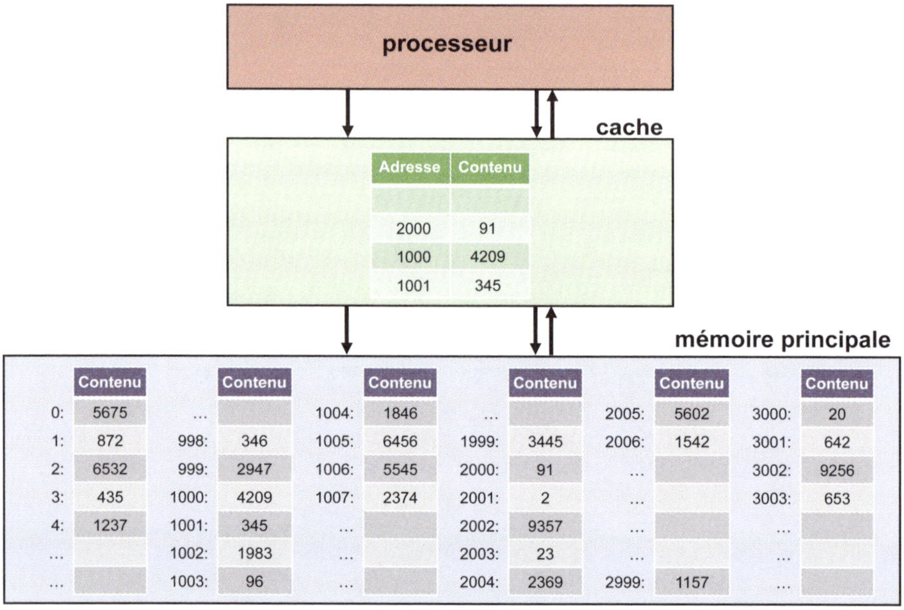

Figure 9.12 Etat du cache après les cinq lectures de la mémoire.

9.3.2 Localité temporelle

Ce que nous venons de construire exploite une caractéristique implicite des accès de notre processeur à la mémoire : nous avons supposé qu'une fois que nous avons accédé à une information, elle pourrait être demandée à nouveau rapidement. Ce phénomène est appelé la *localité temporelle*. Si cette hypothèse était fausse, les caches seraient inutiles : pour des accès distribués de façon aléatoire avec probabilités égales et pour de petits caches (ce que les caches sont censés être pour avoir un sens économiquement), la probabilité de trouver quelque chose dans le cache serait alors très faible et le taux de succès extrêmement faible. Mais nous avons de bonnes raisons de penser que cette hypothèse est vraie dans beaucoup de cas pratiques : lorsque nous exécutons des programmes, nous avons tendance à accéder aux mêmes séquences d'instructions encore et encore. Regardons par exemple le programme du paragraphe 8.2.5 : comme il n'y a pas d'instruction `load` ou `store`, tous les accès à la mémoire sont dus au processeur qui lit les instructions. Et, grâce à la nature des instructions `jump_negz` et `jump`, la séquence d'instructions lues dans la mémoire est toujours 1, 2, 3, 4, 5, 2, 3, 4, 5, 2, 3,..., 5, 2, et 6. Les emplacements 2, 3, 4 et 5 sont donc clairement lus plusieurs fois puisque les instructions correspondantes sont exécutées encore et encore par le processeur. De façon similaire, lorsqu'un de nos programmes demande l'accès à une adresse dans la mémoire, il semble naturel qu'il puisse demander à nouveau le même accès quelques instructions plus tard.

En pratique, il est courant qu'une application utilisant un cache ait un taux de succès autour de 99%, mais l'efficacité du cache varie beaucoup selon le programme qui est exécuté et selon la manière dont le cache est implémenté.

9.3.3 Un accès rapide à bas coût

Finalement, est-ce que le cache est une bonne idée ? Regardons d'abord par rapport au coût : si nous pouvons atteindre un taux de succès élevé avec une très grande mémoire principale et un cache raisonnablement petit, notre coût sera essentiellement dominé par celui de la mémoire principale ; autrement dit, le coût de notre système sera bien plus proche du coût du système naïf n'utilisant que de la mémoire à bas coût que de celui du système naïf n'utilisant que de la mémoire rapide et très chère. Si le coût est bas, qu'en est-il de la vitesse ? Supposons qu'accéder à la mémoire rapide du cache prenne 1ns et qu'accéder à la mémoire lente principale prenne 100ns (ce qui inclut aussi le temps pris pour vérifier que la valeur n'est pas dans le cache). Dans l'exemple précédent, nous avions trois accès à la mémoire principale soit 300ns ; deux accès étaient des succès, donc pour ces accès nous avions juste besoin de lire le cache, soit 2ns au total. Les cinq accès ont donc pris 302ns, soit en moyenne 60.4ns par accès. C'est beaucoup moins que le temps nécessaire à un accès à la mémoire principale. Si en général nous parvenons à atteindre un taux de succès de disons 99%, et que nous faisons le même calcul pour le temps d'accès moyen, nous obtenons :

$$\begin{aligned}\text{Temps d'accès moyen} &= \text{Taux succès } \cdot \text{ Temps accès cache } + \\ &\quad (1 - \text{Taux succès}) \cdot \text{ Temps accès mémoire principale } = \\ &\quad 0.99 \cdot 1\text{ns} \; + \; 0.01 \cdot 100\text{ns} = 1.99\text{ns}.\end{aligned}$$

Avec environ 2ns de temps d'accès moyen, le temps de réponse de notre système est bien plus proche du temps de réponse du système rapide mais beaucoup trop cher, où toute la mémoire serait faite de mémoire rapide. Nous avons réussi notre tour de « magie » : l'accès est presque aussi rapide que celui du système le plus coûteux (enfin, moitié moins rapide mais pas 100 fois moins), et le coût est presque celui du système le plus lent !

9.3.4 Remplacer les valeurs dans le cache

Comme nous venons de le voir, le cache est composé de mémoires rapides et coûteuses, et est donc plutôt petit pour ne pas trop influencer le coût du système. Par conséquent, dès que le processeur aura demandé plusieurs accès, le cache sera plein, comme notre bureau dans l'exemple de la bibliothèque. Que pouvons-nous faire ? Nous pouvons bien entendu chercher à identifier ce que nous pouvons supprimer du cache. Tout comme nous pouvons être tenté de rendre les livres que nous n'avons pas ouverts depuis un certain temps, une idée pourrait être de se souvenir quelle information n'a pas été utilisée depuis le plus longtemps et l'éliminer, en espérant qu'elle ait moins de chance d'être demandée à nouveau. Imaginons que notre processeur demande, après les cinq accès de la page 218 qui conduisent à l'état du système illustré dans la figure 9.12, les accès suivants :

```
2001
2002
1000
2000
```

Dans cet exemple, notre cache ne peut contenir que quatre valeurs, et trois emplacements sont déjà utilisés (pour le contenu des adresses 1000, 1001 et 2000). Considérons maintenant l'accès à l'adresse 2001, c'est une adresse qui n'est pas dans le cache. Un défaut de cache déclenche l'insertion du contenu de cette adresse dans le cache. Nous avons ensuite un accès à l'adresse 2002, à nouveau un défaut de cache. Mais ici, un nouveau problème apparaît : nous devrions insérer la valeur à cette adresse dans le cache, mais le cache est plein. Il contient les valeurs des adresses 1000, 1001, 2000, et 2001. Essayons d'implémenter l'idée que nous venons de décrire : éliminons la valeur utilisée le mois récemment. Si nous regardons la séquence d'accès depuis le début de l'exécution (1000, 2000, 1000, 1001, 2000, 2001, 2002), la valeur à l'adresse 1000 est celle qui a été utilisée le moins récemment. Nous effaçons donc cette valeur du cache et nous la remplaçons par celle de l'adresse 2002. L'état de notre système est maintenant le suivant (fig. 9.13).

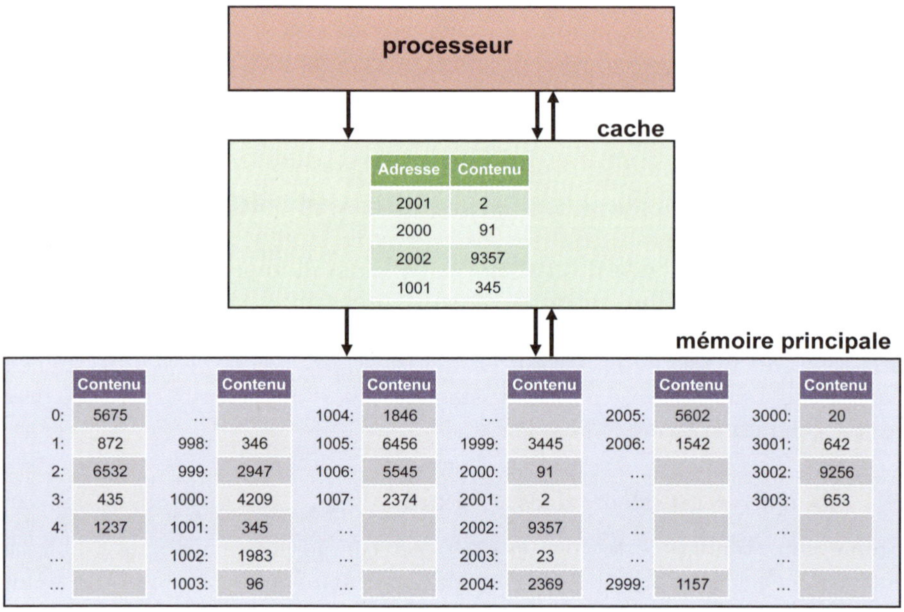

Figure 9.13 Etat du cache après l'accès à l'adresse 2002.

Notons que nous sommes toujours libre d'effacer ce que nous voulons du cache : le cache ne contient que des répliques de valeurs qui sont dans la mémoire, et rien n'est vraiment perdu lorsque nous effaçons une valeur du cache. Par conséquent, le choix de ce que nous effaçons n'affecte que la probabilité de succès de cache – cela n'affecte que la performance de notre système, pas le résultat produit. Dans ce cas particulier, si nous regardons l'accès suivant, l'adresse 1000, nous remarquons que la décision que nous venons de prendre, quoique raisonnable en théorie, n'est pas une bonne décision. La valeur à l'adresse 1000 vient en effet d'être effacée du cache et nous devons retourner dans la mémoire pour la trouver, perdant ainsi beaucoup de temps. Et, puisqu'il n'y a plus de place dans le cache, nous devons éliminer une autre valeur ; c'est maintenant au tour de la valeur à l'adresse 1001, maintenant la moins récemment utilisée, d'être remplacée par la valeur à l'adresse 1000. Le dernier accès à l'adresse 2000 est un succès, le contenu pouvant être lu dans le cache. A la fin, notre système est dans l'état illustré par la figure 9.14.

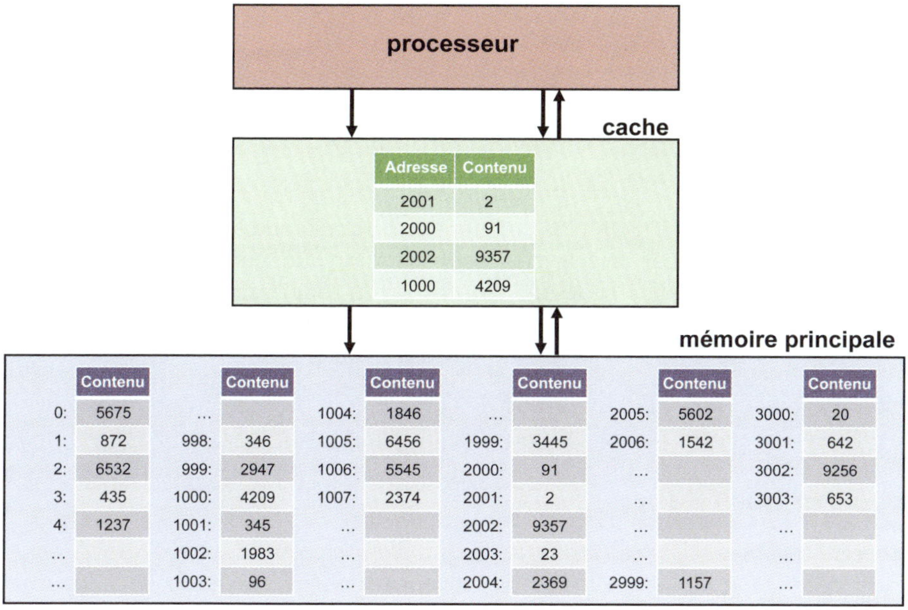

Figure 9.14 Etat final du cache.

Comme nous l'avons mentionné précédemment, l'efficacité de notre cache (son taux de succès) dépend de notre capacité à deviner correctement ce que nous devons jeter parce que devenu inutile. La politique que nous venons de voir est appelée LRU (pour *Least Recently Used*, « utilisé le moins récemment ») : elle peut fonctionner très bien dans beaucoup de cas, mais peut être assez difficile à implémenter dans certains caches. Au cours des années les chercheurs ont développé des mécanismes judicieux permettant de prendre des décisions rapides qui, dans la plupart des cas pratiques, sont excellentes.

9.3.5 Mémoires adressables par contenu

En regardant à nouveau la figure 9.14, vous avez peut-être remarqué que le type de mémoire utilisé dans le cache est fondamentalement différent de la mémoire principale : la différence n'est pas seulement dans la technologie mise en œuvre pour l'implémenter (rapide vs. lente, chère vs. bon marché, deux inverseurs vs. un condensateur), mais aussi dans la fonctionnalité même de la mémoire. Une mémoire classique reçoit une question du type « Quelle est la valeur à l'emplacement 27854 ? » et répond toujours avec une valeur. Notre mémoire principale fonctionne de cette façon et nos registres du chapitre 8 aussi. Par contre, notre cache est une *mémoire adressable par contenu* et prend en compte des questions comme « Quelle est la valeur associée à 7293 ? » ; la réponse peut être une valeur, si la mémoire contient une information à propos de 7293, mais la réponse peut aussi être « Je ne sais rien sur 7293 », si cette *étiquette* n'est pas présente dans la mémoire. Cela est évident sur la figure 9.14, puisque le cache ne contient pas que les valeurs des données, comme dans la mémoire principale, mais il contient aussi les *étiquettes* pour se souvenir de ce que la valeur associée représente (la colonne « adresse » à gauche). Par exemple, 2000 est l'étiquette qui nous rappelle l'adresse d'où vient la valeur 91.

Il est aussi possible de voir cela de la façon suivante : dans la mémoire principale, l'emplacement d'adresse 2000 implique qu'il y a 1999 emplacements dans la mémoire avant cette adresse. C'est une très grande mémoire et l'adresse résulte de sa structure. Dans notre cache, il n'y a que quatre valeurs et pour se souvenir que la deuxième correspond à l'adresse 2000, il faut écrire cette information quelque part, dans ce que nous avons appelé *l'étiquette*. Par conséquent, dans une mémoire normale deux emplacements ne sont jamais complètement équivalents : l'une a son adresse spécifique, l'autre en a une différente, et on ne peut rien y changer. Dans une mémoire adressable par contenu, tous les emplacements sont parfaitement équivalents et c'est la valeur de l'étiquette qui caractérise le contenu. Nous avions déjà remarqué dans l'exemple précédent que nous aurions pu utiliser les quatre places de notre cache dans un ordre complètement différent et que nous aurions pu arriver à la situation de la figure 9.15. En pratique, absolument rien n'a changé.

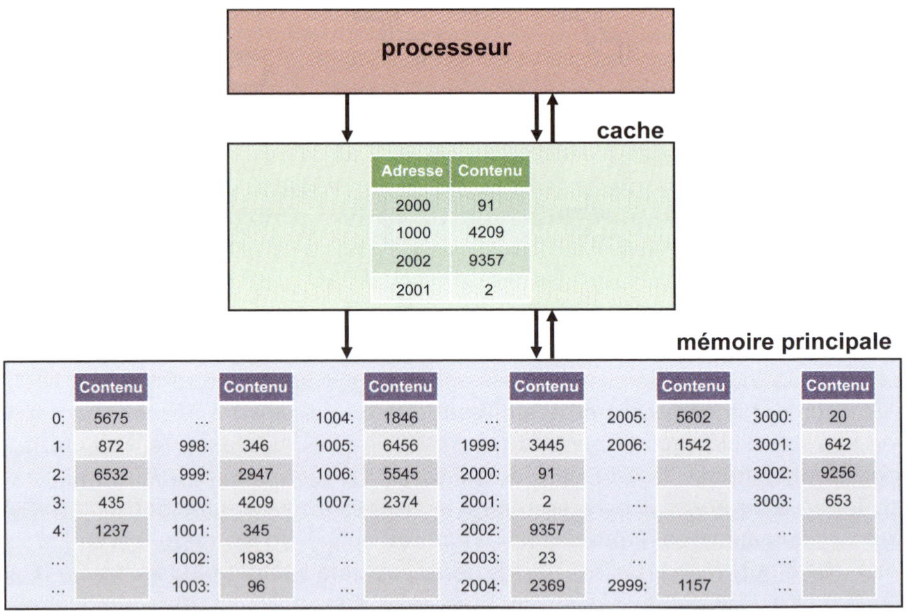

Figure 9.15 Etat du cache : variante de la figure 9.14.

Malheureusement, implémenter une mémoire adressable par contenu est considérablement plus compliqué et plus coûteux qu'une mémoire classique : premièrement, il faut stocker toutes les étiquettes, et ainsi avoir une mémoire plus grande que ce qui est nécessaire juste pour les données. Deuxièmement, lorsque cette mémoire est accédée, il faut comparer en une fois l'adresse demandée avec toutes les étiquettes de la mémoire pour voir s'il y a une correspondance (p. ex. si le processeur demande la valeur à l'adresse 2000, il faut vérifier toutes les étiquettes et voir si 2000 en fait partie). Notons le « en une fois » : le but de notre cache est d'être extrêmement rapide et cela n'aurait par conséquent pas de sens de chercher de façon séquentielle, une étiquette après l'autre. Comme vous pouvez l'imaginer, il n'est pas possible de chercher en une fois et à vitesse maximale une valeur dans le cache parmi des milliers ou peut-être même des millions d'emplacements. Heureusement, il existe des méthodes pour implémenter les mémoires adressables par contenu (et donc les caches) bien plus efficacement qu'avec la méthode naïve décrite dans ce chapitre. Bien que la réalisation de ces caches dépasse ce que nous allons voir dans ce chapitre, leur conception est assez similaire à ce que nous avons vu. En gros, et quels que soient les détails, le point clé est que les caches sont très petits comparés à la mémoire principale, et donc leur influence sur le coût total est relativement faible, même si leur coût par bit est très élevé.

9.3.6 Localité spatiale

Nous avons déjà expliqué comment nous exploitons le fait qu'une fois qu'un emplacement mémoire est accédé, il y a une bonne probabilité qu'il soit accédé à nouveau sous peu. Nous avons appelé ce phénomène *localité temporelle.* Si nous y repensons, ce n'est pas la seule corrélation probable entre nos accès : si le processeur accède à une adresse, très souvent l'adresse qui suit immédiatement est accédée juste après. Cela arrive quasiment systématiquement et ce n'est pas un hasard : par exemple, lorsque le processeur lit des instructions, il lit naturellement des séquences d'instructions consécutives, parce que c'est ainsi que nous avons décidé de construire nos programmes – les exceptions étant simplement en cas de saut ou de branchement. Lorsqu'un processeur lit des données, il est aussi naturel d'imaginer que les gros objets comme des images ou des vidéos sont composés de très longues séquences de nombres stockés dans la mémoire à la suite les uns des autres (les pixels d'une image, les images dans une vidéo). Nous appelons cette deuxième spécificité des accès la *localité spatiale.*

Comment pouvons-nous exploiter cette importante caractéristique dans une séquence d'accès demandés par le processeur ? L'intuition est assez simple : lorsque nous avons une demande pour une adresse qui n'est pas présente dans le cache, au lieu de prendre de la mémoire principale uniquement la valeur en question, nous prenons avec cette valeur celles des adresses suivantes. Si le processeur demandera effectivement bientôt la valeur à une adresse qui suit, celle-ci sera dans le cache, même si cette adresse n'a jamais été accédée. Nous obtenons alors l'état de la figure 9.16 qui représente l'état du cache après la séquence d'accès suivants :

```
1000
2000
```

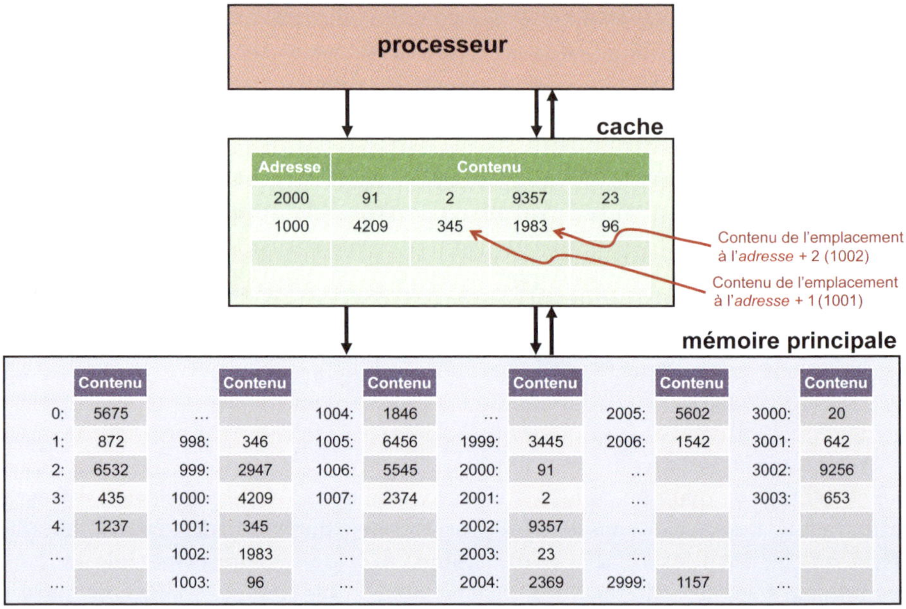

Figure 9.16 Chargement de plusieurs adresses dans le cache lors d'un accès.

```
1000
1001
```

que nous avons déjà vue avant (ici aussi, nous supposons que le cache est vide avant le premier accès). Le premier accès est un défaut de cache comme précédemment, mais il amène maintenant dans le cache les valeurs des adresses 1000, 1001, 1002 et 1003 au lieu de n'amener que celle à l'adresse 1000. Le deuxième accès est aussi un défaut de cache, et, une fois encore, il amène dans le cache quatre valeurs. Le troisième accès à l'adresse 1000, comme avec la version précédente du cache, est un succès puisque l'adresse 1000 a déjà été rencontrée – donc il n'y a pas besoin d'accès à la mémoire principale. Le quatrième accès, à l'adresse 1001, est lui un succès dans ce cache même s'il n'y a pas eu d'accès à cette adresse précédemment : dans ce cache, la valeur à l'adresse 1001 a été préchargée lorsqu'un accès à l'adresse 1000 a été demandé. Par conséquent, le quatrième accès est bien un succès. Si l'on compare au cache vu précédemment, cette nouvelle stratégie de cache a un meilleur taux de succès parce qu'elle exploite le fait que les accès exhibent une localité spatiale. Ce cache a des *lignes* ou des *blocs* de quatre mots au lieu d'imaginer simplement un mot par bloc.

Implémenter un cache exactement comme nous venons de le décrire (lors d'un défaut de cache, la valeur demandée est enregistrée dans le cache avec les valeurs qui la suivent dans la mémoire – quatre dans l'exemple) est possible mais plutôt complexe. L'implémentation d'un cache enregistrant plusieurs valeurs à la fois est un peu différente de ce que nous avons expliqué dans ce chapitre, tout comme l'implémentation efficace de la mémoire adressable par contenu. L'idée est d'avoir une organisation permettant des mémoires bien moins coûteuses, mais pas beaucoup moins performantes. Une fois de plus, qualitativement, les fonctionnalités d'un cache réel restent les mêmes que celles que nous avons décrites.

Autres caches

L'idée d'un *cache* (c.-à-d. d'un endroit où cacher les données les plus utilisées ou les plus récemment utilisées de quelqu'un) n'est pas limitée à la construction d'ordinateurs efficaces. Elle est aussi utilisée dans les logiciels dans le même contexte : par exemple, à chaque fois qu'un élément demandé par un utilisateur prend du temps pour être trouvé ou généré, et qu'il y a une bonne probabilité que l'utilisateur puisse demander ce même élément une nouvelle fois. Typiquement, les logiciels de lecteurs multimédia ont des menus montrant les différentes vidéos disponibles et les représentent par une image de la vidéo qui pourrait aider l'utilisateur à reconnaitre de quelle vidéo il s'agit. Extraire une bonne image d'une vidéo prend du temps et un lecteur multimédia ne le fera qu'une fois et gardera le résultat dans le cache pour le retrouver rapidement – au moins tant que l'utilisateur a de la place sur le disque dur. De la même manière, tous les navigateurs internet implémentent des caches qui gardent en mémoire les pages les plus récemment visitées pour les rendre disponibles immédiatement, afin de pouvoir les charger à notre demande, sans avoir à les charger à nouveau depuis des serveurs situés à des milliers de kilomètres. En général, un utilisateur peut spécifier la place maximum sur son disque dur qu'il veut utiliser pour le cache : lorsqu'il y a trop de pages web stockées localement, les vieilles sont retirées du disque dur pour faire de la place pour des nouvelles, tout comme dans le cache que nous venons d'étudier. Mais on n'utilise pas les caches seulement sur nos ordinateurs : le routeur internet principal d'une université peut faire de même, de telle sorte que si beaucoup d'utilisateurs demandent une page en même temps (p. ex. si de nombreux étudiants demandent en même temps la version électronique d'un livre utilisé dans un cours), l'accès à la page se fasse par le routeur local au lieu d'être récupérée à partir du serveur de l'éditeur. Tous ces caches ont des besoins de stockages très différents (allant de quelques bits d'information par accès, comme dans notre cas, à des mégaoctets de documents sur internet) ainsi que des besoins de performances très différents (p. ex. réduire l'attente de 100ns à 1ns pour le système mémoire du processeur ou réduire l'attente de quelques secondes à quelques millisecondes pour charger une page web dans un navigateur). Bien évidemment, les techniques d'implémentations utilisées pour créer ces caches sont disparates, allant de solutions matérielles comme dans notre cas à des solutions purement logicielles pour les navigateurs internet. Pourtant, en fin de compte, ils sont tous implémentés avec exactement la même idée de réplication locale décrite dans ce chapitre.

9.4 Hiérarchie de mémoires

Nous avons créé le premier niveau de ce que les architectes des ordinateurs décrivent comme une « hiérarchie de mémoires » : la relation entre le processeur et la mémoire n'est plus la relation simple décrite dans le chapitre 8. En effet, un système réel, pour être utilisable en pratique et économiquement abordable, contient plusieurs couches complexes et de technologies différentes similaires au cache que nous venons d'étudier. L'idée d'avoir plusieurs niveaux de caches vient du fait que les petites mémoires sont plus rapides, et même notre mémoire rapide va devenir en quelque sorte lente si elle est trop grande (voir les points orange de la figure 9.8). Par conséquent, nous pouvons avoir un premier niveau de cache très rapide (appelé le cache de *niveau 1*), qui est, nécessairement, très petit – si nous voulons l'avoir plus grand, il sera trop lent pour supporter la vitesse du processeur. Puisque ce cache est trop petit, et qu'il est utile de garder plus de mémoire proche du processeur que ce qu'un cache de niveau 1 peut contenir, nous le connectons à un autre cache (un cache de *niveau 2*) ; ce cache de niveau 2 n'a pas besoin de répondre à toutes les requêtes et il est donc acceptable qu'il soit un petit peu plus lent que le cache de niveau 1, mais cela signifie aussi que nous pouvons l'avoir un peu plus grand. Si nous avons un défaut du cache de niveau 1 (ce qui signifie que notre donnée n'est pas présente dans ce cache), nous aurons une petite pénalité de temps et nous chercherons dans le cache de niveau 2 ; si c'est encore un défaut, nous essayerons, avec une nouvelle pénalité, dans le niveau suivant, et ainsi de suite jusqu'à devoir aller dans la mémoire principale. La différence de vitesse entre la mémoire la plus petite et rapide et notre mémoire dynamique lente mais rentable est tellement importante (aujourd'hui quelques ordres de grandeur) qu'il est souvent judicieux d'avoir trois ou même quatre niveaux de cache.

De vrais caches pour de vrais processeurs

Cela fait maintenant longtemps que les caches sont un ingrédient important des ordinateurs (la première utilisation documentée d'un cache date des années 1960). Dans les années 1980, l'Intel 80386, l'un des ancêtres des processeurs actuels Intel x86, a commencé à supporter des puces de mémoires externes implémentant des caches. A la fin de la décennie, en 1989, le 80486 était le premier processeur x86 à contenir une mémoire cache de 8-kilooctets directement dans la puce du processeur. Les processeurs Intel utilisés aujourd'hui ont plusieurs niveaux de caches : les caches de niveau 1 font habituellement 64 kilooctets, ceux de niveau 2 sont de l'ordre de 256 kilooctets. En général, chaque processeur individuel (ou cœur, voir sect. 8.4) a ses propres caches de niveaux 1 et 2 pour ses instructions et ses données, tandis que tous les cœurs d'une puce partagent un cache de niveau 3 qui, aujourd'hui, au milieu des années 2010, a une taille qui varie de quelques mégaoctets à quelques dizaines de mégaoctets. Les ordinateurs basés sur les processeurs ARM ont des hiérarchies similaires de deux ou trois niveaux de cache. Souvent (mais pas toujours), les processeurs ARM tendent à avoir des capacités un petit peu plus faibles à chaque niveau (essentiellement à cause des contraintes économiques dues aux produits pour lesquels on les utilise), mais cela dépend beaucoup des applications. Les processeurs ARM pour les tablettes ou les téléphones portables haut de gamme, par exemple, ont normalement quelques mégaoctets de cache partagé de niveau 3 et ne sont pas très différents de leurs homologues Intel. Par contre, beaucoup de processeurs ARM utilisés dans des situations moins exigeantes peuvent n'avoir qu'un seul niveau de cache d'une dizaine de kilooctets.

Bien que l'implémentation de caches efficaces soit extrêmement complexe (et qu'elle constitue souvent une vraie différence entre différents modèles d'un processeur du même constructeur), il y a un aspect en particulier qui est d'une importance pratique capitale : pour le programmeur, dont la principale préoccupation est d'écrire un code efficace et correct, toute cette complexité supplémentaire, liée aux aspects économiques et technologiques, lui est complètement transparente. Le programmeur peut voir l'ordinateur comme sur la partie gauche de la figure 9.17.

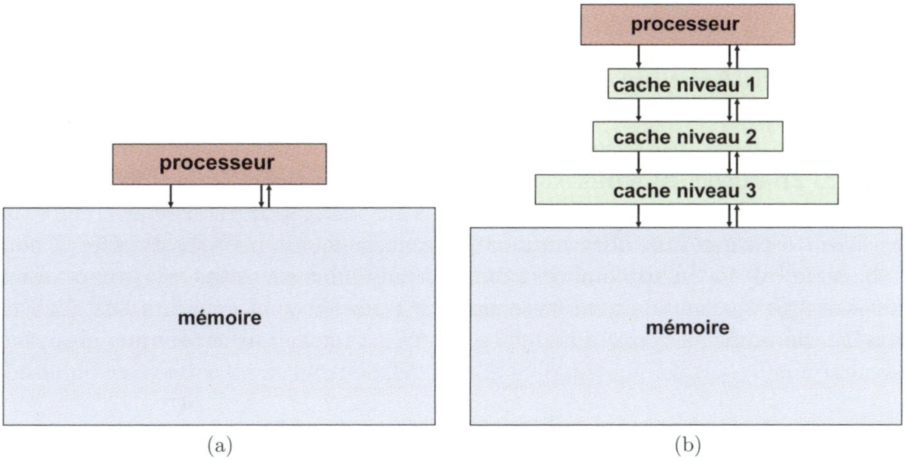

Figure 9.17 Vue abstraite du programmeur (a) et réalité (b).

Un programmeur peut s'imaginer un ordinateur comme le système simple décrit et développé dans le chapitre 8, et donc ignorer sans risque l'existence de la hiérarchie mémoire. En arrière-plan, les architectes des ordinateurs implémentent la partie droite de la figure, en faisant d'énormes efforts pour optimiser la hiérarchie physique, la taille et l'organisation du cache, pour garantir que la plupart des applications vont s'exécuter presque aussi rapidement que sur des ordinateurs n'ayant que de la mémoire rapide et coûteuse.

9.5 Ingénierie des ordinateurs

La façon dont nous avons exploité les meilleures possibilités technologiques (les transistors et les condensateurs) pour obtenir un ordinateur puissant mais abordable est un exemple d'*ingénierie des ordinateurs* (*Computer Engineering* en anglais). L'ingénierie des ordinateurs est une discipline qui exploite les propriétés physiques et électriques de matériaux pour créer des composants avec des caractéristiques particulières (coût, vitesse, consommation d'énergie), et qui les utilise ensuite pour construire des systèmes informatiques offrant les meilleures caractéristiques possibles pour les utilisateurs. Les ingénieurs des ordinateurs exploitent des phénomènes comme le coût très bas des transistors (voir l'encadré sur la loi de Moore, p. 204) pour créer des processeurs plus complexes pouvant exécuter des programmes beaucoup plus rapidement. Ils peuvent aussi rendre possible l'intégration d'un ordinateur complet dans un téléphone, tout en garantissant une consommation d'énergie tellement faible qu'il pourra être utilisé pendant des heures avec une toute petite batterie. Pratiquement tous les appareils électroniques aujourd'hui sont des petits ordinateurs et les ingénieurs conçoivent ces ordinateurs pour répondre aux contraintes de coût, de performance, de volume et de consommation d'énergie.

9.6 Conclusion

Le chapitre 8 a décrit l'utilisation des transistors pour construire un processeur simple mais réel. Ce chapitre a montré comment créer un système de mémoire efficace pour notre processeur : un système peu coûteux permettant néanmoins à notre processeur de fonctionner à une vitesse très élevée. Ensembles, processeur et mémoire constituent les blocs de base de n'importe quel ordinateur. Toutefois, il subsiste une limitation importante : lorsque l'ordinateur est éteint, tous les éléments de la hiérarchie de mémoires vus dans ce chapitre (y compris la mémoire principale et ses précieuses données) perdent leur contenu. Dans le chapitre 10, nous allons voir comment créer des systèmes qui ne perdent pas leurs informations lorsqu'ils ne sont plus alimentés.

9.7 Exercices

9.7.1 *Addition de vecteurs*
Considérons un programme qui additionne deux grands vecteurs. Pensez-vous que la politique de cache pour cette application devrait reposer plus sur la localité spatiale ou temporelle ? Pour cette application, est-ce mieux d'avoir de grands blocs (plusieurs mots par ligne de cache) ou un cache avec seulement quelques mots par bloc ?

9.7.2 *Multiplication de matrices*
Considérons un programme qui calcule la matrice produit P de taille 2×2 des deux matrices $A = \begin{bmatrix} a_{11} & a_{12} \\ a_{21} & a_{22} \end{bmatrix}$ et $B = \begin{bmatrix} b_{11} & b_{12} \\ b_{21} & b_{22} \end{bmatrix}$. Le produit est, bien sûr, défini de la façon suivante :

$$P = \begin{bmatrix} p_{11} & p_{12} \\ p_{21} & p_{22} \end{bmatrix} = \begin{bmatrix} a_{11}b_{11} + a_{12}b_{21} & a_{11}b_{12} + a_{12}b_{22} \\ a_{21}b_{11} + a_{22}b_{21} & a_{21}b_{12} + a_{22}b_{22} \end{bmatrix}.$$

Supposons que chaque élément des matrices est stocké dans un mot de mémoire, que le cache ne contient que six blocs contenant chacun un seul mot, et que la politique de remplacement du cache est FIFO. FIFO, ou *First-In First-Out* (premier arrivé premier sorti), est une politique un petit peu différente de la politique LRU décrite dans le chapitre : au lieu d'enlever du cache l'élément ayant été *utilisé* le moins récemment, l'idée est d'enlever du cache l'élément ayant été *inséré* dans le cache le moins récemment. C'est-à-dire, comme le dit son nom, le premier élément qui arrive dans le cache sera aussi le premier à être enlevé. Finalement, supposons que le processeur a suffisamment de registres pour tous les résultats intermédiaires, que le cache est utilisé uniquement pour les éléments des matrices, et, en particulier, que les instructions ne sont jamais écrites dans le cache (cela peut arriver, p. ex. si le système a deux caches séparés : un pour les données et l'autre pour les instructions). En supposant que le processeur charge, pour calculer chaque élément de P, les éléments dont il a besoin de A et B dans l'ordre spécifié ci-dessus (c.-à-d. a_{11}, b_{11}, a_{12}, et b_{21}, dans cet ordre, pour calculer p_{11}), est-ce qu'il vaut mieux calculer les éléments de P dans l'ordre p_{11}, p_{12}, p_{21}, puis p_{22} ou dans l'ordre p_{11}, p_{21}, p_{12}, puis p_{22} ? Autrement dit, laquelle de ces options conduira au nombre minimum de défauts de cache ?

9.7.3 *Cache optimal*

Nous avons décrit la politique de remplacement *Least Recently Used* (LRU) dans ce chapitre, et *First-In First-Out* (FIFO) dans l'exercice précédent. Lorsque l'on étudie des politiques de remplacement, il est intéressant de les comparer avec une politique *optimale* (que nous pouvons appeler OPT) qui minimise le nombre total de défauts de cache et qui correspondrait à des décisions prises par un oracle ayant une connaissance parfaite du futur ; c'est clairement une politique hypothétique qui ne peut pas être implémentée, mais elle donne une borne supérieure intéressante sur ce que les autres politiques peuvent espérer atteindre. Il y a d'autres propriétés intéressantes concernant les politiques de remplacement : par exemple, OPT et LRU ont la propriété plutôt intuitive que si quelqu'un augmente la taille du cache, le nombre de défauts ne peut pas augmenter, mais ce n'est pas vrai pour FIFO. Supposons maintenant qu'un programme particulier, après une phase initiale, résulte en 3000 défauts sur un cache de 6 mégaoctets avec la politique LRU et en 5000 défauts sur un cache de 4 mégaoctets utilisant aussi LRU. Quatre étudiants ont calculé le nombre total de défauts pour le même programme et les mêmes deux tailles de cache, mais en utilisant la politique de remplacement OPT. Ils trouvent le nombre de défauts de cache suivant :

	cache de 6 Mo	cache de 4 Mo
Etudiant 1	3000	6000
Etudiant 2	2000	3000
Etudiant 3	2000	1000
Etudiant 4	0	3000

Clairement, les étudiants ont fait de nombreuses erreurs. Lesquels de ces résultats sont au moins plausibles ? Pourquoi les autres sont-ils certainement faux ?

CHAPITRE 10

Stockage et accès aux données

10.1 Introduction

Qu'est-ce que le stockage et en quoi est-ce différent de la mémoire dont nous avons parlé dans les chapitres 8 et 9 ? Dans un sens, la mémoire est aussi utilisée pour stocker des données, mais elle est fondamentalement différente de ce que nous appelons le stockage : la mémoire est volatile, le stockage ne l'est pas. « Volatil » signifie que l'information ne peut pas continuer à être stockée si l'ordinateur est éteint, que cela soit le résultat d'un arrêt volontaire, d'une coupure de courant ou d'une autre défaillance de la machine. « Non volatil » signifie que l'information sera toujours là quand vous redémarrerez la machine.

10.2 Les technologies de stockage non volatiles

C'est à cause de cette différence fondamentale entre la mémoire et le stockage que leur construction est très différente. Les cellules de mémoire, comme nous l'avons vu dans les chapitres précédents, sont construites à partir de transistors et de capacités. Pour garder leurs valeurs, les cellules mémoires ont besoin d'être constamment rafraîchies. Par conséquent, cette technologie ne peut pas être utilisée pour le stockage non volatil. On pourrait concevoir d'ajouter une batterie pour fournir du courant, et dans certaines circonstances cette solution est utilisée, mais cette solution serait seulement palliative, puisque la batterie finirait par ne plus produire de courant, et que nous cherchons une solution pour stocker des données sur une longue période.

La technologie la plus utilisée pour le stockage non volatil est le disque magnétique. Cette technologie est étudiée depuis les années 1970, et reste le pilier du stockage non volatil. Depuis que les informations sont enregistrées magnétiquement, il n'y a plus besoin d'un apport constant de courant électrique pour rafraîchir les données, et ainsi le stockage est non volatil. Dans un disque magnétique, l'accès aux données se fait par des moyens mécaniques, et par conséquent est relativement lent.

Outre les disques, il existe deux autres technologies utilisées pour le stockage non volatil. Une des plus anciennes est la bande magnétique, comme dans un vieux magnétoscope. Contrairement aux disques, qui sont des dispositifs à accès aléatoire, il n'est possible d'accéder aux bandes que de façon séquentielle. Autrement dit, avec un disque il est possible d'aller directement à n'importe quelle donnée stockée et la lire (ou l'écrire). Au contraire, avec une bande il faut lire depuis le début jusqu'à arriver à l'endroit où la donnée que vous voulez lire est stockée. Les bandes sont typiquement utilisées pour des sauvegardes de secours, c'est-à-dire pour être sûr de conserver une information après un désastre, comme le vol ou la destruction d'une machine. Une sauvegarde consiste à copier toutes les informations dans le dispositif de sauvegarde. Puisqu'une sauvegarde se fait de façon séquentielle, les bandes sont bien adaptées à cet usage.

La technologie Flash est une technologie récente de stockage non volatil. Contrairement aux disques et aux bandes, enregistrer des informations sur un périphérique Flash se fait électroniquement, et non mécaniquement. Les périphériques Flash n'ont aucune partie mécanique, ce qui les rend particulièrement adaptés pour des périphériques mobiles. Ainsi, cette technologie est devenue la plus adaptée pour les smartphones et pour certains ordinateurs portables haut de gamme. De plus, le temps d'accès aux données est bien plus rapide que pour un disque, mais ils coûtent bien plus cher par octet stocké et offrent beaucoup moins de capacité de stockage.

En plus d'être non volatiles, ces technologies de stockage offrent des capacités bien plus importantes que la mémoire principale. Ceci n'est pas surprenant, puisqu'elles sont conçues pour stocker des informations sur le très long terme, alors qu'une mémoire va typiquement stocker uniquement les données du programme qui est exécuté. La taille typique des SSD (*Solid State Disks* – le nom commercial de Flash) est de quelques centaines de gigaoctets. Les disques modernes font quelques téraoctets. Les bandes sont plus grandes, et peuvent stocker plusieurs dizaines ou centaines de téraoctets. Le coût par octet stocké de ces technologies est approximativement inversement proportionnel à la taille qu'elles offrent. Au moment de la rédaction de ce livre, le coût pour stocker des données sur SSD est d'environ 300 à 600 dollars par téraoctet. Pour des disques, le coût est d'environ 30 à 60 dollars par téraoctet, enfin pour des bandes, il est d'environ 10 dollars par téraoctet.

En résumé, il existe trois technologies pour le stockage non volatil. Les bandes sont lentes et peu chères, mais offrent de très grandes capacités. La technologie Flash est rapide et chère, avec des capacités limitées. Les disques se situent quelque part entre les deux, offrant des grandes capacités à bas coûts, mais avec une vitesse limitée. Dans ce chapitre, nous nous intéresserons principalement aux disques, et nous discuterons brièvement la technologie Flash. Nous ne décrirons pas les bandes en détails, puisque c'est maintenant une technologie de niche.

Accès au stockage secondaire

Un processeur peut accéder directement à la mémoire d'une machine mot par mot. Comme nous l'avons vu précédemment, il suffit que le processeur donne une adresse au système de mémoire, et le système de mémoire retourne la donnée stockée à cette adresse. Cela ne se passe pas de cette façon dans les équipements de stockage secondaire. L'information d'un équipement de stockage secondaire est d'abord transférée de l'équipement à la mémoire, puis le processeur peut la lire. Plus en détail (fig. 10.1), le processeur fait une demande à l'équipement,

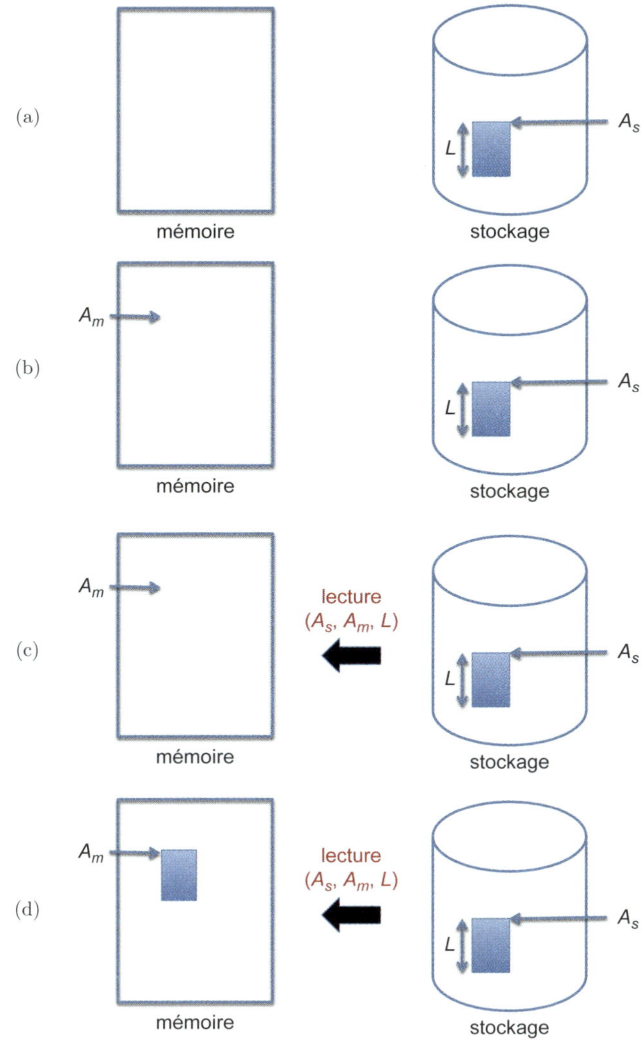

Figure 10.1 (a) Pour lire une information dans l'équipement de stockage : la zone est identifiée par une adresse de stockage A_s et une longueur L (la longueur est souvent constante et implicite). (b) Dans la mémoire : la zone est identifiée par une adresse de mémoire A_m. (c) La commande est ensuite exécutée en utilisant les adresses sélectionnées A_s, A_m et la longeur L. (d) Le résultat final : la donnée de l'équipement de stockage est lue dans la mémoire à l'adresse A_m.

dans laquelle il spécifie à quel endroit se trouve l'information sur l'équipement et où il veut transférer cette donnée en mémoire. Habituellement, ce transfert a une taille fixe (et grande). Des commandes existent pour effectuer ce transfert dans les deux directions, de l'équipement de stockage secondaire à la mémoire (qui est une commande de lecture), et de la mémoire au stockage secondaire (qui est une commande d'écriture).

10.3 Disques magnétiques

La figure 10.2 montre le schéma d'un disque. Un disque moderne consiste en fait en plusieurs disques, ou plateaux qui est le terme davantage utilisé. En apparence, les plateaux ressemblent à de vieux disques vinyles, et c'est sur ces plateaux que l'information est enregistrée. Les petits disques ont seulement un plateau, les plus gros en ont plusieurs. Typiquement, l'information est enregistrée sur chaque face d'un plateau. Les plateaux sont montés sur un axe ou une tige. Lorsque le disque est utilisé, les plateaux tournent autour de l'axe à grande vitesse, plusieurs milliers de tours par seconde.

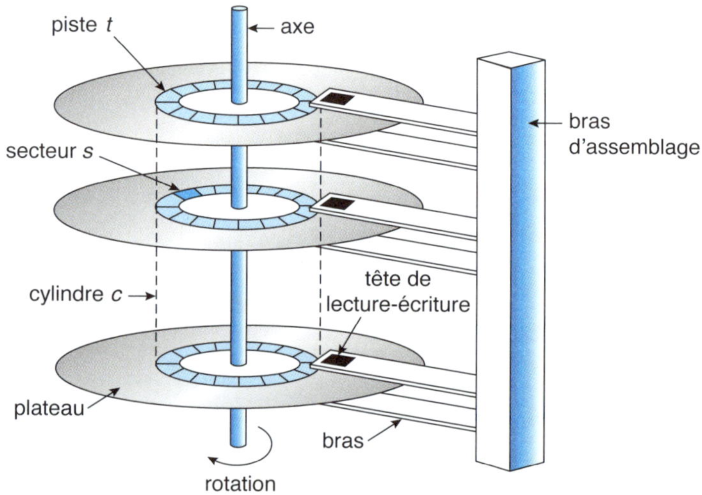

Figure 10.2 Un disque magnétique et ses principaux composants.

Maintenant que nous savons où les informations sont enregistrées, regardons comment elles sont stockées et récupérées. Pour chaque plateau, il y a une tête de lecture/écriture. C'est ici que les informations passent de l'ordinateur au disque et vice-versa. Les têtes sont montées sur le bras d'assemblage, ou, pour faire court, sur le bras. Le bras peut bouger diamétralement sur la surface des plateaux vers l'intérieur ou l'extérieur. Notons que lorsque le bras se déplace, toutes les têtes de lecture/écriture se déplacent de la même façon. Les têtes ne peuvent pas bouger indépendamment du mouvement du bras.

L'information est enregistrée sur les plateaux en cercles concentriques qui sont appelés des *pistes*. L'ensemble des pistes de même diamètre sur les différents plateaux est appelé un *cylindre*. Chaque piste a plusieurs *secteurs*. Quand nous avons parlé de la mémoire, nous avons dit que le mot était l'unité de base de l'information dans la mémoire. Dans un disque ce n'est pas le cas, l'unité de base est le secteur : il n'est possible d'ajouter ou d'obtenir de l'information d'un disque que par multiples d'un secteur. La taille typique d'un secteur est de 512 octets ou 4 kilooctets. Le contenu d'un secteur est appelé un *bloc*.

Connaissant cela, nous pouvons maintenant comprendre comment l'information est lue ou écrite. Tout d'abord, la tête doit accéder au bon secteur. Il y a deux étapes pour cela : le bras se déplace diamétralement pour atteindre la bonne piste, puis il attend que le bon secteur apparaisse sous la tête de lecture/écriture. Ensuite, nous donnons le signal pour lire ou écrire, et l'information est transférée dans la direction demandée.

La dernière chose à comprendre ici est le coût relatif de ces opérations. Il y a trois composants dans le coût de lecture sur un disque. Le premier est le temps nécessaire pour déplacer le bras jusqu'au cylindre. Ce temps est appelé le *temps de recherche* (*seek time* en anglais), et c'est le composant le plus important dans le coût total. Typiquement, ce temps est plus ou moins linéaire dans le nombre de cylindres à parcourir, et est d'environ 1-2 millisecondes pour un cylindre très proche jusqu'à 10-15 millisecondes pour parcourir tous les cylindres. Le second composant est le temps d'attente pour que le bon secteur apparaisse sous la tête. Ce temps est appelé *latence de rotation* (*rotational latency* en anglais). Il dépend de la vitesse de rotation du disque et prend généralement entre 1 et 2 millisecondes. Le troisième composant est le *temps de transfert* de l'information pendant que le secteur tourne sous la tête. Cette troisième partie est petite, de l'ordre de la microseconde.

10.4 Optimiser la performance des disques

Les conclusions de la discussion que nous venons d'avoir sont les suivantes : 1) les disques sont très lents, comparés à aux processeurs modernes et aux systèmes de mémoires, 2) leur lenteur est principalement due à l'aspect mécanique, en particulier le temps de recherche et la latence de rotation. Bien que la vitesse des disques ait augmenté significativement, elle a augmenté bien moins rapidement que celle des processeurs et de la mémoire, créant ainsi une différence de plus en plus grande.

Il n'est ainsi pas surprenant de voir qu'il y a eu beaucoup de recherches effectuées pour résoudre ce problème. Nous allons maintenant présenter deux approches pour le résoudre, utiliser un tampon comme cache (*buffer cache*) ou ordonnancer les accès au disque (*disk scheduling*), mais beaucoup d'autres existent.

10.4.1 Tampon comme cache

La première approche est très similaire à ce que nous avons vu dans le chapitre 9. Elle repose sur la notion de cache, dans notre cas appelé le *tampon*[(1)] ou cache système. Cette notion a de nombreuses similarités avec la mémoire cache que nous avons vue dans le chapitre précédent. En particulier, nous verrons à nouveau le principe fondamental de localité. Ceci dit, il y a aussi des différences importantes, principalement dues au fait que le disque est conçu pour du stockage non volatil, ce qui n'est pas le cas de la mémoire.

---

(1) Un *tampon* est une zone de mémoire utilisée pour stocker des données avant leur traitement.

Le tampon comme cache est une zone de la mémoire principale réservée pour avoir la fonction de cache du disque. Les blocs du disque récemment utilisés apparaissent dans le cache, dans l'espoir qu'ils seront réutilisés dans un futur proche, selon le principe de localité. Voyons un exemple en détail.

Supposons qu'une application souhaite lire un bloc du disque. Elle fait une requête pour lire ce bloc sur le disque. En l'absence de cache, le bloc est lu sur le disque et remis à l'application. Avec le cache, le bloc est d'abord amené dans le tampon et ensuite remis à l'application.

Maintenant, supposons que la même application, ou une autre, veut lire le même bloc du disque. Au lieu d'émettre directement une demande au disque pour lire le bloc, l'application va d'abord regarder dans le tampon pour voir si le bloc y est déjà. S'il n'y est pas, nous allons simplement voir dans le disque, comme expliqué ci-dessus. Si par contre le bloc est présent dans le tampon, alors il sera remis directement à l'application, sans avoir à accéder au disque. Les avantages sont évidents : transmettre le bloc à l'application depuis le tampon est un transfert de mémoire à mémoire, qui prend moins d'une milliseconde ; transmettre le bloc depuis le disque peut prendre facilement 10-20 millisecondes. Pour illustrer cela avec un exemple, supposons que nous voulons lire une image sur le disque, et que l'image est stockée sur 1000 blocs ; si tous les blocs sont dans le cache, cela prendra 1 seconde, un délai qu'un utilisateur trouvera acceptable. Si tous les blocs doivent être lu sur le disque, alors cela prendra 10-20 secondes, ce que l'on ne peut pas appeler un bon temps de réponse.

Bien entendu, il arrive un moment où le cache est plein. Que faire dans ce cas ? C'est là que la politique de remplacement du cache intervient. En général, la politique utilisée est une variation de la politique *Least Recently Used* (LRU, « utilisé le moins récemment »). Cela signifie que le bloc qui a été utilisé le moins récemment est enlevé du cache pour faire place à un nouveau bloc.

Voyons un autre exemple où une application veut écrire un bloc sur le disque. Les choses deviennent bien plus compliquées ici. Tout d'abord le bloc doit être mis dans le tampon, puis il doit être écrit sur le disque. La difficulté est la suivante : à quel moment pouvons-nous dire à l'application que le bloc a été écrit ? Il y a deux possibilités, chacune avec ses avantages et ses inconvénients.

La première possibilité, appelée *écriture différée* (*write-behind*), est de dire à l'application que le bloc est écrit dès qu'il est copié dans le tampon. L'avantage évident de cette approche est que l'écriture apparaît comme très rapide – une fois de plus de l'ordre de la milliseconde. Par contre, en cas de panne de la machine avant que le bloc ne soit écrit sur le disque, nous avons un problème sérieux : nous avons dit à l'application que le bloc était écrit, mais puisqu'il n'était pas sur le disque au moment de la panne, il ne sera plus là quand la machine redémarrera. En termes techniques, nous avons violé la garantie de non volatilité que le stockage secondaire doit fournir. Plus simplement, nous avons menti et nous avons été pris !

La deuxième possibilité, appelée *écriture immédiate* (*write-through*), est d'attendre que le bloc soit écrit sur le disque pour dire à l'application que le bloc est écrit. Cette approche a les caractéristiques opposées. Du côté positif, nous ne serons jamais dans une situation où nous avons dit à l'application que la donnée était stockée sans que cela ne soit le cas. Du côté négatif, le bénéfice du cache est bien diminué. Ecrire requiert maintenant le temps d'aller sur le disque, ce qui représente un facteur 10 à 20 fois plus grand que de juste copier le bloc dans le tampon.

Dans la réalité, la plupart des systèmes optent pour un cache avec écriture différée, en ajoutant l'écriture périodique du tampon sur le disque (typiquement toutes les 30 secondes). Cette stratégie a les bénéfices du cache avec écriture différée et limite la « fenêtre de vulnérabilité » (le temps entre le moment où l'application écrit la donnée et celui où celle-ci apparaît sur le disque) à une durée raisonnable.

10.4.2 Ordonnancement du disque

Le tampon réduit considérablement le nombre de fois où nous devons accéder au disque, et donc le nombre de fois où nous devons subir la pénalité de temps considérable pour aller sur le disque. Cependant, il y aura toujours beaucoup d'accès au disque, et il y a encore des choses que nous pouvons faire pour réduire le coût de cette opération. De nombreuses méthodes ont été développées dans ce but, mais ici nous n'en décrirons qu'une seule, qui est universellement employée et qui est appelée l'*ordonnancement du disque*. L'ordonnancement du disque réduit le temps de recherche lors d'un accès au disque.

En général, il y aura un certain nombre de requêtes qui s'accumulent pour le disque. Ces requêtes proviennent de différentes applications, et elles peuvent parfois arriver beaucoup plus rapidement que ce que le disque peut traiter, et sont donc mises dans une queue. Lorsque le disque finit de traiter une requête, nous prenons la suivante dans la queue et nous l'envoyons au disque.

Prenons un exemple pour voir comment cela se passe. Imaginons un disque avec 150 cylindres, numérotés de 0 à 149. Supposons que la requête actuellement traitée par le disque concerne un bloc du cylindre 80, et que les requêtes suivantes dans la queue concernent des blocs sur les cylindres suivants : 118, 58, 114, 28, 111 et 55. Supposons de plus que ces requêtes sont mises dans la queue dans l'ordre où elles arrivent.

Maintenant regardons ce qui se passe si nous utilisons la politique d'ordonnancement la plus simple, appelée *First Come First Served* (FCFS, premier arrivé, premier servi). Cela signifie que nous prenons simplement la première requête de la queue et pour l'envoyer au disque, dans notre exemple c'est une requête pour un bloc du cylindre 118. Pour traiter cette requête, le disque doit parcourir 38 cylindres (du 80 au 118). Lorsqu'il a fini, la requête suivante de la queue est 58. Nous donnons cette requête au disque, qui doit maintenant parcourir 60 cylindres (de 118 à 58). Voyons comment traiter encore une requête : la requête suivante dans la queue est 114, donc nous demandons ce bloc, qui fait parcourir 56 cylindres (de 58 à 114). Cet exemple est illustré sur la figure 10.3. En faisant le calcul, nous voyons que pour satisfaire cet ensemble de requêtes le disque doit parcourir un total de 399 cylindres.

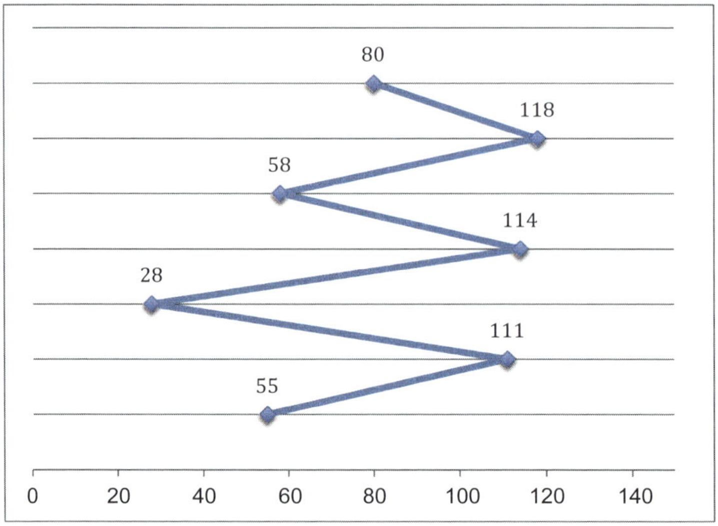

Figure 10.3 Comportement d'un ordonnancement de disque FCFS (*First Come First Served*).

Réfléchissons maintenant un petit peu plus sur l'ordonnancement, et utilisons une politique appelé *Shortest Seek Time First* (SSTF), dont le sens est plutôt clair : nous retirons chaque fois de la queue la requête pour le cylindre le plus proche de celui sur lequel la tête se trouve. Revenons à notre exemple ; lorsque le disque a fini la requête pour le cylindre 80, nous regardons la queue et nous voyons que la requête la plus proche est pour le cylindre 58. Nous demandons alors au disque d'aller au secteur de ce cylindre, ce qui lui fait parcourir 22 cylindres (du 80 au 58). Lorsque le disque termine cette requête, nous regardons la queue et voyons que la requête la plus proche de la position du disque (au cylindre 58) est celle pour un secteur du cylindre 55. Continuons cet exemple avec une requête de plus : lorsque nous en avons fini avec le cylindre 55, la requête la plus proche est pour le cylindre 28, donc nous traitons cette requête ce qui fait parcourir au disque 27 cylindres (du 55 au 28). L'ensemble de cet exemple est décrit à la figure 10.4. En faisant le calcul, nous voyons que nous parcourons maintenant un total de 145 cylindres, moins de la moitié de ce qui était nécessaire avec FCFS, ce qui signifie que cet ensemble de requêtes va prendre environ moitié moins de temps avec SSTF qu'avec FCFS.

Il existe de nombreux algorithmes d'ordonnancement, avec des caractéristiques différentes, mais l'objectif de ces algorithmes devrait maintenant être clair. Ordonnancer, en général, signifie permuter l'ordre d'arrivée des requêtes en un ordre différent pour atteindre un certain but. L'ordonnancement du disque, en particulier, signifie permuter l'ordre d'arrivée des requêtes pour les blocs du disque en un ordre différent pour réduire le temps de recherche.

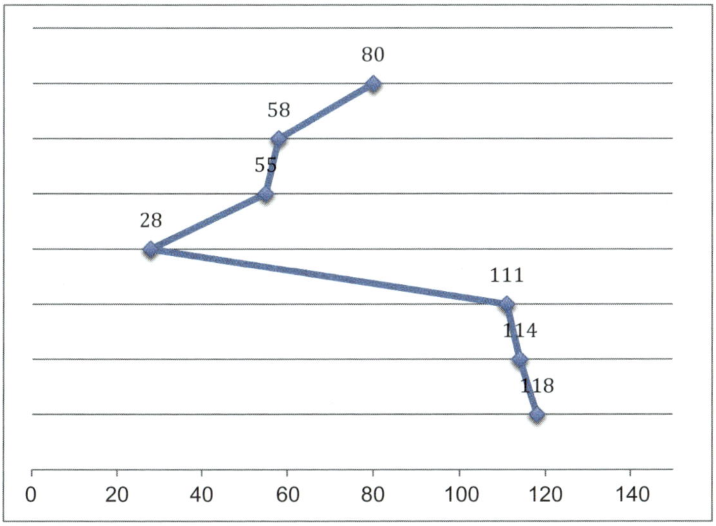

Figure 10.4 Comportement d'un ordonnancement de disque SSTF (*Shortest Seek Time First*).

10.5 Un dernier commentaire sur les disques

Dans le début de ce chapitre, nous avons souvent dit « nous » faisons ceci ou « nous faisons » cela. Par exemple « nous traitons la requête », « nous mettons un secteur du disque dans le cache », « nous regardons la queue », etc. Vous vous êtes peut-être demandé : mais qui est ce « nous » ? « Nous » ne peut clairement pas être une application, puisque nous devons gérer des requêtes de différentes applications. De plus, ce « nous » peut écrire directement sur le disque, qui contient des données de différentes applications. Une application ne doit pas pouvoir écrire sur les données d'une autre application.

Le « nous » est le système d'exploitation, plus précisément c'est un sous-ensemble du système d'exploitation, appelé le système de fichiers. Le système d'exploitation est un programme qui est toujours présent et qui est exécuté sur toutes les machines. Une de ses premières tâches est de s'occuper des périphériques, comme le disque, mais aussi le clavier, la souris, l'écran, etc. Une autre de ses tâches importante est de s'occuper des applications et de s'assurer qu'elles ne se marchent pas sur les pieds. Linux et Windows sont les systèmes d'exploitations les plus connus.

Maintenant nous savons qui est le « nous » dans « nous envoyons une requête pour ce secteur du disque ». C'est le système d'exploitation. Mais vous pouvez toujours vous demander : comment le système d'exploitation fait-il cela ? Et comment le système d'exploitation sait-il quand le disque a fini une requête ? L'interaction entre le système d'exploitation et un périphérique, comme le disque, suit plus ou moins toujours le même principe, utilisant ce que nous appelons les commandes et interruptions de périphériques, que nous expliquons maintenant.

Le disque est relié à un composant électronique, appelé le contrôleur. Le contrôleur sait faire deux choses : accepter des commandes pour le périphérique venant du système d'exploitation et envoyer en retour une interruption quand la commande est traitée. Quand le système d'exploitation veut dire au disque d'accéder à un secteur, il envoie une commande au disque en lui donnant l'adresse sur disque et l'emplacement en mémoire d'où transférer les données (dans le cas d'une écriture) ou où transférer les données (dans le cas d'une lecture). Le disque fait ensuite ce qu'on lui a dit de faire, et lorsqu'il a fini, il génère une interruption. Cela permet au système d'exploitation de savoir que le disque a fini ce qui lui a été demandé de faire. Le système d'exploitation peut alors envoyer la requête suivante.

10.6 Stockage secondaire basé sur Flash

Les technologies de stockage basée sur Flash sont apparues au début des années 1990, et ont été popularisées dans un premier temps avec les clés USB Flash, avant que cela ne devienne le stockage utilisé dans les appareils mobiles, comme les smartphones ou les ordinateurs portables haut de gamme. Contrairement aux disques, les Flashs n'ont pas de partie mécanique, c'est ce qui les rend très attractifs pour les appareils mobiles.

L'absence de partie mécanique a un autre avantage. La technologie Flash est beaucoup plus rapide que les disques. Son temps d'accès et sa bande passante sont quelque part entre ceux de la mémoire principale et du disque. La bande passante est d'une centaine de mégaoctets par seconde, et le temps d'accès est typiquement de moins d'une milliseconde. Pour cette raison, la mémoire Flash est maintenant aussi utilisée dans les serveurs, comme ceux dans les centre de données. En fait, il est possible de faire une hiérarchie de stockages secondaires, comme celle pour la mémoire, avec Flash en premier (temps d'accès rapide, grande bande passante, petit volume et coûteux), les bandes magnétiques (qui ont toutes les caractéristiques opposées en dernier), et avec les disques magnétiques entre les deux. Il y a pourtant une différence très importante entre les hiérarchies de la mémoire et celles du stockage secondaire. Dans la hiérarchie de la mémoire, l'information est déplacée automatiquement par le matériel lorsque c'est nécessaire. Il n'y a rien de tel dans la hiérarchie de stockage. Si l'information doit être déplacée d'un niveau à un autre, cela doit être programmé explicitement.

Accéder à l'information sur une mémoire Flash est un peu plus compliqué qu'accéder à l'information sur un disque. Sur un disque, nous écrivons ou lisons simplement sur un secteur, et mis à part les problème de performance, c'est tout ce que nous avons besoin de savoir. Les mémoires Flash ont une structure plus compliquée et nécessitent des méthodes d'accès plus complexes, que nous allons maintenant décrire.

Dans une mémoire Flash, l'information est organisée en unités appelées des *pages*, typiquement de 512 octets. A leur tour, les pages sont organisées en de plus grandes unités, appelées des *blocs*, typiquement de 64 pages. Une mémoire Flash a une façon de lire-écrire très particulière. Il faut toujours lire ou écrire une page à la fois, de façon similaire à la lecture ou l'écriture d'un secteur sur un disque. Mais ce qui est très particulier ici c'est qu'une fois que vous avez écrit une page, il n'est pas possible de la réécrire. Avant de pouvoir modifier une page, il faut effacer le bloc entier. C'est très différent des disques où il est possible de réécrire sur un secteur.

Regardons maintenant comment une mémoire Flash est utilisée (fig. 10.5). Supposons qu'initialement tous les blocs sont effacés et qu'il est possible d'écrire sur toutes les pages. Commençons à stocker des informations, pour simplifier disons que nous commençons par écrire sur la page 0 du bloc 0, puis que nous continuons avec la page suivante de ce bloc jusqu'à ce qu'il soit plein. Nous continuons ensuite avec la première page du second bloc et ainsi de suite. A un moment, nous avons besoin de supprimer des informations, donc nous marquons les pages correspondantes comme supprimées, mais en nous souvenant qu'il n'est pas possible d'écrire de nouvelles informations sur ces pages tant que le bloc n'est pas effacé. Nous continuons ensuite à écrire d'autres informations, mais à un moment la mémoire va être presque pleine. Nous avons alors un problème : nous avons de la place libre dans la mémoire (l'information qui a été supprimée), mais nous ne pouvons pas y écrire de nouvelles informations tant que le bloc n'a pas été effacé. Mais les autres pages de ce bloc contiennent peut-être encore des informations utiles, donc nous ne pouvons pas simplement effacer le bloc.

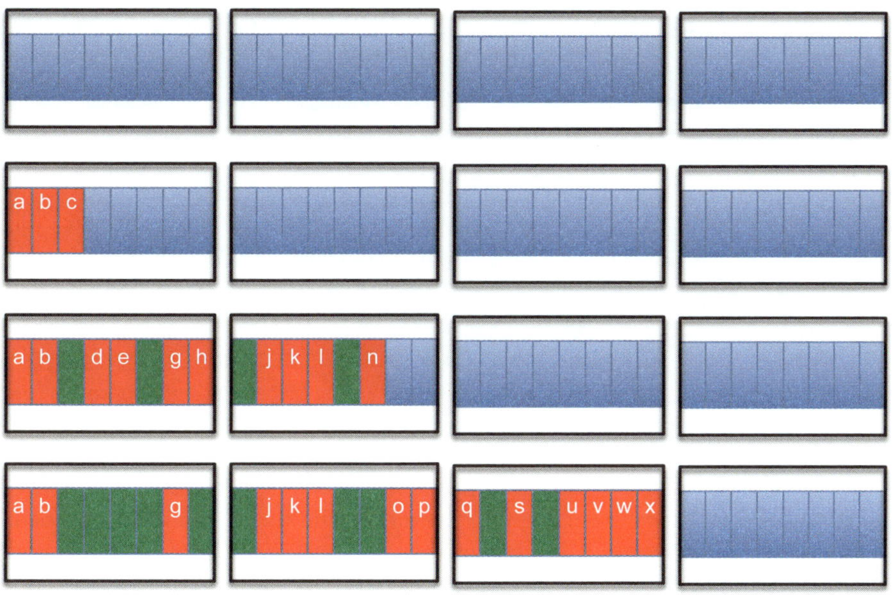

Figure 10.5 Opérations sur une mémoire Flash avec 4 blocs de 8 pages. Les blocs effacés (donc sur lesquels on peut écrire) sont en bleu, les pages qui contiennent des informations en rouge, et les pages avec des informations supprimées en vert. La figure montre l'évolution de la mémoire Flash dans le temps (de haut en bas).

Cette discussion nous permet d'expliquer un élément clé des mémoires Flash : le procédé appelé le nettoyage (fig. 10.6). Le nettoyage permet de libérer de l'espace pour qu'il puisse être utilisé à nouveau. Premièrement, nous n'allons jamais laisser survenir une situation comme celle décrite précédemment où tous les blocs sont utilisés. Au lieu de cela, nous allons toujours garder des blocs libres pour pouvoir les utiliser pour nettoyer. Un bloc est nettoyé comme ceci : nous prenons toutes les pages contenant des informations utiles et nous les copions dans un bloc que nous avons gardé en réserve pour le nettoyage. Grâce à cela, il n'y a plus d'information dans le bloc, et il est maintenant possible de l'effacer. Une fois effacé, nous pouvons l'utiliser pour écrire de nouvelles informations. En pratique, nous ne nettoyons pas un bloc à la fois, mais plutôt un grand nombre, pour qu'entre les nettoyages il y ait toujours de la place pour écrire de nouvelles informations.

Figure 10.6 Nettoyage d'un bloc d'une mémoire Flash : d'abord toutes les pages avec des informations sont copiées sur des pages d'un autre bloc (2e ligne). Le bloc entier n'a ainsi plus aucune information utile, et peut être effacé pour être réutilisé.

Le dernier problème est de savoir quels blocs choisir pour être nettoyés. Il serait raisonnable de penser que la meilleure chose à faire est de prendre les blocs qui ont le moins de pages utilisées, mais ce n'est pas ce qui est fait. Il y a une autre caractéristique des mémoires Flash que nous n'avons pas encore discutée : les mémoires Flash ont un nombre limité de cycles d'effacement. Autrement dit, il n'est possible d'effacer un bloc qu'un nombre limité de fois ; il n'est ensuite plus possible de le réécrire. C'est une caractéristique très différente des disques, où les secteurs peuvent être réécrits un nombre illimité de fois. Les constructeurs de mémoires Flash ont énornément travaillé pour augmenter le nombre possible de cycles d'effacement, mais ce nombre reste fini. Pour cette raison, lorsqu'une mémoire Flash est utilisée, on essaie d'égaliser le nombre d'effacements de chaque bloc, pour que tous les blocs aient plus ou moins le même taux d'effacement, et que le temps de vie utile de la mémoire soit maximisé.

Après avoir lu tout cela, vous pouvez penser qu'utiliser une mémoire Flash est plutôt compliqué. C'était en effet le cas pour les premières mémoires utilisées, ce qui a un peu limité leur utilisation au début. Les mémoires Flash plus récentes ont des contrôleurs très sophistiqués qui font tout cela. Ainsi l'interface fournie par le contrôleur est la même que celle d'un disque : il est possible de lire ou d'écrire des pages ou des secteurs, et le contrôleur est suffisamment intelligent pour faire le nettoyage tout seul.

10.7 Concept de métadonnée

Maintenant que nous avons vu les principales technologies de stockage, nous allons voir comment stocker et retrouver des données dans un périphérique de stockage.

Regardons une fois de plus un exemple. Supposons que vous achetiez une chanson sur iTunes. La chanson est enregistrée quelque part, disons sur un certain nombre de blocs du disque. Vous aurez ensuite probablement accès à la chanson en cliquant sur son nom dans l'application que vous utilisez pour écouter de la musique. La question est : comment cette application sait-elle où cette donnée est stockée sur le disque, en d'autres mots, quels secteurs du disque faut-il lire ?

C'est là que le concept de métadonnée intervient. Une *métadonnée* est une donnée qui décrit une autre donnée. Dans l'exemple la donnée est la chanson, la métadonnée devra au moins inclure le nom de la chanson et les secteurs du disque où la donnée est stockée, dans le bon ordre. Il est aussi possible d'ajouter que ces blocs contiennent les données d'une chanson, ou d'un film, ou d'une présentation.

Il est très important que la métadonnée soit stockée, tout comme la donnée, dans le périphérique de stockage de façon non volatile. Autrement, la métadonnée pourrait être perdue en cas de panne, et nous ne saurions plus ce que représente cette donnée. En général, la donnée n'a plus de sens sans la métadonnée appropriée.

Où devons-nous stocker la donnée et la métadonnée ? Le plus simple est de réserver une portion du disque pour les données et une autre portion pour les métadonnées (fig. 10.7). Typiquement, la portion réservée aux données sera beaucoup plus importante que celle réservée aux métadonnées, puisque la taille des informations est plus grande que celle des métadonnées. Ainsi, pour terminer

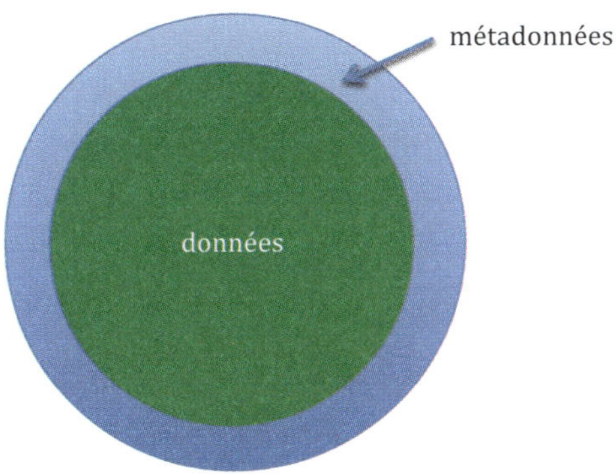

Figure 10.7 Données et métadonnées sur un disque.

notre exemple, une fois que nous avons le nom de la chanson, nous cherchons ce nom dans les métadonnées, ce qui nous donne la liste des secteurs contenant les données pour cette chanson. Nous lisons ensuite ces secteurs un par un, pour les donner à l'application qui les transforme en audio.

10.8 Exemples de systèmes de stockage

Nous concluons ce chapitre en examinant deux types de systèmes de stockage couramment utilisés : les systèmes de fichiers et les bases de données. Les deux stockent des informations, mais leur mécanisme pour les retrouver est très différent. Dans les systèmes de fichiers, on accède à l'information avec le nom : l'utilisateur donne le nom du fichier et le système de fichiers fournit le contenu de ce fichier. Dans les bases de données, on accède à l'information par le contenu. L'utilisateur donne des conditions sur le contenu souhaité et la base de données fournit toutes les données enregistrées qui vérifient ces conditions.

10.8.1 Système de fichiers

Un *système de fichiers* est présent sur toutes les machines. En tant qu'utilisateur, il est possible d'interagir directement avec lui, ou, plus communément, les applications que vous utilisez interagissent directement avec le système de fichiers pour vous, mais le principe est le même.

Un système de fichiers est organisé par fichiers. Un fichier est un conteneur d'informations. Le système de fichiers ne s'intéresse pas à ce que cette information signifie. Il doit seulement stocker cette information et la retrouver plus tard. Il ne sait pas si l'information stockée est un fichier texte, si elle est produite par un éditeur de texte, ou si c'est un fichier audio contenant une chanson, ou une vidéo que vous venez d'enregistrer, ou quelque chose d'autre. Pour le système de fichiers tout cela est de l'information, rien de plus, rien de moins.

Tous les fichiers ont un nom. Dans sa forme la plus simple, un nom est une chaîne de caractères, usuellement de forme mnémonique, pour vous rappeler quelle information est stockée dans le fichier. Par exemple, vous pourriez appeler le fichier produit pour un devoir « solution-devoir », ou vous pourriez appeler la vidéo du film Titanic « Titanic », pour vous souvenir plus tard du contenu lorsque vous voudrez le retrouver.

Pour aider l'utilisateur à se souvenir de ce que contient le fichier, le nom du fichier est souvent suivi d'une extension, qui indique quel type d'information est contenue dans le fichier. Donc le nom du fichier contenant le film Titanic pourrait être titanic.mov(2), alors qu'un rapport que vous écrivez pour ce film pourrait être titanic.txt.

Les fichiers sont ensuite souvent regroupés en dossiers, de la même façon que des documents seraient stockés dans différents classeurs. Ainsi, une compagnie pourrait par exemple conserver tous les fichiers de son personnel dans un dossier « Personnel », tous ses fichiers clients dans un dossier « Clients », etc.

(2) Film se dit *movie* en anglais.

Les dossiers peuvent ensuite eux-mêmes être organisés en d'autres dossiers. Pour continuer avec notre exemple, la compagnie pourrait avoir un dossier « Personnel », contenant deux dossiers différents, un pour son personnel administratif et l'autre pour son personnel technique. Ou les fichiers des clients pourrait être organisés en dossiers selon leur localisation géographique, et ces dossiers regroupés dans un dossier « Client ». En général, l'organisation des dossiers a une structure d'arbre qui commence avec une racine. Les feuilles sont les fichiers, et les nœuds intermédiaires de l'arbre sont des dossiers. La figure 10.8 montre comment peut s'organiser un tel système de fichiers hiérarchique.

Cette structure hiérarchique du système de fichiers donne ensuite lieu à des noms hiérarchiques. Plutôt qu'une simple chaîne de caractères, les noms hiérarchiques contiennent une séquence de chaînes de caractères, séparées par des délimiteurs comme / ou \. Les noms hiérarchiques viennent de la notion de répertoires ou dossiers. Un exemple d'un tel nom est :

```
/Clients/Europe/Pyrote
```

Le premier / indique le fichier racine de l'arbre. Puis chaque chaîne terminée par / indique un dossier où le nom du dossier est indiqué par la chaîne sur la gauche du / ; enfin la dernière chaîne indique le nom du fichier dans le dernier dossier.

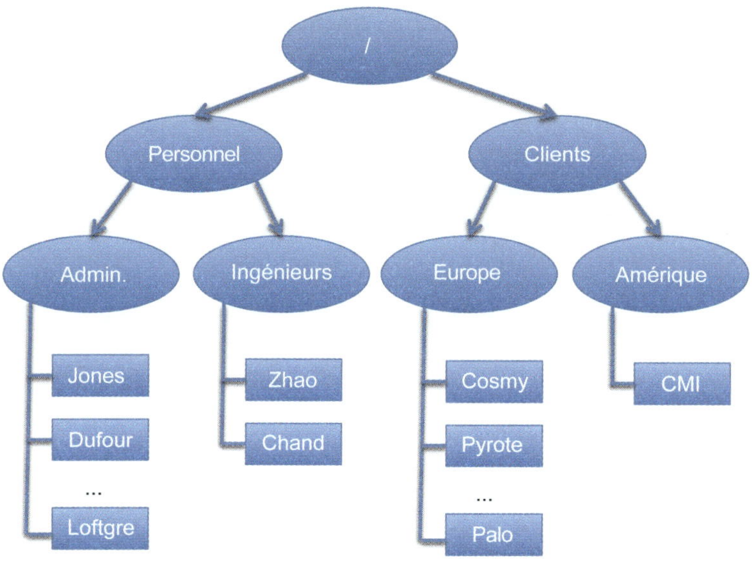

Figure 10.8 Un exemple de système de fichiers hiérarchique.

10.8.2 Bases de données relationnelles

Dans le dernier paragraphe de ce chapitre, nous allons évoquer un autre système de stockage appelé bases de données, et plus précisément les *bases de données relationnelles.* L'idée ici est assez simple, toute l'information est stockée dans des tables. A l'origine, le mot « relation » était utilisé à la place de table, d'où le nom « base de données relationnelles », mais maintenant le mot le plus utilisé est « table ».

Une *table* a un nom, et consiste en un nombre d'enregistrements (parfois appelés tuples ou lignes). Chaque enregistrement à son tour a un nombre de champs (parfois appelés attributs ou colonnes). Tous les enregistrements d'une table donnée ont les même champs.

La figure 10.9 montre un exemple d'une base de données relationnelle. La base de donnée représente des informations sur une université. Elle contient deux tables : *Etudiants* et *Cours*. Chaque enregistrement de la table *Etudiants* a un nom, un numéro de téléphone et une ville de résidence. La table des *Cours* a un titre pour chaque cours et une brève description. Nous faisons ici une hypothèse pas vraiment réaliste, c'est que les noms des étudiants et des cours sont uniques. En pratique, nous ne pouvons pas supposer cela. Contourner ce problème est facile en pratique, mais cela rendrait la description inutilement compliquée.

Nom	**Téléphone**	**Ville**
Klein	021-497-3344	Lausanne
Gross	022-234-8361	Genève
Fignon	021-321-1180	Pully

Nomducours	**Description**
Algèbre Linéaire	...
Analyse I	...
Analyse II	...
ICC	...

Figure 10.9 Une base de données relationnelle avec deux tables : *Etudiants* et *Cours*.

La différence principale entre les bases de données et les systèmes de fichiers (ou d'autres interfaces de stockages) est que dans une base de données, vous pouvez retrouver les informations par leur contenu plutôt que par leur nom. Par exemple, nous pouvons demander le numéro de téléphone de tous les étudiants dont le nom est Gross[(3)]. Lorsque l'on pose une question de ce type à une base de données, on dit que l'on effectue une requête, et les bases de données ont un langage spécifique pour cela, appelé SQL (*Structured Query Language*). Ce langage est complexe et très puissant, mais les bases sont très simples et intuitives. Nous allons maintenant voir quelques exemples.

Pour formuler une requête, il faut suivre le modèle suivant

```
SELECT
FROM
WHERE
```

Dans la clause `FROM`, vous allez dire dans quelle table vous voulez chercher de l'information. Avec la clause `SELECT`, vous dites quels champs de la table vous voulez. Et le plus important, dans la clause `WHERE` vous spécifiez le critère que l'enregistrement doit remplir pour être un résultat de la requête.

Pour revenir à notre exemple, pour obtenir les numéros de téléphone de tous les étudiants appelés Gross, nous devons chercher le champ Téléphone dans la table *Etudiants*, et la condition est que le nom de l'étudiant soit Gross.

(3) Nous supposons dans l'exemple qu'il peut y en avoir plusieurs.

La requête est la suivante :

```
SELECT Téléphone
FROM Etudiants
WHERE Nom = "Gross"
```

Nous pouvons compliquer un petit peu les choses. Disons que nous voulons restreindre le résultat aux étudiants dont le nom est Gross et qui habitent à Soleure. Dans ce cas, nous modifions la clause `WHERE` de la requête pour ajouter une conjonction logique, et la requête devient :

```
SELECT Téléphone
FROM Etudiants
WHERE Nom = "Gross" AND Ville = "Soleure"
```

Dans une dernière variante de cet exemple, nous ne voulons plus seulement le numéro de téléphone mais aussi le nom de l'étudiant. Dans ce cas, nous spécifions dans la clause `SELECT` d'ajouter le champ Nom de l'enregistrement :

```
SELECT Nom, Téléphone
FROM Etudiants
WHERE Nom = "Gross" AND Ville = "Soleure"
```

Les requêtes que nous venons de voir permettent déjà d'extraire de nombreuses informations de la base de données, mais il y a clairement d'autres questions que nous voudrions poser, comme : le nom de tous les cours qu'un étudiant a pris. Cette information n'est pour l'instant pas représentée dans notre base de données. Pour pouvoir ajouter cette information, nous créons une nouvelle table, appelée *CoursSuivis*. Chaque enregistrement de cette table contient le nom d'un étudiant et le titre d'un cours (fig. 10.10).

Nom	**Nomducours**
Klein	Algèbre Linéaire
Gross	Algèbre Linéaire
Klein	ICC
Gross	Analyse I

Figure 10.10 Une troisième table pour notre base de données : *CoursSuivis*.

Vous pouvez vous demander pourquoi nous n'avons pas simplement ajouté cette information à la table *Etudiants*, plutôt que d'en créer une nouvelle. La réponse est que cette nouvelle table permet de gérer plus facilement le fait qu'un étudiant suit plusieurs cours. Si nous mettons cette information directement dans la table *Etudiants*, cela dupliquerait le numéro de téléphone et l'adresse des étudiants. Cela rendrait aussi difficile le fait de représenter un étudiant qui ne suit aucun cours. Ce problème de duplication est illustré à la figure 10.11.

Nom	Téléphone	Ville	Nomducours
Klein	*021-497-3344*	*Lausanne*	Algèbre Linéaire
Klein	*021-497-3344*	*Lausanne*	ICC
Gross	*022-234-8361*	*Genève*	Algèbre Linéaire
Gross	*022-234-8361*	*Genève*	Analyse I
Fignon	021-321-1180	Pully	

Figure 10.11 Un (mauvais) exemple de table où le numéro de téléphone des étudiants est dupliqué.

On évite aussi de dupliquer les informations en raison des mises à jour, puisque si un étudiant change de numéro de téléphone par exemple, il faudrait faire très attention à le modifier partout. Avec cette nouvelle table, revenons à la question : quels cours l'étudiant Klein suit-il ? Voyons comment nous pouvons faire cette requête en SQL. En suivant la même logique qu'avant, la requête se formule comme ceci :

```
SELECT Nomducours
FROM CoursSuivis
WHERE Nom = "Klein"
```

Autre exemple, pour trouver les noms des étudiants suivant le cours d'algèbre linéaire :

```
SELECT Nomducours
FROM CoursSuivis
WHERE Nomducours = "Algèbre Linéaire"
```

Ajoutons une dernière complication. Imaginons une urgence pour le cours d'algèbre linéaire qui requiert d'appeler tous les étudiants de ce cours. La requête demande alors non seulement les noms de tous les étudiants qui suivent le cours, mais aussi leur numéro de téléphone. Nous avons un problème. Les informations sur quel étudiant suit quels cours sont dans la table *CoursSuivis*, mais les numéros de téléphone sont dans la table *Etudiants*. Nous devons donc chercher dans ces deux tables pour trouver la réponse à cette requête. Ce type de requête est ce que nous appelons une jointure : nous devons joindre les deux tables pour obtenir l'information voulue.

Voyons comment exprimer une jointure en SQL. D'abord, souvenons-nous que la clause `FROM` de la requête dit dans quelles tables chercher. Jusqu'à maintenant, nos requêtes n'ont eu besoin que d'une table, mais pour cette exemple nous en aurons clairement besoin de deux, *Etudiants* et *CoursSuivis*. Nous allons donc les mentionner les deux dans le champ `FROM`. En général, ce champ peut contenir autant de tables que l'on veut.

Dans la clause `SELECT` nous devons spécifier quels champs nous voulons. Dans nos premiers exemples, vu que nous n'avions qu'une table, nous pouvions juste donner le nom des champs, mais maintenant que nous avons deux tables, nous devons spécifier les tables auxquelles appartiennent les champs. Les numéros de téléphone apparaissent seulement dans la table *Etudiants*, donc nous les prendrons dans cette table. Les noms des étudiants apparaissent dans les deux tables, donc nous pouvons les prendre de l'une ou de l'autre ; ici nous choisissons de les prendre dans la table *Etudiants*.

La dernière décision concerne ce que nous devons écrire dans le champ WHERE. Pour cela, nous devons avoir dans la clause WHERE une condition disant que le champ Nomducours de la table *CoursSuivis* doit être "Algèbre linéaire". Nous devons prendre les noms de tous les étudiants satisfaisant cette première condition, puis trouver ces noms dans la table *Etudiants*, pour pouvoir trouver le numéro de téléphone associé. Nous devons donc ajouter la condition que le champ Nom des deux tables doit être identique. Cela donne ceci :

```
SELECT Etudiants.Nom, Etudiants.Téléphone
FROM Etudiants, CoursSuivis
WHERE CoursSuivis.Nomducours = "Algèbre Linéaire" AND
      CoursSuivis.Nom = Etudiants.Nom
```

Ce type de requête est souvent déroutante pour un débutant en bases de données. Nous proposons donc ici une autre interprétation de cette requête, qui, nous l'espérons, permettra de mieux comprendre comment elle fonctionne. Une façon de comprendre une requête SQL ayant plus d'une table est la suivante. Premièrement, construisons une nouvelle table correspondant à la combinaison de tous les enregistrements des tables (en termes mathématiques, c'est le « produit cartésien » des tables). Le produit cartésien des tables *Etudiants* et *CoursSuivis* est donné à la figure 10.12. Ensuite, éliminons de cette table tous les enregistrements qui ne satisfont pas les conditions de la clause WHERE (fig. 10.13). Finalement, éliminons des enregistrements qui restent les champs qui ne sont pas dans la clause SELECT (fig. 10.14).

Etudiants.Nom	Etudiants.Téléphone	Etudiants.Ville	CoursSuivis.Nom	CoursSuivis.Nomducours
Klein	021-497-3344	Lausanne	Klein	Algèbre Linéaire
Gross	022-234-8361	Genève	Gross	Algèbre Linéaire
Fignon	021-321-1180	Pully	Klein	ICC
Klein	021-497-3344	Lausanne	Gross	Analyse I
Gross	022-234-8361	Genève	Klein	Algèbre Linéaire
Fignon	021-321-1180	Pully	Gross	Algèbre Linéaire
Klein	021-497-3344	Lausanne	Klein	ICC
Gross	022-234-8361	Genève	Gross	Analyse I
Fignon	021-321-1180	Pully	Klein	Algèbre Linéaire
Klein	021-497-3344	Lausanne	Gross	Algèbre Linéaire
Gross	022-234-8361	Genève	Klein	ICC
Fignon	021-321-1180	Pully	Gross	Analyse I

Figure 10.12 Le produit Cartésien des tables *Etudiants* et *CoursSuivis*.

Etudiants.Nom	Etudiants.Téléphone	Etudiants.Ville	CoursSuivis.Nom	CoursSuivis.Nomducours
Klein	021-497-3344	Lausanne	Klein	Algèbre Linéaire
Gross	022-234-8361	Genève	Gross	Algèbre Linéaire

Figure 10.13 La table prédédente dont on a enlevé les enregistrements qui ne satisfont pas les conditions de la clause WHERE.

Nom de l'étudiant	Téléphone de l'étudiant
Klein	021-497-3344
Gross	022-234-8361

Figure 10.14 La table prédédente dont on a enlevé les colonnes qui ne sont pas dans la clause `SELECT`.

10.9 Conclusion

Dans ce chapitre, nous avons vu comment les systèmes informatiques permettent un stockage permanent ou non volatil, c'est-à-dire un stockage qui résiste aux pannes de la machine.

Nous avons dans un premier temps vu trois technologies connues : les disques, les SSD et les bandes magnétiques. Nous avons expliqué en détail les disques et les SSD. Une leçon importante à retenir est que les technologies de stockage non volatiles sont plutôt lentes, comparées aux processeurs et à la mémoire principale, et que nous avons besoin de beaucoup de techniques d'optimisation pour que leur performances ne ralentissent pas trop le système.

Ensuite, nous avons un peu vu comment implémenter les systèmes de stockage. Nous avons appris que cette implémentation est faite dans le système d'exploitation, en utilisant des commandes aux périphériques et des interruptions. Plus important encore, nous avons vu le concept de métadonnées, des données concernant d'autres données. Elles permettent de donner un sens à ce qui est stocké dans un périphérique, pour que cela ne soit pas juste un tas d'octets. Le concept de métadonnées, bien que simple, est très puissant, et reviendra dans le chapitre suivant sur les réseaux.

Enfin, nous avons étudié deux systèmes de stockage courants, les systèmes de fichiers et les bases de données. Un système de fichiers donne accès aux informations par leur nom, alors qu'une base de données donne un accès par contenu, en utilisant des requêtes. Nous avons ensuite introduit le langage SQL, un standard pour exprimer des requêtes.

10.10 Exercices

10.10.1 *Ordonnancement d'un disque dur*

1) Admettons que l'on a un disque dur avec 300 cylindres, le bras est pour le moment au cylindre 200, et la queue de requêtes, par ordre d'arrivée, contient des demandes pour les cylindres suivants :

$$150, 100, 50, 180, 5, 290, 295$$

Quel est le nombre de cylindres traversés pour les algorithmes d'ordonnancement FCFS et SSTF, discutés dans ce chapitre ?

2) Une alternative aux algorithmes FCFS et SSTF est l'algorithme SCAN. Dans cet algorithme, le bras avance toujours *dans la même direction, d'une*

extrémité du disque à l'autre. Pendant que le bras avance vers les cylindres « hauts », le disque sert toutes les requêtes pour ces cylindres. Ensuite, il traverse le disque vers les cylindres « bas », et sert toutes les requêtes pour ces cylindres.

Par exemple, si, avec un disque dur de 300 cylindres, le bras est au cylindre 200 et est en train de traverser le disque vers les cylindres « hauts », et s'il y a des requêtes pour les cylindres 150, 180, et 290, SCAN va d'abord servir la requête pour le cylindre 290, après celle pour le cylindre 180, et finalement celle pour 150.

Quel est le nombre de cylindres traversés par le disque avec l'algorithme SCAN dans la situation décrite en partie 1 ?

10.10.2 *Allocation du disque aux fichiers*

Dans cet exercice, nous nous intéressons de plus près au problème de l'allocation du disque dans les systèmes de fichiers. L'allocation du disque consiste à décider quel secteur du disque va être attribué à un fichier. Par exemple, lorsqu'un fichier est créé, ou lorsqu'il croît, de nouveaux secteurs du disque doivent être alloués à ce fichier. Les méthodes d'allocation du disque décident de quelle façon cette allocation va être effectuée.

La structure de données utilisée dans l'allocation de disque est ce que l'on appelle un *bitmap* (tableau de bits). Il a une entrée pour chaque secteur du disque, qui est 1 si le secteur est utilisé et 0 s'il est libre. L'allocation du disque consiste alors à trouver un nombre suffisant de secteurs du disque ayant des 0 dans l'entrée correspondante du *bitmap*.

La méthode la plus simple est appelée l'« allocation contiguë ». Elle alloue tout simplement un ensemble de secteurs contigus au fichier.

1) Quelles métadonnées pourrions-nous utiliser pour représenter un fichier lorsqu'il est stocké sur des secteurs alloués de façon contiguë ?

2) Quels sont les désavantages de cette politique d'allocation ?

Une autre méthode possible et simple est celle de l'allocation aléatoire. Avec cette méthode, on parcourt simplement le *bitmap* à la recherche de secteurs libres, et on les alloue au nouveau fichier.

3) Quelles métadonnées utiliser pour représenter un fichier lorsqu'il est stocké sur des secteurs alloués de façon aléatoire ?

4) Quels sont les désavantages de cette politique d'allocation ?

5) Peut-on proposer une méthode d'allocation qui serait meilleure que ces deux-là ?

10.10.3 *Requêtes SQL*
Une base de données est composée des tables suivantes :

```
Clients (client_id, nom, ville)
Produit (produit_id, nom, prix)
Commandes (client_id, produit_id, quantité)
```

Décrire ce que font les requêtes SQL suivantes :

```
SELECT nom
FROM Clients
WHERE ville = "New York"
```

```
SELECT nom
FROM Produit
WHERE prix > 100CHF
```

```
SELECT quantité
FROM Commandes
WHERE quantité > 10
```

```
SELECT nom
FROM Produits, Commandes
WHERE Produits.produit_id = Commandes.produit_id
```

```
SELECT nom
FROM Clients, Commandes
WHERE Clients.client_id = Commandes.client_id
```

```
SELECT nom
FROM Clients, Commandes
WHERE Clients.client_id = Commandes.client_id
AND (Commandes.quantité > 10 OR Clients.ville = "Francfort") (4)
```

```
SELECT Clients.nom, Produits.nom
FROM Clients, Produits, Commandes
WHERE Clients.client_id = Commandes.client_id
AND Produits.produit_id = Commandes.produit_id
```

10.10.4 *Requêtes SQL*
Considérons une base de données avec deux tables : `Employés` et `Emploi`.

La table `Employés` possède les champs suivants :

- `employé_numéro`,
- `employé_prénom`,
- `employé_nom`,
- `employé_codeemploi`,
- `employé_dateembauche`.

(4) `AND = ET` logique, `OR = OU` logique.

La table `Emploi` possède les champs suivants :

- `codeemploi`,
- `descriptionemploi`,
- `salairehoraire`,
- `salaireheuresup`.

La table `Projets` possède les deux champs : `projet_numéro` et `projet_nom`. Finalement, `Employés_Projets` a les champs suivants :

- `employé_numéro`,
- `projet_numéro`,
- `nombre_heures`.

Ecrire les requêtes suivantes en langage SQL :

1) Le prénom et le nom de famille de tous les employés avec la description de leur emploi.
2) Le prénom et le nom de famille de tous les employés avec la description de leur emploi pour lequel le tarif horaire est supérieur à 40 CHF.
3) Le prénom et le nom de famille de tous les employés qui travaillent sur le projet numéro 15.
4) Le prénom et le nom de famille de tous les employés et de tous les projets sur lesquels ils travaillent.

Chapitre 11

Réseaux informatiques

11.1 Introduction

L'émergence des réseaux dans les systèmes informatiques a été phénoménale. Il y a moins de 20 ans, la plupart des ordinateurs n'étaient pas connectés à un réseau. En fait, l'idée même « d'ordinateur personnel » (*personal computer* ou PC) était que l'ordinateur était personnel, et donc qu'il n'était pas partagé avec d'autres personnes, et par conséquent qu'il n'était pas connecté à d'autres ordinateurs. L'avènement d'internet et du *World Wide Web* a radicalement changé cette notion. Virtuellement, tous les ordinateurs sont devenus connectés à internet. Les réseaux informatiques ont ensuite connu une autre avancée avec l'arrivée des téléphones portables connectés, les smartphones. La disponibilité générale des réseaux sans fils, destinés à l'origine aux communications vocales, mais rapidement adaptés aux communications de données, a ajouté une quantité énorme « d'ordinateurs » à internet.

Nous allons commencer ce chapitre avec deux notions importantes des réseaux informatiques : les protocoles et les paquets. Nous développerons un protocole simple de transmission de paquets pour illustrer la notion d'en-tête de paquet. Après cela, nous étudierons internet, et nous introduirons la notion de *réseau en mode différé* (*store-and-forward* en anglais[1]). La communication entre deux machines dans un tel réseau donne lieu à des protocoles extrêmement complexes. Nous introduirons les notions de modularité et de couches réseaux pour gérer cette complexité. Comme exemple de protocole utilisant des couches, nous introduirons la famille de protocole TCP/IP qui est utilisée sur internet. Finalement, nous verrons de plus près le protocole IP de la famille TCP/IP et son protocole de routage.

11.2 La notion de protocole

La notion centrale dans les réseaux informatiques est la notion de *protocole*. Un protocole est, en général, un ensemble de règles qui régissent la conduite d'une

---

[1] Nous préférons utiliser le terme français plutôt que le terme anglais même s'il est plus explicite. « *Store-and-forward* » signifie « stocker et transmettre », une stratégie qui apparaîtra clairement plus loin dans le chapitre.

conversation entre un certain nombre de parties. Le principe des protocoles est bien entendu connu en dehors de la communication des ordinateurs.

Les protocoles existent dans la communication entre les êtres humains. Ils peuvent être très informels ou au contraire être très formels, selon la position des personnes impliquées et les circonstances de la communication. Par exemple, des amis peuvent suivre un protocole très informel, en s'interrompant les uns les autres librement lorsque quelqu'un a quelque chose à dire. Dans une salle de classe par contre, les règles sont plus strictes. Normalement le professeur parle, et les étudiants écoutent, levant la main lorsqu'ils veulent dire quelque chose.

L'exemple précédent ne s'intéresse qu'à un seul aspect d'un protocole de communication : qui peut parler à un moment donné. De nombreux autres aspects doivent aussi être convenus. Par exemple, il doit y avoir un moyen pour signifier que la communication commence et qu'elle se termine. Typiquement, un silence indique qu'une communication est finie. Dans une conversation entre plusieurs participants, il y a souvent un protocole pour indiquer à qui une communication s'adresse. Il faut aussi un moyen de corriger les erreurs ou les perturbations du canal de communication, le plus simple étant de demander à la personne qui parle de répéter ce qu'elle vient de dire. Il y a aussi de nombreuses règles implicites dans une communication entre plusieurs humains. Par exemple, il y a la langue dans laquelle la conversation se tient. Si les personnes ne se connaissent pas, il peut y avoir une partie d'initialisation dans le protocole dans laquelle elles établissent quelles langues elles ont en commun, et, s'il y en a plus d'une, laquelle elles vont utiliser.

La plupart de ces problèmes se retrouvent dans les communications entre ordinateurs. Par exemple, il faut une règle pour établir quel ordinateur a le droit d'utiliser le canal de communication à quel moment. S'il y a plus de deux machines sur le canal, il faut un moyen pour s'adresser à une machine particulière. S'il y a du bruit sur le canal, alors il faut pouvoir s'assurer que ce qui a été reçu est identique à ce qui a été envoyé, et de plus, il faut souvent que celui qui envoie puisse s'assurer que le destinataire a bien reçu ce qu'il lui a envoyé.

Quelles que soient les similitudes qui existent entre les communications entre humains ou entre ordinateurs, il y a aussi une énorme différence. Les humains sont tout à fait capables de gérer des situations informelles et parfois ambiguës. Les ordinateurs sont très mauvais pour cela. Ainsi, les protocoles de conversations entre humains peuvent sembler très formels, mais sont pourtant incroyablement informels lorsqu'on les compare à ceux utilisés pour les communications entre ordinateurs. Dans les premiers, beaucoup d'aspects ne sont pas définis ou ne le sont pas formellement, et les ambiguïtés sont rapidement résolues grâce à l'intelligence humaine. Dans les seconds, chaque petit détail doit être précisément défini, parce que toute ambiguïté pourrait causer un échec de la communication. Nous allons maintenant regarder quelques exemples simples de protocoles de communications entre ordinateurs.

11.3 Un exemple de protocole

Nous allons commencer par illustrer la notion de protocole de communication entre ordinateurs avec quelques exemples simples. Ensuite, nous définirons à partir de ces exemples des notions simples sur la construction de protocoles. Pour finir nous verrons un ensemble spécifique de protocoles, ceux utilisés sur internet.

Dans tous ces exemples nous supposons qu'une machine connectée à un réseau peut envoyer un paquet sur ce réseau ou recevoir un paquet du réseau. Un paquet a un marqueur de début et un marqueur de fin pour signaler respectivement son début et sa fin.

En général, il n'est pas garanti qu'un paquet envoyé sur le réseau soit en fait bien reçu. De plus, même si un paquet est bien reçu par le destinataire, il n'est pas garanti non plus que le paquet reçu soit identique à celui qui a été envoyé. Ainsi, même si avec forte probabilité, un paquet envoyé est aussi reçu et le paquet reçu est identique au paquet envoyé, cela n'est pas garanti à 100%. De nombreux incidents peuvent perturber la bonne réception d'un paquet. Par exemple, le lien de communication entre celui qui envoie et celui qui reçoit peut avoir été coupé, ou il peut être temporairement perturbé rendant ainsi la sortie différente de l'entrée. Comment pouvons-nous établir une vraie communication entre celui qui envoie et celui qui reçoit si de tels scénarios peuvent survenir ? C'est ce que nous allons voir dans les exemples suivants.

EXEMPLE 11.1 Dans notre premier exemple, nos objectifs sont modestes. Nous voulons simplement que le destinataire puisse déterminer si le paquet reçu est bien identique à celui qui a été envoyé.

Pour atteindre cet objectif, nous ajoutons ce que l'on appelle une *somme de contrôle* (*checksum*) à chaque paquet. La somme de contrôle est une information redondante, c'est-à-dire qu'elle n'ajoute pas de nouvelle information au paquet, mais elle permet au destinataire de détecter si les données du paquet ont été modifiées pendant la transmission. L'idée est très simple : l'expéditeur calcule la somme de contrôle en exécutant un certain algorithme (déterminé avec le destinataire) sur les données qu'il veut envoyer. L'expéditeur envoie ensuite les données et la somme de contrôle. Le destinataire peut ensuite appliquer le même algorithme aux données, et vérifier qu'il obtient bien le même résultat que la somme de contrôle arrivée dans le paquet. Si c'est le cas, le paquet est accepté, sinon il est rejeté.

Un exemple très simple de somme de contrôle consiste à calculer le *ou exclusif* de tous les bits des données. Ce type de somme de contrôle est en fait assez faible. Il peut détecter une erreur d'un seul bit, mais il ne peut pas détecter une situation où, par exemple, deux bits auraient été modifiés. Il existe des techniques de sommes de contrôle plus sophistiquées, qui peuvent détecter une grande variété d'erreurs avec une très grande probabilité. Une technique bien connue et beaucoup utilisée est celle du contrôle de redondance cyclique (*cyclic redundancy checksum* ou CRC). Cette méthode permet non seulement de détecter beaucoup d'erreurs, mais en plus elle se prête bien à une implémentation matérielle, ce qui la rend très efficace.

Dans le reste de ce chapitre nous supposerons que chaque paquet contient un CRC, et que les destinataires le vérifient systématiquement. Nous ne la mentionnerons donc plus. ■

Exemple 11.2 Maintenant que nous avons déterminé que le destinataire peut vérifier que ce qu'il a reçu est identique à ce qui a été envoyé, nous allons un peu plus loin et ajoutons un objectif : l'expéditeur veut savoir si le paquet envoyé a bien été reçu par le destinataire.

Ce deuxième protocole repose sur la notion d'*accusé de réception*. Lorsque le destinataire reçoit un paquet et vérifie qu'il est correct, il renvoie un accusé de réception à l'expéditeur, disant « je l'ai bien reçu ». Maintenant l'expéditeur peut être sûr que le paquet qu'il a envoyé a bien été reçu. ■

Exemple 11.3 Rendons maintenant les choses un petit peu plus intéressantes en disant que A et B s'envoient tous les deux des paquets. Cette situation pose une nouvelle question importante : comment A va-t-il distinguer si un paquet reçu de B est un nouveau paquet envoyé par B ou si c'est un accusé de réception d'un paquet qu'il a envoyé à B précédemment ?

La solution à ce problème consiste à ajouter dans les paquets un *type*, disant si le paquet contient des données ou si le paquet contient un accusé de réception (fig. 11.1). Ces champs de type dans les paquets ont en fait beaucoup d'usages possibles et sont universels dans la communication des ordinateurs.

Figure 11.1 Un paquet contenant des données et un champ pour le type.

■

Exemple 11.4 Que va faire A s'il ne reçoit pas d'accusé de réception de B, mais s'il veut quand même être sûr que B a bien reçu son paquet ? Une possibilité est de *retransmettre* le paquet. A peut le faire plusieurs fois, jusqu'à ce qu'il reçoive un accusé de réception ou qu'il abandonne.

Cette stratégie apparemment innocente cause un problème subtil. Supposons que le paquet original envoyé à B par A soit en fait arrivé, mais que le paquet accusé de réception de B à A ne soit pas arrivé. Maintenant A retransmet, et le paquet retransmis arrive à B. Comment B sait-il que c'est un duplicata causé par une retransmission et non un paquet original ?

Pour gérer cette situation, un paquet envoyé par A à B contient un *numéro de séquence* (fig. 11.2). Si ce paquet est retransmis, le numéro de séquence va rester le même. Si B se souvient des numéros de séquence déjà reçus, il peut maintenant identifier les duplicatas. Il est important de noter que, quand B reçoit un duplicata, il doit quand même envoyer un accusé de réception ; si A a envoyé un duplicata, c'est probablement parce qu'il n'avait pas reçu le premier accusé de réception.

■

Figure 11.2 Un paquet composé d'un type, d'un numéro de séquence et des données.

Exemple 11.5 Maintenant, dans un cas plus général, A peut vouloir envoyer à B plus d'un seul paquet, et donc une séquence de paquets. Par exemple, si A veut envoyer un fichier à B, il va le diviser le fichier en morceaux de la taille des paquets, et envoyer ces morceaux un paquet à la fois. Pour traiter un cas comme celui-là, nous incrémentons simplement le numéro de séquence par un à chaque paquet successif envoyé par A. De la même façon, l'accusé de réception contient le numéro de séquence du paquet reçu.

Exemple 11.6 Nous allons compliquer une dernière fois notre exemple. Disons maintenant qu'il n'y a plus deux ordinateurs dans le réseau, mais beaucoup plus. Nous avons donc besoin d'un mécanisme pour indiquer à quelle machine un paquet est destiné, pour que le destinataire sache qu'il est le destinataire. Nous devons alors aussi ajouter une indication pour dire qui est l'expéditeur, pour que l'accusé de réception puisse lui être retourné.

Pour cela, tous les ordinateurs du réseau doivent avoir une *adresse* qui permet de les identifier de manière unique. Ainsi, il faut mettre dans chaque paquet l'adresse de la machine source et celle de la machine destinataire du paquet (fig. 11.3). Si un paquet de données est envoyé de A à B, alors A est la source et B est la destination. Lorsque B envoie l'accusé de réception, alors B devient la source du paquet accusé de réception et A devient la destination.

Figure 11.3 Un paquet composé des adresses de la source et de la destination, d'un type, d'un numéro de séquence et des données.

Ces exemples mettent en avant un des principes de base des réseaux informatiques. Un paquet est composé des données de ce paquet (parfois appelées la charge utile ou *payload*) et d'un en-tête donnant plus d'informations sur le paquet (fig. 11.4).

Figure 11.4 La structure d'un paquet : un en-tête suivi des données.

L'en-tête des paquets donné dans l'exemple 11.6 peut déjà sembler compliqué, mais en réalité les en-têtes de paquets sont bien plus compliqués que cela, et incluent des dizaines de champs différents, certains pouvant être optionnels. Cela rend le logiciel qui doit gérer le réseau très complexe. Pour réduire cette complexité, le traitement des paquets est fait de façon modulaire, en utilisant ce que l'on appelle des couches. Pour cette raison, le logiciel qui gère le réseau est souvent appelé *pile* du réseau. Nous étudierons ces couches et la modularisation plus tard, mais avant cela, nous allons étudier internet un petit peu plus en détails, parce qu'il a donné lieu à la pile TCP/IP, universellement utilisée comme protocole pour les réseaux.

11.4 Internet

Internet n'est en fait pas un seul réseau. Il consiste en de nombreux réseaux interconnectés. Par exemple, dans un bâtiment contenant des bureaux ou sur un campus, il peut y avoir un ou plusieurs réseaux locaux (LAN pour *Local Area Network*). Chaque étage peut avoir son propre réseau sans fil et son propre réseau câblé. Ces réseaux sont connectés les uns aux autres et avec les réseaux des autres bâtiments du même campus ; ils forment ce que l'on appelle généralement le réseau dorsal du campus (*backbone network*). Des réseaux similaires existent dans toutes les écoles ou les entreprises, et sont eux-mêmes connectés entre eux de différentes manières. Par exemple, les réseaux des bureaux de différents sites d'une compagnie peuvent être connectés par un réseau dorsal d'entreprise. De plus, ils peuvent être interconnectés par un réseau dorsal national ou international.

Les liens entre réseaux peuvent parfois tomber en panne, et, pour augmenter la fiabilité, des liens redondants sont souvent insérés entre différents points. Le résultat de tout cela est un réseau internet très compliqué, contenant de nombreux réseaux, de nombreuses interconnexions, et de nombreuses entités administratives contrôlant les réseaux et leurs interconnexions. Ce réseau internet n'est pas hiérarchique, même si certaines parties peuvent l'être ; en général l'interconnexion est bien plus compliquée.

Vous pouvez alors vous demander : si j'écris dans mon navigateur une requête pour acheter quelque chose sur Amazon, comment cette requête va-t-elle parcourir le chemin entre ma machine et Amazon ? Pour répondre à cette question, nous devons introduire deux nouveaux concepts : celui de réseau en mode différé et celui de *routeur* (parfois aussi appelés *switch* ou *gateway* en anglais).

Regardons la situation (très simplifiée) décrite dans la figure 11.5. La machine A est connectée à un réseau du campus de l'EPFL. La machine B, qui est celle avec laquelle la machine A veut communiquer, est connectée au réseau d'entreprise d'Amazon aux Etats-Unis. Entre ces deux réseaux, il y a le réseau national suisse et le réseau national américain. Pour les connecter, on utilise un ordinateur particulier dont c'est le seul rôle : un routeur. Il y en a trois dans la figure 11.5. Le routeur R1 connecte le réseau de l'EPFL au réseau national suisse, le routeur R2 connecte le réseau national suisse au réseau national américain, enfin, le routeur R3 connecte le réseau national américain au réseau d'Amazon.

L'utilisateur de la machine A veut maintenant envoyer sa requête à la machine B. Pour cela, il met dans sa requête l'adresse de la machine B. Le logiciel de gestion du réseau sur la machine A sait que, pour atteindre la machine B, il doit d'abord envoyer sa requête au routeur R1 (comment il le sait est un sujet que nous traiterons plus tard). Le routeur R1 reçoit la requête, et l'envoie, via le

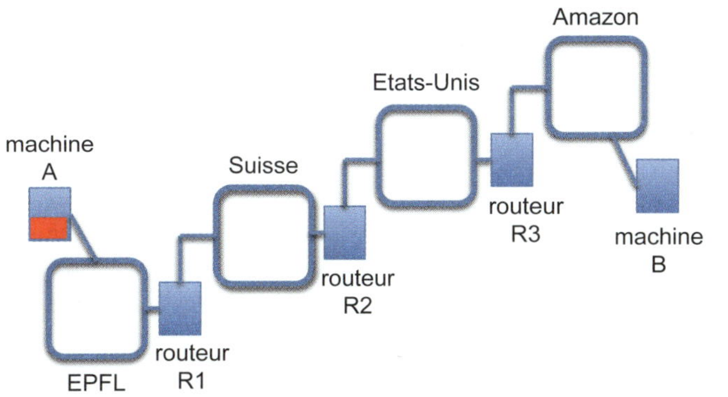

Figure 11.5 Une machine connectée au réseau de l'EPFL veut envoyer un paquet (le rectangle rouge) à une machine d'Amazon. Les machines R1, R2 et R3 sont des routeurs.

réseau suisse, au routeur R2 qui connecte le réseau suisse au réseau américain. Ce routeur R2 reçoit la requête et la transmet sur le réseau américain au routeur R3 qui connecte ce réseau à celui d'Amazon. Enfin, le routeur R3 reçoit cette requête, et la transmet à la machine destinataire B. Cet exemple illustre le principe de base d'un réseau en *mode différé*. Le terme anglais *store-and-forward*, qui signifie « stocker et transmettre » reflète bien les opérations effectuées. Après envoi par la machine source, une requête est stockée par des routeurs intermédiaires et retransmise sur des réseaux plus « proches » de sa destination. La situation sur internet est bien plus compliquée en pratique (il y a beaucoup plus de réseaux, de routeurs et de chemins d'une source à sa destination), mais le principe reste le même : les requêtes sont stockées puis transmises depuis leur source jusqu'à leur destination.

Nous avons déjà vu dans les exemples précédents que les protocoles entre des machines différentes d'un même réseau peuvent déjà être assez complexes. Il est donc évident qu'un protocole qui opère entre réseaux tels qu'illustrés sur la figure 11.5 est encore plus complexe. Nous allons aborder quelques-uns des problèmes basiques. Premièrement, la machine source doit connaître ou trouver un moyen d'apprendre quelle est la machine de destination. Un peu comme dans le réseau postal : il ne suffit pas de connaître le nom du destinataire, il faut aussi son adresse. Le même principe s'applique au réseau internet. Savoir que le nom du destinataire est amazon.com ne suffit pas ; il faut aussi une adresse pour ce destinataire. Deuxièmement, il peut y avoir différents chemins entre la source et la destination, et ces chemins peuvent changer lorsque des liaisons apparaissent ou disparaissent. La question est de savoir lequel choisir. Troisièmement, chacun de ces réseaux a son propre protocole pour communiquer localement. Par exemple, un réseau Wifi utilise un protocole différent d'un réseau Ethernet câblé. La source peut même ne pas savoir quel type de réseaux elle va rencontrer jusqu'au destinataire, et par conséquent ne pas connaître tous les protocoles. Elle devrait n'avoir à connaître que le protocole du réseau auquel elle est directement connectée.

En y réfléchissant un peu, on voit rapidement qu'écrire un « protocole pour internet » est une tâche presque impossible. Ce dont on a besoin en fait, et c'est une technique utilisée pour beaucoup de tâches compliquées, c'est de diviser la tâche en parties plus petites, chacune avec un but plus petit mais bien défini, telles que la composition de toutes ces parties fournisse une solution au problème de départ. On appelle cette approche une approche *modulaire*, et le principe de diviser une tâche complexe en plusieurs petites tâches plus faciles à traiter est appelé la *modularisation*. Cette approche est omniprésente en informatique, et n'est pas utilisée que dans les réseaux (voir aussi § 2.2.2). Par exemple, un calcul très compliqué peut être divisé en plusieurs sous-calculs qui seront ensuite réassemblés. Un autre exemple est le navigateur qui comporte différentes parties : la partie qui affiche une page sur l'écran, celle qui envoie des requêtes, celle qui reçoit les réponses, etc.

11.5 Modularisation et pile de protocoles

Le concept de la modularisation consiste à diviser la fonctionnalité requise en composants. Chaque composant a une fonction spécifique et n'est utilisé que pour cette fonction. Il fournit cette fonction via une API (*Application Programming Interface* ou interface de programmation), et peut être appelé par n'importe quel autre composant. L'objectif est de réduire la complexité : chaque composant ne fournit que sa propre fonctionnalité, et les autres composants sont construits en utilisant cette fonctionnalité, mais sans avoir à savoir comment elle est implémentée dans le composant.

Ce concept de modularité peut facilement être appliqué aux réseaux informatiques. Bien qu'il soit plutôt appelé *pile* de protocoles, l'idée est la même : diviser la tâche d'envoyer ou recevoir un paquet en tâches plus petites, qui sont plus faciles à comprendre et qui peuvent être modifiées indépendamment des autres tâches.

La division des protocoles de composants réseaux va même plus loin que la modularité logicielle habituelle. Tout d'abord, le logiciel du réseau est organisé en couches strictes : le composant de la couche N peut seulement appeler les fonctions de la couche N-1, et ne peut fournir sa fonction qu'à la couche N+1. Ensuite, dans la pile TCP/IP, une pile rendue populaire grâce à internet, un certain nombre de couches standards sont définies.

11.6 Couches dans TCP/IP

La pile du protocole TCP/IP est généralement définie avec cinq couches, appelées, de haut en bas, application, transport, réseau, liaison de données et couche physique (fig. 11.6).

5	Application	Divers
4	Transport	TCP
3	Réseau	IP
2	Liaison de données	Divers
1	Couche physique	Divers

Figure 11.6 Les couches de la pile TCP/IP.

La couche *application* spécifie comment les applications sur différentes machines communiquent entre elles. Comme il y a beaucoup d'applications, il y a aussi beaucoup de protocoles entre ces applications. Le protocole le plus connu est peut-être le protocole HTTP, le protocole qui gère les communications entre un navigateur internet et un serveur internet, mais il en existe beaucoup d'autres, par exemple pour communiquer entre une messagerie et le serveur mail, entre les clients BitTorrent, etc.

Nous sautons la couche 4 pour l'instant et examinons d'abord ce que fait la couche 3, le protocole de *réseau*. Le protocole de réseau dirige les communications entre différentes machines se trouvant n'importe où sur internet. Le protocole réseau le plus connu de cette couche est IP. Il définit les adresses des différentes machines (les adresses IP), et il contient le protocole de routage pour trouver un chemin entre deux adresses IP.

Il devient plus facile de comprendre le fonctionnement de la couche 4, le protocole de *transport*, une fois que l'on a compris ce que fait la couche 3. Sur une machine connectée à internet, il y a beaucoup d'activités en cours et en concurrence. Par exemple, vous pouvez utiliser un navigateur et votre messagerie en même temps sur votre téléphone portable. Un autre exemple est un serveur web qui gère en même temps un grand nombre de clients. Le protocole de réseau permet de diriger un paquet vers une machine. Le protocole de transport permet lui de diriger le paquet vers une activité spécifique de la machine. Le protocole de transport le plus connu est TCP (*Transmission Control Protocol*). En langage TCP, l'adresse d'une activité s'appelle un *port*.

Nous allons maintenant expliquer les couches 1 et 2 ensemble. La couche 2 est la couche de *liaison de données*, la couche 1 est la *couche physique*. Ces deux couches sont liées à la communication entre la machine et un réseau simple, par exemple un réseau Ethernet ou Wifi. Puisqu'il existe un grand nombre de types de réseaux, il existe aussi beaucoup de protocoles pour ces deux couches. La couche physique contrôle comment l'information est encodée sur le réseau en termes de signaux électriques. La couche de liaisons de données spécifie comment s'adresser aux machines, mais uniquement celles qui sont sur le même réseau (contrairement à la couche réseau qui peut s'adresser à des machines sur des réseaux différents).

11.7 Comment l'empilement de couches fonctionne-t-il ?

Le principe est simple : chaque couche effectue sa propre fonction et rien d'autre. Conceptuellement, la couche N sur une machine particulière communique avec la couche N d'une autre machine (fig. 11.7). Physiquement, la couche N sur une machine ne communique qu'avec les couches N−1 et N+1 sur la même machine, à l'exception de la couche 1 qui communique directement avec le réseau (fig. 11.8).

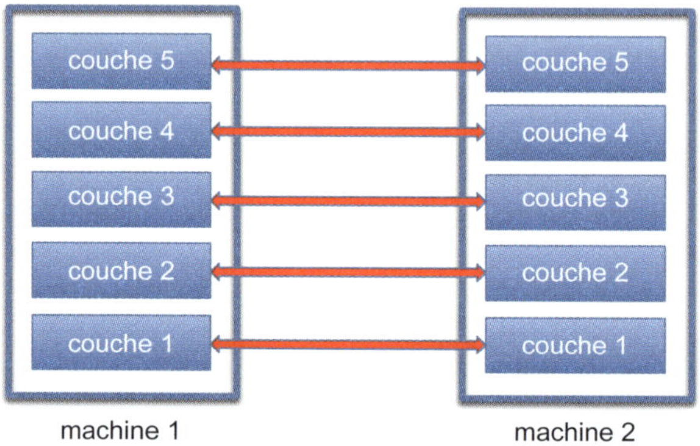

Figure 11.7 Communication conceptuelle dans un système en couches.

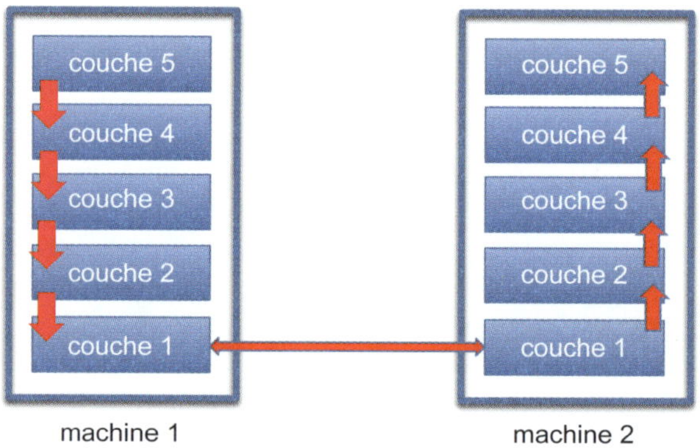

Figure 11.8 Communication physique dans un système en couches.

La situation avec les protocoles de réseaux en couches est en fait similaire à celle où vous parlez au téléphone avec un ami. Conceptuellement, bien sûr, vous parlez avec votre ami. En langage de protocole de réseau, vous parlez avec un *pair* sur la même couche d'une autre machine. Physiquement, vous parlez à votre téléphone. En langage de protocole de réseau, vous envoyez des données à la couche en dessous de vous sur la même machine. Dans l'autre direction, conceptuellement vous écoutez votre ami, mais physiquement vous écoutez votre téléphone. En langage de protocole de réseau, vous communiquez de façon conceptuelle avec votre pair, mais physiquement vous recevez des informations de la couche en dessous de vous. En considérant la couche en dessous, conceptuellement les deux téléphones communiquent ensemble, mais physiquement, ils vont utiliser sûrement plusieurs autres couches, incluant la communication avec l'antenne-relais de téléphonie mobile, la communication entre les antennes-relais, et finalement entre l'antenne-relais et le téléphone destinataire.

11.8 Encapsulation et décapsulation

Nous avons vu dans ce chapitre que chaque protocole a ses en-têtes, qui contiennent des champs tels que le type, le numéro de séquence, les adresses de la source et de la destination, et plus. La machine de l'expéditeur ajoute l'en-tête avant la transmission, et celle du destinataire l'enlève après la réception.

Le même principe s'applique aux protocoles en couches, mais il y a maintenant plusieurs en-têtes, un pour chaque couche, qui sont ajoutés aux données par la couche dans la machine de l'expéditeur et enlevés par la couche correspondante sur la machine du destinataire. La figure 11.9 explique les détails de ce procédé.

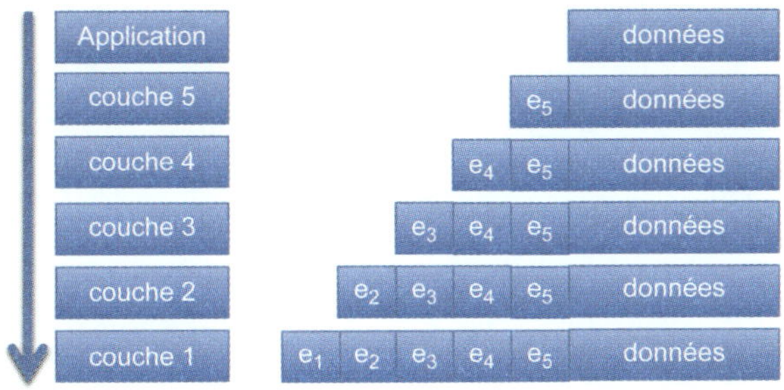

Figure 11.9 Le principe de l'encapsulation dans les transmissions : chaque couche ajoute son propre en-tête.

Nous allons commencer par la couche 5 de la machine expéditrice, disons le navigateur sur notre tablette. Il veut envoyer un paquet à un serveur web quelque part. Les navigateurs et les serveurs web communiquent à l'aide de la couche 5, le protocole HTTP, et le navigateur va donc ajouter un en-tête HTTP aux données qu'il veut envoyer. L'en-tête HTTP contient normalement au moins le code d'une requête (qui peut être GET ou PUT, selon si l'on veut lire ou écrire quelque chose) et une URL (*Universal Resource Locator*), qui indique ce que l'on veut lire ou écrire, mais elle peut aussi contenir de nombreuses autres informations. Le navigateur envoie ensuite ce paquet à la couche en dessous (où « paquet » signifie maintenant l'en-tête HTTP suivie par les données d'origine que le navigateur veut envoyer).

La couche suivante est TCP. La couche TCP considère l'ensemble du paquet reçu du navigateur comme des données. Il doit le transmettre à son homologue sur la machine de destination en utilisant un en-tête TCP, qu'il ajoute aux données. Cet en-tête inclut généralement un numéro de port source, qui indique l'adresse du navigateur, et un numéro de port de destination, l'adresse de l'activité correspondante sur le serveur web. Le paquet contient donc maintenant un en-tête TCP, suivit par un en-tête HTTP, suivit par les données d'origine du navigateur.

Nous continuons de la même façon jusqu'à la couche 1. La couche TCP donne le paquet à la couche IP. La couche IP ajoute l'en-tête IP, qui contient les adresses IP de la source et de la destination, et peut-être d'autres informations. La couche IP donne ensuite le paquet modifié à la couche 2. Disons que la couche 2 est un Ethernet, qui ajoute en conséquence un en-tête Ethernet, contenant ici encore les adresses Ethernet de la source et de la destination et peut-être d'autres informations. Lorsque le paquet arrive à la couche 1, il contient maintenant un en-tête Ethernet, suivit par un en-tête IP, un en-tête TCP, un en-tête HTTP et les données d'origine du navigateur. Finalement, la couche 1 transmet le paquet. L'ensemble de ce processus est appelé l'*encapsulation*, puisque chaque couche encapsule ce qu'elle reçoit de la couche supérieure et l'envoie ensuite à la couche suivante.

Lorsque le paquet arrive à la machine du destinataire, la même séquence d'événements se reproduit dans l'ordre inverse, dans un processus appelé *décapsulation* (fig. 11.10). La couche 1 reçoit le paquet envoyé par la machine expéditrice. Elle enlève l'en-tête de la couche 1, et transmet le paquet restant à la couche 2 de la même machine. La couche 2 inspecte l'en-tête Ethernet correspondant à sa couche, l'enlève du paquet, et envoie ce qui reste à la couche 3. Ce processus se répète à chaque couche, jusqu'à ce que les données d'origine envoyées par le navigateur arrivent au serveur web.

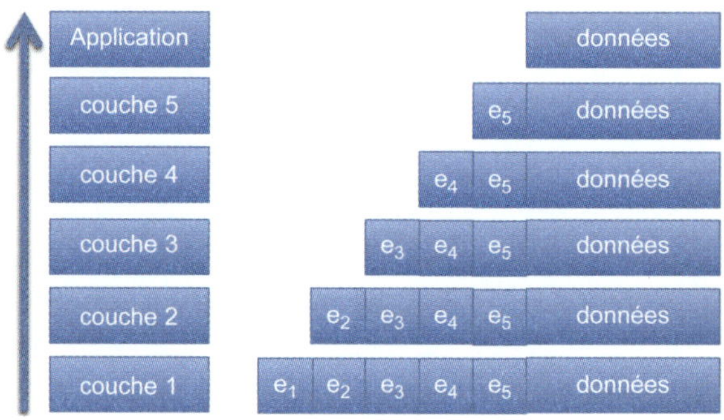

Figure 11.10 Le principe de décapsulation à la réception : chaque couche enlève son en-tête.

Bien entendu, les couches font bien plus que juste enlever les en-têtes. Par exemple, la couche TCP, qui est responsable sur internet de la fiabilité de la livraison, envoie en retour un accusé de réception à son homologue de la machine expéditrice. Cet accusé de réception est transmis comme le reste des données, il voyage jusqu'en bas de la pile, en étant encapsulé par les en-têtes des couches 2 et 3, et est transmis physiquement par la couche 1. Lorsqu'il arrive à l'expéditeur d'origine, il voyage à nouveau vers le haut de la pile, en étant décapsulé par les couches 1 à 3 jusqu'à ce qu'il atteigne la couche 4.

11.9 Pile de protocoles dans un réseau en mode différé

Revenons maintenant aux réseaux en mode différé. Nous avions dit que les routeurs sont des machines particulières. Leur seul rôle est de transmettre les paquets entre les différents réseaux. Il n'y a pas d'applications exécutées sur ces machines. Elles n'ont donc pas besoin de la couche d'application ni de la couche de transport. Par conséquent, il n'y a pas de raison de faire de l'encapsulation ni de la décapsulation au-delà de la couche 3 dans un routeur. La figure 11.11 décrit leur fonctionnement.

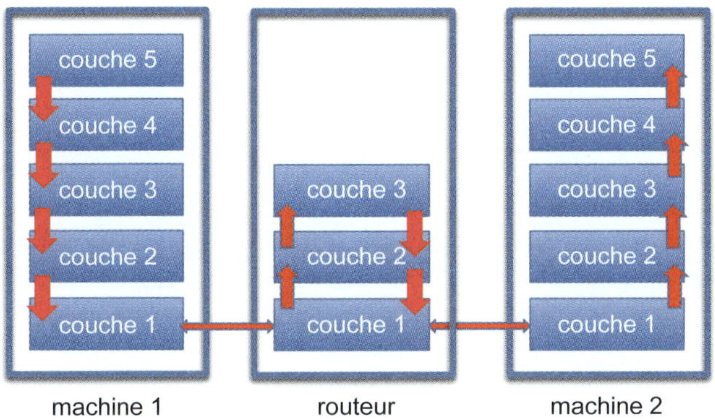

Figure 11.11 Un protocole en couches dans un réseau en mode différé.

Pour conclure cette discussion sur les piles de protocoles, revenons à notre exemple de la figure 11.5. Dans cet exemple, nous avions un client d'un navigateur sur une machine du réseau de l'EPFL en Suisse qui veut envoyer un paquet au serveur internet d'une machine du réseau Amazon aux Etats-Unis. Voyons ce qui arrive à ce paquet pendant son voyage sur internet, à travers différentes machines et différentes couches sur ces machines.

Nous allons commencer avec la machine de l'utilisateur. Ici, le scénario est exactement le même que celui que nous venons de décrire : les données sont encapsulées pendant leur descente de la couche 5 à la couche 1 d'où elles sont transmises. Nous voulons maintenant attirer votre attention sur un point important que nous n'avions pas évoqué. Les adresses IP qui se trouvent dans l'en-tête IP du paquet sont les adresses IP de la machine de l'utilisateur et de la machine du destinataire. Mais les adresses Ethernet de la couche 2 de l'en-tête Ethernet sont les adresses Ethernet de la machine source A et du routeur R1. C'est important de comprendre ce dernier point : *l'adresse de destination Ethernet est celle du routeur R1.* En effet, la couche Ethernet s'occupe seulement de la transmission du paquet sur un Ethernet local, dans ce cas le réseau de l'EPFL. Pour le réseau de l'EPFL, le paquet est juste transmis de A à R1, d'où la présence des adresses de A et de R1 dans l'en-tête Ethernet. La couche Ethernet ne s'intéresse pas au fait que le paquet est en route vers B, elle s'occupe seulement de la transmission locale à R1.

La paquet arrive ensuite à R1, qui est un routeur. Il n'y a aucune application exécutée sur R1, et le routeur ne participe qu'aux couches 1 à 3 du protocole. Le paquet est donc décapsulé par les couches 1 et 2, débarrassé des en-têtes de ces deux couches, et arrive à la couche 3, la couche IP. La couche IP regarde l'en-tête IP et voit que le paquet est en route vers la machine B, grâce à l'adresse IP de destination. R1 sait que les paquets qui voyagent vers B doivent être envoyés sur le réseau local suisse au routeur R2. Ainsi, le paquet arrive sur la couche 2 du routeur, qui ajoute l'en-tête de la couche 2 pour le réseau suisse. Si le réseau suisse est un Ethernet, alors ce sera un en-tête Ethernet, mais cela peut aussi être un autre type de réseau et dans ce cas l'en-tête de la couche 2 sera l'en-tête correspondant. Dans tous les cas, l'adresse de la source dans l'en-tête de la couche 2 est l'adresse de R1 et l'adresse du destinataire dans le même en-tête est celle de R2.

Cette séquence d'opérations se reproduit à l'identique sur R2, ce qui permet de transmettre le paquet à R3. Sur R3, le paquet est décapsulé par les couches 1 et 2, et envoyé à la couche 3. Le logiciel de la couche 3 sur R3 sait, en regardant l'adresse IP de la machine destinataire, que la destination du paquet est une machine connectée à son réseau. Le paquet parcourt les couches jusqu'à la couche 2, qui va insérer l'en-tête correspondant au réseau (par exemple Ethernet), avec comme adresse source R3 et comme adresse de destination B. La couche 1 transmet ensuite le paquet sur son réseau Ethernet.

Finalement, le paquet arrive à destination sur la machine B. Comme c'est une vraie machine, et non plus un routeur, sur laquelle des applications sont exécutées, le paquet va être decapsulé jusqu'à rejoindre la couche 5, qui est la couche d'application du serveur internet. C'est donc après avoir traversé de nombreuses machines et de nombreuses couches sur ces machines que les données arrivent enfin à destination.

11.10 Un exemple : le protocole IP

Nous allons conclure ce chapitre en examinant un peu plus en détails un protocole particulier des couches internet, le protocole IP de la couche de réseau. D'autres protocoles pour cette couche existent sur internet, mais IP est le plus utilisé et nous allons nous concentrer sur celui-là.

11.10.1 Adresses IP

L'objectif du protocole IP est d'être capable d'envoyer un paquet de n'importe quelle machine à n'importe quelle autre machine sur internet. Pour cela, il doit d'abord avoir des adresses de toutes les machines connectées à internet. A l'origine les adresses IP (appelées IPv4) faisaient 32 bits de long, car on pensait à tort qu'il n'y aurait jamais plus de 4 milliards de machines connectées à internet. Cette hypothèse, tout à fait plausible lorsque le protocole a été conçu, se révèle maintenant être erronée. Par conséquent, il y a aujourd'hui un passage progressif vers une nouvelle génération d'adresses IP (appelées IPv6), qui font 128 bits et qui devraient suffire pour un bon moment.

11.10.2 En-têtes IP

Il y a plusieurs champs dans un en-tête IP, certains sont obligatoires et d'autres optionnels. Pour notre discussion, nous avons simplement besoin de considérer deux champs : l'adresse IP de la source et celle de la destination. L'adresse du destinataire est la clé pour la suite de notre explication, lorsque nous expliquerons comment un paquet est acheminé sur internet pour atteindre sa destination.

11.10.3 Tables de routage IP

Le routage est un composant crucial des réseaux informatique. Il décrit la procédure par laquelle un chemin est choisi depuis la source jusqu'à la destination d'un paquet. L'objectif est d'envoyer le paquet par le chemin le plus court entre sa source et sa destination. De cette façon, on espère que le paquet arrivera le plus rapidement possible, et qu'il consommera le moins de ressources possibles dans le réseau. La longueur d'un chemin est mesuré en sauts : un saut correspond à la traversée d'un lien entre deux routeurs. D'autres métriques sont possibles, mais celle-là est la plus simple et la plus utilisée.

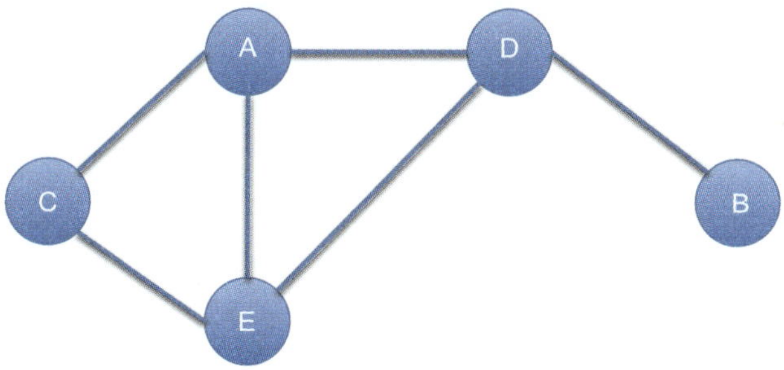

destination	premier saut	longueur
B	D	2
C	C	1
D	D	1
E	E	1

Table de routage du nœud A

destination	premier saut	longueur
A	A	1
B	B	1
C	A/E	2
E	E	1

Table de routage du nœud D

destination	premier saut	longueur
A	A	1
B	A/E	3
D	A/E	2
E	E	1

Table de routage du nœud C

Figure 11.12 Un réseau contenant six ordinateurs et leur table de routage.

Pour trouver le chemin le plus court jusqu'à une destination, chaque machine stocke une table appelée la *table de routage*. Une table de routage possède une entrée pour chaque destination possible. Cette entrée ne stocke pas l'ensemble du chemin jusqu'à la destination, mais elle a en mémoire la première étape du chemin le plus court, et, pour des raisons que nous expliquerons juste après, elle garde aussi la longueur de ce chemin (en sauts).

Considérons un exemple en figure 11.12. Chaque cercle de cette figure est une machine, soit une vraie machine, soit un routeur, et les lignes entre les cercles sont des liens du réseau. Pour chaque machine, la table de routage est indiquée. Comme nous venons de l'expliquer, cette table contient la machine qui est la première étape du chemin le plus court pour chaque destination, et la longueur de ce chemin le plus court.

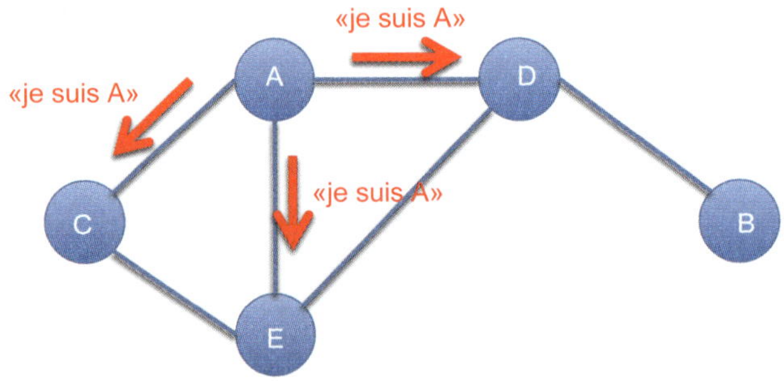

Etape 1: A apparaît et annonce sa présence sur tous les liens

destination	premier saut	longueur
A	A	1

Etape 2: Entrée pour A dans la table de routage de C, D et E

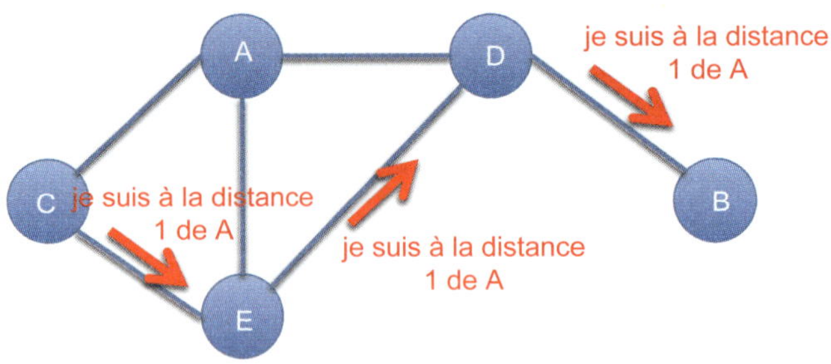

Etape 3: C, D et E annoncent qu'elles sont à distance 1 de A

destination	premier saut	longueur
A	D	2

Etape 4: Entrée pour A dans la table de routage de B

Figure 11.13 Les différentes étapes de la construction des tables de routage.

Il reste un dernier point à éclaircir : comment les tables de routage sont-elles construites ? Pour créer ces tables, on utilise un protocole par « ouï-dire », qui fonctionne de la façon suivante. Lorsqu'une machine, disons la machine A, apparaît, elle envoie sur tous ses liens un message disant « je suis A » (étape 1, fig. 11.13). Les destinataires savent alors qu'ils sont directement connectés à A, par un chemin de longueur 1, celui par lequel ils ont reçu le message de A. Ils introduisent donc cette information dans leur table de routage (étape 2). Ils envoient à leur tour un message sur tous leurs liens disant « je suis à distance 1 de A » (étape 3). Lorsqu'une machine M reçoit ce message, elle sait qu'il existe un chemin de longueur 2 jusqu'à A, passant par le lien par lequel elle a reçu ce message. Il y a maintenant deux possibilités : soit M connaît déjà un chemin plus court, et dans ce cas elle ignore ce message (p. ex. M = D), soit elle n'en connaît pas, et dans ce cas elle vient de découvrir un chemin pour aller vers A et l'ajoute dans sa table de routage (étape 4, M = B).

11.11 Conclusion

Dans ce chapitre, nous avons introduit les concepts basiques des réseaux informatiques, un des domaines des technologies de l'information se développant le plus rapidement. Nous avons commencé avec une notion abstraite de protocole, puis nous avons décrit des exemples de protocoles, et enfin nous avons étudié le protocole utilisé sur internet. Nous avons constaté que certains protocoles sont très compliqués, et qu'ils ont donc besoin d'une manière structurée de décomposer cette complexité. Cette décomposition est appelée pile (de couches de protocole). Nous avons décrit comment cette pile est utilisée dans les protocoles internet TCP/IP. Nous avons enfin conclu avec un descriptif détaillé du protocole IP, en particulier de son protocole de routage.

11.12 Exercices

11.12.1 *Bande passante et latence*
La bande passante d'un réseau est le nombre de bits qui peuvent être envoyés, exprimé habituellement en mégabits (10^6 bits) par seconde (Mbps) ou gigabits (10^9 bits) par seconde (Gbps). La latence d'un réseau est le temps nécessaire à un bit pour aller d'une machine à une autre. Avec ces définitions, répondre aux questions suivantes.

Les machines A et B sont connectées par un réseau Ethernet à 1Gbps. Elles sont dans la même pièce, et donc la latence est très faible, disons 1 microseconde (10^{-6} seconde). La machine A envoie un paquet de 1000 octets à la machine B. La machine A commence à transmettre à l'instant 0.

1) A quel instant le premier bit du paquet arrive-t-il à B ?

2) A quel instant le dernier bit du paquet arrive-t-il à B ?

11.12.2 *Bande passante et latence*
Considérons le même problème, avec cette fois un réseau satellitaire entre les machines A et B. La bande passante est de 1 Mbps et la latence de 540 millisecondes (le temps nécessaire à un signal pour aller de la terre jusqu'à un satellite géostationnaire et retour).

1) A quel instant le premier bit du paquet arrive-t-il à B ?

2) A quel instant le dernier bit du paquet arrive-t-il à B ?

11.12.3 *Ajout d'un accusé de réception*
Nous étendons maintenant la situation des deux exercices précédents au protocole de transmission fiable décrit dans l'exemple 11.2. Rappelons que le protocole consiste à envoyer un paquet de données de A à B, suivi de l'envoi d'un accusé de réception de B à A.

Un accusé de réception est typiquement court, disons 10 octets (y compris l'en-tête). La taille du paquet de données est toujours de 1000 octets (y compris l'en-tête).

1) A quel instant le dernier bit de l'accusé de réception arrive-t-il à la machine A, en considérant la situation de l'exercice 11.12.1 ?

2) A quel instant le dernier bit de l'accusé de réception arrive-t-il à la machine A, en considérant la situation de l'exercice 11.12.2 ?

11.12.4 *Ajout d'un accusé de réception*
Regardons maintenant plus en détails la situation de l'exercice 11.12.3, plus particulièrement dans le cas du réseau satellitaire. Rappelons que la machine A ne transmet le paquet suivant qu'après avoir reçu l'accusé de réception du paquet courant. Voyez-vous un problème ? Si oui, lequel ? Comment peut-il être résolu avec une légère modification du protocole ?

11.12.5 *En-tête de paquets*
Quatre machines A, B, C et D ont connectées de la façon suivante : la machine A est connectée à la machine B par un réseau Ethernet E_1, la machine B est connectée à la machine C par un réseau Ethernet E_2, et la machine C est connectée à la machine D par un réseau Ethernet E_3. L'adresse IP d'une machine M est notée IP-M. L'adresse d'une machine M sur le réseau $E_i, i \in \{1, 2, 3\}$, est dénotée par E_i-M.

La machine A veut envoyer un paquet IP à D, en passant par les réseaux E_1, E_2 et E_3. Décrire les en-têtes des paquets lorsque les paquets traversent les réseaux E_1, E_2 et E_3.

11.12.6 *Tables de routage*
Considérons le réseau ci-dessous. Quel est le contenu des tables de routage des routeurs C à I pour les chemins vers A et K ?

11.12.7 *Tables de routage*
Considérons de nouveau le réseau de l'exercice 11.12.6, et supposons que le lien entre E et G est en panne et en conséquence retiré du réseau.

1) Quelles sont les entrées pour A et K dans les tables des routeurs qui doivent être modifiées pour refléter cette nouvelle situation ? Quel est le nouveau contenu ?
2) Décrire la séquence d'événements permettant aux routeurs de découvrir cette nouvelle information.

11.12.8 *Tables de routage*
Cinq machines A à E sont reliées par différents réseaux, et leurs tables de routage sont les suivantes :

Table routage de la machine A

Destination	Route	Longueur
B	B	1
C	B	2
D	D	1
E	D	2

Table de routage de la machine B

Destination	Route	Longueur
A	A	1
C	C	1
D	D	1
E	E	1

Table de routage de la machine C

Destination	Route	Longueur
A	B	2
B	B	1
D	E	2
E	E	1

Table de routage de la machine D

Destination	Route	Longueur
A	A	1
B	B	1
C	B	2
E	E	1

Table de routage de la machine E

Destination	Route	Longueur
A	D	2
B	B	1
C	C	1
D	D	1

Dessiner la topologie du réseau qui correspond à ces tables de routage.

Chapitre 12

Sécurité

12.1 Introduction

12.1.1 Motivation

Les technologies numériques sont devenues une partie intégrante du tissu infrastructurel sans lequel les économies modernes ne peuvent fonctionner. Selon l'adage anglophone « Money makes the world go round » la conduite des affaires en ligne (sur internet) implique que de plus en plus d'argent est échangé en ligne. Le pouvoir étant souvent lié à l'argent, le monde numérique représente de plus en plus un instrument d'argent et de pouvoir.

Il en résulte que la criminalité et les manœuvres politiques ont envahi le monde numérique parce que depuis la nuit des temps ces fléaux ont toujours été là où se trouvent argent et pouvoir. Il est donc tout aussi important de sécuriser le monde numérique qu'il est nécessaire de sécuriser le monde physique, ce qui explique ce chapitre sur la sécurité.

12.1.2 Principes de base

Dans ce domaine il est important de constamment garder certains principes à l'esprit.

Un *premier principe* est que la sécurité totale n'existe pas plus dans le monde numérique que dans le monde physique. Dans les deux cas la sécurité est le résultat d'une course aux armements entre attaquants et défenseurs, où les défenseurs tentent en permanence de développer des moyens de contrecarrer les attaques, alors que les attaquants tentent en permanence de développer des armes susceptibles de déjouer les défenses.

Un *second principe* (concernant la sécurité informatique aussi bien que la sécurité physique) résulte du premier : le degré de sécurité d'un système informatique est le résultat d'un compromis de gestion des risques entre les moyens et les mobiles des attaquants et les moyens et les enjeux des défenseurs.

Un *troisième principe* (concernant toujours la sécurité informatique aussi bien que la sécurité physique) est que les attaquants s'en prennent toujours au maillon le plus faible dans une ligne de défense. L'objectif de la sécurité informatique est donc simplement de ne pas être le maillon le plus faible dans la ligne de défense de l'information en général. Si la sécurité informatique (ou physique) n'est pas ce maillon, quel est-il ? Dans une ligne de défense bien conçue le maillon le plus faible ne devrait être ni les bâtiments ni les machines, mais nous-mêmes, les acteurs utilisateurs et opérateurs (du monde numérique ou physique) susceptibles d'erreurs ou de corruption.

En conséquence l'éducation des utilisateurs de l'informatique en matière de sécurité est essentielle, et cela explique encore une fois ce chapitre sur la sécurité.

12.2 Menaces

Avant de parler de sécurité informatique, il est essentiel de comprendre comment l'informatique est menacée, quelles sont les sources de ces menaces, quelle est leur nature, et quels risques elles présentent en pratique.

12.2.1 Sources des menaces

Une première source de menaces informatiques est l'environnement. Les *menaces environnementales* comprennent les catastrophes naturelles ou collectives telles que tremblements de terre, ouragans, inondations, incendies, troubles politiques, etc. De tels événements sont rares mais peuvent causer d'énormes dégâts quand ils se produisent et sont souvent exploités par des pirates pour déclencher des attaques colatérales d'autant plus criminelles.

Une seconde source de menaces est constituée par des individus. Elles peuvent être divisées entre menaces provenant d'individus internes ou externes à l'organisation attaquée.

Les *menaces internes* peuvent à leur tour être divisées entre simples erreurs (de programmation, d'opération, d'utilisation, etc.) et abus (par des employés malhonnêtes, mécontents, traîtres, corrompus, etc.)

Les *menaces externes* consistent essentiellement en de la *manipulation sociale*. La manipulation sociale est ce que nous éprouvons quotidiennement (et espérons détecter et déjouer) quand des tiers tentent d'éveiller notre envie ou de profiter de notre naïveté pour nous convaincre de faire quelque chose qui leur permet d'abuser de nous. De telles menaces peuvent trouver leur origine *en dehors* de systèmes informatiques, par exemple quand nous sommes abordés par un inconnu dans la rue ou sur le pas de notre porte, ou *au sein* de systèmes informatiques (p. ex. quand nous sommes abordés par un inconnu via un réseau social en ligne). Ces dernières menaces incluent le *spam*, le *spim* (par messagerie instantanée), le *spit* (par téléphone ou SMS), ainsi que les tentatives d'infiltration et de vol de nos comptes privés telles que *phishing* (par e-mail) ou *pharming* (via la toile).

Enfin on trouve les menaces de nature technique, qui sont bien sûr aussi le fait d'individus, mais font appel à beaucoup plus de savoir-faire technique que la manipulation sociale, le spam ou le phishing. Ces menaces incluent le piratage, qui vise souvent à exploiter des vulnérabilités – c'est-à-dire des failles dans la sécurité des systèmes informatiques – et les maliciels – c'est-à-dire les logiciels maléfiques. Un cas de maliciel particulièrement vicieux est celui où l'infection par le maliciel provient d'une des sources-mêmes auxquelles les victimes s'approvisionnent en « bons » logiciels, sans que le fournisseur de ces bons logiciels soit conscient du fait que ses propres systèmes sont infectés.

12.2.2 Nature des menaces

Les menaces énumérées ci-dessus peuvent affecter les systèmes informatiques de diverses façons, dont les cinq principales sont brièvement évoquées ci-dessous.

La *première menace* dont tout le monde a bien conscience est le *vol d'information*, par exemple sous la forme d'espionnage politique ou industriel.

La *seconde menace* dont moins de gens sont conscients est l'*altération illégale* d'information. La falsification d'un chèque ou d'un autre document est un exemple de ce genre d'abus dans le monde physique. La falsification ou l'altération illégale d'un paiement électronique serait l'équivalent dans le monde numérique.

La *troisième menace* possible est la forme d'altération radicale représentée par la *destruction* totale d'une information la rendant effectivement inutilisable. Une telle destruction peut consister simplement en un effacement de l'information mais peut aussi bien être la conséquence de la destruction physique de l'ordinateur qui renfermait cette information.

Quand quelqu'un commet un crime son premier souci est généralement d'en effacer toute trace qui permettrait de remonter jusqu'à lui et de l'inculper. Ceci représente la *quatrième menace* contre laquelle on doit se prémunir : la *répudiation*, c'est-à-dire la faculté pour un criminel de camoufler et de dénier les actes dont il est coupable.

Malheureusement une façon dont les cybercriminels dissimulent fréquemment leurs actes est en volant l'identité d'un tiers pour se faire passer pour ce dernier et commettre leurs crimes sous son identité. Ceci est la *cinquième menace* contre laquelle il y a lieu de se prémunir : le vol ou *usurpation d'identité*.

Pour être complet il faudrait évoquer ici encore d'autres menaces plus compliquées à comprendre, mais elles sortiraient du cadre de cette introduction à la sécurité.

12.2.3 Risques résultant des menaces

Savoir d'où proviennent les menaces et quelle est leur nature est certes nécessaire, mais quelle est la réalité de ces menaces en pratique ? Combien coûtent-elles à la société ?

Les menaces sont en fait bien réelles et peuvent avoir des conséquences dramatiques. Le risque financier qu'elles représentent peut être mesuré par le produit de leur probabilité ou leur fréquence par le coût moyen d'un incident individuel. Certaines menaces, par exemple une infection malicielle, engendrent des pertes modérées dans un cas individuel, mais elles sont tellement courantes que leur coût total pour la société ne peut être ignoré. Par contre d'autres menaces, par exemple une catastrophe naturelle, sont plutôt rares mais leur coût individuel peut être considérable. Entre ces extrêmes on trouve une série de menaces telles qu'espionnage, cybercrime, cyber terrorisme, etc. dont le coût et la fréquence sont moyens mais dont le produit du coût individuel et de la fréquence est tel que s'en prémunir est une nécessité.

Les chiffres suivants illustrent la réalité de la fréquence et du coût individuel ou total de quelques menaces typiques :

- Le coût annuel du cybercrime contre la société en général est estimé aux environs de \$1T (T = Tera, c.-à-d. un million de millions).

- Fin 2013 il a été enregistré et répertorié pour l'ensemble de tous les logiciels existants plus de 80 000 vulnérabilités, c'est-à-dire failles de sécurité par lesquelles des pirates peuvent attaquer des systèmes informatiques.
- En même temps le nombre de maliciels différents existants est estimé entre 50 000 et 100 000, soit bien plus que le nombre de logiciels « bienveillants ».
- Déjà en 2010 on comptait plus d'un demi-million de sites et plus de 500 millions de pages infectées sur la toile, et la situation n'a pu qu'empirer depuis.
- Le spam représente environ 50% du volume de messages échangés tous les jours.
- Quelques 15 millions parmi le milliard de comptes Facebook sont détenus par des criminels (bien entendu sous de fausses identités) qui attendent la visite de victimes innocentes pour les infecter de leurs maliciels ou leurs extorquer de l'argent.
- Aussi incroyable que cela paraisse, quelque 25 000 téléphones mobiles sont perdus ou volés chaque semaine à Londres uniquement, sans parler de ce que doit être ce chiffre au niveau mondial ?
- Et quelque 12 000 ordinateurs portables sont oubliés chaque semaine aux contrôles de sécurité dans les aéroports américains. Le prix de ce matériel oublié est infime comparé au coût moyen de récupération des données perdues, qui peut facilement monter à $50 000 pour un seul ordinateur.

Quoique ces chiffres soient impressionnants, ils reflètent néanmoins le second principe évoqué au début du chapitre, selon lequel ils représentent un équilibre apparemment acceptable pour l'économie mondiale entre les risques de la conduite des affaires par voie électronique et le prix que la société devrait payer si elle voulait éviter le coût de ces risques.

12.2.4 Défenses contre les menaces

Les sources, la nature et les coûts des menaces étant clairs, de quels mécanismes de défense a-t-on besoin pour s'en prémunir ?

Pour rappel, on a identifié cinq menaces principales : le vol, l'altération illicite d'informations, leur destruction, la répudiation et l'usurpation d'identité.

Une première ligne de défense relève des mécanismes d'*authentification* qui permettent aux systèmes informatiques de s'assurer de l'identité des utilisateurs qui pilotent les applications à partir de postes de travail distants ou d'appareils mobiles. Cette ligne de défense vise à éviter l'usurpation d'identité et sera traitée dans la section 12.3.

Une deuxième ligne de défense, discutée au paragraphe 12.4.1, est constituée par les mécanismes de *disponibilité* dont le but est de préserver l'information contre les risques de perte ou de destruction.

Une troisième ligne de défense indispensable est constituée des mécanismes de *confidentialité* pour contrer les tentatives de vol d'informations (§ 12.4.2).

Une quatrième ligne de défense est constituée des mécanismes d'*intégrité*, propres à garantir que l'information ne peut pas être altérée par des acteurs non autorisés (§ 12.4.3).

Finalement, une cinquième ligne de défense est basée sur les mécanismes de *responsabilité* qui permettent de suivre tous les utilisateurs à la trace le long de leurs parcours informatiques pour enregistrer qui s'est livré à quelle action sur quelle information, de façon à pouvoir incriminer le(s) coupable(s) en cas d'abus (§ 12.4.4).

12.2.5 Menaces et besoin de protection de la sphère privée

Parmi toutes les informations stockées et traitées dans les systèmes informatiques, il est un genre particulier dont le vol est particulièrement pervers et nuisible : les informations de nature personnelle (IP), telles que noms, prénoms, lieux et dates de naissance, nationalités, confessions, professions, dossiers médicaux, informations bancaires et financières, affiliations, etc. Plus que tout autre, ce type d'informations doit être protégé contre les menaces de vol et rester confidentiel. En effet le vol de telles informations permet au voleur d'usurper l'identité de sa victime, de détruire sa réputation, de lui faire du chantage, etc.

Dans la mesure où une menace de vol de telles informations peut déboucher sur une menace d'usurpation d'identité, il est important de souligner ici, avant de discuter des mécanismes d'authentification, quelles informations constituent l'identité d'un individu et en quoi celle-ci peut être menacée par un vol d'IP.

L'identité d'un individu n'est rien d'autre que l'ensemble des informations personnelles le concernant. Comme représenté par la figure 12.1 l'identité d'un individu comporte une série de facettes qui le caractérisent en tant que :

- Citoyen d'un ou plusieurs pays.
- Résident d'au moins un pays.
- Employé (propriétaire ou membre) d'une ou plusieurs organisation(s).
- Consommateur de divers biens et services.
- Auteur de ses actions.
- Et malheureusement parfois patient d'un médecin ou client d'un avocat.

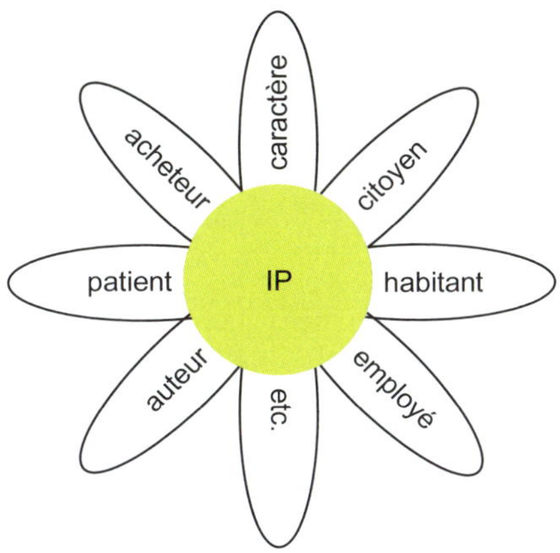

Figure 12.1 Les multiples facettes de l'identité d'un individu.

Bien que chacune de ces facettes soit évidemment connue de certains tiers, tel qu'un banquier, un médecin ou un avocat, l'individu perdrait le contrôle de son identité si toutes ses facettes étaient connues du grand public. Par exemple un employeur pourrait vouloir congédier un employé s'il apprenait que ce dernier était affecté d'une pathologie lourde ou considérée comme « honteuse ».

Le concept de protection de la sphère privée consiste précisément à assurer la confidentialité des facettes de l'identité des individus. Il ne s'agit pas de cacher les facettes qui doivent être considérées comme coupables ou immorales, par exemple un casier judiciaire, mais bien de cacher celles qui sont simplement sensibles et dont la révélation publique ruinerait ou au moins embarrasserait la vie de la personne concernée. Exposer publiquement le comportement illégal, immoral, ou autrement répréhensible d'un individu coupable tout en ménageant une protection légitime de la sphère privée de chacun, honnête ou coupable, demande évidemment de définir un filtre extrêmement fin entre facettes privées et facettes publiques. Ce filtre demande à chaque société ou culture de définir une délicate frontière entre confidentialité et responsabilité.

Plus généralement l'enjeu de la sphère privée d'un individu est toute sa réputation, dont l'établissement au cours du temps demande des efforts soutenus de comportement éthique, mais qui peut être détruite en un instant si l'une ou l'autre facette privée – même non répréhensible – se trouveait exposée sur la place publique.

La confidentialité de l'IP est protégée par des *obligations* imposées à quiconque reçoit cette IP. Par exemple le secret bancaire, le secret médical, le secret professionnel d'un avocat, etc. sont des exemples d'obligations dans le monde physique tel que nous le connaissons. Le problème est que beaucoup de métiers (banque, médecine, avocats, etc.) sont réglementés par de tels secrets professionnels, mais d'autres ne le sont pas, notamment les professions informatiques.

Beaucoup de gens, particulièrement les jeunes, sont passablement négligents dans leur façon de publier ou de confier leur IP à des systèmes informatiques, jusqu'au jour où ils réalisent qu'ils ont perdu leur sphère privée et le contrôle de leur identité. A ce stade, il est hélas trop tard pour faire marche arrière : on ne peut pas reprendre une information que l'on a révélée par inadvertance.

La sphère privée des individus est massivement menacée sur internet parce qu'aujourd'hui de plus en plus d'IP sont

- confiées consciemment ou non à des tas de services informatiques qui s'en régalent ;
- stockées et recopiées en abondance, y compris sous forme de copies d'archives qui ne sont jamais effacées ;
- échangées avec des tiers sans autorisation ni obligation ;
- récupérées sur divers serveurs sans rapport évident entre eux puis corrélées entre elles pour reconstituer les profils des individus concernés, et
- éventuellement republiées en des lieux et sous des formes non souhaitées par les individus concernés.

Ces pratiques sont le fait d'organisations peu scrupuleuses dont le modèle d'entreprise consiste à vendre la sphère privée des gens alors qu'en l'*absence de toute obligation légale* elles promettent de la protéger selon des règles que personne ne lit jamais tant elles sont alambiquées et confuses au point d'être incompréhensibles et inapplicables en pratique. Pour commencer beaucoup de ces entreprises ont bonne conscience parce qu'elles offrent à leurs « victimes » une possibilité – souvent bien discrète – de refuser la récolte, le stockage, et l'utilisation de leur IP, ce que l'on appelle un choix « *opt-out* » en anglais. Pour avoir vraiment bonne conscience, ces entreprises devraient en fait par défaut ne collecter, ni stocker, ni utiliser aucune IP, mais offrir à leurs « clients » la possibilité explicite de fournir et d'autoriser l'usage de leur IP à des fins bien précises et limitées, ce que l'on appelle en anglais un choix « *opt-in* ».

Tout le monde devrait donc faire très attention à son comportement dans le cyberespace, et plus particulièrement se méfier de tout ce qui a l'air trop bon pour être honnête. Les serveurs et services gratuits le sont généralement parce qu'ils gagnent de l'argent en revendant la sphère privée de leurs clients, lesquels risquent de le payer pour le reste de leur vie. Les humains ne savent pas encore ce que pourrait impliquer la vie dans un monde qui n'oublie plus jamais rien à leur sujet.

De tels cyberservices sont à éviter, à moins qu'ils soient tenus à des obligations inscrites dans la loi du monde réel (banques, services médicaux, légaux, etc.). En l'absence de telles garanties, on peut toujours essayer d'utiliser de tels services au travers de ce qu'on appelle des proxys d'anonymisation, qui empêchent toute trace d'IP de parvenir aux serveurs qui voudraient les récolter. Ceci dit certains services – par exemple la vente en ligne – sont dans l'incapacité de fonctionner correctement si on ne leur fournit pas un minimum d'IP, tel qu'une adresse de livraison et un numéro de carte de crédit.

12.3 Mécanismes d'identification et d'authentification – Défense contre l'usurpation d'identité

La section précédente a identifié cinq lignes de défense : confidentialité, intégrité, disponibilité, responsabilité et authentification. Nous explorons maintenant, dans cette section et la suivante, les moyens techniques dont on dispose pour implémenter ces lignes de défense.

La première ligne de défense à laquelle un utilisateur est confronté quand il aborde le monde informatique est l'authentification, discutée dans le paragraphe 12.3.2. Comment un ordinateur peut-il authentifier un utilisateur dont il est séparé par un réseau pour pouvoir s'assurer de son identité ? Répondre à cette question soulève une question préalable : comment identifier, c'est-à-dire appeler, nommer, faire référence à un utilisateur dans l'univers numérique ?

12.3.1 Identification

L'identification va être traitée à travers quatre questions :

- Qu'est-ce qu'une identité en général (et une identité électronique en particulier) ?
- Combien d'identifités électroniques (en anglais *userids*) devrait avoir un utilisateur ?
- Qui devrait choisir ces identités ?
- Qui devrait certifier ou valider les identités ?

Qu'est-ce qu'une identité ?

Comme suggéré ci-dessus au paragraphe 12.2.5, l'identité d'une personne (ou d'un objet) consiste en une multitude d'attributs de cette personne (ou de cet objet).

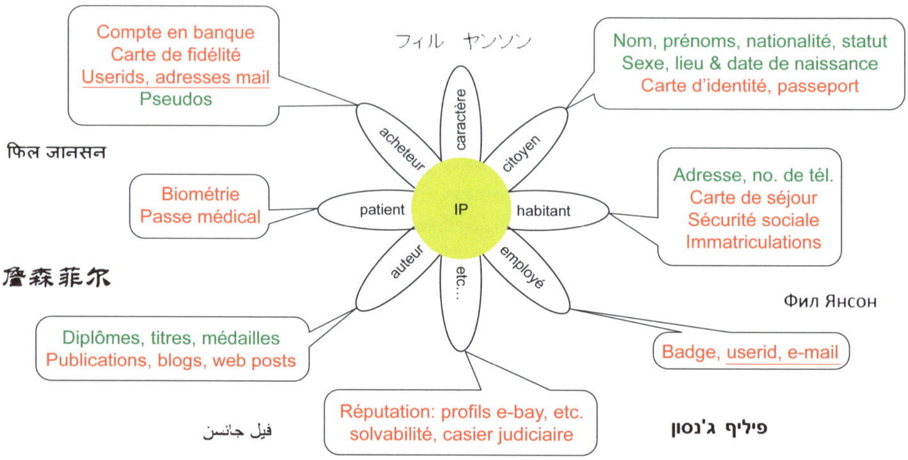

Figure 12.2 Les multiples facettes de l'identité d'un individu.

La figure 12.2 complète la figure 12.1 pour mettre en évidence que l'identité d'un individu comprend des attributs uniques (en rouge) et d'autres communs à plusieurs personnes (en vert), mais qui en combinaison avec d'autres attributs peuvent identifier un individu de façon unique. Une telle identité inclut des attributs que l'individu ne contrôle pas lui-même et dont il n'a peut-être même pas connaissance. Le texte de cette figure en kana, cyrillique, hébreu, arabe, sinogrammes, ou sanscrit représente le nom d'un individu occidental dans autant de langues qu'il est incapable de lire, encore moins de comprendre, et certainement pas de contrôler, ce qui n'empêche pas qu'ils fassent partie de son identité, qu'il le veuille ou non, car introduire ces caractères dans un moteur de recherche dans la langue concernée livrerait immanquablement des informations sur l'individu concerné.

Il faut donc être aveugle ou borné pour réduire l'identité électronique d'un individu à un – ou même plusieurs – identificateur(s) électronique(s) (*userid(s)*) alors que tant d'attributs identitaires sont stockés sur tout le monde dans tant de systèmes informatiques modernes. L'identité électronique a certes trouvé son origine dans les *userids*, mais il est regrettable que cette vue myope persiste aujourd'hui car la réalité est bien différente et menace sérieusement la sphère privée de tout le monde.

Combien d'identités ?

Même si l'on accepte que les identités électroniques soient limitées à des *userids*, combien d'*userids* un individu pourrait-il ou devrait-il avoir ?

D'une part il semble qu'avoir un seul *userid* qui donnerait accès à tous les systèmes informatiques du monde serait bien pratique. Malheureusement une telle centralisation est extrêmement dangereuse du point de vue de la sécurité et de la sphère privée, puisque tous les attributs stockés électroniquement sur un individu seraient automatiquement liés à un seul et même *userid*.

A l'autre bout du spectre on peut imaginer qu'un individu est connu sous une vaste multitude d'*userids* différents et sans relation commune, un sur chacun des systèmes informatiques qu'il utilise, comme c'est pratiquement le cas aujourd'hui. Ceci offre assurément une meilleure sécurité et un plus grand contrôle de la sphère privée mais cela mène au cauchemar du tsunami d'*userids* auquel tout le monde est aujourd'hui confronté.

En fin de compte, le nombre d'*userids* d'un individu est une question de choix personnel qui consiste à trouver un équilibre satisfaisant entre facilité et sécurité. Un seul *userid* est assurément à proscrire alors que quelques dizaines d'*userids* sont une assurance de complexité et de confusion. En pratique des comptes sur des serveurs à faible risque peuvent être regroupés sous un même *userid* alors que des comptes sur des serveurs critiques méritent qu'on leur voue des *userids* propres, différents les uns des autres.

Qui choisit les identités ?

La troisième sous-question concernant l'identité électronique est de savoir qui devrait choisir les *userids* ? Aux débuts de l'informatique – et encore souvent aujourd'hui dans les systèmes qui persistent dans cette vue historique bornée – les *userids* étaient imposés aux utilisateurs par les administrateurs informatiques. Quand on considère tous les autres attributs d'un individu, au-delà du monde numérique, on s'aperçoit que beaucoup de ces attributs sont choisis par l'individu lui-même (ou ses parents), par exemple noms, surnoms, pseudonymes, etc., et que de toute façon chaque individu bâtit sa propre réputation, même dans le monde numérique – solvabilité, réputation sur e-bay, commentaires sur Amazon, recommandations sur TripAdvisor, « like's » sur Facebook, LinkedIn, etc. De plus en plus de ces sites permettent donc de la même façon aux utilisateurs de choisir leurs propres *userids*. Le problème dans ce cas est de s'assurer que chaque utilisateur choisit un *userid* unique. Une conséquence ambivalente d'un libre choix de *userid* est que n'importe qui peut se créer n'importe quelle identité. Un individu est donc libre de se créer un pseudo quelconque pour préserver une partie de sa sphère privée sous le couvert d'un certain anonymat, mais ce même individu peut se faire passer pour quelqu'un qu'il n'est pas et se livrer sous le couvert de cette identité à des activités illicites ou immorales.

Qui certifie les identités ?

La dernière sous-question concernant les identités est de savoir qui pourrait ou devrait valider ou certifier les *userids* (ou tout autre attribut) dans un monde où chacun pourrait choisir les siens ? En principe, à moins qu'un *userid* soit certifié ou validé par une autorité crédible et de confiance, on ne peut pas savoir à quel individu il correspond réellement.

Sur Facebook et beaucoup d'autres sites on trouve une quantité de gens qui se font passer pour quelqu'un qu'ils ne sont pas, parce que ces sites ne procèdent à aucune vérification d'identité quand leurs utilisateurs créent un compte.

Par contraste, d'autres sites – honorables et de confiance – tels qu'organismes gouvernementaux, financiers, commerciaux, etc. exigent de leurs clients certaines preuves physiques d'identité (visite en personne avec document papier ou plastique) avant de leur ouvrir un compte sous un *userid* (qu'ils ne peuvent dans ce cas pas toujours choisir eux-mêmes).

En pratique ces deux types de sites avec leurs services respectifs et leurs philosophies respectives sont appelés à coexister sur la toile, les uns offrant un faible degré de sécurité mais un large degré d'anonymat parce que ne validant aucune identité, les autres offrant un plus haut degré de sécurité au prix d'une compromission de la sphère privée parce qu'ils exigent de lier tout *userid* à une identité légale avérée.

12.3.2 Authentification

L'authentification est le processus par lequel un ordinateur (ou un être humain) peut se convaincre de l'identité, c'est-à-dire du *userid* ou du nom de la personne (ou par extension de l'ordinateur, du service, ou du site de la toile) qui s'adresse à lui depuis l'autre côté d'un réseau. Il y a fondamentalement trois façons pour un ordinateur d'authentifier un utilisateur :

1) Il peut demander à l'utilisateur de révéler quelque chose que lui seul *connaît*, un numéro d'identification personnel (NIP) ou un mot de passe.
2) Il peut lui demander d'exhiber quelque chose que lui seul *présente*, un trait biométrique unique, tel qu'une empreinte digitale.
3) Il peut lui demander d'utiliser quelque chose que lui seul *possède*, par exemple une carte à puce ou un jeton intelligent.

Authentification par mots de passe

Les mots de passe [(1)] souffrent d'un premier problème : ils doivent rester secrets, mais sont inévitablement exposés lorsque leur propriétaire les introduit dans un appareil ou poste de travail pour s'authentifier. Pour cette raison tous les ordinateurs du monde bloquent ou masquent l'affichage des mots de passe à l'écran. Cependant, les utilisateurs doivent s'assurer que leur appareil ou poste de travail n'est pas infecté par un maliciel espion tel qu'un « *key-logger* » ou un « *RAM-scraper* » qui filtrent respectivement tout ce que l'utilisateur tape sur son clavier et tout ce qui passe par la mémoire de son appareil dans l'espoir de capturer des *userids* et des mots de passe. Les utilisateurs devraient aussi s'assurer qu'aucune caméra n'espionne le clavier sur lequel ils tapent leurs mots de passe. Le

(1) Il est utile de souligner en passant que toutes les recommandations suivantes concernant les mots de passe s'appliquent également aux *userids*. Les *userids* n'ont certes rien de d'obligatoirement secret contrairement aux mots de passe – beaucoup d'*userids* se présentant sous la forme d'adresses mail telles que `prénom.nom@domaine.pays`. Cette pratique courante est cependant regrettable car elle permet à quiconque de deviner le *userid* et l'adresse e-mail d'un utilisateur, ce qui lui permet d'envoyer du spam, de faire du chantage, ou – pire – de tenter de voler son identité. Bien que des *userids* ne doivent pas être secrets, il est en pratique souhaitable qu'ils restent difficiles à deviner pour les raisons de protection de la sphère privée expliquées plus haut, plus que pour des raisons de stricte confidentialité.

récent accroissement de vols d'identité est dû au fait que des criminels dissimulent de tels équipements matériels et logiciels dans des distributeurs de billets pour capturer les détails financiers de victimes innocentes. Dans tous les cas les utilisateurs doivent aussi se méfier de tiers qui pourraient tenter de capturer leur *userid* et leur mot de passe en les regardant les taper par-dessus leur épaule... et une discrétion élémentaire veut que l'on détourne le regard quand un tiers tape son *userid* et son mot de passe dans un appareil voisin.

Un second problème des mots de passe est qu'ils doivent nécessairement être transmis des appareils dans lesquels les utilisateurs les tapent aux ordinateurs qui les vérifient. Qui plus est, pour cette vérification, les ordinateurs ont évidemment besoin d'avoir une copie des mots de passe en mémoire. La transmission et le stockage de ces mots de passe représentent aussi une occasion pour un intrus de les capturer. Pour minimiser ces risques d'exposition, les mots de passe ne doivent jamais être ni transmis ni stockés tels quels, en texte clair qu'un pirate pourrait capturer sur une ligne de communication ou lire dans la mémoire d'un ordinateur. En pratique ils doivent être « *salés* »[(2)] et ensuite « *hachés* »[(3)] cryptographiquement en un résumé irréversible, avant d'être transmis à l'ordinateur qui les vérifie. Ce dernier ne stocke pas non plus ces mots de passe tels quels, mais bien sous la même forme d'un résumé *salé puis haché*. La vérification d'un mot de passe est probante quand le résumé salé et haché reçu de l'utilisateur est identique au résumé salé et haché stocké sur l'ordinateur qui procède à cette vérification.

Il va de soi que l'on ne doit JAMAIS révéler son mot de passe à qui que ce soit. Ce serait ouvrir la porte au vol d'identité. Comme le dit le proverbe, si l'on révèle un secret à quelqu'un, la seule façon de garantir qu'il reste secret est de tuer ladite personne, ce qui n'est évidemment pas une option dans le cas présent. Les mots de passe ne doivent donc pas être donnés en partage – JAMAIS. Il existe d'autres moyens, dits de *délégation*[(4)], pour conférer temporairement certains de ses privilèges à un tiers agissant sous sa propre identité et avec son propre mot de passe.

Enfin les mots de passe ne doivent jamais être écrits tels quels sur papier ou ailleurs de peur que de telles copies soient perdues ou volées. Ceci implique que les mots de passe soient faciles à mémoriser, ce qui mène beaucoup d'utilisateurs à choisir comme mot de passe le nom de leur partenaire, de leur animal de compagnie, ou de leur chanteur favori. De tels mots de passe sont malheureusement aussi faciles à deviner pour un pirate qu'ils sont faciles à mémoriser pour leur propriétaire. Il faut donc choisir des mots de passe faciles à mémoriser mais difficiles à deviner – et là se trouve la malédiction intrinsèque des mots de passe : choisir quelque chose d'assez facile à mémoriser qui soit aussi assez difficile à deviner mais pas difficile au point de devoir le noter quelque part.

---

(2) « *Saler* » un mot de passe consiste à le préfixer d'un grand nombre aléatoire fixe afin d'accroître son entropie pour des raisons qui seront expliquées plus tard.

(3) Les notions de hachage et de cryptographie seront expliquées dans la section 12.4.

(4) Sujet trop complexe pour être traité dans le cadre de ce chapitre.

Un bon mot de passe doit résister à ce qui s'appelle une *attaque au dictionnaire*. Partant du principe que pour mémoriser leurs mots de passe beaucoup d'utilisateurs choisissent ces mots dans des dictionnaires, les pirates informatiques assemblent et échangent des dictionnaires contenant un maximum de mots dans les langues les plus parlées au monde, auxquels ils ajoutent un maximum de termes provenant de dialectes, argots et folklores divers, ainsi que de cultures populaires et encyclopédiques. Ils rajoutent à ces dictionnaires les mêmes mots épelés à l'envers, sans voyelles, en « *leet* » (ou L337, où certaines lettres de l'alphabet sont remplacées par des chiffres d'apparence semblable – 0 1 2 3 4 5 6 7 8 9 pour O I Z E A S G T B q), puis tout ce qui peut ressembler à une date, un numéro de téléphone ou de carte de crédit, etc.

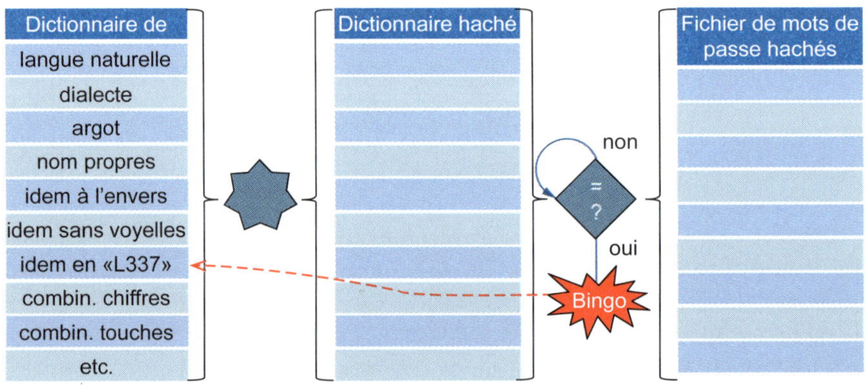

Figure 12.3 Attaque au dictionnaire.

Ce faisant, les pirates assemblent en fait des dictionnaires de tout ce que l'on pourrait imaginer comme simple à mémoriser dans une culture quelconque. Ensuite ils programment leurs ordinateurs pour hacher chaque mot dans ces dictionnaires avec le même algorithme cryptographique (représenté dans la figure 12.3 par la roue dentée) que celui utilisé pour hacher les mots de passe stockés dans les serveurs légitimes. Finalement ils programment leurs ordinateurs pour procéder à des comparaisons mot à mot (le losange de la figure) entre leurs dictionnaires hachés et toute liste de mots de passe qu'ils parviennent à voler ou extraire d'un serveur légitime – et il y en a hélas beaucoup ! Toute comparaison indiquant une égalité entre un mot de passe dans une liste et un dictionnaire haché livre évidemment instantanément en texte clair le mot de passe de la personne concernée.

Ceci permet d'expliquer pourquoi les mots de passe sont non seulement hachés mais en plus salés. En l'absence de salage, une attaque au dictionnaire requiert simplement de hacher les divers dictionnaires culturels une seule fois pour pouvoir faire des comparaisons mot à mot. En préfixant chaque mots de passe d'un nombre aléatoire (= salage) on force les pirates à faire de même, c'est-à-dire à hacher chacun de leurs dictionnaires autant de fois qu'il y a de nombres de salage possibles, puis à comparer les listes de mots de passe volées à chacun des dictionnaires hachés ET salés, ce qui multiplie le travail par un facteur considérable. Il n'en reste pas moins qu'avec la puissance des ordinateurs modernes, ce travail est chaque jour plus faisable. En 2011, par exemple, 10% des 860 000 mots de passe exposés dans un accident informatique ont été découverts par une attaque au dictionnaire en moins de cinq heures malgré le salage. Moralité : les mots de passe provenant d'un quelconque de ces dictionnaires sont à proscrire !

Si une telle quantité et variété de mots de passe sont à proscrire, on peut se demander comment faire pour en choisir de « bons » qui soient assez « tordus » pour ne figurer dans aucun de ces dictionnaires mais néanmoins assez simples pour être mémorisés. Quelques trucs en ce sens sont suggérés en fin de chapitre dans la section 12.5.

Une question aussi importante concerne la longueur que devrait avoir un mot de passe, et la formule pour répondre à cette question est :

$$\text{Risque } R = \frac{D \cdot F}{A^P}$$

et signifie que le risque R qu'un pirate découvre un mot de passe avec une certaine probabilité (que l'on espère très faible) est directement proportionnel à la durée de vie D pendant laquelle on souhaite utiliser ce mot passe et à la fréquence F avec laquelle un pirate peut essayer de deviner ce mot de passe pendant sa durée de vie, et inversément proportionnel à l'entropie dudit mot de passe, qui n'est autre que la taille de l'alphabet A dans lequel le mot de passe est écrit, élevée à la puissance de la taille du mot de passe P.

Si l'on inverse cette formule pour en extraire P, on obtient

$$P_{\text{min}} = \frac{\log(D \cdot F/R)}{\log A}$$

En texte clair, P doit être plus long que le quotient entre le logarithme de $D \cdot F/R$ et le logarithme de A. Par exemple, si l'on désire utiliser un mot de passe pendant trois mois (100 jours pour faciliter le calcul), si l'on limite à 100 le nombre de fois par jour qu'un pirate peut tenter de deviner un mot de passe (cf. ci-dessous), et si l'on désire maintenir le risque que le mot de passe soit deviné en-dessous d'une (mal)chance sur 1 milliard (10^{-9}) en utilisant un alphabet de 26 lettres minuscules + 26 majuscules + 10 chiffres (soit 62 caractères au total), le mot de passe doit avoir au moins 8 caractères parce que

$$8 > \frac{\log(100 \cdot 100/10^{-9})}{\log 62}$$

D'une façon générale on devrait donc changer son mot de passe aussi souvent que possible. On devrait utiliser un alphabet aussi grand que possible, y compris si possible les caractères spéciaux (tels que @, #, $, %, €, &, *) et la ponctuation. On doit enfin limiter la fréquence avec laquelle un pirate peut tenter de deviner un mot de passe en bloquant le processus d'authentification (login) après un nombre limité de tentatives infructueuses avec des mots de passe erronés. Il est par contre impossible de limiter la fréquence d'attaque dans le cas où un pirate a pu dérober une liste de mots de passe actifs sur un serveur légitime. Même si les mots de passe sont salés, hachés, et en dehors de tout dictionnaire, le pirate peut toujours programmer son ordinateur pour une attaque dite par *force brute*, qui consiste à générer et essayer tous les mots de passe possibles par ordre alphabétique dans l'espoir d'en deviner quelques-uns après un certain temps.

De toute façon on ne devrait jamais utiliser le même mot de passe sur plusieurs systèmes parce que si un pirate découvre ce mot de passe sur un système sa première priorité est d'essayer ce même mot de passe sur d'autres systèmes. Beaucoup d'attaques de ce type ont réussi parce que tant d'utilisateurs pratiquent cette « paresse du mot de passe » sur leurs comptes mail, Facebook, Twitter, Google, Apple, etc.

Authentification à deux canaux

Pour des systèmes informatiques impliquant sphère privée, argent, ou toute autre espèce d'informations sensibles, les mots de passe sont aujourd'hui considérés comme insuffisamment sûrs. Pour de tels systèmes on a maintenant recours à une authentification à deux canaux (fig. 12.4) ou à deux facteurs.

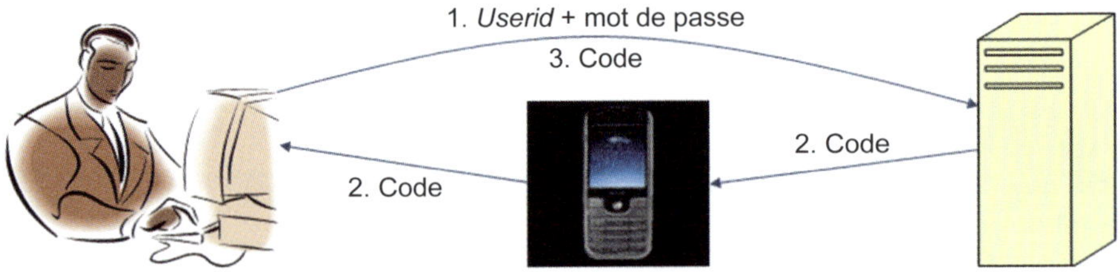

Figure 12.4 Authentification à deux canaux.

Comme représenté sur la figure 12.4, l'authentification à deux canaux signifie que le mot de passe (bien entendu salé et haché) est envoyé de l'utilisateur au serveur par le canal (internet) normal, mais la sécurité est renforcée par l'envoi en sens inverse, du serveur à l'utilisateur, d'un code (nombre) aléatoire via un second canal, typiquement un SMS, que l'utilisateur doit renvoyer au serveur via le premier canal (internet). C'est la solution que beaucoup de géants de l'internet, tels que Google, certains organismes financiers, et de plus en plus de sites médicaux et commerciaux ont adopté sur la toile, maintenant que pratiquement tout le monde a un téléphone portable. Il faut cependant noter que de plus en plus d'utilisateurs mènent leurs affaires à partir d'un téléphone portable et non plus d'un ordinateur. Dans ce cas « les deux canaux » n'en font plus qu'un ! Le mot de passe et le nombre aléatoire voyagent certes sur des connections logiques différentes (internet et SMS) mais potentiellement sur le même canal physique (GSM ou Wifi).

Authentification à deux facteurs (mot de passe + biométrie ou jeton)

Une alternative que beaucoup de banques ont adoptée bien avant que les téléphones mobiles soient courants est l'authentification à deux facteurs dans laquelle biométrie ou jetons, discutés ci-après, sont utilisés en plus d'un mot de passe. Biométrie ou jeton plus mot de passe peuvent d'ailleurs être utilisés en plus d'une authentification à deux canaux par téléphone portable pour encore plus de sécurité.

Authentification par biométrie

L'authentification biométrique est basée sur la reconnaissance de quelque chose que l'utilisateur *présente*, par exemple son empreinte digitale, la forme de sa main, son iris, son visage, ou son timbre de voix.

La biométrie est en fait la plus ancienne méthode d'authentification. C'est grâce à elle que les animaux et les gens reconnaissent leurs proches et même les bébés leurs parents. Les bonnes vieilles cartes d'identité du 20e siècle n'étaient rien d'autre qu'un outil biométrique permettant d'authentifier leur porteur grâce au portrait sur leur carte. Ce qui est neuf est l'utilisation de la biométrie en informatique.

Un problème de la biométrie est que, contrairement aux mots de passe, les aspects biométriques d'un individu ne sont pas secrets. Il en résulte qu'autant il est simple de changer un mot de passe volé ou deviné, changer un doigt, une main, un œil, le visage, ou la voix d'un individu ne sont pas des options envisageables. Pourtant le vol d'une caractéristique biométrique, par exemple un enregistrement de la voix ou une photo du visage ou de l'œil d'un individu est trivial. Même la forme d'une main ou d'une empreinte digitale peut être relativement facilement reproduite comme en témoigne des vidéos sur le web.

L'authentification biométrique souffre aussi de ce que l'on appelle les *faux-négatifs* – quand quelqu'un se voit refuser l'accès à son propre compte, par exemple parce que son empreinte digitale est méconnaissable à cause d'une petite coupure ou sa voix est méconnaissable à cause d'un rhume – et les *faux-positifs* – quand un pirate est parvenu à falsifier ou imiter la biométrie d'un utilisateur légitime. Pour cette raison la biométrie est utilisée comme second facteur, en plus d'un mot de passe, mais rarement comme seul facteur d'authentification.

Authentification par jetons

L'autre méthode d'authentification à deux facteurs utilise des jetons pour prouver l'identitié des utilisateurs sur la base de quelque chose qu'ils *possèdent*. De tels jetons se présentent sous diverses formes. Toutes incluent une puce électronique ou carte à puce capable de mémoriser et d'utiliser une clé cryptographique associée au propriétaire du jeton.

Un premier type de jeton illustré dans la figure 12.5 ne dispose d'aucune interface électronique mais présente une interface utilisateur avec un petit écran LCD et un clavier numérique. Avec un tel jeton, le serveur qui authentifie l'utilisateur lui envoie un nombre aléatoire unique généré pour l'occasion, appelé défi (*nonce* en anglais). L'utilisateur lit ce nombre sur son écran, le tape dans son jeton, qui lui renvoie la version cryptographiquement hachée de ce défi, laquelle doit ensuite être retapée par l'utilisateur dans son ordinateur et renvoyée au serveur. Celui-ci peut en vérifier l'authenticité parce qu'il possède une copie de la clé cryptographique[(5)] correspondant à chaque utilisateur.

(5) Voir la section 12.4.

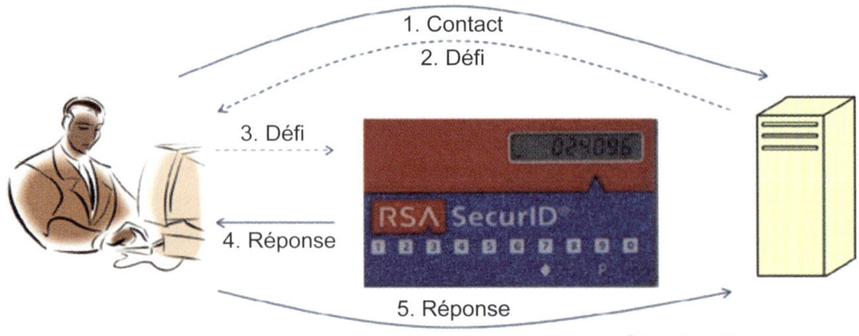

Figure 12.5 Authentification par jeton : dispositif avec clavier numérique et écran LCD.

Un second type de jeton, représenté à la figure 12.6, ne dispose d'aucune interface électronique ni même d'un clavier numérique, mais juste d'un petit écran LCD. Au lieu que le serveur envoie un défi à l'utilisateur, ce type de jeton utilise comme défi une horloge interne (en minutes) et affiche en permanence l'heure de cette horloge cryptographiquement hachée avec la clé de l'utilisateur. L'utilisateur doit alors juste taper dans son ordinateur l'heure de l'horloge hachée par son jeton, que le serveur peut facilement vérifier en la comparant avec une version hachée avec la clé de l'utilisateur de son horloge interne qui est synchronisée avec celle de tous les jetons.

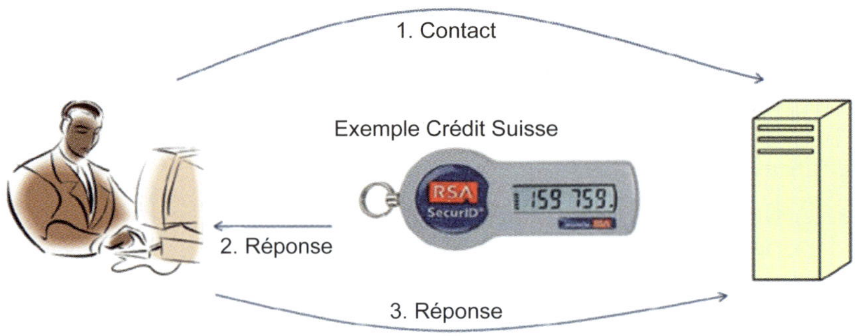

Figure 12.6 Authentification par jeton : horloge cryptographique.

Un troisième type de jeton, représenté à la figure 12.7, ne présente pas d'interface utilisateur mais bien une interface électronique, typiquement USB. Ces jetons fonctionnent exactement comme les précédents, sauf que l'utilisateur ne doit même plus taper l'heure hachée que le jeton communique directement à son ordinateur.

Un quatrième et dernier type de jeton, plus sophistiqué, représenté à la figure 12.8, présente une interface électronique (USB) et une interface utilisateur constituée d'un petit écran et de juste deux touches, une verte et une rouge. Avec un tel jeton toutes les communications entre l'utilisateur et le serveur passent

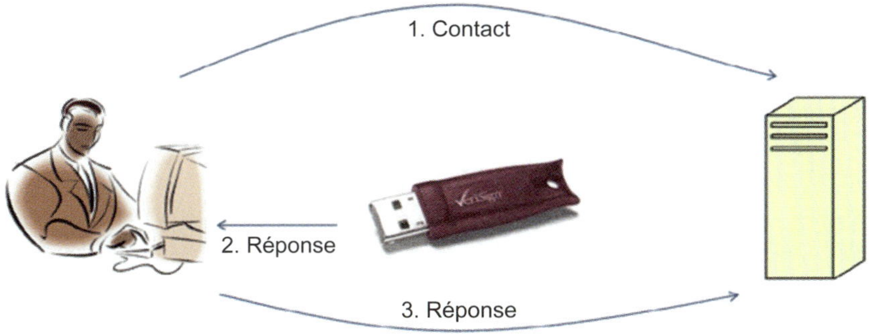

Figure 12.7 Authentification par jeton : horloge cryptographique dans clé USB.

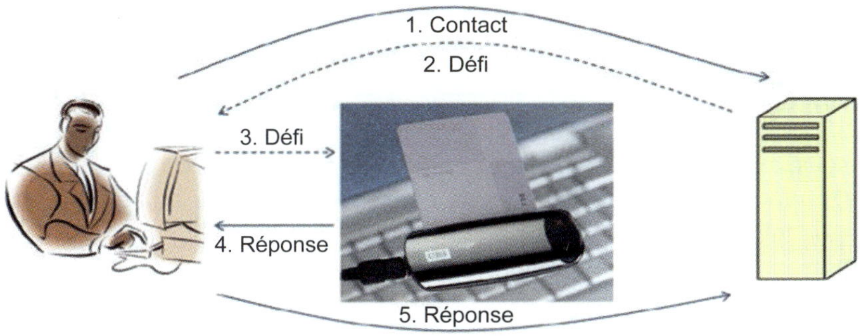

Figure 12.8 Authentification par jeton : clé USB avec interface utilisateur.

par le jeton qui joue un rôle de relais filtrant. L'utilisateur ne doit jamais lire ou retaper de défi dans son ordinateur. Par contre, au-delà de l'authentification de l'utilisateur, un tel jeton est capable d'authentifier chaque transaction de l'utilisateur. Il affiche sur son petit écran les données critiques de chaque transaction, par exemple une somme à payer et le numéro du compte à créditer, et l'utilisateur a le loisir d'appuyer sur la touche verte ou la touche rouge pour confirmer ou refuser la transaction. L'avantage d'un tel jeton est que si l'ordinateur de l'utilisateur est infecté par un maliciel qui tenterait de s'engager furtivement dans des transactions frauduleuses avec le serveur, ces transactions seraient affichées par le jeton ce qui permettrait à son propriétaire de les bloquer.

Authentification bidirectionnelle

Le problème de toutes les méthodes d'authentification décrites jusqu'ici est qu'elles sont unidirectionnelles : elles authentifient l'utilisateur à un serveur mais pas l'inverse. Ceci est une carence majeure aujourd'hui parce qu'elle permet aux pirates de mener toute forme d'opérations de phishing ou pharming pour essayer de convaincre des utilisateurs naïfs de s'authentifier à des systèmes qui *ressemblent* – mais ne sont *pas* – leurs systèmes habituels et légitimes. Ce faisant, de tels utilisateurs naïfs introduisent leur *userid* et leur mot de passe (et s'il y a lieu fournissent leurs caractéristiques biométriques ou défis hachés) à des systèmes qu'ils croient être les leurs alors qu'ils sont faux et sous le contrôle de pirates. Ayant ainsi volé l'identité de leurs victimes, les pirates s'empressent de contacter les serveurs légitimes pour prélever au nom des victimes tout argent ou information que peuvent détenir lesdits serveurs.

La seule façon de parer à de telles attaques est de toujours exiger une authentification bidirectionnelle où le serveur doit aussi s'authentifier auprès des utilisateurs. Malheureusement le premier des deux qui livrerait son mot de passe à l'autre pourrait être trahi par une tentative de vol d'identité (phishing ou pharming).

Donc l'authentification bidirectionnelle requiert nécessairement un processus cryptographique. C'est exactement ce qui se passe avec les sites de la toile qui utilisent le protocole **HTTPS** que l'on reconnaît au petit icône d'un cadenas qui s'affiche dans la barre d'adresse du navigateur. Dans ces cas le serveur s'identifie d'abord au navigateur en signant cryptographiquement [(6)] une lecture d'horloge. Tous les navigateurs sont conçus avec une connaissance intrinsèque des clés cryptographiques des principaux serveurs du monde (ou du moins savent comment se procurer ces clés). De cette façon ces navigateurs peuvent authentifier un serveur et lui répondre par un message cryptographique. Ce message inclut alors non seulement le mot de passe de l'utilisateur du navigateur, mais aussi une clé cryptographique qui est utilisée pour crypter tout le trafic de la session de travail ultérieure entre cet utilisateur et ledit serveur.

12.4 Mécanismes de défense contre destruction, vol, altération, et falsification de l'information – Disponibilité, confidentialité, intégrité et responsabilité

L'introduction a expliqué la nécessité pour les systèmes informatiques de fournir des mécanismes de confidentialité, d'intégrité, de disponibilité et de responsabilité. Cette quatrième section explique comment ces mécanismes de défense peuvent être implémentés techniquement, en commençant par l'assurance de disponibilité des informations stockées. Elle décrit ensuite des mécanismes cryptographiques capables d'assurer confidentialité et intégrité d'informations pendant leur stockage ou leur transmission, et une forme de responsabilité des sources d'informations basée sur ce que l'on appelle des signatures numériques visant à éviter la propagation d'informations erronées ou falsifiées.

Il est important de noter une différence fondamentale entre les informations publiées sur papier et celle publiées dans le monde numérique. Toutes les informations publiées sur papier ne sont pas nécessairement fiables, vraies, correctes, ou même utiles. Mais le simple fait que quelque chose soit publié sur papier requiert cependant une certaine mise de fonds que l'auteur ou l'éditeur ne seraient pas prêts à investir sans une certaine assurance que la publication peut leur rapporter quelque chose. Qui plus est, dans la plupart des pays industriels, toute publication doit porter le nom de son éditeur responsable. Il en résulte que la publication d'un papier confronte son auteur à certaines barrières qui fonctionnent

---

[(6)] La notion de signature cryptographique sera expliquée au paragraphe 12.4.4.

comme des filtres offrant quelques garanties que ce qui est publié n'est pas complètement vain ou mensonger. De bonnes publications permettent à leurs auteurs et éditeurs de bâtir de solides réputations comme sources d'informations utiles et crédibles. D'autres publications sont vite oubliées et leurs promoteurs rapidement connus pour être des pourvoyeurs d'informations incomplètes, incorrectes, délétères, voire carrément mensongères.

Il n'en va hélas pas de même dans le monde numérique, où publier une information ne coûte pratiquement rien et n'exige aucune permission, approbation, ou obligation de responsabilité. N'importe qui peut en principe publier n'importe quoi sans grande conséquence. Si l'intégrité d'une information et la responsabilité de sa source sont certes désirables, elles ne sont en aucun cas obligatoires, et sont donc rarement implémentées et par conséquent rarement vérifiables. Il est donc doublement important de se méfier de la crédibilité des informations que l'on trouve sur la toile.

12.4.1 Disponibilité de l'information

Pour rappel, les mécanismes de disponibilité servent à garantir qu'une information reste accessible même quand certaines copies peuvent être perdues, détruites, ou situées sur des systèmes informatiques eux-mêmes inaccessibles.

On garantit l'accessibilité de l'information au moyen de mécanismes dits de « sauvegarde », qui visent à toujours maintenir deux copies (voire plus) de chaque information dont on désire assurer la pérennité.

Une question intéressante est celle de savoir combien de copies d'une même information il convient de maintenir – plus il y en a, moins on risque de perdre l'information mais plus cela coûte cher. Une seconde question est celle de l'endroit où stocker les copies de sauvegarde – une copie locale sur le même disque ou la même machine que l'original est certes mieux que rien, mais en cas de panne de courant, de défaillance de la machine, d'incendie ou d'inondation, toutes les copies locales risquent de subir le même sort que l'original, de telle sorte que des copies à distance sont préférables bien qu'encore une fois plus compliquées à organiser. Une troisième question concerne la fréquence à laquelle ces copies doivent être faites – chaque mois, chaque semaine, chaque jour, chaque heure, en continu – encore une fois plus fréquemment est préférable mais aussi plus cher. En pratique faire des copies de clips musicaux ou vidéos disponibles sur iTunes ou YouTube est sans doute inutile dans la mesure ou Apple et Google ont eux-mêmes de telles copies. Faire des copies de ses photos familiales est plus important, mais une fréquence hebdomadaire et conserver une copie chez un voisin ou un cousin peut suffire. Pour les fichiers de travail quotidiens, les mails, les devoirs, les rapports, les données bancaires, médicales, etc., il est certes recommandé de faire des copies de sauvegarde horaires au moins localement, et quotidiennes à distance.

A cette fin Google, Microsoft, Apple, Amazon, etc. offrent des services de sauvegarde bien conçus, faciles d'usage et fiables, qui peuvent en plus assurer une synchronisation des données sur plusieurs appareils, portable, tablette, etc. Il convient cependant de prendre conscience que tous ces fournisseurs sont américains, opèrent sous le coup des lois américaines (qui ne garantissent aux étrangers aucun droit à la sphère privée), et sont susceptibles de devoir livrer toute information à la requête de n'importe quelle agence de sécurité américaine. La plupart des gens n'ont rien à cacher au gouvernement américain, mais la seule idée que des services secrets étrangers puissent espionner sans restriction les données de n'importe quel citoyen du monde reste franchement dérangeante. Pour garantir la confidentialité en plus de la disponibilité de ses données on peut avoir intérêt à maintenir ses copies de sauvegarde sur des serveurs à l'intérieur des frontières nationales, assujettis aux lois nationales, et de préférence garantissant que les données sont cryptographiquement chiffrées avant de quitter leur système d'origine, au moyen de logiciels ouverts ou en tout cas écrits par des concitoyens plutôt qu'importés des Etats-Unis.

Ceci dit, le volume des données en ligne est multiplié par quatre chaque année. Il atteint donc de telles proportions que faire des copies de sauvegarde de toutes ces données est une proposition coûteuse et, qui plus est, incertaine. En effet, la taille de certaines bases de données est telle que chaque copie est pratiquement assurée de contenir au moins une erreur de stockage au niveau matériel. La pérennité de telles données est donc loin d'atteindre le niveau auquel peut prétendre aujourd'hui la fameuse *pierre de Rosette.*

12.4.2 Confidentialité de l'information

Pour rappel, les mécanismes de confidentialité visent à prévenir le vol d'information aussi bien lors de leur transmission que pendant leur stockage sur des supports quelconques. L'usage de tels mécanismes par un navigateur est indiqué par la présence d'un petit cadenas dans la barre d'adresse.

La cryptographie est un des plus importants mécanismes susceptibles de garantir la confidentialité de l'information.

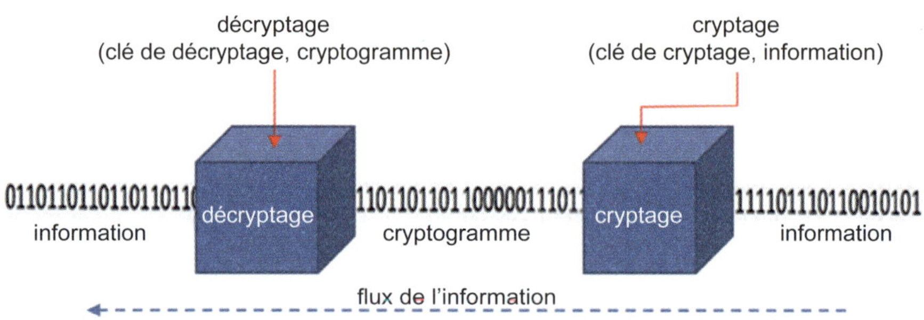

Figure 12.9 Cryptage et décryptage (flux de l'information de droite à gauche).

La figure 12.9 illustre le principe de la cryptographie. De droite à gauche une séquence de bits d'information confidentielle est fournie à un algorithme dit de *cryptage* qui transforme cette séquence en une autre, que l'on appelle *cryptogramme*, et qui a la faculté d'être illisible par un tiers non autorisé. L'algorithme de cryptage n'est rien d'autre qu'une fonction mathématique très complexe (il en existe beaucoup) qui combine les bits d'information confidentielle entrant avec les bits d'une autre information que l'on appelle une *clé de cryptage*. Pour parvenir à relire l'information confidentielle ainsi cryptée, un tiers autorisé doit fournir le cryptogramme et une autre information secrète (confidentielle), appelée *clé de décryptage*, à un algorithme dit de *décryptage* qui est capable d'appliquer au cryptogramme une transformation mathématique inverse qui va restituer la chaîne de bits confidentielle originale.

Il existe deux grandes familles d'algorithmes cryptographiques : les algorithmes *symétriques* et les algorithmes *asymétriques*. D'une façon générale, les algorithmes symétriques sont mathématiquement plus simples, et donc plus performants que les algorithmes asymétriques.

Cryptographie symétrique à clés secrètes

La caractéristique des algorithmes symétriques est que la clé de cryptage et la clé de décryptage sont identiques. Puisque la clé de décryptage est toujours secrète, il en résulte que la clé de cryptage d'un algorithme symétrique est nécessairement aussi secrète – seules les parties autorisées sont supposées la connaître.

Les exemples les plus connus d'algorithmes symétriques sont :

- XOR – La fonction OU exclusif (eXclusive OR).
- DES – Le premier standard d'encodage de données (*Data Encryption Standard*) américain, aujourd'hui dépassé par la puissance de calcul des ordinateurs capables de déchiffrer un cryptogramme DES même sans sa clé.
- 3DES – Triple DES, qui consiste en une triple application du DES pour résister aux attaques des plus gros ordinateurs actuels.
- AES – Le standard d'encodage avancé (*Advanced Encryption Standard*) américain, dont les inventeurs sont cependant deux jeunes chercheurs belges.

Les détails mathématiques de ces algorithmes se trouvent sur Wikipédia.

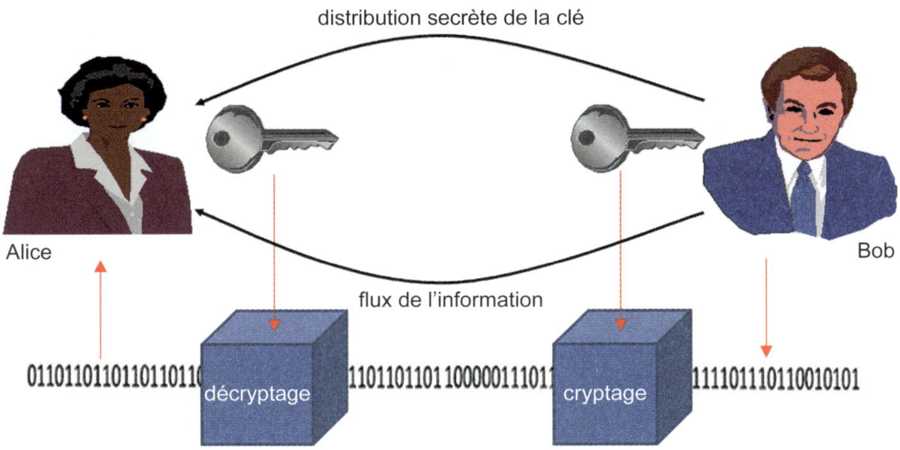

Figure 12.10 Cryptographie symétrique (clé secrète).

En utilisant l'un quelconque de ces algorithmes, un utilisateur tel que Bob dans la figure 12.10 peut crypter un message qu'Alice à gauche de la figure peut décrypter si elle est autorisée, c'est-à-dire si Bob lui a au préalable communiqué la clé secrète nécessaire au décryptage de l'information, par exemple en la lui remettant sur un bout de papier [7]. Bob pourrait utiliser la même technique pour protéger (mettre dans une coquille) ses propres données avec une clé pendant leur stockage sur un support quelconque.

Le cas particulier de l'algorithme XOR, dont la fonction est rappelée ci-dessous (fig. 12.11), illustre l'utilisation d'un algorithme symétrique.

Bit d'entrée	Bit de clé	Bit de sortie
0	0	0
0	1	1
1	0	1
1	1	0

Figure 12.11 Fonction XOR.

En entrant dans l'algorithme de cryptage XOR, chaque bit d'information original est combiné avec un bit de la clé de cryptage secrète à l'aide de la fonction booléenne XOR. Concrètement, si le bit d'information et le bit de clé sont identiques, le bit du cryptogramme émis par l'algorithme sera 0, sinon il sera 1. Quand ce même cryptogramme entre dans l'algorithme de décryptage, chacun de ses bits est à nouveau combiné un à un avec le bit correspondant de la même clé secrète qui sert aussi au décryptage. Encore une fois, si ces deux bits sont identiques l'algorithme de décryptage, qui est à nouveau la fonction XOR, va générer un bit 0, sinon il générera un bit 1. Comme on peut aisément vérifier, tous les bits de l'information originale qui n'ont pas été inversés par le cryptage ne le sont pas non plus par le décryptage ; tous les autres bits inversés par le cryptage le sont à nouveau par le décryptage.

Info	1	0	1	1	0	0	0	1	1	0	1	1	0	0	0	1	0	1	0
Clé	0	1	1	1	0	1	1	0	1	0	1	0	1	1	0	0	0	1	0
Crypto	1	1	0	0	0	1	1	1	0	0	0	1	1	1	0	1	0	0	0

(a)

Crypto	1	1	0	0	0	1	1	1	0	0	0	1	1	1	0	1	0	0	0
Clé	0	1	1	1	0	1	1	0	1	0	1	0	1	1	0	0	0	1	0
Info	1	0	1	1	0	0	0	1	1	0	1	1	0	0	0	1	0	1	0

(b)

Figure 12.12 Cryptage (a) et décryptage (b) avec la fonction XOR.

Comme on peut le voir dans l'exemple de la figure 12.12, le désavantage de XOR est que pour crypter un message de N bits on a besoin d'une clé de N bits. On peut donc légitimement se demander à quoi bon l'algorithme XOR pour crypter et décrypter un secret de N bits s'il exige de définir une clé qui doit elle aussi mesurer N bits et rester secrète. Ceci est en effet une bonne question.

(7) Cet échange se fait évidemment plus typiquement par voie électronique, comme suggéré au paragraphe 12.4.5

Info	1	0	1	1	0	0	0	1	1	0	1	1	0	0	0	1	0	1	0
Clé	0	1	1	1	0	1	1	0	0	1	1	1	0	1	1	0	0	1	1
Crypto	1	1	0	0	0	1	1	1	1	1	0	0	0	1	1	1	0	0	1

(a)

Crypto	1	1	0	0	0	1	1	1	1	1	0	0	0	1	1	1	0	0	1
Clé	0	1	1	1	0	1	1	0	0	1	1	1	0	1	1	0	0	1	1
Info	1	0	1	1	0	0	0	1	1	0	1	1	0	0	0	1	0	1	0

(b)

Figure 12.13 Réutilisation de la clé.

En pratique, on utilise des clés de longueur limitée et on réutilise ces clés autant de fois qu'il est nécessaire pour couvrir la longueur totale de l'information à crypter, comme suggéré par l'exemple de la figure 12.13. On peut même réutiliser la même clé pour crypter plusieurs informations différentes. Le problème est que si l'on utilise une clé de longueur C≪N, des blocs de bits identiques dans l'information originale donneront des blocs de bits identiques dans le cryptogramme. En d'autres termes plus une clé petite est réutilisée, plus elle risque de révéler des informations confidentielles. Pour comprendre ceci, on peut imaginer crypter un message original en français une lettre (= un octet) à la fois avec une clé de 8 bits. Etant donné que dans n'importe quelle langue chaque lettre apparaît statistiquement avec une fréquence caractéristique connue, décrypter un tel cryptogramme même sans en connaître la clé est un jeu d'enfant si l'on sait que l'original est en français. Il suffit de voir quel octet se retrouve le plus souvent dans le cryptogramme pour savoir qu'il correspond à la lettre E, la plus fréquente en français, le deuxième plus fréquent octet correspondant à la lettre A, le troisième à la lettre S, et ainsi de suite. Pour éviter ce problème on utilise en pratique des clés d'une longueur typiquement comprise entre 128 et 4096 bits.

Cryptographie asymétrique à clés publiques

Dans le cas d'algorithmes asymétriques, les clés de cryptage et de décryptage sont mathématiquement liées mais différentes l'une de l'autre. La clé de décryptage reste toujours secrète, réservée au seul utilisateur autorisé. Par contre la clé de cryptage est carrément publique, connue de tout le monde. La relation entre la clé secrète de décryptage et la clé publique de cryptage est cependant suffisamment complexe pour qu'il soit impossible de retrouver la première même si la seconde est connue.

Les exemples les plus connus d'algorithmes asymétriques sont le RSA, inventé par Ron Rivest, Adi Shamir et Leonard Adleman, et les algorithmes basés sur les courbes elliptiques. Leurs détails mathématiques peuvent aussi être retrouvés sur Wikipédia.

Dans un scénario de cryptographie asymétrique chaque partie doit avoir sa propre paire de clés reliées, l'une publique pour le cryptage et l'autre privée et secrète pour le décryptage, comme suggéré par la figure 12.14. Si le même Bob du scénario symétrique désire crypter une information confidentielle à l'adresse de

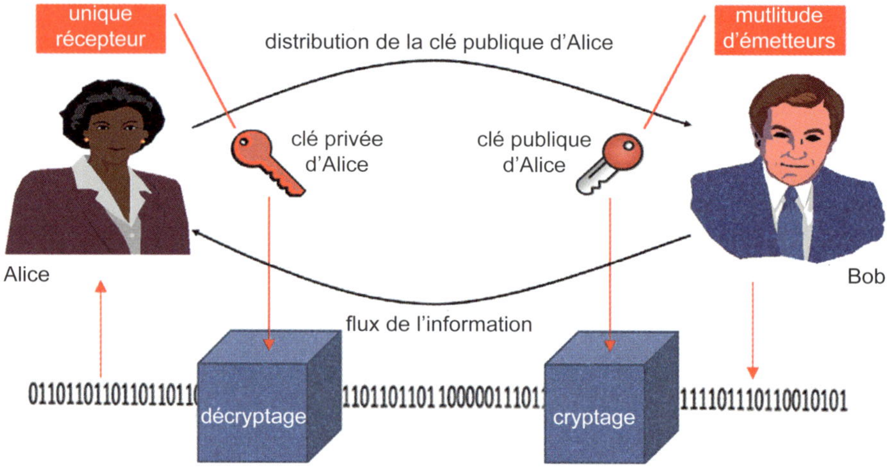

Figure 12.14 Cryptographie asymétrique (clés publiques).

la même Alice, il doit la crypter avec la clé publique d'Alice. De cette façon seule Alice pourra décrypter le cryptogramme résultant, puisqu'elle seule connaît sa clé secrète de décryptage qui fait la paire avec la clé publique utilisée par Bob pour le cryptage. Les scénarios de cryptage à clés publiques sont tels que n'importe qui, c'est-à-dire une multitude de correspondants, peuvent crypter des messages à destination du même récipiendaire.

12.4.3 Intégrité de l'information

Pour rappel, les mécanismes d'intégrité visent à protéger l'information contre les manipulations intempestives soit lors de sa transmission, soit pendant son stockage. Pour être plus précis, ils ne peuvent pas les empêcher, mais permettent au moins de les détecter. La cryptographie est aussi un des principaux outils dans ce contexte.

Dans l'hypothèse où l'on vise uniquement l'intégrité et non la confidentialité, l'information elle-même ne doit pas être cryptée. On veut seulement détecter sa modification intempestive. A cette fin on passe l'information par un algorithme dit de « *hachage* », qui lui applique une fonction mathématique compliquée pour en extraire un résumé succinct, typiquement quelques centaines ou milliers de bits au lieu des milliers ou millions d'octets de l'information originale. Ce résumé – et uniquement ce résumé – est ensuite crypté avec une clé et un algorithme, typiquement symétrique. Ce résumé crypté est alors stocké ou communiqué avec l'information originale. Pour vérifier que cette information n'est pas altérée pendant son stockage ou sa communication, un récipiendaire autorisé détenant la clé de (dé)cryptage du résumé peut le décrypter et comparer la valeur obtenue au résumé qu'il peut lui-même recalculer en hachant à nouveau l'information elle-même. Si ces deux résumés sont identiques l'information n'a pas été altérée, sinon elle a été altérée puisqu'elle présente un résumé différent de celui calculé et crypté d'après l'information originale.

Bien sûr il peut y avoir plusieurs informations résultant en un même résumé, de telle sorte qu'une information originale pourrait théoriquement être altérée en une autre de résumé identique. En réalité les algorithmes de hachage sont cependant tellement complexes qu'il est pratiquement impossible de déduire quelles informations mèneraient au même résumé. Il est donc pratiquement impensable d'altérer un ordre de paiement de 120 EUR pour en faire un ordre de paiement de 1200 EUR parce que ces deux messages auraient en toute probabilité des résumés différents.

La figure 12.15 illustre l'utilisation de cryptographie symétrique pour assurer l'intégrité d'une information transmise entre les mêmes Bob et Alice.

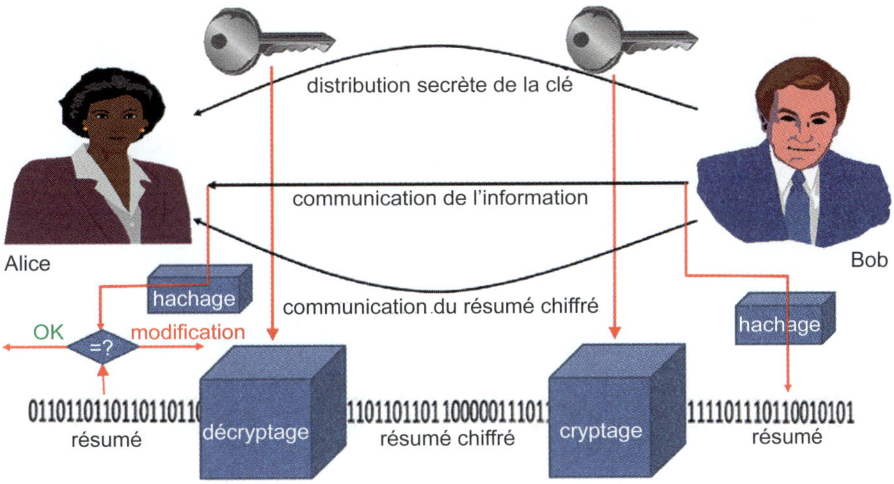

Figure 12.15 Intégrité de l'information avec cryptographie symétrique.

12.4.4 Responsabilité par signature numérique

On peut de façon similaire implémenter un mécanisme d'intégrité sur base de cryptographie asymétrique. Toutefois, dans ce cas, on en retire bien plus que de l'intégrité. Pour le même prix on obtient un mécanisme de responsabilité en plus de l'intégrité. Pour rappel, un tel mécanisme empêche un utilisateur de nier être l'auteur d'une action informatique – dans le cas présent la technologie permet de prouver qui est l'auteur d'une information – par ce que l'on appelle une *signature numérique*, qui est l'équivalent dans l'univers numérique d'une signature manuelle ou d'un cachet de cire dans le monde des documents en papier. Une telle signature numérique se base sur une inversion des opérations de cryptage et de décryptage, qui est mathématiquement possible grâce au fait que les algorithmes de cryptage et de décryptage sont mathématiquement commutatifs.

En considérant la figure 12.16, une fois de plus de droite à gauche, on commence par calculer par hachage un résumé de l'information dont on désire garantir l'intégrité et la signature numérique. Cependant au lieu que Bob, l'auteur de cette information, crypte le résumé avec une quelconque clé publique, il le décrypte avec sa clé privée, ce qu'il est le seul à pouvoir faire puisqu'il est le seul à connaître cette clé qui est son propre secret. Quiconque désire vérifier que l'information originale n'a pas été altérée ET que Bob en est bien l'auteur doit alors crypter le résumé décrypté par Bob en utilisant la clé publique de cryptage de ce dernier. Si le résultat de ce cryptage fournit un résumé égal à celui de l'information originale, que n'importe qui peut recalculer par un hachage identique à l'original, l'information n'a pas été altérée et provient bien de Bob, l'auteur associé à la clé publique utilisée pour la vérification. Notons que n'importe quel interventant (pas uniquement Alice) pourrait vérifier l'intégrité et l'authenticité de l'information puisque tout le monde a accès à la clé publique de Bob.

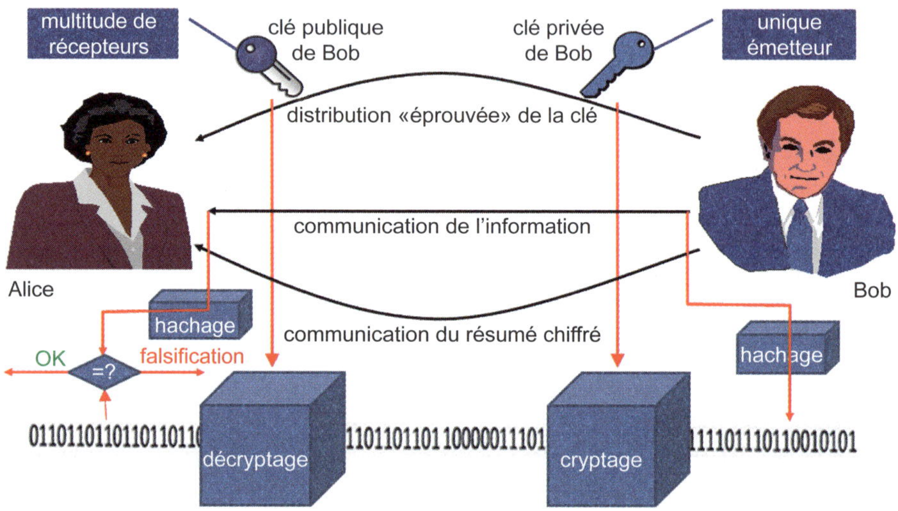

Figure 12.16 Intégrité de l'information et signature numérique avec cryptographie asymétrique.

12.4.5 Distribution des clés

Pour qu'Alice et Bob puissent ainsi communiquer, ils doivent chacun connaître la clé publique de l'autre (ou partager une clé secrète symétrique). Echanger de telles clés face-à-face est rarement une option puisqu'ils sont séparés par un réseau. Echanger ces clés via le réseau ne serait cependant pas sûr. Garantir la confidentialité d'une clé secrète demanderait de l'encrypter... sous une autre clé secrète – un cercle vicieux. Garantir l'intégrité ET l'authenticité d'une clé publique demanderait de la signer... sous une autre clé privée – un autre cercle vicieux. En effet si Alice et Bob échangeaient leurs clés publiques, par exemple, via des e-mails non cryptés, un intrus pourrait intercepter ces mails et remplacer les deux clés publiques par des clés publiques qui lui appartiennent et dont il connaît les clés privées correspondantes. De cette façon Alice et Bob pourraient échanger des messages signés et/ou confidentiels en pensant communiquer l'un avec l'autre. En réalité ils communiqueraient via l'intrus qui pourrait signer et décrypter tous leurs messages comme s'il était à la fois Alice et Bob.

Comme illustré sur la figure 12.17, le problème est résolu en pratique par ce que l'on appelle des Autorités de Certification (AC) en lesquelles tout le monde a

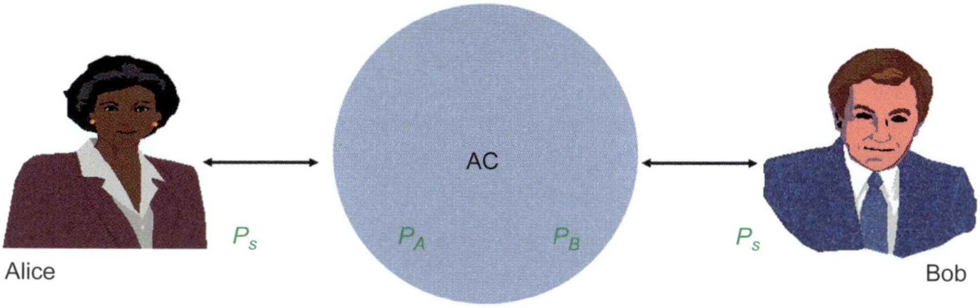

Figure 12.17 Authorité de Certification pour l'obtention de clés publiques (P_X = clé publique de X).

confiance. Tout le monde enregistre sa clé publique auprès de telles AC – face-à-face ou via un canal de confiance en dehors du réseau (p. ex. la poste). En même temps les AC communiquent leur clé publique à tout le monde via les mêmes canaux de confiance. De cette façon, quand Alice et Bob désirent communiquer, ils demandent simplement à l'AC de leur fournir la clé de l'autre sous forme d'un message signé numériquement (et peut-être même crypté) que chacun peut vérifier puisqu'il connaît la clé publique de l'AC.

Bien sûr tout le monde n'a pas nécessairement enregistré sa clé publique avec la même AC. En pratique il y a une multitude d'AC qui se font confiance et certifient réciproquement leurs clés publiques respectives. De cette façon Alice et Bob peuvent valider leurs clés publiques respectives même s'ils les ont enregistrées auprès d'AC différentes pour autant que ces AC se fassent mutuellement confiance, via une chaîne d'AC de confiance intermédiaires.

12.5 Bonnes pratiques

Une introduction à la sécurité informatique serait incomplète sans un minimum de recommandations pour éviter de tomber aux mains de pirates et de leurs maliciels.

Primo, tout utilisateur doit se méfier de tout poste de travail ou service public, spécialement ceux qui sont gratuits. On ne sait pas toujours qui se cache derrière eux et l'on sait encore moins qui d'autre a pu les utiliser et les infecter avant soi. On n'a donc aucune raison de faire confiance à leur contenu et on ne devrait jamais leur communiquer quoi que ce soit que l'on ne communiquerait pas à un étranger dans la rue.

On doit ensuite se méfier particulièrement des pirates qui hantent potentiellement les lieux publics, physiques ou informatiques. Ils peuvent être tapis à l'attente d'une proie dans n'importe quel cybercafé ou réseau social.

On doit aussi se méfier particulièrement des maliciels espions, espions de claviers (« *key-loggers* »), de mémoire (« *RAM scrapers* »), outils d'administration à distance (« *Remote Administration Tools* (RAT) »), microphones et caméras embarqués dans ses appareils portables et qui peuvent être activés à distance, etc. Un maliciel qui parvient à espionner tout ce que l'on tape, écouter tout ce que perçoit le microphone, et voir tout ce que capture la caméra d'un portable peut en effet convertir cet appareil en un espion contre son propriétaire.

On doit sécuriser son installation Wifi, changer son code d'identification (SSID) ou même ne pas le diffuser, changer tous les mots de passe avec lesquels elle est livrée, et activer au moins une cryptographie WPA2[(8)] avec une clé secrète de haute entropie.

On doit toujours activer un logiciel anti-virus et un pare-feu sur tous ses équipements informatiques.

On doit constamment maintenir tous ses logiciels à jour en leur appliquant toutes les corrections (« *patches* ») régulièrement distribuées par les éditeurs de ces logiciels. Il est parfois impossible d'appliquer rapidement de telles corrections à des serveurs critiques, qui ne peuvent être interrompus ou risqueraient une panne catastrophique, mais tout autre serveur ou poste de travail n'a aucune excuse pour ne pas être maintenu à jour.

Le mode opératoire privilégié du processeur est réservé aux administrateurs et opérateurs d'un ordinateur. Un utilisateur normal ne devrait jamais exécuter son travail quotidien et ses applications habituelles dans ce mode privilégié parce qu'en cas d'attaque ou d'infection des logiciels exécutés par cet utilisateur, le pirate ou son maliciel exécuteraient également en mode privilégié, auraient donc le contrôle total du système et de ses politiques d'accès, et pourraient même attaquer et infecter d'autres systèmes sur le même réseau local. Le mode privilégié doit être réservé au noyau de sécurité d'un système et à ses administrateurs.

Après une session de travail, on doit toujours se déconnecter de tous les systèmes utilisés, exactement comme on ne quitte jamais son domicile sans fermer la porte.

On doit régulièrement faire des copies de sauvegarde de toutes ses informations. Faire des copies locales sur DVD ou disque externe est mieux que rien, mais généralement fastidieux, ennuyeux, long, et jamais tout à fait sûr – un café renversé sur un ordinateur peut endommager non seulement la machine mais aussi ses disques externes. On devrait toujours favoriser des copies de sauvegarde à distance, sur des serveurs sur la toile... en évitant de préférence les serveurs étrangers qui ne sont pas assujettis aux lois de son pays de résidence.

On doit crypter tous les équipements de stockage d'information. La plupart des systèmes d'exploitation (Windows, Linux, Mac OS X, etc.) incluent aujourd'hui des logiciels pour cela.

On doit détruire tout document papier ou équipement de stockage électronique dont on veut se débarrasser. Simplement les déposer dans une poubelle est dangereux car des pirates peuvent les y récupérer et utiliser leur contenu contre leur propriétaire ou contre tout autre tiers concerné par son contenu.

Einstein demandait avec humour à quoi fait penser un bureau vide si un bureau jonché de papiers fait penser à un propriétaire chaotique. Einstein était un homme remarquable mais cela ne lui donne pas toujours raison. Il vivait à une époque où la sécurité informatique n'était même pas un concept, et un bureau jonché de papier pouvait être verrouillé d'un tour de clé. A l'ère informatique où tant d'appareils sont interconnectés, des bureaux vides sont de rigueur. Il est

(8) Wifi Protected Access version 2.

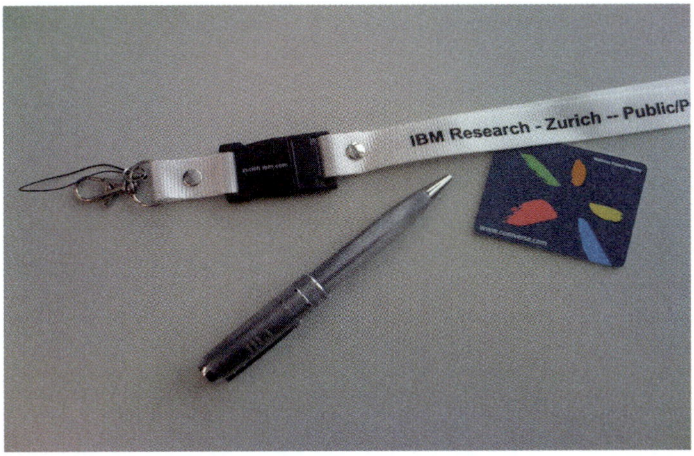

Figure 12.18 Objets en apparence anodins...

en principe sans danger de laisser traîner sur son bureau des papiers, CD, DVD, ou clés USB sans importance. Par contre on perd vite la notion du contenu de tels supports et de leur importance, et l'on risque rapidement de laisser traîner accidentellement quelque chose de délicat. Un bureau vide est une assurance que rien de délicat ne peut traîner à portée du premier pirate venu.

Le stylo à bille, le badge, et le tour de cou sur la figure 12.18 peuvent sembler ne présenter aucun risque a priori. En réalité ces objets, comme toute calculatrice de poche, tout téléphone, tablette, ordinateur ou autre « gadget » portable, même une pièce vestimentaire ou un objet apparemment anodin, peuvent contenir une puce avec une interface USB ou même « sans fil », comme illustré sur la photo 12.19, ce qui en fait un support potentiel d'information, absolument à mettre sous clé quand on quitte son poste de travail.

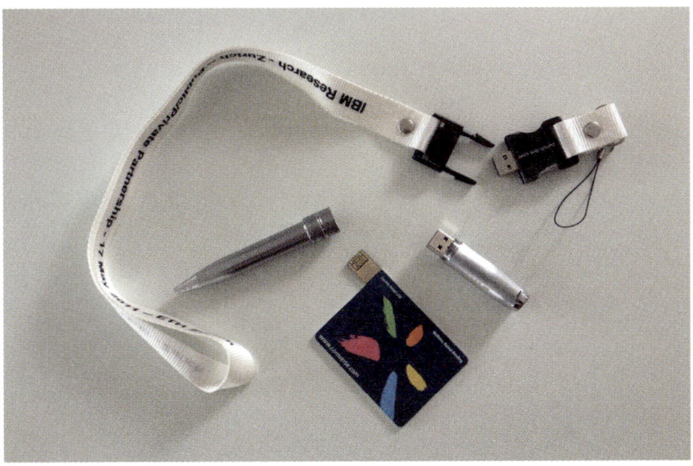

Figure 12.19 ...mais pas si anodins en réalité.

Enfin, on doit régulièrement changer tous ses mots de passe, toujours les choisir avec une entropie maximale pour éviter les attaques au dictionnaire, et ne jamais les partager avec personne.

Le choix de bons mots de passe est un défi, comme l'illustre le tableau de la figure 12.20, basé sur une série d'incidents au cours desquels plus de 32 millions de mots de passe ont été exposés ou découverts en 2008. Le tableau donne la liste des 500 mots de passe les plus utilisés parmi les 32 millions – qui sont donc des mots de passe stupides que personne ne devrait choisir puisque tant d'autres ont déjà eu la même idée.

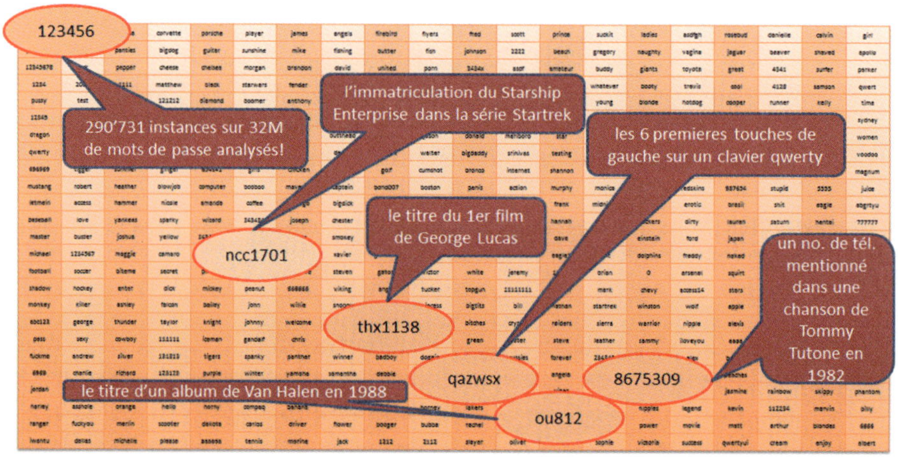

Figure 12.20 Exemples de mots de passe à éviter.

Certains de ces mots de passe sont triviaux de toute évidence. Par exemple le premier – 123456, qui apparaît plus de 290 000 fois parmi les 32 millions – est clairement ridiculement simple. Cependant beaucoup d'autres mots de passe encerclés dans cette table semblent à première vue passablement compliqués à deviner (et à mémoriser). Faux ! Si tant de gens les ont choisis c'est précisément parce qu'ils sont en fait faciles à mémoriser, ce qui d'office les rend faciles à deviner. Cette facilité est une question de culture : tout le monde n'a pas la même, mais si suffisamment de gens en partagent une commune, choisir des mots de passe tirés de cette culture est une mauvaise idée. Par exemple,

- les fans de la série télévisée Startrek reconnaissent tous ncc1701 comme le numéro d'immatriculation du vaisseau spatial « Enterprise » ;
- les passionnés de cinéma reconnaissent tous Thx1138 comme le titre du premier film de George Lucas ;
- les passionnés de culture pop-rock reconnaissent tous Ou812 comme le titre d'un disque de 1988 du groupe Van Halen, et 8675309 comme le numéro de téléphone qui revient dans la chanson « Jenny » de Tommy Tutone ; et
- la majorité de la population mondiale n'a même pas besoin de mémoriser qazwsx qui n'est rien d'autre que la concaténation des deux premières colonnes de touches sur un clavier qwerty – mais ce mot de passe est d'autant plus mauvais que ces utilisateurs seraient « privés » de leur mot de

passe soi-disant mnémotechnique et interdits d'accès à leur comptes informatiques dans un cybercafé en Belgique ou en France (claviers azerty), en Allemagne, Autriche ou Suisse (claviers qwertz), ou dans d'autres pays qui utilisent leurs propres claviers exotiques.

Une possibilité pour aider au choix d'un bon mot de passe est illustrée par le tableau suivant.

phrase fixe (p. ex. dans une langue «exotique»)				descripteur du système		descripteur de l'année	
s	t	u	u	E	0	&	-
u	o	k	d	P	2	@	M
s	-	a	a	F	1	$	M
h	a	n	s	L	6	%	X
i	t	-	a	S	9	*	I
-	s	k	i	N	3	@	V

Figure 12.21 Exemple de tableau d'aide au choix d'un bon mot de passe.

On peut concevoir (sans la coucher sur papier) une matrice dont le nombre de colonnes est égal à la longueur de mot de passe désirée (8 caractères dans le cas présent) et dont le nombre de lignes est égal à la fréquence annuelle avec laquelle on entend changer de mot de passe (tous les deux mois, donc 6 fois par an dans le cas présent). On écrit alors verticalement dans certaines colonnes de cette matrice un proverbe ou une phrase quelconque, de préférence dans une langue que l'on ne parle pas (dans cet exemple les 4 premières colonnes permettraient de commander du sushi et du saké chaud en japonais). Dans d'autres colonnes on imagine écrire verticalement un identificateur mnémotechnique, mais pas évident, pour le système informatique pour lequel on désire créer un mot de passe (dans cet exemple l'EPF à LauSanNe, où tous les numéros de téléphone commencent par 021 693). Enfin dans les colonnes restantes, on écrit toujours verticalement un identificateur mnémotechnique, mais pas non plus évident pour l'année pour laquelle on désire créer des mots de passe (dans cet exemple 2014 écrit en chiffres romains et préfixés des caractères spéciaux « &@$%*@ » que l'on pourrait mémoriser comme épelant le mot « BAZOOKA » (&=B, @=A, $=Z, %=oo, *=K). De cette façon tous les mots de passe pour les 6 périodes de 2 mois de 2014 sont prédéfinis pour l'EPFL. Par exemple pour novembre et décembre 2014, le mot de passe serait -skiN3@V, qui est assuré de ne figurer dans aucun dictionnaire de pirate ! En concevant une telle matrice il faut simplement s'assurer que certaines colonnes contiennent des minuscules, des majuscules, des chiffres, des caractères spéciaux, et de la ponctuation pour une entropie maximale.

A première vue cette technique peut sembler barbare dans la mesure où il est impossible de visualiser et encore moins de mémoriser une telle matrice sans l'écrire quelque part. Le fait est que plusieurs personnes utilisent de tels trucs depuis plusieurs années avec succès et peuvent dire en une seconde quel était leur premier mot de passe à l'université dans les années 1980 et quel sera leur mot de passe sur Gmail en novembre 2020. L'essence de ce système est que l'improbable phrase (ici en japonais) ne change jamais, ni d'un système à l'autre, ni d'une année à l'autre, de telle sorte qu'après quelques jours d'utilisation, un utilisateur lambda a vite fait d'en mémoriser les lignes sans même devoir visualiser la matrice. De façon similaire l'identificateur du système ne change pas d'année en année de telle sorte que l'utilisateur lambda a vite mémorisé les lignes de ces colonnes pour chacun des systèmes qu'il utilise (surtout si sa façon d'identifier ces systèmes est la même pour tous les systèmes). Google n'existait certes pas en 1980 de telle sorte que chacun doit inventer de nouveaux identificateurs au fur et à mesure qu'il utilise de nouveaux systèmes. En même temps d'anciens systèmes disparaissent. Enfin, de la même façon l'identificateur d'une année ne change pas d'un système à l'autre pendant toute cette année, de telle sorte que le même utilisateur lambda a vite mémorisé les lignes de ces colonnes (surtout si sa façon d'identifier les années est cohérente dans le temps). Au bout du compte il peut être nécessaire d'écrire sa matrice au moment de la conception et de la garder en sécurité pendant quelques jours ou semaines, mais au-delà de ça elle est rapidement imprimée en mémoire et sa copie sur papier ou autre peut être détruite.

Peu de gens changent évidemment leur mot de passe tous les 2 à 3 mois sur chacun de leurs comptes internet et il n'y a pas vraiment de mal à cela pour des comptes sans grande importance ou valeur financière. Cependant pour des comptes impliquant sphère privée, argent, ou informations sensibles d'une entreprise ou d'un gouvernement, on n'a pas le choix : les employés de banque, d'hôpitaux, de services de sécurité, et de beaucoup de grandes entreprises voient leurs comptes bloqués s'ils n'en changent pas les mots de passe plusieurs fois par an. Même si certains mots de passe ne changent qu'une fois par an, une bonne matrice dont on n'utiliserait que la première ligne pour les mots de passe de comptes peu sensibles est toujours utile.

12.6 Conclusion

Comme on peut le constater au vu de cette dernière section, la sécurité informatique, tout comme la sécurité en général d'ailleurs, est peut-être encore plus une question de bonnes pratiques qu'une question de technologie. Les technologies étudiées sont certes indispensables, comme les armes défensives, les serrures et les cadenas en matière de sécurité physique. Encore faut-il s'en servir correctement et se conformer à certaines règles pour qu'elles soient effectives.

L'informatique en général, et sa sécurité en particulier, sont des disciplines tellement récentes qu'elles sont à ce stade beaucoup moins réglementées que la plupart des autres disciplines humaines. La plupart des secteurs de l'industrie en général, la construction, la distribution, les transports, l'énergie, la finance, l'alimentation, la médecine, l'éducation, etc. sont tous hautement réglementés, soit par des lois territoriales, soit par des normes industrielles. Ce n'est encore que rarement le cas en informatique. N'importe qui ne s'improvise pas ingénieur, architecte, pilote, banquier, médecin, ou enseignant, mais n'importe qui peut encore s'improviser informaticien et vendre son logiciel ou ses services sans la moindre responsabilité ni garantie. Des normes professionnelles apparaissent certes lentement, mais les lois sont encore rares et leur application difficile à faire respecter.

Assurer un bon fonctionnement de l'informatique en général et de sa sécurité en particulier implique de mettre en place une série de processus adéquats, d'éduquer concepteurs, opérateurs, et utilisateurs, de gérer les risques, de définir des politiques et des méthodes de déploiement, d'en surveiller le respect, de réagir aux incidents et de régulièrement vérifier la conformité des opérations avec les politiques établies.

12.7 Exercices

12.7.1 *Principes*
Contre laquelle des menaces de la colonne de gauche est dirigé chacun des types de défenses de la colonne de droite ?

• Vol d'informations	Authentification
• Manipulation d'informations	Responsabilité
• Destruction	Disponibilité
• Démenti d'action	Intégrité
• Usurpation d'identité	Confidentialité

12.7.2 *Principes*
Lequel des mécanismes suivants est la principale défense contre le vol d'informations ?

- Confidentialité
- Intégrité
- Disponibilité
- Authentification

12.7.3 *Principes*
Lequel des mécanismes suivants est la principale défense contre la manipulation d'informations ?

- Confidentialité
- Intégrité
- Disponibilité
- Authentification

12.7.4 *Principes*
Lequel des mécanismes suivants est la principale défense contre la destruction d'informations ?

- Confidentialité
- Intégrité
- Disponibilité
- Authentification

12.7.5 *Principes*
Lequel des mécanismes suivants est la principale défense contre l'usurpation d'identité ?

- Confidentialité
- Intégrité
- Disponibilité
- Authentification

12.7.6 *Identification et authentification*

1) Quels seraient les avantages et les désavantages d'avoir une seule identité électronique ?
2) Quels sont les avantages et les désavantages d'en avoir un grand nombre ?

12.7.7 *Identification et authentification*
Il existe trois grandes familles de mécanismes d'authentification. En quoi se différentient-elles ?

12.7.8 *Identification et authentification*
Quel problème/limitation présente chacun des mots de passe suivants ?

- kilimandjaro
- orajdnamilik
- k1l1m4ndj4r0
- klmndjr
- qwertzuiop
- qaywsxedc
- Marignan1515
- 11-sept-2001

12.7.9 *Identification et authentification*

1) Lequel de ces mots de passe présente la plus grande entropie (la plus grande résistance à une attaque systématique, sans dictionnaire) ?
   - Kilimandjaro
   - K1l1m4ndj4r0
   - Marignan-1515
   - 11-sept-2001
2) Lequel de ces mots de passe présente la plus petite entropie (la moindre résistance à une attaque systématique, sans dictionnaire) ?
   - kilimandjaro
   - Kilimandjaro
   - K1l1m4ndj4r0
   - Kilim@ndjar0

12.7.10 *Identification et authentification*
Nous utilisons un mot de passe de 5 caractères choisis au hasard parmi les 26 minuscules + 6 caractères spéciaux. Nous aimerions en utiliser un plus puissant et envisageons 2 options :

a) Un mot de passe utilisant les mêmes caractères, mais de 6 caractères au lieu de 5 ;

b) Un mot de passe de 5 caractères, mais choisis parmi les 26 minuscules + 12 caractères spéciaux.

Laquelle des options est en général la meilleure ?

i) Elles sont en général équivalentes

ii) L'option a) est en général la meilleure

iii) L'option b) est en général la meilleure

iv) Cela depend des caractères choisis

12.7.11 *Identification et authentification*
Quelle est la force/la faiblesse de chacun des mots de passe suivants ? Quel type d'attaque est susceptible de révéler certains d'entre eux ?

- strasbourg
- s7r4sb0urg
- strsbrg
- gruobsarts
- $][r4sb0urg
- 23-nov-2003
- okmijnuhb
- yxcvbnm
- Guillaume1066
- PQAOREWM
- pqAOrEwM
- pqA04EwM
- pq# !4EwM

12.7.12 *Cryptographie*
Quelles sont les principales différences entre cryptographie à clés symétriques et asymétriques ?

12.7.13 *Cryptographie*
Quel type de mécanisme de cryptage faut-il préférer pour quel type de besoin ?

Besoin Mécanisme	Confidentialité	Intégrité	Signature digitale
Clés symétriques secrètes			
Clés asymétriques publiques			

12.7.14 *Cryptographie*

Cocher les affirmations correctes concernant la cryptographie à clés publiques.

- Chaque participant dispose de deux clés, l'une secrète et l'autre publique et utilise sa clé secrète pour chiffrer les messages confidentiels.
- La cryptographie à clés publiques permet de chiffrer des données, mais pas de leur appliquer des signatures numériques.
- La cryptographie à clés publiques est plus performante que la cryptographie à clés symétriques.
- Des messages chiffrés avec une clé publique ne peuvent être déchiffrés que si l'on connaît la clé secrète correspondante. Retrouver cette clé secrète à partir de la clé publique est un problème pratiquement incalculable.
- Des messages chiffrés avec une clé secrète peuvent être déchiffrés avec n'importe quelle clé publique.
- Chaque participant dispose de deux clés, l'une secrète et l'autre publique et utilise sa clé secrète pour déchiffrer les messages confidentiels.

12.7.15 *Cryptographie*

1) Tous les systèmes cryptographiques offrent des mécanismes contre deux types de menaces : lesquelles ?
2) Les systèmes cryptographiques asymétriques à clés publiques offrent en plus un mécanisme de défense contre un troisième type de menace : lequel ?

12.7.16 *Cryptographie*

Un pirate a capté sur un réseau une communication non chiffrée au sein de laquelle il repère ce qui semble être un mot de passe qui est la séquence suivante d'octets chiffrés :

00000110 00010000 00000110 00010100 00011000 00010000

La communication non chiffrée étant un texte français codé en ASCII, il imagine que le mot de passe est peut-être aussi un mot français (chiffré mais) aussi codé en ASCII. Vu que tous les caractères du texte chiffré commencent par un même bit (0) il suppose que l'algorithme de cryptage est faible et réutilise pour chaque caractère une clé d'un octet. Sachant que la lettre E est de loin la plus fréquente en français (comme en anglais et dans beaucoup d'autres langues), il essaie de deviner quels pourraient être les E dans ce mot de passe crypté (et détecte deux possibilités). Pour chaque possibilité il décide ensuite de voir s'il peut déduire une clé et l'appliquer aux autres caractères pour découvrir le mot de passe complet. En quelques minutes il est convaincu que l'algorithme utilisé est le XOR. Quelle serait dans ce cas-là la clé pour chacune des deux possibilités de E ? Quel serait le mot de passe correspondant pour chacune des deux possibilités de E ? Pourquoi est-il convaincu qu'il s'agit bien d'un XOR et comment sait-il laquelle des deux possibilités de E est la bonne, quelle est la bonne clé, et quel est le vrai mot de passe ? Pour résoudre ce puzzle, il s'aide de la table ASCII ci-contre.

Caractère	Binaire	Caractère	Binaire	Caractère	Binaire
A	1000001	J	1001010	S	1010011
B	1000010	K	1001011	T	1010100
C	1000011	L	1001100	U	1010101
D	1000100	M	1001101	V	1010110
E	1000101	N	1001110	W	1010111
F	1000110	O	1001111	X	1011000
G	1000111	P	1010000	Y	1011001
H	1001000	Q	1010001	Z	1011010
I	1001001	R	1010010		

Index

A propos des auteurs

RONAN BOULIC est Maître d'enseignement et de recherche à l'Ecole polytechnique fédérale de Lausanne (EPFL). Il est ingénieur diplômé de l'INSA de Rennes, docteur en informatique à l'Institut de recherche en informatique et systèmes aléatoires de Rennes. Après un séjour post-doctoral à l'Université de Montréal il a intégré le Laboratoire de Réalité virtuelle de l'EPFL. Il dirige actuellement le groupe de recherche en Interactions immersives qui exploite la capture de mouvement pour interagir avec des environnements virtuels.

JEAN-CÉDRIC CHAPPELIER est ingénieur et docteur de l'Ecole Nationale Supérieure des Télécommunications de Paris. Il est actuellement collaborateur scientifique et chargé de cours à l'EPFL où il enseigne plusieurs cours de programmation, d'introduction aux sciences numériques, ainsi que de traitement automatique des langues, son domaine de recherche.

RACHID GUERRAOUI est professeur à l'EPFL ou il y dirige le Laboratoire de programmation répartie. Docteur de l'Université d'Orsay, il a été affilié par le passé au centre de recherche de l'Ecole des mines de Paris, au Commissariat à l'énergie atomique à Saclay, aux laboratoires de recherches de HP en Californie, et au MIT à Boston. Il a reçu la distinction d'ACM fellow, une ERC advanced grant et un Google focused award.

MATTHIAS GROSSGLAUSER est diplômé en systèmes de communication de l'EPFL et docteur en informatique de l'Université Pierre et Marie Curie (Paris). Il est professeur associé à la faculté Informatique et communications à l'EPFL. Ses recherches portent sur le machine learning, les réseaux sociaux, les systèmes de recommandation et les graphes aléatoires. Avant de rejoindre l'EPFL, il était chercheur dans les AT&T Shannon Labs (New Jersey, USA) et directeur d'un laboratoire de recherche chez Nokia (Helsinki, Finlande).

PAOLO IENNE a obtenu une Laurea in ingegneria elettronica du Politecnico di Milano et est détenteur d'une thèse en informatique de l'EPFL. Après avoir travaillé quelques années pour Siemens Semiconductors (puis Infineon Technologies) il a rejoint l'EPFL où il y dirige le Laboratoire d'architecture des processeurs. Ses intérêts de recherche incluent l'architecture des ordinateurs, la conception assistée par ordinateur de circuits numériques complexes et différents aspects des circuits reconfigurables.

PHIL JANSON est ingénieur de l'Ecole Polytechnique de Bruxelles et MS, EE, et Ph.D du MIT. Pendant 20 ans, il a enseigné à Bruxelles les systèmes d'exploitation des ordinateurs, tout en étant chef de projet chez IBM à Austin (Texas) et Zurich, où il a dirigé le département de recherche en informatique. Il a été VP de l'Académie d'IBM, membre de l'Advisory Board de la Faculté IC de l'EPFL et membre du Conseil de Recherche du FNS. Il est l'auteur d'une douzaine de brevets internationaux, de plus de 50 articles scientifiques en sécurité informatique et d'un livre sur les systèmes d'exploitation.

Olivier Lévêque est diplômé en physique et docteur en mathématiques de l'EPFL. Il est depuis 2001 collaborateur scientifique au sein du Laboratoire de théorie de l'information de l'EPFL. Auteur de diverses publications à la croisée des mathématiques et des systèmes de communication, il a également acquis une longue expérience de l'enseignement à l'EPFL, tant au niveau bachelor que master. Son domaine principal de recherche et d'enseignement est celui des probabilités appliquées à l'informatique et aux systèmes de communications.

Bernard Moret est professeur, ingénieur de l'EPFL et docteur de l'Université du Tennessee. Il dirige le Laboratoire de biologie computationnelle et bioinformatique à l'EPFL. Pionnier des algorithmes expérimentaux, il a fondé le ACM Journal of Experimental Algorithmics, dont il a été rédacteur en chef. Ses travaux portent sur la modélisation des processus d'évolution génomique, et en particulier sur la compréhension des réarrangements génomiques. Il a publié plus d'une centaine d'articles sur le sujet, et fondé en 2001 le Workshop on Algorithms in Bioinformatics (WABI).

André Schiper est diplômé en physique de l' Ecole polytechnique fédérale de Zurich (ETHZ) et détenteur d'une thèse en informatique de l'EPFL. Il a été professeur à l'EPFL, directeur du Laboratoire de systèmes répartis, directeur du DAS (Diploma of Advanced Studies) pour l'enseignement de l'informatique dans le secondaire, et vice-doyen pour l'enseignement dans la faculté Informatique et communications de l'EPFL. Il est un expert reconnu dans le domaine de l'algorithmique pour la tolérance aux fautes dans les systèmes répartis.

Willy Zwaenepoel est diplômé en électricité de l'Université de Gand en Belgique et docteur de l'Université de Stanford (USA). Il a été professeur à l'Université de Rice (USA) et à l'EPFL, et doyen de la faculté Informatique et communications de l'EPFL. Il est un expert reconnu dans le domaine des systèmes d'exploitation et des systèmes répartis.